Einführung in Perl/Tk

Einführung in Perl/Tk

Nancy Walsh

Deutsche Übersetzung von
Matthias Kalle Dalheimer

Beijing · Cambridge · Farnham · Köln · Paris · Sebastopol · Taipei · Tokyo

Kommentare und Fragen können Sie gerne an uns richten:
O'Reilly Verlag
Balthasarstr. 81
50670 Köln
Tel.: 0221/9731600
Fax: 0221/9731608
E-Mail: kommentar@oreilly.de

Copyright der deutschen Ausgabe:
© 2000 by O'Reilly Verlag GmbH & Co. KG
1. Auflage 2000

Die Originalausgabe erschien 1999 unter dem Titel
Learning Perl/Tk im Verlag O'Reilly & Associates, Inc.

Die Darstellung eines Emu im Zusammenhang mit dem Thema Perl/Tk
ist ein Warenzeichen von O'Reilly & Associates, Inc.

Die Deutsche Bibliothek - CIP - Einheitsaufnahme

Ein Titeldatensatz für diese Publikation ist
bei der Deutschen Bibliothek erhältlich.

Übersetzung und deutsche Bearbeitung: Matthias Kalle Dalheimer
Lektorat: Michael Gerth, Köln
Korrektorat: Friedericke Daenecke, Achim Bohnet
Satz: Stefan Göbel, Reemers EDV-Satz, Krefeld
Umschlaggestaltung: Edie Freedman, Hanna Dyer & Risa Graziano, Boston
Produktion: TYP*isch* Müller, Gräfelfing
Belichtung, Druck und buchbinderische Verarbeitung: Druckerei Kösel, Kempten

ISBN 3-89721-142-4

Dieses Buch ist auf 100% chlorfrei gebleichtem Papier gedruckt

Inhalt

Vorwort

Perl ist eine großartige Sprache, um Dateien zu verarbeiten, Datenbanken zu verbinden und für viele andere Aufgaben, die zu mühsam sind, um sie manuell zu erledigen. Lange Zeit waren Perl-Programme jedoch an die Kommandozeile gebunden. Die Tk-Schnittstelle hat das grundlegend geändert.

Die Tk-Erweiterung von Perl ermöglicht es Ihnen, Ihre Programme mit grafischen Benutzerschnittstellen zu versehen. Mit den Modulen aus der Tk-Distribution können Sie Fenster mit Buttons, Listen, Texteingabefeldern und anderen Widgets erstellen, um Ihren Anwendern die Navigation durch Ihre Applikation so einfach wie möglich zu machen.

Was Sie schon wissen sollten

Um möglichst großen Nutzen aus diesem Buch ziehen zu können, sollten Sie bereits grundlegende Perl-Kenntnisse haben (genauer gesagt Kenntnisse der Version 5 von Perl). Sie sollten mit Perl so weit vertraut sein, daß Sie wenigstens etwas Code lesen können und dann ungefähr wissen, was dieser Code tut. Sie müssen kein Perl-Guru oder -Hacker sein, um Perl/Tk lernen zu können, aber es ist hilfreich, wenn Sie mit der Sprache vertraut sind. Die folgenden Konzepte sollten Ihnen ein Begriff sein: Hashes, Arrays und Subroutinen sowie jeweils die anonymen Versionen davon, $_ und @_.

Perl/Tk verwendet die in Perl 5 verfügbaren objektorientierten Features von Perl. Daher sollten Sie in der Lage sein, diese zu erkennen, wenn Sie darauf stoßen, auch wenn Sie sie vielleicht nicht vollständig verstehen. Ansonsten benötigen Sie nur Ihre Erfahrungen mit anderen grafischen Benutzeroberflächen und was Sie daran mochten oder nicht. Das wird Ihnen dabei helfen, sich zu überlegen, was Sie in Ihre eigenen Applikationen einbauen wollen. Schauen Sie sich die Textverarbeitung an, die Sie auf Ihrem PC verwenden, Ihren Webbrowser oder irgendein anderes Programm, das Buttons und Scroll-bars hat und sowohl Maus- als auch Tastatureingaben verarbeitet.

Die genannten Applikationen sind ziemlich umfangreich; wir werden hier mit viel einfacheren Beispielen anfangen und darauf aufbauen. Wir werden jedes grundlegende

Widget und alle zugehörigen Optionen detailliert behandeln. Sie werden lernen, wie Sie es erreichen, daß ein Fenster so aussieht, wie Sie das wollen, und Sie werden auch lernen, wie man ein Fenster benutzerfreundlich und attraktiv macht.

Wenn Sie ganz allgemein mehr über Perl wissen möchten, dann sollten Sie die ebenfalls im O'Reilly Verlag erschienenen Bücher *Einführung in Perl*, *Programmieren mit Perl*, *Fortgeschrittene Perl-Programmierung* und *Perl Kochbuch* lesen. Darüber hinaus gibt es im WWW diverse FAQs und andere Dokumente. In diesem Buch geht es um die Tk-Erweiterung von Perl, einen bestimmten, genau abgegrenzten Teil von Perl.

Der Aufbau dieses Buches

Kapitel 1, *Einführung*

> Das erste Kapitel enthält einige interessante geschichtliche Betrachtungen über Perl und das Tk-Modul. Es fängt mit einem einfachen Hallo-Welt-Programm an und führt auch kurz in ereignisgesteuerte Programme ein.

Kapitel 2, *Geometrie-Management*

> Geometrie-Management ist wahrscheinlich das wichtigste Konzept von Perl/Tk. Es bestimmt, wie Ihre Widgets auf dem Bildschirm angezeigt werden (oder manchmal auch nicht angezeigt werden). Die drei Geometrie-Manager – pack, grid und place – werden hier behandelt. Die meisten Beispiele in diesem Buch verwenden pack.

Kapitel 3, *Der einfache Button*

> Der Button ist das erste Widget, das wir in großer Detailgenauigkeit behandeln. Außerdem finden Sie hier viele Codeschnipsel und Screenshots, die die diversen Möglichkeiten demonstrieren, mit denen Sie das Button-Widget manipulieren und zurechtbiegen können. Viele der hier besprochenen Optionen gelten auch für andere Standard-Widgets.

Kapitel 4, *Checkboxen und Radiobuttons*

> Checkboxen und Radiobuttons ähneln dem normalen Button, sehen aber anders aus und werden normalerweise auch anders programmiert.

Kapitel 5, *Label- und Texteingabe-Widgets*

> Das Label ist das einfachste Widget von allen. Es wird normalerweise zusammen mit einem Eingabefeld benutzt, weswegen Sie diese beiden auch zusammen in diesem Kapitel finden werden. Mit dem Eingabe-Widget können Sie Texteingaben vom Benutzer erfragen.

Kapitel 6, *Scrollbalken*

> Manche Widgets in Perl/Tk können gescrollt werden, sie können also mehr Informationen enthalten, als auf dem Bildschirm zu sehen sind. Scrollbalken werden dazu verwendet, durch die Daten in diesen Widgets zu navigieren. Kapitel 6 zeigt Ihnen, wie Scrollbalken mit den anderen Widgets kommunizieren und was Sie machen müssen, um Scrollbalken zu erzeugen und zu verwenden.

Kapitel 7, *Das Listbox-Widget*

Eine Listbox kann alle möglichen Arten von Daten enthalten, aber normalerweise wird eine Liste von Optionen verwendet, aus denen der Benutzer auswählen kann. In Kapitel 7 werden Sie lernen, wie man eine Listbox erzeugt, mit Elementen füllt und wie man einstellt, wie der Benutzer Elemente aus der Liste auswählen kann.

Kapitel 8, *Das Text-Widget*

Das Text-Widget ist ein vielseitiges Widget, das Sie nicht nur zur Anzeige von Text verwenden können. Kapitel 8 behandelt die verschiedenen Dinge, die Sie in ein Text-Widget stecken können (beispielsweise Text und andere Widgets) und wie Sie am meisten aus diesem Widget herausholen können.

Kapitel 9, *Das Leinwand-Widget*

Eine Leinwand kann Objekte wie Kreise, Rechtecke, Text und sogar andere Widgets anzeigen. Kapitel 9 behandelt alle zur Verfügung stehenden Optionen und Methoden und zeigt, wie man diese benutzt.

Kapitel 10, *Das Skalen-Widget*

Das Skalen-Widget ist sehr gut dazu geeignet, den Benutzer aus einem Bereich von Zahlen eine Zahl auswählen zu lassen, wobei automatisch verhindert wird, daß der Benutzer eine Zahl eingibt, die nicht im Bereich liegt, oder sogar aus Versehen Buchstaben statt Ziffern eingibt. Kapitel 10 enthält Beispiele zur Verwendung des Skalen-Widgets und behandelt alle Methoden zur Einrichtung und Verwendung dieses Widgets.

Kapitel 11, *Menüs*

Wenn eine Applikation komplexer wird, braucht sie ein Menü. Kapitel 11 zeigt Ihnen verschiedene Möglichkeiten, Menüs zu erzeugen, und wie man diese am besten in einer Applikation einsetzen kann.

Kapitel 12, *Frames*

Das Frame-Widget wird dazu verwendet, andere Widgets auf dem Bildschirm so anzuordnen, wie Sie es wünschen. In Kapitel 12 lernen Sie, wie Sie Frames zusammen mit einem Geometrie-Manager (siehe Kapitel 2) einsetzen können, um genau das Fenster zu bekommen, das Ihnen vorschwebt.

Kapitel 13, *Toplevel-Widgets*

Eine Applikation braucht oft mehr als ein Fenster. Sie können ein Toplevel-Widget verwenden, um ein zweites Fenster zu erzeugen. In Kapitel 13 lernen Sie, wie ein Toplevel-Widget erzeugt und angezeigt wird. Außerdem behandeln wir die diversen Methoden zur Manipulation von Toplevel-Widgets.

Kapitel 14, *Ereignisse binden*

Das zusätzliche Binden von Widgets ist eine der besten Möglichkeiten, Funktionalität zu Ihrer Applikation hinzuzufügen. Dieses Kapitel erläutert Ihnen, was eine Bindung ist und wie Sie eine Bindung erzeugen und verwenden.

Kapitel 15, *Zusammengesetzte Widgets*

Sie können Widgets kombinieren, um ein noch viel nützlicheres, wiederverwendbares Widget zu bekommen. Viele der zusätzlichen Widgets, die Sie mit Perl/Tk verwenden können, werden so erzeugt. Kapitel 15 enthält ein Beispiel eines zusammengesetzten Widgets und liefert Ihnen einige Ideen für Widgets, die Sie selbst programmieren könnten.

Kapitel 16, *Methoden für alle Widgets*

Es gibt einige Methoden, die allen Widgets in Perl/Tk zur Verfügung stehen. Wir behandeln diese Methoden in Kapitel 16 und zeigen Ihnen, wie sie verwendet werden.

Kapitel A, *Widgets mit configure und cget konfigurieren*

Anhang A beschreibt die Methoden configure und cget, die bei jedem Widget verwendet werden. Außerdem finden Sie hier eine Tabelle mit den Optionen und den zugehörigen Defaults.

Kapitel B, *Unterschiede zwischen den einzelnen Betriebssystemen*

Anhang B behandelt die Unterschiede, auf die Sie stoßen werden, wenn Sie Perl/Tk auf verschiedenen Betriebssystemen verwenden, insbesondere unter Unix und Win32.

Kapitel C, *Fonts*

Anhang C beschreibt die Verwendung von Fonts in Tk, sowohl auf Unix- als auch auf Win32-Systemen. Außerdem wird die neue Font-Syntax in Tk8 behandelt.

Lese-Reihenfolge

Dieses Buch wurde für zwei Zielgruppen geschrieben: Programmierer, die neu in Perl/Tk einsteigen, und Programmierer, die damit bereits Erfahrung haben.

Perl/Tk-Neulinge

Wenn Sie nicht wissen, wo Sie anfangen sollen, fangen Sie einfach am Anfang an. Dieses Buch ist so aufgebaut, daß die späteren Kapitel auf dem Wissensfundament aus den ersten Kapiteln aufbauen. Wir fangen ganz einfach mit dem Button-Widget aus Kapitel 3, *Der einfache Button*, an und gehen dann zu komplizierteren Widgets über. Perl/Tk ist nicht wirklich schwierig zu benutzen, wenn Sie die grundlegenden Konzepte einmal verstanden haben.

Fortgeschrittene und Gurus

Okay, Sie haben haufenweise Perl/Tk-Programme geschrieben und glauben zu wissen, wie der Hase läuft. Es ist nicht unwahrscheinlich, daß Sie »etwas, das funktioniert« gefunden haben und dabei geblieben sind. Ich empfehle Ihnen, das gesamte Kapitel 2, *Geometrie-Management*, durchzulesen, so daß Sie vollständig verstehen, wie Geometrie-Manager funktionieren. Springen Sie dann zu den Widget-Abschnitten, die Sie besonders interessieren. Ich habe überall nützliche Codeschnipsel (und manchmal vollständige Programme) aufgenommen, aus denen Sie sich Anregungen holen können, wie man die Widgets auf verschiedene Arten verwenden kann. Die Optionsliste bei jedem Widget ist eine nützliche Gedächtnisstütze, wie all diese Optionen noch einmal hießen und welchen Einfluß sie auf jedes Widget haben.

Typographische Konventionen

In diesem Buch werden die folgenden typographischen Konventionen verwendet:

Kursivschrift
> wird für Dateinamen, Befehlsnamen, URLs und Hervorhebungen verwendet. In Syntaxbeschreibungen kennzeichnet Kursivschrift Argumente, für die Sie eigene Werte einsetzen müssen.

`Nichtproportionalschrift (Typewriter)`
> wird für Funktions- und Methodennamen sowie deren Argumente verwendet und kennzeichnet auch Code im Text.

Fettschrift
> wird verwendet, um Defaultwerte in Syntaxbeschreibungen zu kennzeichnen.

Danksagungen

Dieses Buch hat doch eine gewisse Zeit in meinem Leben beansprucht, und ich möchte den Leuten danken, die mir die Arbeit daran möglich gemacht und mich ertragen haben, während ich geschrieben habe: Zunächst meinem Mann Mike, der auf so viele Arten geholfen hat, daß es unmöglich ist, sie hier alle aufzuführen; unseren Hunden Brandy und Theo, die meine Füße warm gehalten haben; unseren Katzen Thumper und Sasha, die Monitor und Tastatur auf meinem Schreibtisch gelassen haben (alle Tippfehler sind ihre Fehler); meinem Mitarbeiter Kreg Webb, der diese verrückte Idee überhaupt hatte, und meiner Lektorin Linda Mui, die neben der Kritik immer auch Lob parat hatte.

Ich möchte darüber hinaus auch den technischen Gutachtern dieses Buches danken: Stephen Lidie, Achim Bohnet, Peter Prymmer, Nick Ing-Simmons und Phivu Nguyen.

1

Einführung

Es gibt viele verschiedene Module, die die Funktionalität von Perl erweitern. In diesem Buch geht es um das Tk-Modul, mit dem man mit Leichtigkeit Perl-Skripten grafische Benutzeroberflächen verpassen kann und immer noch alle Features zur Verfügung hat, die Perl so großartig machen. Anstatt einen Befehl mit Optionen oder Argumenten auf der Kommandozeile eingeben zu müssen, können die Benutzer Ihr Programm mit einem Icon oder einem einfachen Befehl starten, und die Benutzerschnittstelle erledigt alles weitere.

Die Tk-Erweiterung von Perl ist kein Bestandteil der Perl-Standarddistribution.[1] Sie müssen sich die Erweiterung gesondert von einem CPAN-Rechner holen und installieren. Nach der Installation verwenden Sie einfach use Tk; am Anfang Ihrer Perl-Skripten.

Ein kleiner Auszug aus der Geschichte von Perl (und der von Tk)

Ursprünglich war Perl einmal ein »schneller Hack«, um ein Problem zu lösen, das Larry Wall bei der Arbeit hatte. Wie alle Leute, die auf ihre Faulheit auch noch stolz sind, fand Larry eine bessere und einfachere Möglichkeit, seine Arbeit zu tun, und so wurde Perl geboren. Es hat sich seitdem zu einer weit verbreiteten und häufig verwendeten Sprache entwickelt. Perl steht für eine Vielzahl von Plattformen zur Verfügung, ist gut dokumentiert und – das ist wohl das beste – kostet keine Lizenzgebühren. Wir hoffen, daß Sie zu diesem Buch gegriffen haben, weil Sie auch schon den Pfad der Perl-Tugend gefunden haben und wissen wollen, wie Sie Perl auf das Äußerste ausreizen können.

Die Tk-Erweiterung von Perl kümmert sich um all die Widgets, Dingens und Kirchens, die eine grafische Benutzeroberfläche ausmachen. Sie wurde von Nick Ing-Simmons von Tcl/Tk nach Perl portiert. Häufig wird behauptet, daß Sie neben Perl auch Tcl/Tk installiert haben müssen, damit das ganze funktioniert. Tatsächlich brauchen Sie wirklich nur

---

1 Es sei denn, Sie holen sich das Win32-Binärpaket.

Perl und die Tk-Erweiterung. Dank der vielen Arbeit anderer Leute können faule Leute wie ich eine Binärversion für den jeweiligen Rechnertyp herunterladen und in weniger als zehn Minuten (ohne die Zeit zum Herunterladen) installieren. Natürlich können Sie die Erweiterung auch aus den Quellen für Ihren Rechner kompilieren.

Perl/Tk für Unix und Windows 95/NT

Während ich dieses Buch schrieb und darüber fluchte, daß ich zu Hause nicht genug Computer hatte, um dieses Buch mit MS-Word zu schreiben und die Codebeispiele unter Linux zu testen, ohne zwischen den Betriebssystemen hin- und herzubooten, passierte ein Wunder: Die Tk-Erweiterung von Perl wurde nach Windows portiert. Unter Windows verstehe ich hier das überschätzte, sich überallhin verbreitende Betriebssystem, das heutzutage auf den meisten PCs der Standard ist: Microsoft Windows. Die meisten Leute haben auf ihren Windows-Computern keine C-Compiler, aber dank der Arbeit von Gurasamy Sarathy gibt es eine großartige Binärdistribution, die Perl und eine umfassende Auswahl von Perl-Erweiterungen enthält, darunter auch Tk. Sie laden einfach das Binärpaket herunter, starten das Installationsprogramm und können loslegen.

Es gibt beim Programmieren keine Unterschiede zwischen Perl/Tk-Applikationen unter Unix und unter Windows. Auf beiden Systemen können Sie jeden beliebigen Texteditor zum Schreiben der Programme verwenden. Es gibt allerdings einen kleinen Unterschied, wie die Programme gestartet werden. Lesen Sie dazu Kapitel B, *Unterschiede zwischen den einzelnen Betriebssystemen*. Ich möchte hier im Moment nur beiläufig erwähnen, daß ich meine Perl-Applikationen lieber unter Windows NT 4.0 (mit Service Pack 3) als unter Windows 95 laufen lasse.

Versionen

Als ich anfing, dieses Buch zu schreiben, waren die aktuellen Versionen von Perl und Tk 5.003 und 400.202. Inzwischen ist eine Win32-Version des Tk-Moduls entwickelt und freigegeben worden. Auch an Perl sind Änderungen vorgenommen worden. Kurz bevor die englische Version dieses Buches in den Druck ging, waren die Versionen Tk800.807 und Perl 5.004_68 im Betastadium.[2] Ich habe mich bemüht sicherzustellen, daß die hier enthaltenen Informationen für die neuen Versionen von Tk und Perl gültig sind, und die Beispiele mit diesen Versionen getestet. Es gibt einige Bereiche (beispielsweise Fonts), in denen einiges an neuer Funktionalität zu Tk hinzugekommen ist. Ich habe versucht, Änderungen jeweils anzugeben, aber größtenteils müssen Sie sich keine Sorgen darüber machen, welche Version Sie verwenden.

---

2 Bei Drucklegung der deutschen Übersetzung war Perl bereits bei Version 5.005.

Warum sollte man eine grafische Benutzerschnittstelle verwenden?

Hoffentlich haben Sie sich dieses Buch gekauft (oder halten es jetzt gerade in einer Buchhandlung in der Hand), weil Sie gewisse Vorstellungen haben, warum Sie für das eine oder andere Ihrer Skripten eine grafische Benutzerschnittstelle benötigen. Aber wenn das nicht der Fall ist, dann lesen Sie jetzt weiter.

Weil Sie sich mit der Programmierung von Perl-Skripten auskennen, wissen Sie, wie dort Informationen hinein- und herauskommen. Dazu wird normalerweise eine Kombination aus dem Lesen und Schreiben von Dateien, Kommandozeilenoptionen und möglicherweise zur Laufzeit gelesenen Daten (über STDIN/STDOUT, mit Pipes (|) oder <>) verwendet. Manche Applikationen benötigen gar keine Eingaben, andere, wie Installationskripten, brauchen ständig Informationen vom Benutzer: Möchten Sie diese Datei installieren? Kann ich diese DLL überschreiben? Wollen Sie, daß dieses Verzeichnis erzeugt wird? Wollen Sie die Hilfedateien installieren? Manchmal können Sie Defaults festlegen, so daß der Benutzer immer nur die Eingabetaste betätigen muß, aber er sitzt trotzdem noch vor der Tastatur und wartet auf die nächste Frage. Wäre es nicht schön, wenn alle diese Informationen am Anfang ermittelt werden könnten und der Benutzer dann nur einen Start-Knopf anklickt, damit alle Schritte entsprechend der Informationen ausgeführt werden?

Durch eine grafische Benutzerschnittstelle (GUI) bekommt eine Applikation ein professionelles Flair. Allerdings ist es manchmal übertrieben, einem Skript ein GUI zu verpassen. Wenn Sie lediglich eine Datei einlesen, etwas verarbeiten, ohne daß dazu Benutzereingaben vonnöten wären, und dann eine andere Datei ausgeben, wäre ein GUI lächerlich und überflüssig. GUIs sind dann angebracht, wenn der Benutzer viele Entscheidungen treffen und Eingaben machen muß, wie es im Installationsbeispiel im letzten Absatz der Fall war.

Hier sind einige Beispiele für Anwendungen, die Sie mit grafischen Benutzerschnittstellen ausstatten sollten:

* Ein kleiner Web-Client, der sich mit einem Wörterbuch-Server verbindet und Ihnen das Nachschlagen von Wörtern ermöglicht.

* Eine Applikation, die einen regulären Ausdruck als Eingabe erwartet und den zugehörigen Graphen in einem scrollbaren Fenster anzeigt.

* Eine Applikation, die auf eine Datenbank zugreift und Abfrageresultate in mehreren Widgets zusammen mit Beschriftungen darstellt, die anzeigen, worum es sich bei den Daten handelt.

* Ein E-Mail-Programm, das auf Ihre Mailbox zugreift und auch das Verschicken von E-Mail-Nachrichten ermöglicht.

* Manchmal sagt Ihr Chef einfach: »Machen Sie das benutzerfreundlich!« Normalerweise bedeutet das, daß ein Wrapper um ein Skript geschrieben wird oder aber

eine Schnittstelle, mit der es für Ihre Benutzer leichter wird, die notwendigen Entscheidungen zu treffen. Ihre Benutzer sind möglicherweise auch grafische Benutzeroberflächen eher gewöhnt als Kommandozeilen.

Warum sollte man Perl/Tk verwenden?

Haben Sie jemals versucht, mit den vom Betriebssystem bereitgestellten Möglichkeiten ein Fenster zu zeichnen? Wenn Sie das in C machen, haben Sie einhundert oder mehr Codezeilen, nur, um ein »Hallo Welt«-Programm zu schreiben, egal, ob Sie MS-Windows oder X Windows verwenden. Und in diesen Zeilen ist noch nicht einmal ein »Beenden«-Button enthalten, mit dem Sie die Applikation sauber beenden könnten.

Ich habe im Laufe meines Programmiererlebens verschiedene Methoden verwendet, um Fenster zu zeichnen und GUI-Applikationen zu entwickeln. Mit den grundlegenden X Windows-Routinen (wie beispielsweise X_Create_Line_from_x_to_y) ist das eine ziemlich Plackerei. Natürlich haben Sie auf diese Weise die volle Kontrolle über jedes noch so kleine Detail, aber dafür müssen Sie sich auch um jedes noch so kleine Detail selbst kümmern. Manchmal möchte ich gar nicht so genau wissen, wie der Button gezeichnet worden ist, es reicht mir, daß das überhaupt passiert. (Ich fahre ja auch ein Auto und verstehe nicht genau, wie der Vergaser funktioniert. Es gefällt mir, daß ich einfach den Zündschlüssel umdrehen und zur Arbeit fahren kann.)

Sie haben wahrscheinlich schon einige Bücher zu Tcl/Tk gesehen. Das Problem mit Tcl ist, daß Sie immer im Rahmen der Programmiersprache Tcl programmieren müssen. Ich ziehe eine Sprache vor, die ich schon sehr gut kenne und auf der ich aufbauen kann.

Perl/Tk stellt Ihnen all die lästigen kleinen Details zur Verfügung: Es kümmert sich um die Ereignisschleife. Es erledigt das Zeichnen der 3D-Rahmen um Ihre Buttons (wenn Sie das jetzt nicht verstanden haben, lesen Sie einfach weiter, ich werde das zu gegebener Zeit erklären). Sie können einfach Perl verwenden, um »hier einen Button hinzulegen«, was sich in Perl folgendermaßen anhört:

```
$mw->Button(-text => "Irgend-etwas")->pack();
```

Außerdem stehen dank der wundervollen Perl-Gemeinde viele verschiedene komplexe Widget-Typen zur Ihrer Verfügung. Wenn Sie das perfekte Widget aber nicht finden können (weil Sie vielleicht ein Mehrfach-Selektions-Listbox-Widget mit zugeordnetem Canvas brauchen), dann ist es ziemlich einfach, dieses Widget durch Kombination einiger grundlegender (oder nicht so grundlegender) Widgets und Konstrukte selbst zu schreiben.

Aus der Sicht eines Programmierers ergibt sich unter dem Strich, daß es einfach Spaß macht, mit Perl/Tk ein GUI zu programmieren. Sie bekommen sofort Ergebnisse! Mit nur wenigen Codezeilen können Sie sofort einen Button oder ein paar andere Widgets anzeigen, die wie eine ausgewachsene Applikation aussehen. Natürlich dauert es ein wenig länger, das dann auch mit Inhalt auszufüllen, aber das macht fast genauso viel Spaß.

Wenn Sie dieses Buch durcharbeiten, ist es am besten, wenn Sie viele verschiedene Beispiele ausprobieren. Aus genau diesem Grund finden Sie hier haufenweise Codeschnipsel. Fangen Sie mit dem grundlegenden »Hallo Welt«-Programm an, und ändern Sie die Optionen des Buttons, während Sie sich durch die Kapitel 2 und 3 hindurcharbeiten. Sehen Sie sich die Ergebnisse auf Ihrem Bildschirm an.

Vielleicht wollen Sie auch die folgenden beiden Werkzeuge ausprobieren (die wir in diesem Buch nicht behandeln, die aber trotzdem viel Spaß machen): *tkpsh* und *ptksh* (neu ab Tk 800.007). Sie können beide von *http://www.monmouth.com/~beller* herunterladen. Mit diesen Programmen können Sie Code auf der Standardeingabe eingeben und jede Anweisung auswerten lassen (ähnlich *wish*).

Das Tk-Modul installieren

Bevor wir uns anschauen, wie man Perl/Tk verwendet, sollten wir zunächst auf die Installation eingehen. Es gibt viele verschiedene Möglichkeiten, Perl und Tk zu bekommen und auf einem Rechner zu installieren. Sie können sich den Quellcode holen und kompilieren (einfach unter Unix, nicht so einfach unter MS-Windows), oder Sie holen sich eine Binärdistribution und installieren diese. Einige Binärdistributionen enthalten allerdings vielleicht nicht alle Komponenten, die Sie benötigen; lesen Sie also auf jeden Fall die README-Dateien, die im Package enthalten sind.

Die Binärdistribution von Perl für Win32-Systeme enthält bereits das Tk-Modul. Sie erhalten Sie unter *http://www.ActiveState.com/ActivePerl/*. Wenn Sie diese Distribution installiert haben, brauchen Sie sich um die Installation von Perl/Tk nicht mehr zu kümmern.

Wenn Sie nicht wissen, ob Perl/Tk auf Ihrem System bereits vorhanden ist, oder wenn Sie feststellen möchten, ob die Installation erfolgreich war, führen Sie folgenden Befehl aus: `perl -e 'use Tk'` auf Unix-Systemen oder `perl -e "use Tk"` auf Win32-Systemen.

Wenn Sie keine Fehlermeldung bekommen, können Sie loslegen. Wenn aber ein Fehler gemeldet wird, wird der etwa so aussehen:

```
Can't locate Tk.pm in @INC (@INC contains: C:\PERL\lib\site C:\PERL\lib c:\perl\lib
c:\perl\lib\site c:\perl\lib\site .) at myscript line 1.
```

Sie müssen sich jetzt das Tk-Modul von einem CPAN-Server besorgen. Suchen Sie in dem Verzeichnis *http://www.cpan.org/modules/by-module/Tk/* die folgenden Dateien: *Tk*readme* und *Tk*tar.gz* (holen Sie sich immer die neuesten Versionen; * steht für die Versionsnummer). Seien Sie vorsichtig, wenn Sie die *.gz*-Datei herunterladen, weil einige Systeme versuchen, den Dateinamen in *.tar.tar* umzubenennen. Benennen Sie die Datei einfach wieder in *.tar.gz* um, und sie wird sich problemlos entpacken lassen. Befolgen Sie die Anweisungen in der README-Datei, um sicherzugehen, daß Sie bereits die richtige Perl-Version haben. Nach dem Herunterladen von *Tk*tar.gz* müssen Sie das Paket mit WinZip unter MS-Windows oder *gunzip* und *tar -xvf* auf Unix-Systemen entpacken. Befolgen Sie danach die Anweisungen in der Datei Install. Die Installation ähnelt der von Perl.

Win32-Anwendern bietet ActiveState mit dem Perl Package Manager (PPM)[3] und einem Archiv von Binärdistributionen der wichtigsten Perl-Module (*http://www.ActiveState. com/packages/*) eine komfortable Alternative zur üblichen Installation von Modulen, inkl. Perl/Tk.

Führen Sie nach der Installation den Test `perl -e 'use Tk'` bzw. `perl -e "use Tk"` erneut aus, um sicherzustellen, daß alles korrekt installiert ist. Stellen Sie dann sowohl unter MS-Windows als auch unter Unix sicher, daß das Verzeichnis *perl/bin* in Ihrer Umgebungsvariablen PATH steht. Sie können dann das Demoprogramm *widget* verwenden, um zu sehen, welche Widget-Typen zur Verfügung stehen.

Widgets erzeugen

Mit wenigen Ausnahmen werden alle Widgets auf die gleiche Art und Weise erzeugt. Jedes Widget muß ein Vater-Widget haben, das es bei der Erzeugung und während seiner Lebensdauer überwacht und in der Applikation verwaltet. Wenn Sie eine Applikation erzeugen, dann haben Sie normalerweise ein zentrales Fenster, das die anderen Widgets enthält. Üblicherweise ist dieses Fenster das Vater-Widget der in ihm enthaltenen Widgets sowie anderer Widgets, die Sie in der Applikation erzeugen. Sie erschaffen auf diese Weise eine Beziehung zwischen den Widgets, damit die Kommunikation zwischen den Kind- und Eltern-Widgets automatisch geschieht, ohne daß Sie noch etwas dazu beitragen müßten.

Wenn wir annehmen, daß das Widget `$vater` bereits existiert, dann erzeugen Sie ein Widget des Typs `Widgettyp` folgendermaßen:

```
$kind = $vater->Widget-Typ( [ -option => wert, . . . ] );
```

Beachten Sie, daß die Variablen, in denen Widgets abgelegt werden, Skalare sind. Eigentlich sind es Referenzen auf Widget-Objekte, aber das müssen Sie jetzt noch nicht wissen. Falls Sie sich mit der objektorientierten Programmierung in Perl noch nicht so auskennen: Die Verwendung von -> zwischen `$vater` und `Widget-Typ` ruft die Methode `Widget-Typ` am Objekt `$vater` auf. Damit wird `$vater` zu einem Verwandten des Widgets `$kind`. Ein Vater kann viele Kinder haben, aber ein Kind kann nur einen Vater haben. Und das ist auch schon so ziemlich alles, was Sie über die Vater-Kind-Beziehungen von Widgets wissen müssen.

Wenn Sie die Methode `Widget-Typ` aufrufen, verwenden Sie üblicherweise Konfigurationsparameter, um das Widget und seine Interaktion mit der Applikation zu konfigurieren. Die Konfigurationsparameter kommen paarweise vor: Es gehören immer eine

---

3 Der PPM ist Teil von ActivePerl, der Binärdistribution von Perl für Win32-Systeme von ActiveState, bzw. erhältlich von *http://www.ActiveState.com/PPM/*.

Option und ein zugehöriger Wert zusammen. Sie werden Optionen wie -text, -state oder -variable zu sehen bekommen. Normalerweise ist es nicht notwendig, die Optionen mit Anführungszeichen zu umgeben, weil Perl schlau genug ist, sie als Strings zu erkennen. Wenn Sie aber den Schalter -*w* verwenden, dann beschwert Perl sich vielleicht über eine Option, die es nicht für Text hält. Sie können immer Anführungszeichen um Ihre Optionen schreiben, um das zu vermeiden, aber es sollte eigentlich nicht nötig sein. Die Optionsnamen werden immer in Kleinbuchstaben geschrieben (mit einigen sehr wenigen Ausnahmen, die wir dann gesondert erwähnen werden).

Optionen werden folgendermaßen angegeben:

```
(-option => wert, -option => wert, -option => wert)
```

Lassen Sie sich nicht von dem merkwürdig aussehenden => irritieren, das ist nur eine andere Schreibweise für ein »Komma«. Sie könnten auch einfach Kommata verwenden:

```
(-option, wert, -option, wert, -option, wert)
```

Hier ist es allerdings sehr viel schwieriger zu erkennen, was Optionen und was Werte sind. Schauen Sie sich beispielsweise die beiden folgenden, syntaktisch gleichen Anweisungen an (die beide ein Button-Widget erzeugen, das zehn mal zehn Pixel groß ist, das Wort »Beenden« anzeigt und bei Betätigung des Buttons »Beenden« die Applikation beendet):

```
$schltfl = $vater->Button(-text, "Beenden", -command, sub { exit }, -width, 10,
-height, 10);

$schltfl = $vater->Button(-text => "Beenden", -command => sub { exit }, -width => 10,
-height => 10);
```

In der zweiten Zeile ist es offensichtlicher, welche Argumente zusammengehören. Die Option muß direkt vor ihrem Wert stehen: -text gehört zu »Beenden«, -command gehört zu sub { exit }, und -width und -height haben beide den Wert 10.

Herzlichen Glückwunsch, wir sind noch nicht einmal mit dem ersten Kapitel durch, und Sie wissen bereits, wie man eine typische Perl/Tk-Zeile liest!

Kurze Definitionen von Toplevel-, MainWindow- und Frame-Widgets

Im nächsten Kapitel wird das Geometrie-Management behandelt, und einige der Beispiele verwenden Widgets, über die Sie noch gar nichts wissen. Bei den meisten Widgets kann man sich leicht denken, was sie wohl machen, aber einige wenige bedürfen doch einer kurzen Erklärung.

Ein MainWindow-Widget ist eine besondere Version eines Toplevel-Widgets. Sowohl MainWindow als auch Toplevel sind Fenster, die andere Fenster enthalten. Der einzige Unterschied zwischen den beiden liegt darin, daß MainWindow das erste Fenster ist, das Sie in Ihrer Applikation erzeugen. Beide Widgets werden später detaillierter besprochen (Kapitel 13, *Toplevel-Widgets*).

Sie müssen noch einen weiteren Widget-Typ kennen: Frame-Widgets. Ein Frame-Widget ist ein Container, der ebenfalls andere Widgets enthalten kann. Er ist normalerweise unsichtbar und dient nur dazu, die enthaltenen Widgets wie gewünscht anzuordnen. Frame-Widgets werden ebenfalls in einem eigenen Kapitel (Kapitel 12, *Frames*) behandelt.

Der Code zum Erzeugen dieser drei Widgets sieht folgendermaßen aus:

```
$mw = new MainWindow; # oder $mw = MainWindow->new();
$top = $mw->Toplevel();
$frame = $mw->Frame(-borderwidth => 2, -relief => "groove");
```

Im Moment müssen Sie nur ungefähr wissen, wozu MainWindow-, Toplevel- und Frame-Widgets gut sind.

Programmierstil

Die Codezeilen in einem Perl/Tk-Skript können aufgrund all der Option/Wert-Paare, die zum Definieren und Konfigurieren der einzelnen Widgets verwendet werden, ziemlich undurchsichtig aussehen. Es gibt mehrere Möglichkeiten, den Code besser lesbar (und in manchen Fällen auch »wartbar«) zu machen. Meistens geht es darum, zusätzliche Leerzeichen oder Tabulatoren hinzuzufügen, so daß verschiedene Codeteile aneinander ausgerichtet werden. Wenn Sie sich einmal an den Anblick des Codes gewöhnt haben, wird er Ihnen nicht mehr so geheimnisvoll und undurchdringlich vorkommen.

In einem Programmierstil wird jedes Option/Wert-Paar auf eine eigene Zeile gestellt (das ist auch mein Lieblingsstil, den ich immer verwende):

```
$schlfl = $vater->Button(-text => "Mein Text",
                         -command => sub { exit },
                         -width => 10,
                         -height => 10);
```

Bei diesem Programmierstil ist es offensichtlich, welche Paare es gibt und welcher Wert zu welcher Option gehört. (Sie könnten auch die einzelnen => aneinander ausrichten, damit Sie hübsche Spalten bekommen; das hängt ganz davon ab, wieviel Zeit Sie haben, auf die Leertaste zu drücken.) Manche Leute ziehen es auch vor, die Option/Wert-Paare auf einer neuen Zeile beginnen zu lassen und auch dem); am Ende nach dem letzten Option/Wert-Paar eine eigene Zeile zu spendieren:

```
$schlfl = $vater->Button(
   -text => "Beenden",
   -command => sub { exit },
   -width => 10,
   -height => 10,
  );
```

Der Code ist damit leichter zu editieren; an jeder Stelle kann ein Option/Wert-Paar hinzugefügt oder entfernt werden, ohne daß man mit den Klammern und Semikola hantieren muß. Außerdem bleiben die Folgezeilen dichter am linken Seitenrand, so daß Ihr Code nicht so weit nach rechts herüberläuft, wenn Sie mehrere Einrückungsebenen haben.

Wenn man nur ein oder zwei Option/Wert-Paare hat, dann kann es sinnvoll sein, alle auf der gleichen Zeile zu lassen und etwas Platz zu sparen:

```
$schlfl = $vater->Button(-text => "Mein Text", -command => sub { exit });
```

Sie werden mit der Zeit einen Stil finden, der Ihren persönlichen Vorlieben entgegenkommt. Aber welchen Stil Sie auch immer wählen, seien Sie in allen Ihren Skripten konsistent; es kann sein, daß jemand anderes Ihren Code übernehmen muß (oder auch, daß Sie Jahre später den Code noch einmal anfassen müssen).

Ein Widget anzeigen

Sie verwenden zwei verschiedene Befehle, um ein Widget zu erzeugen und es anzuzeigen, auch wenn diese manchmal auf einer Zeile zusammengefaßt werden und dann wie ein Befehl aussehen. In den bisherigen Beispielen haben wir die Button-Methode verwendet, um einen Button zu erzeugen, aber nur durch die Verwendung dieser Methode wird noch nichts angezeigt. Sie müssen einen Geometrie-Manager verwenden, damit das Widget in seinem Vater-Widget oder an anderer Stelle angezeigt wird. Der gängigste Geometrie-Manager ist pack, und um diesen zu verwenden, rufen Sie einfach die Methode pack() wie hier gezeigt an einem Widget-Objekt auf:

```
$widget->pack();
```

Zum Beispiel:

```
$button->pack();
```

Die pack-Methode versteht auch einige Argumente, aber mit denen werden wir uns erst in Kapitel 2, *Geometrie-Management*, befassen.

Es ist nicht nötig, die Methode pack auf einer eigenen Zeile aufzurufen, das ->pack kann auch an die Erzeugung des Widgets angehängt werden:

```
$vater->Button(-text => "Tschüß!", -command => sub { exit })->pack();
```

Die anderen verfügbaren Geometrie-Manager heißen grid und place. Alle verhalten sich anders, und welchen Sie verwenden müssen, hängt meistens davon ab, wie Ihre Applikation aussehen soll. Daher sei hier noch einmal auf die Informationen über Geometrie-Manager in Kapitel 2 verwiesen.

Die Anatomie einer Ereignisschleife

Wenn Sie eine Applikation programmieren, die keine textbasierte Schnittstelle, sondern eine grafische Benutzerschnittstelle verwendet, dann sind viele verschiedene Dinge zu berücksichtigen. In einer textbasierten Applikation können Sie von der Standardeingabe (STDIN) lesen, Kommandozeilenoptionen verwenden, Dateien einlesen und beim Benutzer nach bestimmten Informationen nachfragen. Der Benutzer interagiert mit Ihrer Applikation lediglich über die Tastatur. In einem GUI können Eingaben nicht nur aus diesen Quellen kommen, sondern auch von der Maus und dem Window-Manager (wie beispielsweise eine »Fenster schließen«-Anweisung auf einem Window-Manager wie *kwm* oder MS-Windows). Obwohl diese zusätzlichen Eingabekanäle Ihre Applikationen flexibler machen, machen sie auch Ihre Arbeit schwieriger. Aber solange wir sagen, was wir wollen, hilft uns Perl/Tk, mit all diesen Eingabemöglichkeiten klarzukommen.

Die Eingaben in ein GUI werden durch Ereignisse (Events) definiert. Ereignisse sind normalerweise verschiedene Kombinationen aus Tastatur- und Mausinteraktionen, die zur gleichen Zeit oder nacheinander stattfinden. Wenn der Benutzer die linke Maustaste über dem Button »B« betätigt, dann ist das eine Art von Ereignis. Das gleiche über dem Button »C« wäre ein anderes Ereignis. Das Tippen des Buchstabens »a« schließlich wäre noch ein anderes Ereignis. Und noch ein weiteres Ereignis wäre das Gedrückthalten der Strg-Taste bei gleichzeitigem Klicken der mittleren Maustaste. Sie verstehen schon, was gemeint ist.

Ereignisse werden in einer Ereignisschleife verarbeitet. Diese Ereignisschleife macht genau das, was ihr Name sagt: Sie bearbeitet Ereignisse in einer Schleife. Hier wird bestimmt, welche Subroutinen auf Basis welches Ereignistyps aufgerufen werden sollen. Der Pseudocode einer Ereignisschleife sieht so aus:

```
while (1) {
 ereignis_daten_holen

 wenn dieses ereignis ein klicken mit der linken maustaste ist, dann rufe die
                    subroutine process_left_mouse_click auf
 wenn dieses ereignis ein klicken mit der rechten maustaste ist, dann rufe die
                    subroutine process_right_mouse_click auf
 wenn dieses ereignis eine tastatureingabe ist, dann rufe die subroutine type_it auf
 ansonsten verarbeite die ereignisse fuer groessenaenderungen, zum neuzeichnen usw.
}
```

Das ist offensichtlich eine ziemlich vereinfachte Version einer Ereignisschleife, aber die grundlegende Idee wird hier schon deutlich. In der Ereignisschleife wird festgestellt, welche Art von Eingabe gemacht worden ist. Beispielsweise könnte die Subroutine process_left_mouse_click ermitteln, wo sich der Mauszeiger beim Klick befunden hat, und dann die anderen Subroutinen auf der Basis dieser Information aufrufen.

In Perl/Tk wird die Ereignisschleife durch Aufruf einer Routine namens MainLoop angestoßen. Alles, was vor dieser Anweisung steht, richtet lediglich die Benutzerschnittstelle ein. Und alles, was danach steht, wird erst dann ausgeführt, wenn das GUI mit `$mw-> destroy` zerstört worden ist.

Wenn wir die `MainLoop`-Anweisung vergessen, wird das Programm ein Weilchen vor sich hin sinnieren und dann zurück zur Eingabeaufforderung springen. Keines der Fenster, Buttons oder Widgets wird gezeichnet werden. Eines der ersten Dinge, die nach dem Aufrufen von `MainLoop` geschehen, ist nämlich das Zeichnen der Oberfläche und das Starten der Ereignisschleife.

Bevor wir uns die Ereignisschleife und was sie tut (und das, was Sie dazu beitragen müssen, damit sie das auch richtig tut) näher anschauen, sollten wir uns ein richtiges, echtes, funktionierendes »Hallo Welt«-Programm ansehen (haben Sie etwas anderes erwartet?)

»Hallo Welt«-Beispiel

Jede Programmiersprache durchläuft das »Hallo Welt«-Beispiel. Es ist ein gutes Beispiel, weil man daran sehen kann, wie man etwas zwar Einfaches, aber Nützliches macht. In unserem »Hallo Welt«-Beispiel wollen wir in der Titelzeile unseres Fensters »Hallo Welt« anzeigen und einen Button erzeugen, mit dem die Anwendung beendet wird.

```perl
#!/usr/bin/perl
use Tk;
my $mw = MainWindow->new;
$mw->title(«Hallo Welt");
$mw->Button(-text => "Fertig", -command => sub { exit })->pack;
MainLoop;
```

Dieses Programm ist zwar nur sechs Zeilen lang, aber es tut sich doch schon eine ganze Menge. Wie jeder Perl-Programmierer weiß, ruft die erste Zeile Perl auf (nur unter Unix, unter Win32 müssen Sie *perl hello.pl* eingeben, um das Programm zu starten). Mit der zweiten Zeile teilen wir Perl mit, daß wir das Tk-Modul verwenden wollen.

Die dritte Zeile

```perl
my $mw = MainWindow->new;
```

zeigt, wie ein Fenster erzeugt wird. Das Fenster bekommt die gleichen Fenstermanager-Dekorationen wie alle anderen Fenster. In einer Unix-Umgebung wird es wie alle Ihre anderen Fenster aussehen und unter MS-Windows auch.

Der Titel unseres Fensters wird mit der Methode `title` geändert. Wenn wir diese Methode nicht verwendet hätten, dann wäre der Text in der Titelzeile des Fensters der Name der Datei, die den Code enthält. Wenn der Code beispielsweise in der Datei *hallo_welt* stehen würde, würde der String »Hallo_welt« angezeigt werden (der erste Buchstabe wird automatisch groß geschrieben). Sie müssen die Methode `title` nicht verwenden, aber die Applikation sieht dann sehr viel besser aus.

Jeder String, den wir als Argument übergeben, wird zum Titel. Wenn ich als Titel »Hallo Leute! Schaut Euch mein tolles Programm an!« haben wollte, dann müßte ich das als Argument übergeben. Das entspricht der Verwendung der Option *-title* beim Starten von normalen X Windows-Applikationen. MainWindow-Objekte haben noch mehr Methoden, die in den Kapiteln 12 und 13 behandelt werden.

In der nächsten Zeile wird ein Button-Widget erzeugt. Hier werden seine grundlegenden Eigenschaften eingestellt und mit pack angezeigt. (Kapitel 3, *Der einfache Button*, nennt alle verfügbaren Konfigurationsoptionen.)

Das Button-Widget wird so konfiguriert, daß es den Text »Fertig« anzeigt und beim Betätigen den Perl-Befehl exit ausführt. Der letzte interessante Punkt ist schließlich der Befehl MainLoop. Damit wird die Ereignisverarbeitung gestartet, und erst jetzt macht die Applikation, was wir ihr gesagt haben: Wenn der Benutzer auf den Button klickt, wird die Applikation beendet. Alle anderen Interaktionen seitens des Benutzers (verkleinern, vergrößern, zu einer anderen Applikation wechseln) werden vom Fenstermanager erledigt und von unserer Applikation ignoriert. Abbildung 1-1 zeigt das »Hallo Welt«-Fenster.

Abbildung 1-1: »Hallo Welt«-Fenster

exit oder destroy verwenden

Wir werden in allen Beispielen in diesem Buch sub { exit } verwenden, um die Perl/Tk-Applikation zu beenden. Das funktioniert so lange, wie Sie use Tk; in der gleichen Datei wie das sub { exit } verwenden. Perl/Tk definiert eine eigene exit-Routine, die Aufräumarbeiten und andere für Tk wichtige Dinge erledigt. Man kann den Tk-Teil der Applikation auch durch den Aufruf von $mw->destroy() beenden, wodurch das Hauptfenster zerstört und zum Code hinter MainLoop zurückgesprungen wird. Dieser Code wird ansonsten nicht ausgeführt, auch nicht, wenn Sie sub { exit } verwenden. Denken Sie daran, wenn Sie noch etwas erledigen wollen, nachdem der GUI-Teil beendet ist.

Namenskonventionen für Widget-Typen

Namenskonventionen? Wie langweilig! Ja, aber manchmal werden unsere Programme so groß und unhandlich, daß wir uns nicht mehr erinnern können, auf was diese dumme Variable $button verweist. Wenn es mehr als zehn Buttons im Programm gibt, hätten wir es schwer herauszufinden, welcher Button noch einmal $button3 war, wenn wir nicht eine Menge Code durchsuchen wollen.

Ich werde hier lediglich eine Namenskonvention vorschlagen, und wenn sie Ihnen gefällt, dann verwenden Sie sie doch! Wenn sie Ihnen nicht gefällt, dann denken Sie sich entweder eine eigene aus, oder hoffen Sie darauf, daß Sie ein sehr gutes Gedächtnis haben.

Bei Buttons verwende ich gern `_b`, `_bttn` oder `Button` im Variablennamen. Beispielsweise würde ich meinen Button im »Hallo Welt«-Beispiel `$done_b`, `$done_bttn` oder `$done-Button` nennen.

Ein besonderer Widget-Typ ist das allererste Fenster, das wir mit der Methode `MainWindow` erzeugen. Ich verwende dafür immer `$mw` als Variablenname, aber Sie werden in anderen Programmen auch `$main` oder `$mainwindow` sehen.

Tabelle 1-1 enthält eine Liste von Widget-Typen und meine Vorschläge für Namenskonventionen dafür. Ersetzen Sie »blah« durch eine sinnvolle Beschreibung der Aufgabe des Widgets. Wenn Sie diese Konvention verwenden, dann wissen Sie immer, mit was für einer Art von Widget Sie arbeiten.

Tabelle 1-1: Namenskonventionen für Widget-Typen

Widget-Typ	Namensvorschlag	Beispiele
Button	`$blah_b` (oder `$blah_bttn`, `$blahButton`)	`$exit_b`, `$apply_b`, `$newButton`
Canvas	`$blah_canvas` oder `$blahCanvas`	`$main_canvas`, `$tinyCanvas`
Checkbutton	`$blah_cb` oder `$blahCheckbutton`	`$uppercase_cb`, `$lowercaseCheckbutton`
Entry	`$blah_e` oder `$blahEntry`	`$name_e`, `$addressEntry`
Frame	`$blah_f` oder `$blahFrame`	`$main_f`, `$left_f`, `$canvasFrame`
Label	`$blah_l` oder `$blahLabel`	`$name_l`, `$addressLabel`
Listbox	`$blah_lb` oder `$blahListbox`	`$teams_lb`, `$teamsListbox`
Menu	`$blah_m` oder `$blahMenu`	`$file_m`, `$edit_m`, `$helpMenu`
Radiobutton	`$blah_rb` oder `$blahRadiobutton`	`$blue_rb`, `$grey_rb`, `$redRadiobutton`
Scale	`$blah_scale` oder `$blahScale`	`$age_scale`, `$incomeScale`
Scrollbar	`$blah_scroll` (oder `$blah_sbar`) oder `$blahScroll`	`$x_scroll`, `$yScroll`
Text	`$blah_t` (oder `$blahText`)	`$file_txt`, `$commentText`
Toplevel	`$blah_w` oder `$blahWindow`	`$main_w`, `$fileopenWindow`

Ich muß zugeben, daß ich meine eigenen Regeln auch nicht immer befolge. Sie werden in diesem Buch immer wieder sehen, daß ich einfach `$button` in Beispielprogrammen verwende bzw. `$button1` und `$button2`, wenn es zwei davon gibt. Aber bei allem, was länger als ein paar Zeilen ist, werde ich (großes Pfadfinderehrenwort) meiner eigenen Konvention folgen. Ich werde immer einen Namen verwenden, der anzeigt, um was für einen Widget-Typ es sich handelt.

print zum Debuggen verwenden

Normalerweise starten Sie Ihr Perl/Tk-Programm durch Eingeben des Programmnamens an der Eingabeaufforderung:

```
% hello_world
```

oder

```
C:\>perl hello_world
```

Wenn Sie das Programm so ausführen, dann werden alle Ausgaben, die mit print (oder printf) erzeugt wurden, in dieses Terminalfenster geschrieben. Manchmal werden Sie die Ausgaben erst sehen, wenn das Programm beendet wird. Das liegt dann wahrscheinlich daran, daß Sie an das Ende des auszugebenden Strings kein \n angehängt haben, was ein automatisches Herausschreiben des Inhalts bewirkt. Wenn Sie während des Programmlaufs feststellen, daß keine Ausgaben kommen, wenn sie es eigentlich sollten, dann vergewissern Sie sich, daß die print-Anweisungen mit einem \n enden.

Entwerfen von Fenstern (eine kurze Lektion)

Bevor Sie sich überlegen, auf welche Ereignisse Sie reagieren wollen, lohnt es sich, ein wenig Zeit damit zuzubringen, ein paar Skizzen auf das Papier zu werfen und sich zu überlegen, was (aus der Sicht des Benutzers) passieren soll, wenn ein Button angeklickt oder ein Menüeintrag ausgewählt wird.

Einer der wichtigsten Punkte beim Entwurf Ihrer Applikation ist der, daß nichts passiert, bevor die Ereignisschleife läuft. Alles, was vor dem Aufruf von MainLoop kommt, sind nur Vorbereitungen für die Ereignisschleife.

Ein GUI läßt eine Applikation oft professioneller und nützlicher aussehen als eine textbasierte Benutzerschnittstelle. Außerdem ist es oft einfacher, verschiedene Arten von Benutzereingaben über ein GUI entgegenzunehmen.

Hier sind einige Dinge, die Sie sich überlegen sollten, wenn Sie entscheiden, wie das GUI aussehen sollte:

- Jedes Widget sollte eine Aufgabe haben. Es sollte intuitiv und informativ sein.
- Überlegen Sie sich, wie die Benutzer die Applikation verwenden werden, und entwerfen Sie sie danach.
- Versuchen Sie nicht, alles, was Ihre Applikation macht, in ein Fenster zu zwängen.
- Versuchen Sie nicht immer, alles in gesonderte Fenster aufzuteilen. Manche Applikationen sind so einfach, daß ein Fenster völlig ausreicht.

- Farben sind eine gute Sache, aber es gibt viele Farbenblinde. Wenn Sie darauf bestehen, Farben zu verwenden, dann richten Sie es so ein, daß die Farben über eine Konfigurationsdatei oder die Applikation eingestellt werden können.

- Manche Widgets sind für eine bestimmte Aufgabe besser geeignet als andere. Verwenden Sie immer das richtige Widget für eine bestimmte Ausgabe.

Soweit die Lektion. Schnallen Sie sich an, jetzt geht es richtig los!

2

Geometrie-Management

Um Widgets auf dem Bildschirm anzuzeigen, müssen sie einem Geometrie-Manager übergeben werden. Dieser steuert die Positionen und die Größe des Widgets. Es gibt in Perl/Tk drei Geometrie-Manager: `pack`, `place` und `grid`.

Alle drei Geometrie-Manager werden als Methoden am Widget aufgerufen, haben aber alle eigene Verfahren und Argumente, um zu bestimmen, wie und wo die Widgets auf den Bildschirm gebracht werden:

```
$widget1->pack(); $widget2->place(); $widget3->grid();
```

Wenn Sie die Widgets in Ihrem Fenster anordnen, ist es oft notwendig, Widgets in Gruppen zusammenzufassen, um ein bestimmtes Aussehen zu bekommen. Wenn Sie beispielsweise `pack()` verwenden, es ist schwierig, die Widgets sowohl horizontal als auch vertikal anzuordnen, ohne sie irgendwie zu gruppieren. Wir gruppieren Widgets, indem wir in einem Fenster ein `Frame`-Widget oder aber ein anderes Fenster (ein `Toplevel`-Widget) verwenden.

Unser erstes Fenster erzeugen wir durch den Aufruf von `MainWindow`. `MainWindow` ist eine besondere Form von Toplevel-Widget. Näheres zum Erzeugen und Konfigurieren von Frames und Toplevel-Widgets finden Sie in Kapitel 12, *Frames*, und Kapitel 13, *Toplevel-Widgets*.

Wegen der Unterschiede zwischen den drei Geometrie-Managern ist es schwierig (wenn auch nicht völlig unmöglich, auf jeden Fall aber nicht empfehlenswert), mehr als einen Geometrie-Manager im gleichen Bereich zu verwenden. In unserem `$mw` kann ich viele verschiedene Widget-Typen anzeigen, aber wenn ich anfange, `pack()` zu verwenden, dann sollte ich nicht mittendrin zu `grid()` wechseln. Weil ein Fenster einen Frame enthalten kann, der dann wiederum andere Widgets enthält, verwenden wir `pack()`, um den Frame in das MainWindow zu setzen. Dann könnten wir `grid()` benutzen, um die Widgets im Frame zu verwenden. Das ist in Abbildung 2-1 dargestellt.

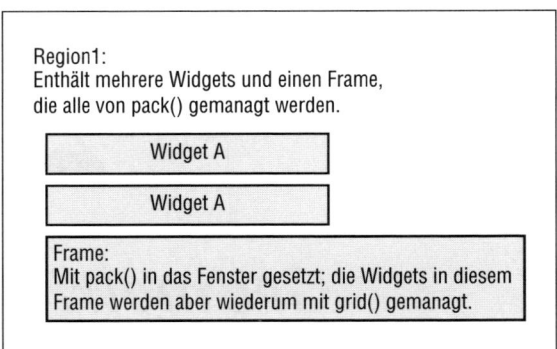

Abbildung 2-1: Ein Frame in einem Fenster, das einen anderen Geometrie-Manager verwendet.

Obwohl die verschiedenen Geometrie-Manager alle ihre Stärken und Schwächen haben, ist der gängigste pack(), den ich zuerst und am detailliertesten besprechen werde. Der Geometrie-Manager grid() wurde gerade entwickelt, während ich dieses Buch schrieb. grid ist mit der Version 8.0 von Tk und der darauffolgenden Portierung nach Perl deutlich verbessert worden. Der Geometrie-Manager place() ist am mühsamsten zu verwenden, weil Sie die genauen Koordinaten für jedes einzelne Widget selbst festlegen müssen.

Pack

Können Sie sich noch an die Zeit erinnern, als Sie ein kleines Kind waren und mit diesen Holzpuzzles spielten? Oft hatten diese niedliche kleine Tierbilder. Jedes Teil im Puzzle gehörte an genau eine Stelle, und die einzelnen Teile durften nicht übereinander liegen.

Beim Geometrie-Manager pack ähneln unsere Fenster den Holzpuzzles, weil die Widgets sich nicht überlappen oder bedecken dürfen (weder partiell noch vollständig), siehe dazu Abbildung 2-2. Wenn ein Button an eine bestimmte Stelle im Fenster gelegt wird, dann muß der nächste Button (oder jedes andere Widget) sich diesem anpassen. Glücklicherweise geht es in unseren Fenstern nur um rechteckige Formen und nicht um die merkwürdig gesägten Puzzleformen.

Die Reihenfolge, in der Sie Ihre Widgets mit pack() einsetzen, ist sehr wichtig, weil sie unmittelbar beeinflußt, was Sie auf dem Bildschirm zu sehen bekommen. Jeder Frame und jedes Toplevel-Widget verwaltet eine Liste von Elementen, die in ihm angezeigt werden. Diese Liste ist sortiert; wenn Widget A vor Widget B mit pack() eingefügt worden ist, dann hat Widget A den Vorrang. Das wird deutlich werden, wenn wir uns einige Beispiele anschauen. Sie werden oft nur durch das Ändern der Reihenfolge, in der die Widgets eingesetzt werden, ein völlig anderes Aussehen bekommen.

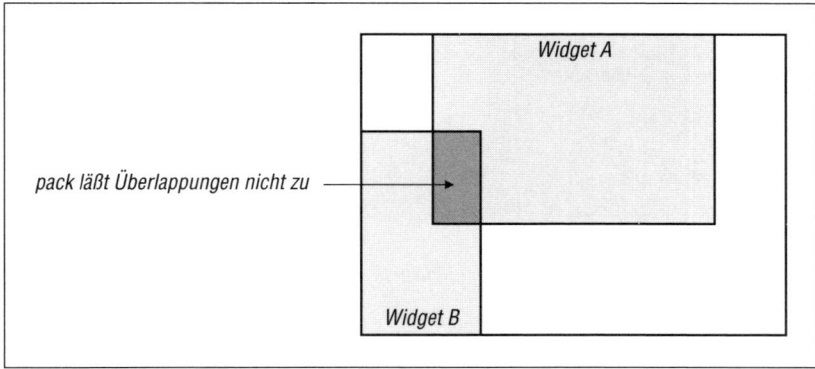

Abbildung 2-2: Überlappungsfehler

Wenn es Ihnen egal ist, wie das Fenster aussieht und wie die Widgets dort hineingesetzt werden, dann können Sie pack() ohne Argumente verwenden und den Rest dieses Kapitels überspringen. So wird das dann aussehen:

```
$widget->pack();
```

Damit Ihr Fenster schöner aussieht und besser zu verwalten ist (und auch benutzerfreundlicher wird), kann man der pack-Methode Argumente mitgeben, die beeinflussen, wie die Widgets und das Fenster aussehen. Wie bei allem in Perl/Tk werden auch diese Argumente paarweise übergeben. Der komplexere Aufruf sieht also folgendermaßen aus:

```
$widget->pack( [ option => wert, ... ] );
```

Hier folgt Code, der ein Fenster erzeugt, und keine pack()-Optionen verwendet. Abbildung 2-3 zeigt, wie das Fenster aussehen wird (ich weiß, daß wir noch nicht alle in diesem Beispiel verwendeten Widgets besprochen haben, aber lesen Sie erst einmal weiter, die Sache ist ziemlich einfach).

```
#!/usr/bin/perl -w
use Tk;

my $mw = MainWindow->new;
$mw->title("Schlechtes Fenster");
$mw->Label(-text => "Dies ist ein Beispiel für ein Fenster, das schlecht aussieht,\n
wenn Sie an pack keine Argumente übergeben")->pack;

$mw->Checkbutton(-text => "Das mag ich!")->pack;
$mw->Checkbutton(-text => "Das hasse ich!")->pack;
$mw->Checkbutton(-text => "Mir doch egal")->pack;
$mw->Button(-text => "Beenden",
            -command => sub { exit })->pack;
MainLoop;
```

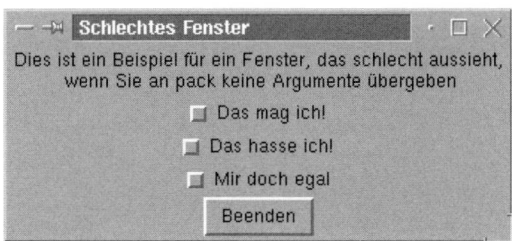

Abbildung 2-3: Ein Fenster mit von pack verwalteten Widgets

Wir können den vorstehenden Code ändern und pack() einige Optionen übergeben, so daß unser Fenster viel besser aussieht:

```
#!/usr/bin/perl -w
use Tk;

my $mw = MainWindow->new;
$mw->title("Gutes Fenster");
$mw->Label(-text => "Dieses Fenster sieht viel besser organisiert und weniger
zusammengehuscht aus,\nweil wir Optionen verwendet haben, um es besser aussehen zu
lassen.")->pack;

$mw->Button(-text => "Beenden",
            -command => sub { exit })->pack(-side => 'bottom',
                                            -expand => 1,
                                            -fill => 'x');
$mw->Checkbutton(-text => "Ich mag das!")->pack(-side => 'left',
                                                -expand => 1);
$mw->Checkbutton(-text => "Ich hasse das!")->pack(-side => 'left',
                                                  -expand => 1);
$mw->Checkbutton(-text => "Mir doch egal")->pack(-side => 'left',
                                                 -expand => 1);
MainLoop;
```

Abbildung 2-4 zeigt das besser organisierte Fenster.

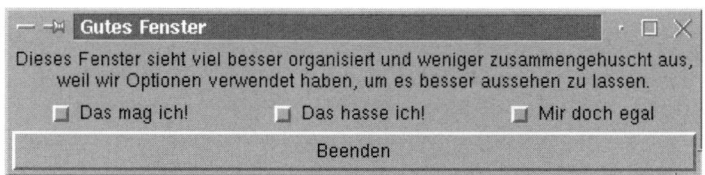

Abbildung 2-4: Ein Fenster mit von pack mit Optionen verwalteten Widgets

Mit pack() können Sie folgendes beeinflussen:

* Die Position im Fenster relativ zum Fenster oder den Kanten
* Die Größe der Widgets, entweder relativ zu anderen Widgets oder absolut

- Den Abstand zwischen den Widgets
- Die Position in der Widget-Liste des Fensters oder Frames

Die Optionen, Werte und Defaults werden im nächsten Abschnitt aufgeführt und besprochen.

Pack-Optionen

Die folgende Liste zeigt alle Optionen, die beim Aufruf von `pack()` zur Verfügung stehen. Die Defaultwerte sind in Fettschrift dargestellt (was besagt, daß Sie die Wirkung dieses Werts bekommen, wenn Sie die Option nicht angeben).

`-side => 'left' | 'right' | `**`'top'`**` | 'bottom'`
> Schiebt das Widget an die angegebene Seite des Fensters oder Frames.

`-fill => `**`'none'`**` | 'x' | 'y'| 'both'`
> Läßt das Widget sein Rechteck in der angegebenen Richtung füllen.

`-expand => 1 | `**`0`**
> Läßt das Rechteck des Widgets den verbleibenden Platz im Fenster oder Frame ausfüllen.

`-anchor => 'n' | 'ne' | 'e' | 'se' | 's' | 'sw' | 'w' | 'nw' | `**`'center'`**
> Verankert das Widget in seinem Rechteck.

`-after => $andereswidget`
> Ordnet $widget in der Widget-Reihenfolge hinter $andereswidget ein.

`-before => $andereswidget`
> Ordnet $widget in der Widget-Reihenfolge vor $andereswidget ein.

`-in => $anderesfenster`
> Setzt $widget in $anderesfenster anstelle des Eltern-Widgets (Default) ein.

`-ipadx => `*betrag*
> Vergrößert das Widget horizontal um *betrag* x 2.

`-ipady => `*betrag*
> Vergrößert das Widget vertikal um *betrag* x 2.

`-padx => `*betrag*
> Setzt links und rechts vom Widget ein Polster ein.

`-pady => `*betrag*
> Setzt links und rechts vom Widget ein Polster ein.

Widgets positionieren

Jedes Fenster (und jeder Frame) hat vier Seiten: oben, unten, links und rechts. Der Pakker verwendet diese Seiten als Referenzpunkte für die Widgets. Defaultmäßig schiebt `pack()` die Widgets an den oberen Rand des Toplevel-Widgets oder Frames.

Mit der Option `-side` können Sie festlegen, wohin ein Widget geschoben werden soll:

```
-side => 'left' | 'right' | 'top' | 'bottom'
```

Wenn ein Button beispielsweise am linken Rand des Fensters angeordnet werden soll, würden wir -side => 'left' angeben.

Ausgehend von unserem »Hallo Welt«-Beispiel schauen wir uns jetzt an, was passiert, wenn wir unseren Button an die einzelnen Seiten schieben. Wir werden dabei nur den ->pack()-Teil der Zeile zum Erzeugen des Buttons ändern. Außerdem ändern wir jeweils den Text in der Titelzeile, um die Optionen von pack anzuzeigen.

```
$mw->Button(-text => 'Fertig',
  -command => sub { exit })
->pack(-side => 'top');
```

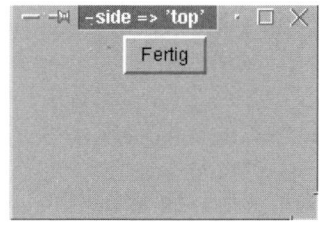

ODER

```
$mw->Button(-text => 'Fertig',
  -command => sub { exit })
->pack;
```

```
$mw->Button(-text => 'Fertig',
  -command => sub { exit })
->pack(-side => 'bottom');
```

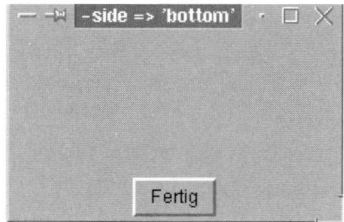

```
$mw->Button(-text => 'Fertig',
  -command => sub { exit })
->pack(-side => 'left');
```

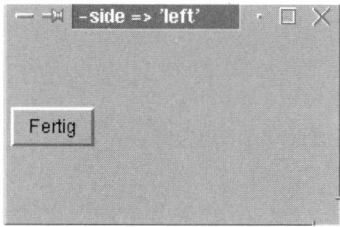

```
$mw->Button(-text => 'Fertig',
  -command => sub { exit })
->pack(-side => 'right');
```

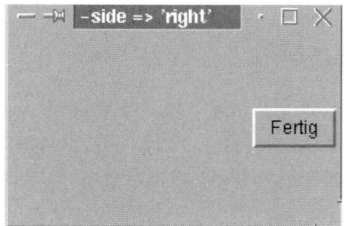

Die hier gezeigten Fenster sind etwas vergrößert worden, um den Unterschied zwischen den einzelnen Werten von -side herauszuheben. Normalerweise ist das Fenster nur so groß, wie es zum Anzeigen des Buttons notwendig ist. Wenn Sie sich überlegen, wie Widgets in einem Fenster angeordnet werden sollen, dann ist es oft gut, sich anzuschauen, was passiert, wenn das Fenster kleiner und größer gemacht wird. Stellen Sie sicher, daß sich das Programm so verhält, wie Sie sich das vorgestellt haben.

So weit sieht pack() ja ziemlich einfach aus, aber was ist, wenn wir mehr als einen Button in der Applikation haben wollen? Was passiert, wenn wir einfach Buttons hinzufügen?

```
$mw->Button(-text => 'Fertig1', -command => sub { exit })->pack;
$mw->Button(-text => 'Fertig2', -command => sub { exit })->pack;
$mw->Button(-text => 'Fertig3', -command => sub { exit })->pack;
$mw->Button(-text => 'Fertig4', -command => sub { exit })->pack;
```

Weil die voreingestellte Seite top ist, würden wir erwarten, daß alle irgendwie am oberen Rand kleben, nicht wahr? Nun, so etwa. Der Packer reserviert für jedes Widget einen bestimmten Platz und manipuliert dann das Widget an diesem Platz sowie den reservierten Platz im Fenster.

Abbildung 2-5 zeigt, wie das Fenster mit den vier Fertig-Buttons aussieht, und im nächsten Abschnitt wird erklärt, warum das so ist.

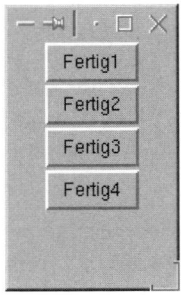

Abbildung 2-5: Vier mit Defaulteinstellungen gepackte Buttons

Widget-Rechtecke

Wenn ein Element gepackt werden soll, dann überprüft der Packer zunächst, an welche Seite (oben, unten, links oder rechts) es geschoben werden soll. Dann reserviert er einen unsichtbaren rechteckigen Bereich, der die gesamte Höhe oder Breite des Widgets füllt und nur für dieses Widget bestimmt ist.

In Abbildung 2-6 repräsentiert das Rechteck mit der durchgezogenen Linie unser leeres Fenster (oder den Frame), während das Rechteck mit der gepunkteten Linie der rechteckige Bereich ist, den der Packer für den ersten Button reserviert. Eigentlich füllt dieser die gesamte Breite oder Höhe aus, aber damit leichter zu erkennen ist, was passiert, haben wir ihn etwas eingerückt.

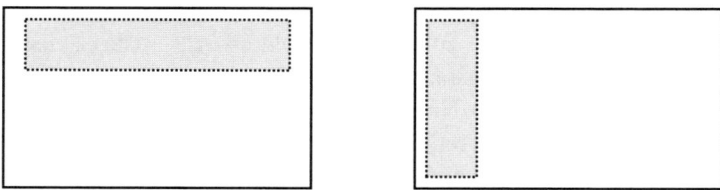

Abbildung 2-6: Vom Packer reservierte rechteckige Bereiche, wenn -side => 'top' beziehungsweise -side = 'left' verwendet wird

Der Umfang des gepunkteten Rechtecks, das wir das Widget-Rechteck nennen wollen, wird aufgrund der Größe des anfordernden Widgets berechnet. Am oberen und unteren Rand ist das Widget-Rechteck so breit wie das Fenster und so hoch, daß das Widget gerade hineinpaßt. Am linken und rechten Rand ist das Widget-Rechteck so hoch wie das Fenster, aber nur so breit, daß das Widget gerade hineinpaßt.

In unseren Beispielen haben wir bisher Buttons verwendet, in denen der Text der Buttons die Breite bestimmt hat. Wenn wir einen Button mit dem Text »Fertig« und einen anderen Button mit dem Text »Fertig, und tschüß, das war's« erzeugen, dann wird der zweite Button sehr viel größer als der erste werden. Wenn diese beiden Buttons am linken oder rechten Rand nebeneinander eingefügt werden, dann bekommt der zweite Button ein sehr viel größeres Widget-Rechteck. Setzen wir aber beide an den oberen oder unteren Rand, dann wären die Widget-Rechtecke gleich groß, weil die Breite vom Fenster und nicht vom Widget bestimmt wird.

Wenn die Größe des Widget-Rechtecks bestimmt ist, dann wird das Widget entsprechend anderer übergebener Optionen oder deren Defaultwerten in das Widget-Rechteck eingesetzt. Ich werde diese Optionen später besprechen und Ihnen dann auch zeigen, welchen Einfluß das auf das Widget-Rechteck hat.

Wenn das erste Widget in das Fenster eingesetzt worden ist, dann ist der verfügbare Platz für die weiteren Widget-Rechtecke kleiner, weil das erste Widget-Rechteck einen Teil des verfügbaren Platzes belegt hat (siehe Abbildung 2-7).

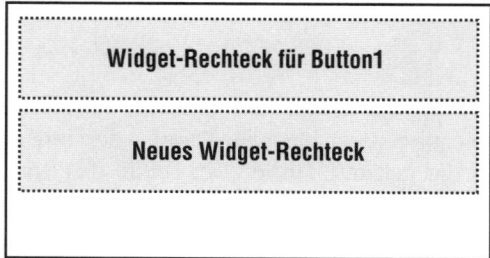

Abbildung 2-7: Das zweite Widget-Rechteck, wenn die voreingestellte Seite 'top' verwendet wird

Wenn mehr als ein Button an verschiedene Seiten eines Fensters geschoben wird, dann hängt das Resultat von der verwendeten Reihenfolge ab.

Wir fangen damit an, einen Button nach oben, einen nach unten, einen nach links und einen nach rechts zu schieben:

```
$mw->Button(-text => "OBEN", -command => sub { exit })
    ->pack(-side => 'top');

$mw->Button(-text => "UNTEN", -command => sub { exit })
    ->pack(-side => 'bottom');

$mw->Button(-text => "RECHTS", -command => sub { exit })
    ->pack(-side => 'right');

$mw->Button(-text => "LINKS", -command => sub { exit })
    ->pack(-side => 'left');
```

Die Widget-Rechtecke für dieses Fenster würden wie in Abbildung 2-8 aussehen.

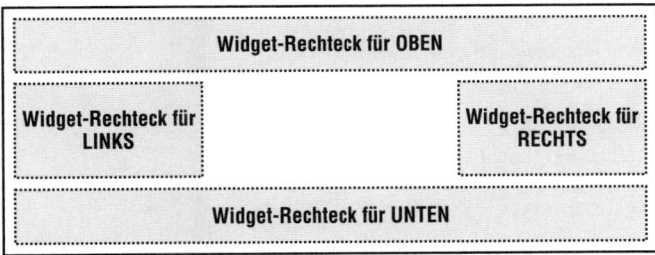

Abbildung 2-8: Widget-Rechtecke für vier Buttons

Abbildung 2-9 zeigt, wie das resultierende Fenster sowohl in normaler Größe als auch etwas vergrößert aussieht.

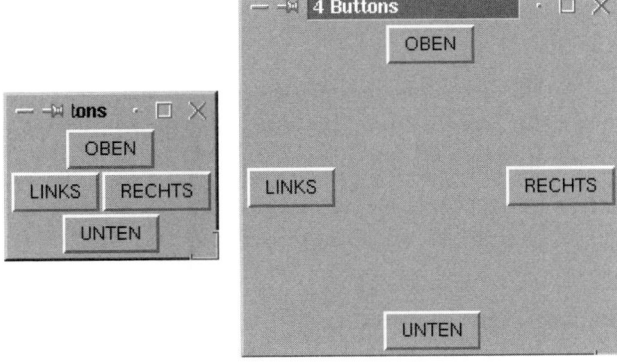

Abbildung 2-9: Vier Buttons an den vier Seiten eines Fensters

Das Widget-Rechteck füllen

Normalerweise behält jedes Widget seine Defaultgröße, die normalerweise kleiner als das zugehörige Widget-Rechteck ist. Wenn aber die Option -fill verwendet wird, dann wird das Widget so weit vergrößert, daß es sein Widget-Rechteck entsprechend des Optionsparameters ausfüllt. Die möglichen Werte für die Option lauten:

```
-fill => 'none' | 'x' | 'y' | 'both'
```

Mit dem Wert 'x' wird das Widget in horizontaler Richtung vergrößert, entsprechend mit 'y' in vertikaler Richtung. Mit -fill => 'both' kann man gut sehen, wie groß das Widget-Rechteck ist und wo es liegt, weil 'both' das Widget in beide Richtungen vergrößert. Wir nehmen uns wieder das Beispiel mit den vier Buttons vor und geben dieses Mal -fill => 'both' an.

```
$mw->Button(-text => "OBEN", -command => sub { exit })
    ->pack(-side => 'top', -fill => 'both');

$mw->Button(-text => "UNTEN", -command => sub { exit })
    ->pack(-side => 'bottom', -fill => 'both');

$mw->Button(-text => "RECHTS", -command => sub { exit })
    ->pack(-side => 'right', -fill => 'both');

$mw->Button(-text => "LINKS", -command => sub { exit })
    ->pack(-side => 'left', -fill => 'both');
```

Abbildung 2-10 zeigt das daraus resultierende Fenster.

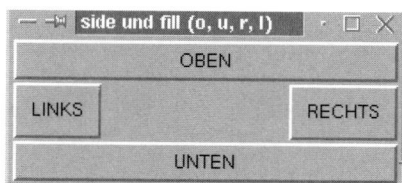

Abbildung 2-10: Vier Buttons, mit -fill => 'both' an jede Seite geschoben

Wenn wir die Reihenfolge ändern, in der die Buttons erzeugt und gepackt werden, bekommen wir ein anderes Ergebnis. Beim Fenster aus Abbildung 2-11 wurden die Widgets in der Reihenfolge links, rechts, oben, unten erzeugt.

Abbildung 2-12 zeigt noch eine andere Reihenfolge. Hier kann man gut sehen, wie sich die Größen der Widget-Rechtecke abhängig davon ändern, welches Widget zuerst gepackt wird.

-fill wird oft bei Widgets mit Scrollbars (Listbox, Canvas und Text) verwendet. Normalerweise befinden sich die Scrollbars an einer Fensterseite, und die Listbox soll den verbleibenden Platz auffüllen. Kapitel 6, *Scrollbalken*, und Kapitel 7, *Das Listbox-Widget*, enthalten weitere Informationen.

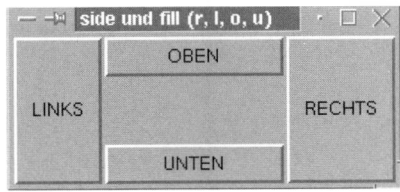

Abbildung 2-11: Vier Buttons, in einer anderen Reihenfolge mit -fill => 'both' an jede Seite geschoben

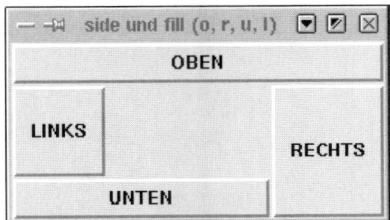

Abbildung 2-12: Vier Buttons, in der Reihenfolge oben, rechts, unten, links gepackt

Das Widget-Rechteck erweitern

Die Option -expand manipuliert das Widget-Rechteck und nicht das darin befindliche Widget. Der zugehörige Wert ist ein Boolescher Wert.

```
-expand => 1 | 0
```

Wenn »true« übergeben wird, wird das Widget-Rechteck so vergrößert, daß es je nach Seite, an die das Widget geschoben wird, allen verfügbaren Platz im Fenster einnimmt.

Widgets, die nach rechts oder links geschoben werden, werden in horizontaler Richtung vergrößert, Widgets, die nach oben oder unten geschoben werden, in vertikaler Richtung. Wenn mehr als ein Widget mit eingeschaltetem -expand gepackt wird, dann wird der zusätzliche Platz gleichmäßig unter allen Widget-Rechtecken, die zusätzlichen Platz haben wollen, aufgeteilt.

In Abbildung 2-9 und 2-10 haben Sie gesehen, daß in der Fenstermitte noch Platz übrig war, den kein Widget eingenommen hat. Wenn wir den Code so ändern, daß bei jedem Button -expand => 1 zur Liste der pack-Optionen hinzugefügt wird, dann bekommen Sie das Fenster aus Abbildung 2-13.

Beachten Sie, daß für Abbildung 2-13 die Option -fill => 'both' im Code belassen wurde. Wenn wir diese weglassen, dann behalten die Buttons ihre ursprüngliche Größe, aber die Widget-Rechtecke (die unsichtbar sind) belegen den verbleibenden Platz im Fenster trotzdem (siehe Abbildung 2-14).

In Abbildung 2-14 werden die Buttons in ihren Widget-Rechtecken zentriert, weil der Defaultwert der Option -anchor 'center' ist.

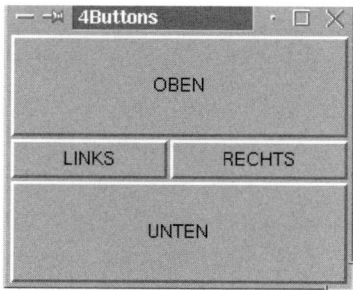

Abbildung 2-13: Vier Buttons mit den Optionen -expand => 1 und -fill => 'both'

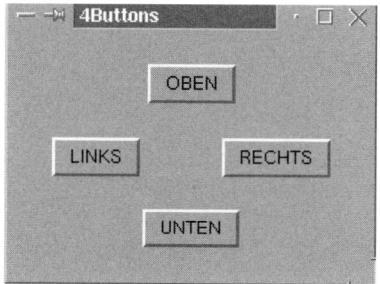

Abbildung 2-14: Vier Buttons mit -expand => 1 und -fill => 'none'

Ein Widget in seinem Widget-Rechteck verankern

Die Option -anchor manipuliert ein Widget in seinem Widget-Rechteck dahingehend, daß es an dem angegebenen Platz verankert wird. Die Verankerung wird mit Kompaß-Angaben festgelegt.

```
-anchor => 'e' | 'w' | 'n' | 's' | 'ne' | 'nw' | 'se' | 'sw' | 'center'
```

Abbildung 2-15 zeigt diese Plätze in einem Beispiel-Widget-Rechteck

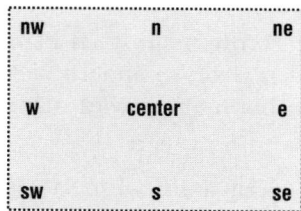

Abbildung 2-15: Widget-Rechteck mit beschrifteten Verankerungspunkten

Der Default von -anchor ist 'center', womit das Widget im Widget-Rechteck zentriert wird. Wenn die Option -expand nicht auf »true« gesetzt wird, wird das nicht viel ändern.

Wie man in Abbildung 2-16 sehen kann, behält das Widget bei Verwendung der Option -expand => 1 seine zentrierte Position, wenn die Größe des Fensters verändert wird.

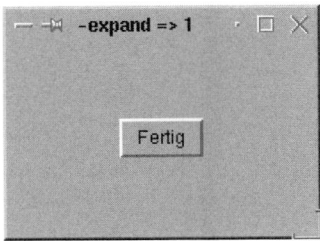

Abbildung 2-16: Defaultverhalten von -anchor, wenn -expand den Wert 1 hat

Wenn alle anderen Defaults beim Packen des Widgets verwendet werden, zeigt Abbildung 2-17, welche Auswirkungen -anchor => 'e' und -anchor => 'w' haben.

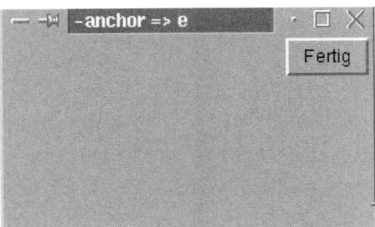 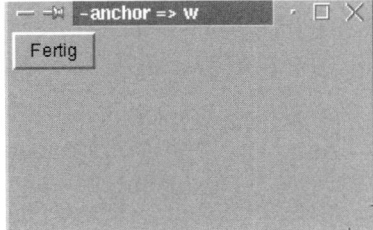

Abbildung 2-17: Beispiele für -anchor => 'e' und -anchor => 'w'

Denken Sie daran, daß das Widget-Rechteck abhängig davon erzeugt wird, an welche Seite das Widget geschoben wird. Manche Kombinationen haben deswegen scheinbar keinen Effekt, wie beispielsweise:

```
$mw->Button(-text => "Fertig", -command => sub { exit })
   ->pack(-side => 'top', -anchor -> 'n');
```

Bei diesem Codefragment bleibt das Widget genau da, wo es auch ohne die Option -anchor sein würde, weil das Widget-Rechteck seine Größe nicht ändert. Wenn auch die Option -expand angegeben wird, dann bleibt das Widget beim Vergrößern am Nordende (oberen Ende) des Fensters, entsprechend bei -anchor => 's' am Südende (unteren Ende).

Die Option -anchor wird meistens dazu verwendet, mehrere Widgets aneinander auszurichten. Abbildung 2-18 und Abbildung 2-19 zeigen zwei gängige Beispiele.

Wenn -side und -anchor zusammen verwendet werden, ist das Ergebnis manchmal nicht das, was Sie auf den ersten Blick erwarten würden. Denken Sie immer an das unsichtbare Widget-Rechteck und welchen Einfluß es auf die sichtbaren Widgets auf dem Bildschirm hat.

Abbildung 2-18: Drei Buttons werden mit -side => 'top', -anchor => 'w' gepackt

Abbildung 2-19: Drei Buttons werden mit -side => 'left', -anchor => 'n' gepackt

Die Reihenfolge der Widgets in einem Fenster

Jedes Fenster, in das Widgets gepackt werden, verwaltet diese Widgets in einer Liste. Die Reihenfolge in dieser Liste wird normalerweise durch die Reihenfolge bestimmt, in der die Widgets gepackt worden sind. Das als letztes gepackte Widget ist das letzte Element der Liste. Mit der Option -after können Sie die Defaultreihenfolge ändern, indem Sie angeben, hinter welchem Widget Ihr neues Widget eingeordnet werden soll. Wenn Sie dagegen die Option -before verwenden, können Sie das neue Widget vor einem bereits gepackten Widget einordnen:

```
-after => $andereswidget
-before => $andereswidget
```

Erzeugen wir als Beispiel vier Buttons ($widget1, $widget2, $widget3, $widget4) und pakken wir nur drei davon. Der pack-Befehl für -$widget4 könnte dann sein:

```
$widget4->pack(-after => $widget1);
```

Abbildung 2-20 zeigt zwei Fenster: eines vor dem Packen von $widget4 und eines nach dem Packen dieses Widgets.

Abbildung 2-20: Links: das Fenster mit drei in der normalen Reihenfolge gepackten Buttons. Rechts: Der Button mit dem Text Fertig4 wurde mit -after => $widget1 gepackt

Wenn `$widget4` vor `$widget1` stehen soll, dann verwenden wir den folgenden Befehl und bekommen den Zustand, der in Abbildung 2-21 gezeigt wird.

```
$widget4->pack(-before => $widget1);
```

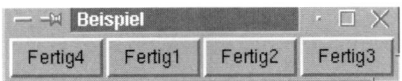

Abbildung 2-21: Der Button mit dem Text Fertig4 wurde mit -before => $done1 gepackt

Die Größe eines Widgets abpolstern

Die letzte Möglichkeit, `pack` dazu zu zwingen, die Größe des Widgets zu verändern, sind die Polsteroptionen (Padding-Optionen). Die ersten davon betreffen das Widget selbst, indem sie Platz zur Defaultgröße hinzuaddieren. In horizontaler und vertikaler Richtung können verschiedene oder gleiche Beträge angegebenen werden. Um anzugeben, wieviel Polsterung in horizontaler Richtung verwendet werden soll, benutzen Sie die Option `-ipadx`:

```
-ipadx => betrag
```

Und für die vertikale Richtung:

```
-ipady => betrag
```

Der *betrag* ist ein zulässiger Bildschirmabstand. Was das heißt, wird im nächsten Abschnitt besprochen.

Die beiden Optionen `-ipadx` und `-ipady` vergrößern das Widget, bevor das Widget-Rechteck berechnet wird. `-ipadx` addiert den angegebenen Betrag sowohl zur linken als auch zur rechten Seite des Widgets hinzu. Die Gesamtbreite des Widgets vergrößert sich damit um (2 x *betrag*). `-ipady` addiert zum oberen und unteren Rand hinzu und vergrößert damit die Gesamthöhe des Widgets um (2 x *betrag*). Abbildung 2-22 zeigt, welche Auswirkungen die beiden Optionen auf einen Button haben:.

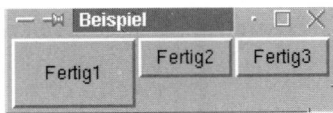

Abbildung 2-22: Der Fertig1-Button wurde mit -ipadx => 10, -ipady => 10 erzeugt

Die andere Art von Polsterung wird zwischen dem Rand des Widgets und dem Rand des Widget-Rechtecks eingefügt und mit den Optionen `-padx` und `-pady` angegeben:

```
-padx => betrag
-pady => betrag
```

-padx und -pady beeinflussen die Größe des Widgets nicht, wohl aber die Größe des Widget-Rechtecks. Damit wird eine Schutzzone um das Widget gelegt, das so nicht mit anderen Widgets in Berührung kommen kann. Abbildung 2-23 zeigt die Auswirkungen von -padx und -pady.

Abbildung 2-23: Der Fertig1-Button wurde mit den Optionen -padx => 10, -pady => 10 erzeugt

Man kann sich den Unterschied zwischen -ipadx/y und -padx/y gut merken, wenn man sich denkt, daß das »i« für »im Widget« oder »interne Polsterung« steht.

Zulässige Bildschirmdistanzen

Sie werden oft Optionen sehen, bei denen Sie Werte in Bildschirmeinheiten (sogenannten zulässigen Bildschirmdistanzen) angeben müssen. Dazu gehören auch die Optionen -ipadx und -ipady. Vergewissern Sie sich immer, welche Werte die Option benötigt.

Eine Bildschirmeinheit ist eine Zahl, gefolgt von einer Einheitenbezeichnung. Wenn keine Einheitenbezeichnung angegeben wird, wird die Zahl als Pixel interpretiert. Tabelle 2-1 zeigt alle Möglichkeiten.

Tabelle 2-1: Zulässige Bildschirmeinheiten

Bezeichung	Bedeutung	Beispiele
(keine)	Pixel (Default)	20, 30, "20", "40"
c	Zentimeter	'3c', '4c', "3c"
i	Zoll	'2i', "3i"
m	Millimeter	'4m', "4m"
p	Druckerpunkte (1/72 Zoll)	"72p", '40p'

Um diese Bezeichnungen zu verwenden, müssen Sie den Wert mit Anführungsstrichen (entweder einfachen oder doppelten) umgeben. Einige Beispiele:

```
$button->pack(-ipadx => 20);        # 20 Pixel
$button->pack(-ipadx => '20');      # Ebenfalls 20 Pixel
$button->pack(-ipadx => "1i");      # 1 Zoll
$button->pack(-ipadx => '1m');      # 1 Millimeter
$button->pack(-ipadx => 1);         # 1 Pixel
$button->pack(-ipadx => "20p");     # 20 Druckerpunkte
```

Denken Sie daran, daß »p« nicht für Pixel, sondern für Druckerpunkte steht. Ich empfehle immer, Pixel als Maßeinheit zu verwenden. Verschiedene Bildschirme verwenden verschiedene Auflösungen: Auf einem Bildschirm wird vielleicht wirklich ein Zoll angezeigt, auf einem anderen Bildschirm etwas ganz anderes.

Ein Widget in einem anderen Eltern-Widget als dem eigenen anzeigen

Wenn ein Widget gepackt wird, dann wird es defaultmäßig dort gepackt, wo es erzeugt wurde. Manchmal ist es aber notwendig, ein Widget woanders anzuzeigen. Verwenden Sie dazu die Option -in:

```
-in => $anderesfenster
```

Damit wird das Widget an das Ende der Packreihenfolge von $anderesfenster gestellt und entsprechend angezeigt. Alle anderen Optionen im Aufruf von pack() gelten weiterhin.

Methoden von pack

Es gibt einige Methoden, die zusammen mit dem Geometrie-Manager pack verwendet werden. Der Programmierer kann damit Informationen über das gepackte Widget wie auch über das Eltern-Widget, in das andere Widgets gepackt wurden, bekommen.

Ein Widget entpacken

Um ein Widget aus einem Fenster oder Frame wieder auszupacken, verwenden Sie die Methode packForget:

```
$widget->packForget();
```

Das sieht so aus, als ob das Widget verschwindet. Es wird zwar nicht zerstört, aber auch nicht weiter vom Packer verwaltet. Das Widget wird aus der Packliste entfernt; wenn es später wieder gepackt wird, kommt es an das Ende der Liste.

Packinformationen abfragen

Verwenden Sie packInfo, um eine Liste mit allen Pack-Konfigurationsinformationen eines Widgets zu bekommen:

```
@list = $widget->packInfo();
```

Das Format der Liste sind Option/Wert-Paare. Das erste Paar in der Liste sind -in und das Fenster, das derzeit $widget enthält (normalerweise ebenfalls das Eltern-Widget). Das folgende ist ein Beispiel für einen Rückgabewert von packInfo:

```
-in MainWindow=HASH(0x818dcf4) -anchor n -expand 0 -fill none -ipadx 0 -ipady 0 -padx
10 -pady 10 -side left
```

Wir können daraus ersehen, daß wir $widget in das Hauptfenster und nicht in einen Frame gepackt haben. Da die Werte in der Liste immer paarweise auftreten, könnten wir den Rückgabewert von packInfo einfach in einen Hash stecken und die verschiedenen Optionswerte mit dem entsprechenden Schlüssel herausholen:

```
%packinfo = $widget->packInfo;
print "Verwendete Seite: ", $packinfo{-side}, "\n";
```

Automatisches Vergrößern und Verkleinern von Widgets ein- und ausschalten

Wenn Sie ein Widget in ein Fenster stellen, dann paßt sich das Fenster (oder der Frame) in der Größe automatisch an, um das Widget aufnehmen zu können. Wenn Sie während der Programmausführung dynamisch Widgets in ein Fenster einfügen, dann verändert sich die Größe des Fensters sprunghaft. Sie können dieses Verhalten durch den Aufruf von packPropagate am Frame- oder Toplevel-Widget ausschalten:

```
$widget->packPropagate(0);
```

Wenn als Parameter 0 oder 'off' angegeben wird, dann ändert packPropagate das Verhalten des Widgets so, daß es sich nicht automatisch vergrößert oder verkleinert, um die hineingepackten Widgets genau aufnehmen zu können. Wenn ein solcher Wert gesetzt wird, bevor Widgets in das Fenster hineingepackt worden sind, dann findet die automatische Größenänderung überhaupt nicht statt, so daß Sie keine gepackten Widgets sehen können, bis das Fenster manuell vergrößert wird. Wenn Sie packPropagate aufrufen, nachdem die Widgets hineingesetzt worden sind, ignoriert das Widget Größenveränderungen seiner Kinder.

Widgets ausgeben

Mit der Methode packSlaves können Sie herausbekommen, welche Widgets Ihr Frame oder Toplevel enthält:

```
@list = $parentwidget->packSlaves();
```

packSlaves gibt eine sortierte Liste aller Widgets zurück, die in $parentwidget gepackt wurden. Wenn dort bislang keine Widgets hineingepackt worden sind, wird ein leerer String (oder eine leere Liste) zurückgegeben.

Die von packSlaves zurückgegebene Liste sieht ungefähr so aus:

```
Tk::Button=HASH(0x81b2970) Tk::Button=HASH(0x8116ccc) Tk::Button=HASH(0x81bcdd4)
```

Jedes Element ist eine Referenz auf ein gepacktes Widget und kann dazu verwendet werden, das Widget zu konfigurieren. Beispielsweise können Sie die Größe jedes Widgets sowohl in horizontaler als auch in vertikaler Richtung um jeweils 20 Pixel erhöhen, indem Sie eine Schleife über die Widgets laufen lassen und diese mit den neuen Angaben erneut packen. Wenn wir das mit dem Beispiel mit dem guten Fenster aus Abbildung 2-4 machen, können wir beispielsweise einen Button hinzufügen, der eine Subroutine aufruft, die packSlaves verwendet:

```
$mw->Button(-text => "Vergrößern",
            -command => \&repack_kids)->pack(-side => 'bottom',
                                             -anchor => 'center');
sub repack_kids {
  my @kids = $mw->packSlaves;
  foreach (@kids) {
    $_->pack(-ipadx => 20, -ipady => 20);
  }
}
```

Abbildung 2-24 zeigt das Ergebnis.

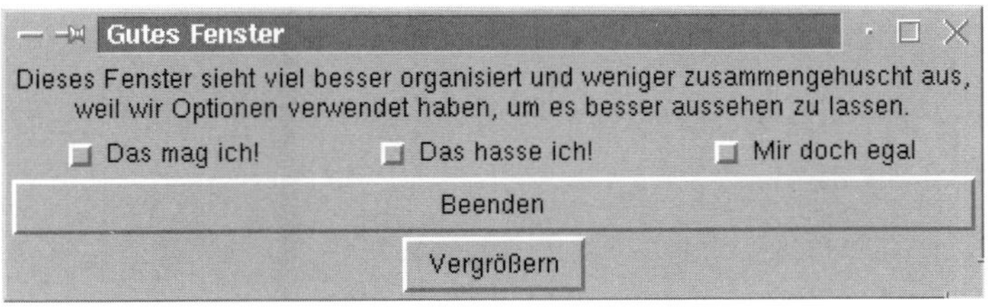

Abbildung 2-24: Das Fenster vor dem Betätigen des Vergrößern-Buttons

Schauen wir uns, was passiert, wenn wir den Vergrößern-Button betätigen. Wie in Abbildung 2-25 zu sehen ist, werden jetzt alle Widgets mit den zusätzlichen Parametern -ipadx => 20 und -ipady => 20 neu gepackt. Diese neuen Optionen kommen zu allen anderen Parametern, mit denen die Widgets gepackt wurden, hinzu. Wenn eine Option wiederholt wird, dann überschreibt das letzte Vorkommen die vorigen.

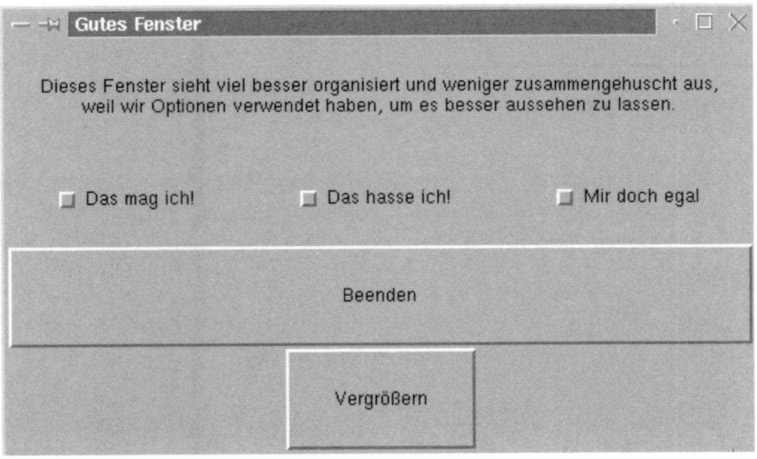

Abbildung 2-25: Das Fenster nach dem Betätigen des Vergrößern-Buttons

Auf einmal ist das Fenster riesig! Weiteres Betätigen des Vergrößern-Buttons führt zu nichts, weil bereits alle Widgets -ipadx- und -ipady-Werte von 20 haben. Wenn wir immer weiter 20 zu den Werten von -ipadx und -ipady hinzuaddieren wollten, müßten wir jeweils die aktuellen Werte abfragen und 20 hinzuaddieren. Der Code sieht dann so aus:

```
sub repack_kids {
  my @kids = $mw->packSlaves;
  foreach (@kids) {
    %packinfo = $_->packInfo();
```

```
        $_->pack(-ipadx => 20 + $packinfo{"-ipadx"},
                -ipady => 20 + $packinfo{"-ipady"});
    }
}
```

Wir verwenden `packInfo`, um die aktuelle Konfiguration zu bekommen, und addieren dann 20 hinzu.

Grid

Der Geometrie-Manager `grid` teilt das Fenster in ein Raster aus Spalten und Zeilen auf, die durchnumeriert sind. Die Zelle in der linken oberen Ecke hat die Nummer 0,0 (siehe Abbildung 2-26).

Spalte 0, Zeile 0	Spalte 1, Zeile 0	Spalte 2, Zeile 0
Spalte 0, Zeile 1	Spalte 1, Zeile 1	Spalte 2, Zeile 1
Spalte 0, Zeile 2	Spalte 1, Zeile 2	Spalte 2, Zeile 2
Spalte 0, Zeile 3	Spalte 1, Zeile 3	Spalte 2, Zeile 3

Abbildung 2-26: Ein in ein Raster aufgeteiltes Fenster

Anstatt die Seiten des Fensters als Referenzpunkte zu verwenden, teilt `grid()` den Bildschirm in Spalten und Zeilen auf. Das sieht einer Tabellenkalkulation ziemlich ähnlich, nicht wahr? Mit den bei `grid()` zur Verfügung stehenden Optionen wird jedes Widget einer Rasterzelle zugewiesen.

Die Methode `grid()` erwartet eine Liste von Widgets, anstatt nur auf einem Widget zur gleichen Zeit zu arbeiten.[1] Verallgemeinert sieht der Aufruf so aus:

```
$widget1->grid( [ $widget2, ... , ] [ option => wert, ... ] );
```

Ein konkretes Beispiel:

```
$widget1->grid($widget2, $widget3);
```

Anstatt drei separate Aufrufe zu verwenden, können Sie mit einem `grid()`-Aufruf alle drei Widgets anzeigen. Natürlich können Sie aber auch `grid()` für jedes Widget getrennt aufrufen, genau wie bei `pack()`. Jeder Aufruf von `grid()` erzeugt eine neue Zeile im Fenster. In unserem Beispiel werden also `$widget1`, `$widget2` und `$widget3` in die erste Zeile gesetzt. Ein weiterer Aufruf von grid würde eine zweite Zeile erzeugen. Das passiert zumindest, wenn Sie keine weitere Optionen im `grid()`-Aufruf angeben.

---

1 Mehrere Leute haben mir gesagt, daß **pack** ebenfalls eine Liste von Widgets entgegennehmen kann. Ich habe das hier nicht behandelt, weil **pack** normalerweise nicht so verwendet wird.

Wenn Sie eine genauere Kontrolle benötigen, können Sie für jedes Widget im Fenster explizite -row- und -column-Optionen angeben. Ich werde diese Optionen später behandeln.

Wenn keine zusätzlichen Optionen angegeben werden, werden die folgenden Annahmen gemacht:

- Das erste Widget in der Zeile (wie beispielsweise $widget1 im vorigen Beispiel) ruft den Befehl grid() auf.
- Alle weiteren Widgets dieser Zeile werden als Argumente des Befehls grid() angegeben.
- Jeder weitere Aufruf von grid() erzeugt eine neue Zeile.
- Mit besonderen Zeichen können die -columnspan- und -rowspan-Werte des Widgets geändert werden, ohne diese Optionen explizit zu erwähnen.

Einige Beispiele sollen das demonstrieren. Jeder Aufruf von grid() erzeugt eine neue Zeile, daher wissen wir, daß das folgende Beispiel zwei Zeilen erzeugt:

```
# Zwei Zeilen mit je vier Widgets erzeugen
$widget1->grid($widget2, $widget3, $widget4);
$widget5->grid($widget6, $widget7, $widget8);
```

Im folgenden Beispiel erzeugen wir vier Zeilen mit je einem Widget:

```
# Vier Zeilen mit je einem Widget erzeugen
$widget1->grid();
$widget2->grid();
$widget3->grid();
$widget4->grid();
```

Wir können auch die Widgets »im Vorübergehen« erzeugen:

```
$mw->Button(-text => 'Button1', -command => \&call1)->grid(
        $mw->Button(-text => 'Button2', -command => \&call2),
        $mw->Button(-text => 'Button3', -command => \&call3),
        $mw->Button(-text => 'Button4', -command => \&call4));
```

Achten Sie genau darauf, wie der zweite, dritte und vierte Aufruf von Button im grid()-Aufruf stehen. Alle vier Buttons werden in die erste Zeile gestellt. Wenn wir genau diesen Befehl noch einmal ausführen würden, dann würden die neuen Widgets in die nächste Zeile gestellt werden.

Sonderzeichen

Es gibt einige Sonderzeichen, die dazu verwendet werden können, die Anordnung der Widgets im Raster zu verändern. Jedes Sonderzeichen dient als eine Art von Platzhalter, der anzeigt, was mit dieser Position im Raster passieren soll.

"-" *(Minuszeichen)*

Teilt dem Raster mit, daß das rechts von diesem Zeichen in der Liste angegebene Widget auch diese Spalte abdecken soll. Um mehr als eine Spalte abzudecken, müssen Sie in jeder betroffenen Widget-Position ein "-" eintragen. Auf ein "-" darf weder ein "^" noch ein "x" folgen.

"x"

Läßt dort, wo normalerweise ein Widget stehen würde, einen Leerraum.

"^"

Ein Widget in Zeile x deckt die Zeilen x und $x + 1$ ab, wenn dieses Zeichen im grid-Befehl für die Zeile $x + 1$ in dieser Zeilen/Spalten-Position eingesetzt wird. Die Anzahl der "^"-Zeichen muß der Anzahl der Spalten entsprechen, die das Widget in Zeile x abdeckt. Ähnlich wie "-", verläuft aber in vertikaler und nicht in horizontaler Richtung.[2]

Die folgenden Abschnitte enthalten einige Beispiele, die zeigen, wie diese Sonderzeichen funktionieren.

Spalten abdecken

Das folgende Stückchen Code erzeugt drei Zeilen mit Buttons. Die ersten beiden sind normal, und in der dritten deckt der zweite Button drei Spalten ab. Jedes "-"-Zeichen fügt zur Anzahl der Spalten, die der Button abdeckt, eine hinzu; der Default ist 1. Die ursprüngliche Spalte und die beiden Striche ("-","-") zeigen also an, daß der Button drei Spalten abdecken soll. Die Option -sticky ist wichtig, damit die Widgets an den Rändern der Zellen verbleiben, die sie abdecken. Hätten wir diese Option nicht angegeben, dann wäre der Button über den drei abzudeckenden Spalten zentriert worden.

```
$mw->Button(-text => "Button1", -command => sub { exit })->grid
  ($mw->Button(-text => "Button2", -command => sub { exit }),
   $mw->Button(-text => "Button3", -command => sub { exit }),
   $mw->Button(-text => "Button4", -command => sub { exit }));

$mw->Button(-text => "Button5", -command => sub { exit })->grid
  ($mw->Button(-text => "Button6", -command => sub { exit }),
   $mw->Button(-text => "Button7", -command => sub { exit }),
   $mw->Button(-text => "Button8", -command => sub { exit }));


$mw->Button(-text => "Button9", -command => sub { exit })->grid
  ($mw->Button(-text => "Button10", -command => sub { exit }),
   "-", "-",  -sticky => "nsew");
```

Das damit erzeugte Fenster sehen Sie in Abbildung 2-27.

---

2   Bei Verwendung des Sonderzeichens "^" mit Tk4.002 habe ich immer einen häßlichen Absturz bekommen. Das ist in Tk8.0 behoben. Wenn Sie also ebenfalls diesen Fehler bekommen, dann überprüfen Sie, welche Version Sie verwenden.

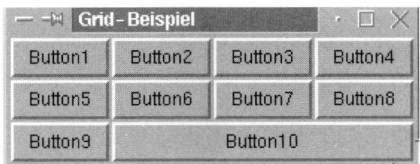

Abbildung 2-27: Abdecken mehrerer Spalten mit dem »-«-Zeichen

Leere Zellen

Das Zeichen `"x"` bedeutet »überspringe diesen Platz« und läßt ein Loch im Raster. Ich habe im folgenden Code die Zeile entfernt, die den Button6 erzeugt, und dafür ein »x« eingesetzt. Die Zelle ist immer noch da, sie enthält nur kein Widget mehr.

```
$mw->Button(-text => "Button1", -command => sub { exit })->grid
  ($mw->Button(-text => "Button2", -command => sub { exit }),
   $mw->Button(-text => "Button3", -command => sub { exit }),
   $mw->Button(-text => "Button4", -command => sub { exit }));

$mw->Button(-text => "Button5", -command => sub { exit })->grid
  ("x",
   $mw->Button(-text => "Button7", -command => sub { exit }),
   $mw->Button(-text => "Button8", -command => sub { exit }));
```

Das Resultat sehen Sie in Abbildung 2-28.

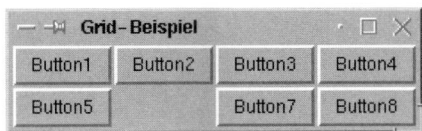

Abbildung 2-28: Eine Zelle zwischen den Widgets freilassen

Grid-Optionen

Die weiteren Optionen ähneln denen von `pack()`:

`"-"`

> Sonderzeichen, das in der Widget-Liste von `grid` verwendet wird. Vergrößert den `columnspan`-Wert des vorher in der Liste stehenden Widgets.

`"x"`

> Sonderzeichen, das in der Widget-Liste von `grid` verwendet wird. Läßt eine Zelle im Raster frei.

`"^"`

> Sonderzeichen, das in der Widget-Liste verwendet wird. Vergrößert den `rowspan`-Wert des Widgets, das im Raster direkt darüber steht.

`-column => ` n

>   Legt die Spalte fest, in der das Widget stehen soll (n >= 0).

`-row => ` m

>   Legt die Zeile fest, in der das Widget stehen soll (m >= 0).

`-columnspan => ` n

>   Legt die Anzahl der Spalten fest, die das Widget abdecken soll; die erste Spalte wird mit `-column` angegeben.

`-rowspan => ` m

>   Legt die Anzahl der Zeilen fest, die das Widget abdecken soll; die erste Zeile wird mit `-row` angegeben.

`-sticky => ` *string*

>   Der String enthält die Zeichen n, s, e und w und gibt an, an welchen Seiten sich das Widget orientieren soll.

`-in => $anderesfenster`

>   Gibt an, daß das Widget in ein anderes Raster als das des Eltern-Widgets eingesetzt werden soll.

`-ipadx => ` *betrag*

>   `$widget` wird in horizontaler Richtung um 2 x *betrag* vergrößert.

`-ipady => ` *betrag*

>   `$widget` wird in vertikaler Richtung um 2 x *betrag* vergrößert.

`-padx => ` *betrag*

>   Links und rechts vom Widget wird ein Abstand von *betrag* eingefügt (»ausgepolstert«).

`-pady => ` *betrag*

>   Oberhalb und unterhalb des Widgets wird ein Abstand von *betrag* eingefügt (»ausgepolstert«).

Zeilen und Spalten explizit angeben

Anstatt die Defaults von `grid()` zu verwenden, kann es manchmal notwendig sein, explizit anzugeben, in welcher Zeile und Spalte ein Widget eingefügt werden soll. Das geschieht mit den Optionen `-row` und `-column`. Jede Option erwartet eine nichtnegative ganze Zahl als Argument:

        `-column => ` n, `-row => ` m

Wenn Sie `-row` und `-column` verwenden, ist es nicht notwendig, die Widgets in einer bestimmten Reihenfolge zu erzeugen und mit `grid()` einzufügen (allerdings wird das beim Debuggen Ihre Nerven schonen). Sie könnten das erste Widget in Spalte 10, Zeile 5 stellen, wenn Ihnen danach ist. Alle anderen Zellen mit niedrigeren Zeilen- und Spaltennummern bleiben leer.

Zeilen und Spalten explizit abdecken

Es ist auch möglich, explizit anzugeben, wie viele Spalten und Zeilen ein (oder mehrere) Widgets abdecken soll. Für die Spalten wird dazu die Option -columnspan, für die Zeilen die Option -rowspan verwendet. Beide Optionen erwarten eine ganze Zahl als Wert, die größer oder gleich 1 ist. Der Wert gibt an, wie viele Zeilen oder Spalten abgedeckt werden sollen. Die Zeile und die Spalte, in der das Widget steht, sind dabei eingerechnet.

Für das nächste Beispiel bin ich den einfachen Weg gegangen, Widgets in Spalten und Zeilen einzuordnen, ohne explizit -row und -column anzugeben. Beachten Sie, daß der zweite grid-Befehl für die zwei Button-Widgets gilt: Die eine -columnspan-Option gilt also für *beide* hier erzeugten Buttons.

```
$mw->Button(-text => "Button1", -command => sub { exit })->grid
  ($mw->Button(-text => "Button2", -command => sub { exit }),
   $mw->Button(-text => "Button3", -command => sub { exit }),
   $mw->Button(-text => "Button4", -command => sub { exit }),
   -sticky => "nsew");

# Button5 deckt die Spalten 0 und 1 ab, Button6  die Spalten 2 und 3
$mw->Button(-text => "Button5", -command => sub { exit })->grid
  ($mw->Button(-text => "Button6", -command => sub { exit }),
   -sticky => "nsew", -columnspan => 2);
```

Das Ergebnis sehen Sie in Abbildung 2-29.

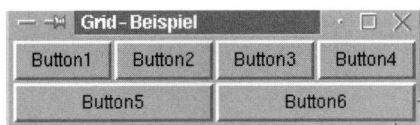

Abbildung 2-29: -columnspan-Beispiel

Dieses Fenster hätte auch mit dem Sonderzeichen "-" erzeugt werden können. Das würde dann so aussehen:

```
$mw->Button(-text => "Button1", -command => sub { exit })->grid
  ($mw->Button(-text => "Button2", -command => sub { exit }),
   $mw->Button(-text => "Button3", -command => sub { exit }),
   $mw->Button(-text => "Button4", -command => sub { exit }),
   -sticky => "nsew");

# Button5 deckt die Spalten 0 und 1 ab, Button6  die Spalten 2 und 3
$mw->Button(-text => "Button5", -command => sub { exit })->grid
  ("-", $mw->Button(-text => "Button6", -command => sub { exit }), "-"
   -sticky => "nsew");
```

Das folgende Beispiel zeigt, wie man die Optionen -row und -column explizit neben -rowspan verwendet:

```
$mw->Button(-text => "Button1", -command => sub { exit })->
  grid(-row => 0, -column => 0, -rowspan => 2, -sticky => 'nsew');
$mw->Button(-text => "Button2", -command => sub { exit })->
  grid(-row => 0, -column => 1);
$mw->Button(-text => "Button3", -command => sub { exit })->
  grid(-row => 0, -column => 2);
$mw->Button(-text => "Button4", -command => sub { exit })->
  grid(-row => 0, -column => 3);

$mw->Button(-text => "Button5", -command => sub { exit })->
  grid(-row => 1, -column => 1);
$mw->Button(-text => "Button6", -command => sub { exit })->
  grid(-row => 1, -column => 2);
$mw->Button(-text => "Button7", -command => sub { exit })->
  grid(-row => 1, -column => 3);
```

In Abbildung 2-30 sehen Sie das Ergebnis.

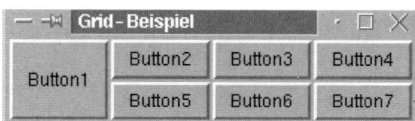

Abbildung 2-30: Explizites -rowspan-Beispiel

Ein Widget dazu zwingen, seine Zelle auszufüllen

Wenn Sie den Befehl pack() verwenden, müssen Sie sowohl die Option -fill als auch die Option -expand verwenden, um klarzumachen, daß das Widget sein Widget-Rechteck füllen soll. Beim grid()-Befehl gibt es kein zu füllendes Widget-Rechteck, aber dafür die Zelle im Raster. Die Verwendung der Option -sticky bei grid() entspricht der Verwendung von -fill und -expand bei pack().

Der -sticky zugeordnete Wert ist ein String, der die Kompaßpunkte enthält, an denen das Widget »kleben bleiben« soll. Wenn das Widget immer am oberen Rand der Zelle »kleben« soll, dann müssen Sie -sticky => "n" verwenden. Um das Widget dazu zu bringen, die Zelle ganz auszufüllen, geben Sie -sticky => "nsew" an. Wenn das Widget so hoch wie die Zelle, aber nur so breit wie nötig werden soll, nehmen Sie -sticky => "ns". Der Stringwert kann Kommata und Leerraum enthalten; das wird einfach ignoriert. Die folgenden beiden Anweisungen sind äquivalent:

```
-sticky => "nsew"
-sticky => "n, s, e, w"
```

Wenn Sie bei Ihren Widgets -sticky verwenden und danach die Fenstergröße ändern, werden Sie feststellen, daß sich die Größe der Widgets nicht so verändert, wie Sie es vielleicht erwartet haben. Das liegt daran, daß das Verkleinern und Vergrößern der Zellen und der darin enthaltenen Widgets von den Methoden gridColumnconfigure und gridRowconfigure erledigt wird, die wir später in diesem Kapitel besprechen.

Das Widget polstern

Auch grid() versteht die vier »Polsteroptionen«: -ipadx, -ipady, -padx, -pady. Sie funktionieren genauso wie bei pack(), wirken sich aber nicht auf die Größe des Widget-Rechtecks aus, sondern auf die Größe der Zelle, in der das Widget steht.

Im folgenden Beispiel werden die Optionen -ipady und -ipadx bei der oberen Zeile Buttons, aber nicht bei der unteren verwendet. Sie sehen, daß die Buttons 1 bis 4 in Abbildung 2-31 größer sind, als sie eigentlich sein müßten. Das liegt daran, daß wir die Option -sticky => "nsew" angegeben haben.

```
$mw->Button(-text => "Button1", -command => sub { exit })->grid
  ($mw->Button(-text => "Button2", -command => sub { exit }),
   $mw->Button(-text => "Button3", -command => sub { exit }),
   $mw->Button(-text => "Button4", -command => sub { exit }),
   -sticky => "nsew", -ipadx => 10, -ipady => 10);

$mw->Button(-text => "Button5", -command => sub { exit })->grid
  ($mw->Button(-text => "Button6", -command => sub { exit }),
   $mw->Button(-text => "Button7", -command => sub { exit }),
   $mw->Button(-text => "Button8", -command => sub { exit }),
   -sticky => "nsew");
```

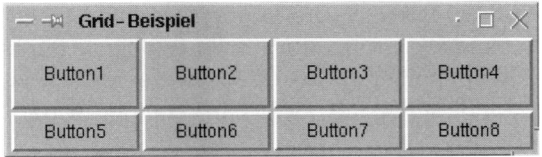

Abbildung 2-31: Ein Beispiel mit -ipadx und -ipady im Raster

Im nächsten Beispiel werden die Optionen -pady und -padx in der oberen Zeile Buttons, aber nicht in der unteren verwendet. Abbildung 2-32 zeigt das Ergebnis.

```
$mw->Button(-text => "Button1", -command => sub { exit })->grid
  ($mw->Button(-text => "Button2", -command => sub { exit }),
   $mw->Button(-text => "Button3", -command => sub { exit }),
   $mw->Button(-text => "Button4", -command => sub { exit }),
   -sticky => "nsew", -padx => 10, -pady => 10);

$mw->Button(-text => "Button5", -command => sub { exit })->grid
  ($mw->Button(-text => "Button6", -command => sub { exit }),
   $mw->Button(-text => "Button7", -command => sub { exit }),
   $mw->Button(-text => "Button8", -command => sub { exit }),
   -sticky => "nsew");
```

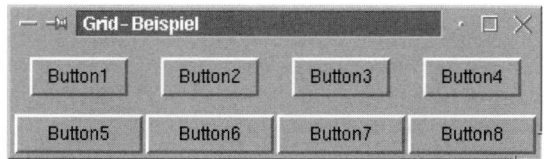

Abbildung 2-32: Ein Beispiel mit -padx und -pady im Raster

Ein anderes Eltern-Widget angeben

Die Option -in funktioniert genau wie bei pack(). $widget wird in $anderesfenster statt in sein Eltern-Widget eingesetzt. Die Option wird folgendermaßen verwendet:

```
-in => $anderesfenster
```

Spalten und Zeilen konfigurieren

Wie bei den anderen Geometrie-Managern gibt es auch bei grid einige Methoden. Jede Methode wird über ein Widget aufgerufen, das mittels grid() auf den Bildschirm gebracht worden ist. Manchmal ist es notwendig, die Optionen einer Gruppe von Zellen, aus denen Ihr Raster besteht, zu ändern.

Mit den Methoden gridColumnconfigure und gridRowconfigure können Sie das Verkleinern und Vergrößern steuern sowie die minimale Größe einer Zelle festlegen. Beide Methoden erwarten eine Spalten- bzw. Zeilennummer als erstes Argument sowie weitere Argumente, mit denen die Konfiguration dieser Spalte oder Zeile verändert wird.

Sowohl gridColumnconfigure als auch gridRowconfigure arbeiten sehr ähnlich wie die bei Widgets verwendete Methode configure. Im Gegensatz zu dieser Methode können Sie aber die Optionen, die Sie bei gridColumnconfigure und gridRowconfigure angeben, nicht beim grid()-Befehl verwenden. Bei diesen beiden Methoden stehen Ihnen die Optionen -width, -minsize und -pad zur Verfügung.

Wenn Sie nur eine Zeilen- oder Spaltennummer angeben, wird ein Array mit den aktuellen Optionen und deren Werten zurückgegeben:

```
@column_configs = $mw->gridColumnconfigure(0);
@row_configs = $mw->gridRowconfigure(0);
```

In diesem Beispiel holen wir die Optionen und ihre Werte für die erste Spalte und die erste Zeile. Wenn wir die Defaultwerte verwenden würden, hätte das folgenden Effekt:

```
-minsize 0 -pad 0 -weight 0
-minsize 0 -pad 0 -weight 0
```

Sie können nur eine Option gezielt auswählen, indem Sie deren Namen als zweites Argument angeben:

```
print $mw->gridColumnconfigure(0, -weight), "\n";
print $mw->gridRowconfigure(0, -weight), "\n";
```

Die Ergebnisse wären dann:

```
0
0
```

Um den Wert der Optionen zu verändern, geben Sie die Option und den dafür vorgese-
henen Wert unmittelbar nacheinander an:

```
$mw->gridColumnconfigure(0, -weight => 1);
$mw->gridRowconfigure(0, -weight => 1);
```

Sie können auch mehrere Optionen in einem Aufruf angeben:

```
$mw->gridColumnconfigure(0, -weight => 1, -pad => 10);
$mw->gridRowconfigure(0, -weight => 1, -pad => 10);
```

Jetzt wissen wir, wie `gridColumnconfigure` und `gridRowconfigure` funktionieren, und es
wird Zeit, daß wir uns anschauen, was die drei Optionen machen.

-weight

Die Option `-weight` bestimmt, wieviel Platz für diese Spalte oder Zeile vorgesehen wird,
wenn das Fenster in Zellen aufgeteilt wird. Denken Sie daran, `-sticky => "nsew"` in
Ihrem `grid()`-Befehl zu verwenden, wenn Sie wollen, daß sich das Widget der Zelle in
der Größe anpaßt. Der Defaultwert von `-weight` ist 0, was dazu führt, daß die Spalten-
breite oder die Zeilenhöhe vom größten Widget in der Zeile oder Spalte bestimmt wird.
Jeder `-weight`-Wert steht mit den anderen `-weight`-Werten in den Zeilen oder Spalten in
Verbindung.

Wenn eine Spalte oder eine Zeile einen `-weight`-Wert von 2 hat, dann ist sie doppelt so
groß wie eine Spalte oder Zeile mit einem Wert von 1. Spalten oder Zeilen mit einem
Wert von 0 werden überhaupt nicht vergrößert. Wenn Sie wollen, daß sich alle Ihre
Widgets proportional zur Fenstergröße mit vergrößern oder verkleinern, dann fügen Sie
folgendes zu Ihrem Code hinzu, bevor Sie `MainLoop` aufrufen:

```
($columns, $rows) = $mw->gridSize();
for ($i = 0; $i < $columns; $i++) {
  $mw->gridColumnconfigure($i, -weight => 1);
}
for ($i = 0; $i < $rows; $i++) {
  $mw->gridRowconfigure($i, -weight => 1);
}
```

Dieser Code weist jeder Zeile und jeder Spalte im Raster einen `-weight`-Wert von 1 zu,
unabhängig davon, wie groß das Raster ist. Natürlich funktioniert dieses Verfahren nur,
wenn Sie jeder Zeile und jeder Spalte die gleiche Größe zuweisen wollen, aber Sie verstehen sicherlich das Prinzip.

Hier folgt ein Beispiel, wie die Option `-weight` arbeitet (in Abbildung 2-33 ist das Resultat zu sehen):

```
$mw->Button(-text => "Button1", -command => sub { exit })->grid
  ($mw->Button(-text => "Button2", -command => sub { exit }),
   $mw->Button(-text => "Button3", -command => sub { exit }),
   $mw->Button(-text => "Button4", -command => sub { exit }),
   -sticky => "nsew");

$mw->Button(-text => "Button5", -command => sub { exit })->grid
  ("x",
   $mw->Button(-text => "Button7", -command => sub { exit }),
   $mw->Button(-text => "Button8", -command => sub { exit }),
   -sticky => "nsew");

$mw->gridColumnconfigure(1, -weight => 1);
$mw->gridRowconfigure(1, -weight => 1);
```

Indem wir Zeile 1 und Spalte 1 einen -weight-Wert von 1 zuweisen (und alle anderen Zeilen und Spalten einen Wert von 0 haben), bekommen diese allen verfügbaren Platz, wenn das Fenster vergrößert wird. Beachten Sie, daß die Spalten 0, 2 und 3 nur so breit sind, wie es sein muß, um die Buttons darstellen zu können, Spalte 1 aber den zusätzlichen Platz ausfüllt. Das gleiche trifft auf die Zeile 0 (Wert 0) und die Zeile 1 (Wert 1) zu. (Das Fenster ist vergrößert worden, um die Auswirkungen von -weight zu demonstrieren.)

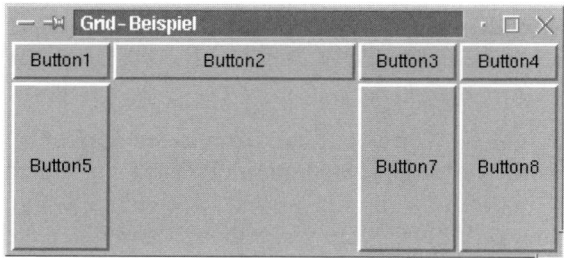

Abbildung 2-33: Ein Beispiel für gridRowconfigure und gridColumnconfigure

Minimale Zellengröße

Die Option -minsize legt die kleinste Zellenbreite einer Spalte oder die kleinste Zellenhöhe einer Zeile fest. Der Wert ist ein zulässiger Bildschirmabstand. Im folgenden Beispiel werden die minimalen Größen der Zeile und Spalte 0 auf 10 Pixel gesetzt:

```
$mw->gridColumnconfigure(0, -minsize => 10);
$mw->gridRowconfigure(0, -minsize => 10);
```

Wenn die Spalte oder Zeile normalerweise weniger als zehn Pixel breit wäre, dann wird sie jetzt auf mindestens diese Größe gebracht.

Polsterung

Sie können um das Widget herum und zum Widget hinzu eine Polsterung (Padding) hinzufügen, indem Sie die Optionen -padx/y und -ipadx/y verwenden. Eine ähnliche Art von Polsterung bekommen Sie, wenn Sie die Option -pad der Methoden gridColumnconfigure und gridRowconfigure verwenden. Die Polsterung wird um die Widgets herum hinzugefügt, nicht zu den Widgets selbst. Wenn Sie gridColumnconfigure aufrufen, fügt -pad eine Polsterung links und rechts vom Widget hinzu, bei gridRowconfigure entsprechend oberhalb und unterhalb des Widgets. Zwei Beispiele:

```
$mw->gridColumnconfigure(0, -pad => 10);
$mw->gridRowconfigure(0, -pad => 10);
```

Bounding Box

Um herauszufinden, wie groß eine Zelle ist, können Sie die Methode gridBbox verwenden:

```
($xoffset, $yoffset, $width, $height) = $master->gridBbox(0, 2);
```

In diesem Beispiel wird die Bounding Box für die Spalte 0, Zeile 2 ermittelt. Alle Werte werden in Pixel zurückgegeben. Die Bounding Box verändert sich, wenn Sie das Fenster verkleinern oder vergrößern. Die vier zurückgegebenen Werte stellen den X-Offset, den Y-Offset, die Zellenbreite und die Zellenhöhe dar (die Offsets werden relativ zum Fenster oder Frame angegeben, in dem das Widget steht).

Ein Widget entfernen

Wie packForget veranlaßt auch gridForget, daß die Widgets vom Bildschirm entfernt werden. Das kann dazu führen, daß das Fenster selbst verkleinert wird oder auch nicht; das kommt auf die Größe von $widget an und darauf, wo sich das Widget im Fenster befand. Einige Beispiele:

```
$mw->gridForget();              # Nichts passiert
$widget->gridForget();          # $widget verschwindet
$widget->gridForget($widget1);  # $widget und $widget1 verschwinden
$widget->gridForget($w1, $w3);  # $widget, $w1, $w3 verschwinden
```

Die Widgets werden nicht mehr auf dem Bildschirm dargestellt, aber die Zellen, die sie belegt haben, bleiben erhalten.

Informationen bekommen

Die Methode gridInfo gibt Informationen über $widget im Listenformat zurück. Wie bei packInfo geben die ersten beiden Elemente an, wo das Widget steht:

```
@list = $widget->gridInfo();
```

Ein Beispielergebnis von gridInfo:

```
-in Tk::Frame=HASH(0x81abc44) -column 0 -row 0 -columnspan 1 -rowspan 2
-ipadx 0 -ipady 0 -padx 0 -pady 0  -sticky nesw
```

Widget-Lage

Die Methode `gridLocation` gibt die Spalte und Zeile des Widgets zurück, das den angegebenen X- und Y-Koordinaten am nächsten liegt:

```
($column, $row) = $master->gridLocation($x, $y);
```

Sowohl `$x` als auch `$y` werden in Bildschirmeinheiten relativ zum Master-Fenster (in unserem Beispiel `$mw`) angegeben. Für Koordinaten oberhalb und links des Rasters wird -1 zurückgegeben.

Zu den Argumenten (0,0) gibt unsere Applikation folgendes zurück:

```
0 0
```

Damit ist die Zelle in Spalte 0, Zeile 0 gemeint.

Propagierung

Es gibt eine Methode `gridPropagate`, die `packPropagate` ähnelt:

```
$master->gridPropagate( 0 );
```

Wenn false übergeben wird, schaltet `gridPropagate` die Propagierung von Geometrie-Änderungen ab. Größeninformationen werden also nicht mehr an das Eltern-Widget von `$master` weitergegeben. Defaultmäßig ist die Propagierung eingeschaltet. Wenn `gridPropagate` kein Argument übergeben wird, wird der aktuelle Wert zurückgegeben.

Wie viele Spalten und Zeilen?

Um herauszufinden, wie groß das Raster nach dem Einfügen diverser Widgets geworden ist, können Sie mit `gridSize` die Anzahl der Spalten und Zeilen ermitteln:

```
($columns, $rows) = $master->gridSize();
```

Die zurückgegebene Liste enthält zuerst die Anzahl der Spalten und dann die Anzahl der Zeilen. In vielen der vorhergehenden Beispiele hatten wir eine Rastergröße von vier Spalten und zwei Zeilen.

```
($c, $r) = $f->gridSize();    #$c = 4, $r = 2
```

Es ist nicht unbedingt nötig, daß in jeder Zelle ein Widget sitzt. Wenn Sie ein Widget mit `-row=>5`, `-column=>4` in Spalte 4, Zeile 5 einsetzen und sich nur ein anderes Widget in Zeile 0, Spalte 0 befindet, dann gibt `gridSize` trotzdem 5 und 6 zurück.

Raster-Sklaven

Es gibt zwei Möglichkeiten herauszufinden, welche Widgets in ein Fenster oder einen Frame gesetzt worden sind. Mit `gridSlaves` ohne Argumente bekommen Sie die vollständige Liste, aber Sie können auch eine Zeile und Spalte angeben. Hier sind ein paar Beispiele dafür:

```
@slaves = $mw->gridSlaves();
print "@slaves\n";
```

Der vorstehende Code würde zu folgender Ausgabe führen:

```
Tk::Button=HASH(0x81b6fb8)  Tk::Button=HASH(0x81ba454)
Tk::Button=HASH(0x81ba4cc)  Tk::Button=HASH(0x81ba538)
Tk::Button=HASH(0x81b6fa0)  Tk::Button=HASH(0x81ba5e0)
Tk::Button=HASH(0x81ba6dc)  Tk::Button=HASH(0x81ba748)
```

Wir hätten auch explizit das Widget in Spalte 0, Zeile 0 auswählen können:

```
$widget = $mw->gridSlaves( -row => 0, -column => 0 );
print "$widget\n";
# Würde folgendes ausgeben: Tk::Button=HASH(0x81b6fb8)
```

Wenn Sie nur die Option -row angeben, bekommen Sie eine Liste, die nur die Widgets dieser Zeile enthält. Entsprechendes gilt, wenn Sie nur -column angeben.

Place

Der Geometrie-Manager place() ist anders als grid() und pack(). Sie geben hier keine Zelle oder Fensterseite an, sondern (normalerweise) relative X- und Y-Koordinaten. Sie können place() auch dazu verwenden, Widgets überlappen zu lassen, was weder mit grid() noch mit pack() möglich ist.

Der Aufruf von place() erfolgt wie bei den anderen Geometrie-Managern:

```
$widget->place( [ option => wert, . . . ] );
```

Die Optionen, die Sie bei place() angeben, beeinflussen, wie die Widgets auf den Bildschirm gebracht werden.

Place-Optionen

-anchor => 'n' | 'ne' | 'e' | 'se' | 's' | 'sw' | 'w' | **'nw'** | 'center'
> Legt die Position im Widget fest, das an den angegebenen Koordinaten zur Anzeige gebracht wird.

-bordermode => **'inside'** | 'outside' | 'ignore'
> Bestimmt, ob der Rand des Widgets zum Koordinatensystem gehört oder nicht.

-height => *betrag*
> Legt die absolute Höhe des Widgets fest.

-in => $fenster
> Zeigt an, daß das Kind-Widget in $fenster anstelle des Eltern-Widgets angezeigt werden soll. Relative Koordinaten oder Größen beziehen sich weiterhin auf das Eltern-Widget.

-relheight => *verhaeltnis*
> Legt fest, wie sich die Höhe des Widgets zur Höhe des Eltern-Widgets verhält.

`-relwidth` => *verhaeltnis*
>   Legt fest, wie sich die Breite des Widgets zur Breite des Eltern-Widgets verhält.

`-relx` => *xverhaeltnis*
>   Legt fest, daß das Widget um *xverhaeltnis* relativ zu seinem Eltern-Widget angeordnet wird.

`-rely` => *yverhaeltnis*
>   Legt fest, daß das Widget um *yverhaeltnis* relativ zu seinem Eltern-Widget angeordnet wird.

`-width` => *betrag*
>   Legt die Breite des Widgets fest.

`-x` => *x*
>   Legt fest, daß das Widget an der Position *x* angezeigt werden soll. *x* ist ein gültiger Bildschirmabstand.

`-y` => *y*
>   Legt fest, daß das Widget an der Position *y* angezeigt werden soll. *y* ist ein gültiger Bildschirmabstand.

Absolute Koordinaten

Das Eltern-Widget (oder der Frame) hat ein Standardkoordinatensystem, bei dem die Koordinate 0,0 in der linken oberen Ecke liegt. Die X-Werte wachsen nach rechts, die Y-Werte nach unten (siehe dazu Abbildung 2-34).

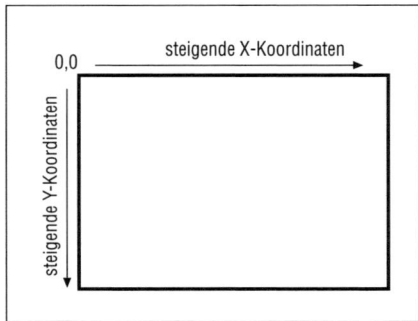

Abbildung 2-34: Das Koordinatensystem des Eltern-Widgets, wenn absolute Koordinaten verwendet werden.

Um die Lage des Widgets mit absoluten Koordinaten anzugeben, würden wir die Optionen –x und –y verwenden:

    -x => x, -y => y

Die Werte von *x* und *y* müssen gültige Bildschirmabstände sein (wie beispielsweise 5, was für fünf Pixel steht). Die Ankerposition des Widgets (die mit `-anchor` ausgewählt werden kann) wird dann an diese Koordinaten gesetzt. Die Default-Ankerposition ist "nw", die linke obere Ecke des Widgets.

Ein weiterer großer Unterschied zwischen place() und den anderen Geometrie-Managern besteht darin, daß beim Aufruf von place() mindestens zwei Argumente angegeben werden müssen. Für die Optionen -x und -y gibt es keine Defaultwerte. Sie bekommen einen Fehler, wenn Sie versuchen, place() ohne Argumente (wie in $widget->place()) aufzurufen.

Im einfachsten Fall wird ein Widget an der Position 0,0 angezeigt:

```
$mw->Button(-text => "Beenden",
            -command => sub { exit })->place(-x => 0, -y => 0);
```

Wie Sie es sicherlich erwartet haben, landet das Widget, wie in Abbildung 2-35 gezeigt, in der linken oberen Ecke des Fensters. Egal, wie groß das Fenster wird, das Widget bleibt immer bei (0,0). Selbst, wenn das Fenster so klein wie möglich gemacht wird, bewegt sich das Widget nicht.

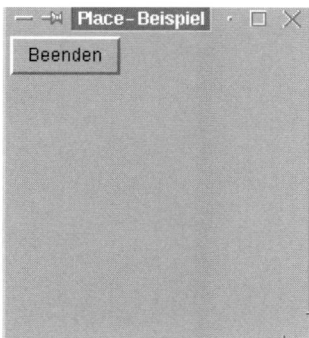

Abbildung 2-35: Ein mit -x => 0, -y => 0 eingesetzter Button

Hier folgt ein Beispiel zur Verwendung von -x und -y, um überlappende Widgets zu erzeugen:

```
$mw->Button(-text => "Beenden",
            -command => sub { exit })->place(-x => 10, -y => 10);
$mw->Button(-text => "Beenden",
            -command => sub { exit })->place(-x => 20, -y => 20);
```

Abbildung 2-36 zeigt das daraus resultierende Fenster.

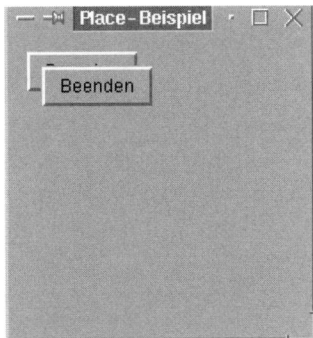

Abbildung 2-36: Überlappende Buttons mit place()

Relative Koordinaten

Es gibt bei `place()` ein zusätzliches Koordinatensystem, das im Eltern-Widget definiert ist und relative Anordnungen ermöglicht. Dieses Koordinatensystem wird in Abbildung 2-37 gezeigt.

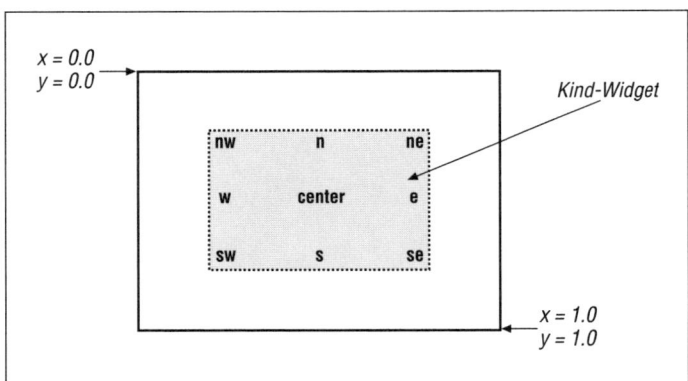

Abbildung 2-37: Das relative Koordinatensystem

Die linke obere Ecke hat die Koordinaten (0.0,0.0), die rechte untere Ecke die Koordinaten (1.0,1.0). Die Fenstermitte ist (0.5,0.5). Die Koordinaten werden als Fließkommazahlen angegeben, damit `place()` mit Fenstern aller Größen umgehen kann. Das Widget kann so an einer bestimmten Position (wie beispielsweise der Fenstermitte) verbleiben, egal, wie sich die Größe des Fensters ändert.

Es ist zulässig, Koordinaten anzugeben, die kleiner als 0.0 oder größer als 1.0 sind. Ihr Widget wird aber wahrscheinlich nicht vollständig sichtbar sein, wenn Sie solche Koordinaten verwenden.

Der folgende Codeschnipsel erzeugt den Button aus Abbildung 2-38:

```
$b = $mw->Button(-text => "Beenden", -command => sub { exit });
$b->place(-relx => 0.5, -rely => 0.5);
```

Abbildung 2-38: place mit -relx => 0.5, -rely => 0.5 verwenden

Obwohl der Button aus Abbildung 2-38 in der Mitte des Bildschirms eingesetzt worden ist, sieht er falsch zentriert aus, weil nicht die Mitte des Buttons, sondern seine linke obere Ecke in die Mitte des Fensters gesetzt wurde. Sie können das mit der Option -anchor, auf die ich in Kürze kommen werde, beheben. Wenn wir dieses Fenster vergrößern, bleibt der Button in der Mitte des Fensters (siehe Abbildung 2-39).

Abbildung 2-39: -relx => 0.5, -rely => 0.5, aber mit größerem Fenster

Das nächste Beispiel erzeugt zwei Buttons, die beide mit relativen Koordinaten in das Fenster gesetzt werden:

```
$mw->Button(-text => "Beenden",
            -command => sub { exit })->place(-relx => 0.2,
                                             -rely => 0.2);
$mw->Button(-text => "Beenden",
            -command => sub { exit })->place(-relx => 0.5,
                                             -rely => 0.5);
```

Egal, wie groß das Fenster ist oder wo die anderen Widgets liegen, diese beiden Buttons bleiben an ihren relativen Positionen (siehe Abbildung 2-40).

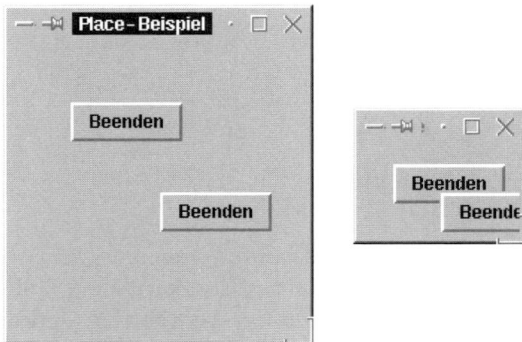

Abbildung 2-40: Zwei Buttons mit relativen Positionen im Eltern-Fenster

Das linke Fenster in Abbildung 2-40 ist die Defaultgröße des Fensters bei der Erzeugung. Das rechte Bild zeigt, wie das Fenster aussieht, wenn es deutlich verkleinert worden ist. Beachten Sie, daß der zweite in das Fenster gesetzte Button oben liegt. Das liegt daran, daß weiterhin die Reihenfolge der Widget-Liste des Fensters beachtet wird; der zweite Button (an der relativen Position 0.5,0.5) wird als letzter gezeichnet und liegt deswegen oben.

Sie können die absoluten und relativen Koordinatensysteme auch kombinieren, indem Sie einfach beide in der Argumentliste verwenden. Das relative Koordinatensystem wird als erstes berücksichtigt; anschließend werden die X- und Y-Werte zu dieser Position hinzuaddiert. Die Optionen `-relx => 0.5`, `-x => -10` bezeichnen also die Position zehn Pixel links von der Mitte des Fensters.

Das Widget verankern

Stellen Sie sich das Kind-Widget als ein Stück Papier vor, das Sie an einer Pinnwand aufhängen wollen (die Pinnwand ist das Eltern-Widget). Sie haben eine Nadel, mit der Sie das Papier auf der Pinnwand befestigen. Sie können die Nadel entweder direkt durch die Papiermitte, durch die linke obere Ecke (`"nw"`) oder durch die rechte untere Ecke stechen. Der Punkt, an dem die Nadel durch das Papier gestochen wird, ist der Ankerpunkt, der mit der Option `-anchor` angegeben wird. Der Ankerpunkt wird an den durch `-x`, `-y` oder `-relx`, `-rely` angegebenen Koordinaten »festgepinnt«. Der Default-Ankerpunkt ist `"nw"`. Abbildung 2-37 zeigt die Ankerpunkte im Kind-Widget.

Es ist wichtig zu wissen, wo der Ankerpunkt ist, weil das beeinflußt, wo das Widget im Eltern-Widget angezeigt wird.

Abbildung 2-41: Verschiedene Ankerpunkte lassen das Widget an verschiedenen Stellen im Fenster erscheinen

In Abbildung 2-41 wurden fast identische place-Befehle verwendet, um den Beenden-Button in das Fenster zu setzen, aber der Wert der Option -anchor ist jeweils unterschiedlich. Der Button im linken Fenster wurde mit diesem Befehl erzeugt:

```
$mw->Button(-text => "Beenden",
            -command => sub { exit })->place(-relx => 0.5,
                                             -rely => 0.5);
```

Das Fenster auf der rechten Seite in Abbildung 2-41 wurde dagegen mit diesem Befehl erzeugt:

```
$mw->Button(-text => "Beenden",
            -command => sub { exit })->place(-relx => 0.5,
                                             -anchor => "center",
                                             -rely => 0.5);
```

Wie bei pack() und grid() sind die möglichen Werte für -anchor: 'n', 'e', 's', 'w', 'center', 'nw', 'sw', 'ne' und 'se'. Allerdings bezieht sich der Wert jetzt auf das Kind-Widget anstatt auf die Position im Widget-Rechteck oder in der Zelle.

Breite und Höhe

Wenn Sie place() verwenden, können Sie die Breite und Höhe des Widgets auf drei Arten angeben:

* Sie lassen das Widget seine Größe selbst bestimmen.
* Sie geben die Breite und/oder die Höhe in absoluten Maßangaben an.
* Sie geben die Breite und/oder die Höhe in relativen Maßangaben (relativ zum Eltern-Widget) an.

Um das Widget seine Größe selbst bestimmen zu lassen, werden überhaupt keine Optionen benötigt. Für die anderen Möglichkeiten werden die Optionen `-width`, `-height` und `-relwidth` bzw. `-relheight` verwendet.

Mit den Optionen `-width` und `-height` können Sie die genaue Breite und/oder Höhe des Widgets in Bildschirmabständen angeben:

```
-width => betrag, -height => betrag
```

Jeder Betrag ist eine zulässige Bildschirmdistanz (Bildschirmdistanzen wurden weiter vorn in diesem Kapitel unter `pack` besprochen). Das Widget nimmt diese Größen selbst dann an, wenn es dadurch nicht vollständig angezeigt werden kann. Wenn wir für `-width` 40 Pixel angeben, wird unser Button ziemlich blöd aussehen (siehe Abbildung 2-42).

```
$mw->Button(-text => "Mit diesem Button kann das Programm beendet werden.",
            -command => sub { exit })->place(-x => 0, -y => 0,
                                              -width => 40);
```

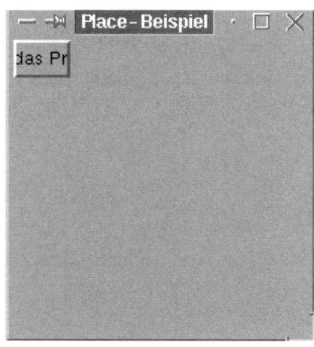

Abbildung 2-42: -width mit place() verwenden

Die anderen beiden Optionen, `-relwidth` und `-relheight`, geben die Widget-Größe relativ zum Eltern-Widget an.

```
-relwidth => verhaeltnis, -relheight => verhaeltnis
```

Das *verhaeltnis* ist eine Fließkommazahl (ähnlich den bei `-relx` und `-rely` angegebenen Werten). Der Wert 1.0 läßt das Widget so breit (oder so hoch) wie das Eltern-Widget werden; der Wert 0.5 macht es halb so groß (siehe Abbildung 2-43).

Die Optionen `-width` und `-relwidth` werden aufeinander aufaddiert, wenn sie beide verwendet werden; desgleichen `-height` und `-relheight`.

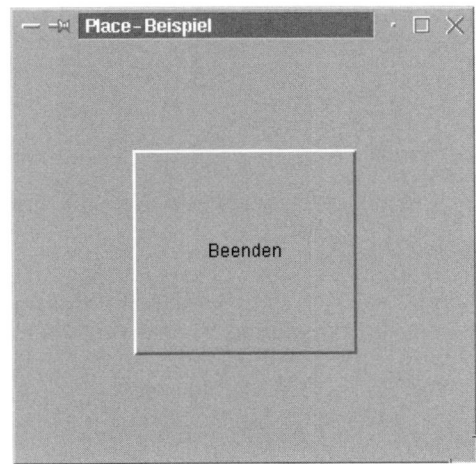

Abbildung 2-43: Ein und dasselbe Fenster in verschiedenen Größen; mit -relwidth => 0.5, -relheight => 0.5

Randoptionen

Normalerweise wird der Rand des Widgets als Begrenzung des belegten Platzes im Fenster angesehen. Alle Widgets, die mit absoluten oder relativen Koordinaten eingesetzt werden, werden also innerhalb des Randes eingesetzt. Dieses Verhalten kann mit der Option -bordermode verändert werden:

```
-bordermode => 'inside' | 'outside' | 'ignore'
```

Mit 'outside' erlauben Sie dem Koordinatensystem, auch den Platz des Randes zu berücksichtigen. 'ignore' bedeutet, daß das Koordinatensystem den Platz des offiziellen X-Bereichs verwendet. Diese Option ist insgesamt gesehen aber ziemlich nutzlos, wie Sie an den »Unterschieden« in Abbildung 2-44 sehen können.

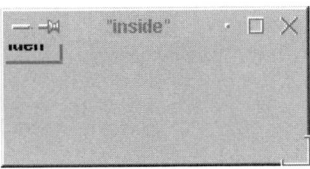

Abbildung 2-44: -bordermode-Beispiele

Wenn Sie sich das ganz genau anschauen (holen Sie sich ein Vergrößerungsglas!), dann werden Sie feststellen, daß die 'outside'-Version zwei Pixel weiter oben und zwei Pixel weiter links sitzt als die 'inside'-Version. Das liegt daran, daß mein Fenstermanager (*kwm*) einen Rand von zwei Pixeln verwendet.

Methoden von place

Die Methoden von `place()` sind ziemlich einfach und bieten nicht viele Möglichkeiten zur Manipulation der Widgets.

Das Widget entfernen

Wie bei `pack` und `grid` gibt es auch bei `place` eine `Forget`-Methode:

```
$widget->placeForget();
```

Wenn Sie diese Methode auf dem Widget aufrufen, wird das Widget sowohl vom Bildschirm als auch aus der vom Eltern-Widget verwalteten Widget-Liste entfernt.

Place-Information

Die Methode `placeInfo` gibt eine Liste mit Informationen über das Widget zurück:

```
@info = $widget->placeInfo();
print "@info";

# Ergab die folgenden Werte (wo keine Werte waren, stehen Leerstellen)
-x 0 -relx 0 -y 0 -rely 0 -width  -relwidth  -height  -relheight  -anchor nw
```

Place-Sklaven

```
@widgets = $parent->placeSlaves();
```

`placeSlaves` gibt eine Liste von Sklaven-Widgets zurück, die in `$parent` liegen. Die Liste sieht genauso aus wie die, die von `packSlaves()` und `gridSlaves()` zurückgegeben wird.

Zusammenfassung: Geometrie-Management

Sie wissen jetzt mehr über die drei verschiedenen Geometrie-Manager, als Sie jemals wissen müssen, um eine erfolgreiche Perl/Tk-Applikation zu schreiben. Hier sind noch einige hilfreiche Tips, welchen Geometrie-Manager Sie wann verwenden sollten:

- `pack()` ist meistens die beste Wahl. Sie werden diesen Geometrie-Manager in 95% der Fälle verwenden.

- `grid()` ist in den Situationen perfekt, in denen ein Zeilen/Spalten-Layout ähnlich wie in einer Tabellenkalkulation benötigt wird.

- `place()` ist dann am nützlichsten, wenn Sie möchten, daß Ihre Widgets eine Position oder Größe behalten, die relativ zum Eltern-Widget ist. Wenn dieser Geometrie-Manager richtig eingesetzt wird, kann er sehr mächtig sein.

- Egal, welchen Manager Sie verwenden, nehmen Sie sich die Zeit, Ihre Widgets so anzuordnen, wie es richtig ist (oder wie Sie es wollen). Es gibt nichts Störenderes als einen Button, der so aussieht, als ob er nicht in das Fenster gehört.

Wenn Sie in diesem Buch weiterlesen, werden Sie feststellen, daß einige der Optionsnamen von den Geometrie-Managern auch Optionsnamen beim Erzeugen oder Konfigurieren eines Widget-Typs sind. Beispielsweise können Sie die Breite eines Buttons mit -width auch angeben, ohne place() zu verwenden. Machen Sie sich immer klar, in welchem Zusammenhang eine Option verwendet wird. Manchmal ist der funktionale Unterschied sehr subtil.

3

Der einfache Button

Das Button-Widget

Button-Widget
Das Button-Widget ist das am häufigsten verwendete aller Perl/Tk-Widgets. Schauen Sie sich nur all die Beispiele in Kapitel 2, *Geometrie-Management*, an. Wenn ein Button gedrückt wird, passiert etwas. Dieses Etwas kann das Beenden des Programms (wie in unserem »Hallo Welt«-Beispiel), aber auch der Beginn einer längeren Reihe von Operationen (wie das Öffnen einer Datei oder das Starten eines anderen Prozesses) sein. Ein Button zeigt normalerweise einen kurzen Text wie Fertig, Übernehmen, Speichern, OK oder Beenden an.

Andere Widgets, die ebenfalls zu den Buttons zählen, sind Checkboxen, Radiobuttons und Menübuttons. Dieses Kapitel behandelt den traditionellen Button. Kapitel 4, *Checkboxen und Radiobuttons*, und Kapitel 11, *Menüs*, behandeln die anderen Typen, weil sie auf dem Bildschirm anders aussehen und sich auch anders verhalten.

Wir behandeln das Button-Widget als erstes, weil Sie an seinem Beispiel leicht sehen können, wie die verschiedenen Optionen das Aussehen auf dem Bildschirm beeinflussen. Viele der anderen Widgets von Perl/Tk verwenden die gleichen Optionen. Normalerweise gilt: Wenn der Optionsname gleich ist, dann ist auch die Wirkung auf das Widget (mehr oder weniger) gleich.

Einen Button erzeugen

Die grundlegende Erzeugung eines Buttons funktioniert folgendermaßen:

```
$button = $parentwidget->Button( [ option => wert, . . . ] );
```

Wir haben bereits in unserem »Hallo Welt«-Programm in Kapitel 1 und in all den Beispielen zum Geometrie-Management in Kapitel 2 Beispiele zur Verwendung von Buttons gesehen. In diesen Beispielen wurde ein Button beispielsweise mit folgendem Befehl erzeugt und auf den Bildschirm gebracht:

```
$mw->Button(-text => "Fertig",-command => sub { exit })->pack;
```

Sie können eine Referenz auf einen Button in einer Variablen speichern:

```
$button = $mw->Button(-text => "Fertig",-command => sub { exit })->pack;
```

Im »Hallo Welt«-Programm mußten wir später nicht mehr auf den Button zugreifen, weswegen wir auch keine Referenz darauf zurückbehalten haben. Aber in den meisten Beispielen dieses Kapitels nehmen wir an, daß wir bei der Erzeugung des Buttons eine Referenz darauf gespeichert haben.

Button-Optionen

Der Rest dieses Kapitels behandelt die Optionen, mit denen Sie das Aussehen von Buttons beeinflussen und dafür sorgen können, daß diese tun, was Sie wollen.

-activebackground => *farbe*

Legt die Hintergrundfarbe fest, die verwendet werden soll, wenn sich der Mauszeiger über dem Button befindet. Eine Farbe ist ein Textstring wie "red".

-activeforeground => *farbe*

Legt die Textfarbe fest, die verwendet werden soll, wenn sich der Mauszeiger über dem Button befindet.

-anchor => 'n' | 'ne' | 'e' | 'se' | 's' | 'sw' | 'w' | 'nw' | **'center'**

Sorgt dafür, daß der Text an der angegebenen Position bleibt.

-background => *farbe*

Legt die Hintergrundfarbe des Buttons fest.

-bitmap => 'bitmapname'

Legt die Default-Bitmap oder die Position einer Bitmap-Datei fest (mit einem @ vor einem Pfad).

-borderwidth => *betrag*

Ändert die Breite des Rahmens, der um den Button gezogen wird. (Hebt das -relief hervor.)

-command => *callback*

Gibt einen Zeiger auf eine Funktion an, die aufgerufen wird, wenn der Button gedrückt wird.

-cursor => 'cursorname'

Legt das Aussehen des Mauszeigers fest, wenn sich dieser über dem Button befindet.

-disabledforeground => *farbe*

Legt die Farbe fest, die der Button im abgeschalteten Zustand haben soll.

-font => 'fontname'

Ändert den Font aller Texte im Button.

-foreground => *farbe*

Ändert die Textfarbe.

`-height =>` *betrag*

> Legt die Höhe des Buttons fest: in Zeichen, wenn Text angezeigt wird, und in Bildschirmeinheiten, wenn ein Image oder eine Bitmap angezeigt werden.

`-highlightbackground =>` *farbe*

> Legt die Farbe des Bereichs hinter dem Fokus-Rechteck fest (wird angezeigt, wenn das Widget den Fokus nicht hat).

`-highlightcolor =>` *farbe*

> Legt die Farbe des Fokus-Rechtecks fest.

`-highlightthickness =>` *betrag*

> Legt die Dicke des schwarzen Rahmens um den Button fest, der den Fokus anzeigt.

`-image => $imgptr`

> `$imgptr` ist ein Zeiger auf ein Image-Objekt, das aus einer GIF- oder PPM/PGM-Datei erzeugt wurde.

`-justify => 'left' | 'right' | `**`'center'`**

> Legt die Seite des Buttons fest, an der mehrzeiliger Text ausgerichtet wird.

`-padx =>` *betrag*

> Fügt auf der linken und rechten Seite des Buttons zusätzlichen Platz ein.

`-pady =>` *betrag*

> Fügt am oberen und unteren Ende des Buttons zusätzlichen Platz ein.

`-relief => 'flat'|'groove'|`**`'raised'`**`|'ridge'|'sunken'|'solid'`

> Ändert den Typ der um den Button gezeichneten Kanten.

`-state => `**`'normal'`**` | 'disabled' | 'active'`

> Legt fest, wie der Button auf Benutzereingaben reagieren soll. Bei `"disabled"` reagiert er gar nicht.

`-takefocus => 0 | 1 | `**`undef`**

> Gibt an, daß der Button nie den Fokus bekommt (0), daß er immer den Fokus bekommt (1) oder daß die Applikation das entscheiden kann.

`-text => 'text'`

> Legt den Textstring fest, der im Button angezeigt wird.

`-textvariable => \$variable`

> Ein Zeiger auf eine Variable, die den Text enthält, der im Button angezeigt werden soll. Der Buttontext ändert sich mit `$variable`.

`-underline =>` *n*

> Unterstreicht das *n*-te Zeichen im Textstring und ermöglicht Tastatureingaben über dieses Zeichen, wenn der Button den Fokus hat.

`-width =>` *betrag*

> Legt die Breite des Buttons fest: in Zeichen, wenn Text angezeigt wird, oder in Bildschirmeinheiten, wenn ein Image oder eine Bitmap angezeigt wird.

`-wraplength =>` *betrag*

> Legt die maximal in einer Zeile angezeigte Menge von Text in Bildschirmeinheiten fest. Default: 0.

Text anzeigen

Damit der Benutzer weiß, was der Button macht, wenn er gedrückt wird, müssen Sie einen Textstring angeben, der die Funktion des Buttons beschreibt. Dafür gibt es die Option -text:

```
-text => 'text'
```

Der Textstring sollte kurz und einfach sein. Der Button soll sich ja schließlich nicht wegen eines langen Textstrings über das gesamte Fenster erstrecken.

Der String kann alles mögliche enthalten: alphanumerische Zeichen, Zeilenwechsel und Variablen. Wie jeder andere String wird er wörtlich verwendet, wenn er in einfachen Anführungsstrichen steht, und interpoliert, wenn er in doppelten Anführungsstrichen steht. Die Interpolation findet nur einmal statt (wenn die Option zum erstenmal geparst wird). Wenn sich der Wert der Variablen später im Programm ändert, hat das keinen Einfluß auf den Text im Button. Wenn der Button einmal erzeugt ist, kann der Text nur mit der configure-Methode (wie beispielsweise in $button->configure(-text => "neuer-text");) oder mit der Option -textvariable geändert werden.

Die Option -text hat keinen Default. Wenn sie nicht angegeben wird, zeigt der Button einfach keinen Text an.

Es gibt noch eine andere Möglichkeit, Text im Button anzuzeigen: die Option -textvariable. Damit kann eine skalare Variable mit dem Button verknüpft werden; der Variableninhalt wird im Button angezeigt. Sie können die Variable folgendermaßen angeben:

```
-textvariable => \$variable
```

Das bedeutet, daß sich der Text des Buttons ändert, wenn sich auch der Inhalt von $variable ändert. Im Zuge der Änderung der Variablen kann der Button dabei auch kleiner oder größer werden, worauf sich auch das gesamte Fenster in der Größe ändern kann.

Das folgende Codestückchen zeigt, wie die Option -textvariable verwendet wird:

```
$count = 0;
$mw->Button(-text => "Addiere 1",
            -command => sub { $count++ })->pack(-side => 'left');
$mw->Button(-textvariable => \$count)->pack(-side => 'left');
$mw->Button(-text => "Beenden",
            -command => sub { exit })->pack(-side => 'left');
```

Abbildung 3-1 zeigt zwei Fenster. So wie das erste sieht das Programm direkt nach dem Start aus, und das zweite Fenster zeigt die Lage, nachdem der »Addiere 1«-Button viele Male gedrückt worden ist.

Abbildung 3-1: Ein Beispiel zur Verwendung von -textvariable

Ein Image oder eine Bitmap anstelle von Text anzeigen

Anstatt einen Textstring im Button anzuzeigen, können Sie mit der Option -image auch ein Bild zur Anzeige bringen:

```
-image => $imgptr
```

Zulässige Image-Formate sind GIF und PPM/PGM. Mit dem Zusatzmodul Tk::JPEG, das vom CPAN heruntergeladen werden kann, können auch JPEG-Images verwendet werden. Wenn weitere Module entwickelt werden, werden auch noch mehr Image-Formate unterstützt werden. Schauen Sie ab und zu im CPAN nach, was zur Verfügung steht.

Wenn Sie ein Image verwenden, dann wird auch nur das angezeigt, denn das Button-Widget kann nur entweder einen Textstring oder ein Image anzeigen, aber nicht beides. Um eine $imgptr-Variable zu erzeugen, verwenden Sie die Methode Photo (und geben den Namen und den Pfad des Images an, wenn es nicht im aktuellen Verzeichnis liegt). Der Zeiger $imgptr wird als Wert der Option -image übergeben:

```
$arrow = $mw->Photo(-file => "Xcamel.gif");
$mw->Button(-text => 'Beenden', -command => sub { exit },
            -image => $arrow)->pack;
```

Abbildung 3-2 zeigt einen Button mit einem GIF-Bild.

Abbildung 3-2: Ein Button mit einem Image anstelle von Text

Verwenden Sie die Option -bitmap, damit ein Button eine durch einen Textstring bezeichnete Bitmap anzeigen kann.

```
-bitmap => 'bitmapname'
```

Es gibt mehrere Default-Bitmaps: error, gray12, gray25, gray50, gray75, hourglass, info, questhead, question und warning (siehe Abbildung 3-3). Sie werden, mit einfachen Anführungsstrichen umgeben, als Wert der Option -bitmap angegeben:

```
$mw->Button(-bitmap => 'error', -command => \&handle_error)->pack;
```

Um eine Bitmap aus einer Datei anzugeben, müssen Sie dem Pfad ein @ voranstellen.

```
$mw->Button(-bitmap => '@/usr/nwalsh/mybitmap',
            -command => sub { exit })->pack;
```

Beachten Sie, daß Sie dem @ einen Backslash voranstellen müssen, wenn Sie doppelte Anführungsstriche verwenden (wie in "\@/usr/nwalsh/mybitmap").

Abbildung 3-3: Ein Fenster mit allen Default-Bitmaps

Einen Callback zuweisen

Neben der Option -text wird beim Erzeugen eines Buttons fast immer auch die Option -command verwendet. Damit der Button etwas tun kann, wenn er gedrückt wird, müssen wir einen Callback mit dieser Option mit dem Button verknüpfen. Dieser Callback wird ausgeführt, wenn die Maustaste 1 über dem Button losgelassen wird.[1] Wenn Sie mit der Maus über dem Button klicken, sie dann aber wegbewegen, bevor Sie die Maustaste wieder loslassen, passiert nichts, weil der Klick abgebrochen wurde.

Im »Hallo Welt«-Programm haben wir die Routine exit als Callback verwendet:

```
$mw->Button(-text => "Fertig", -command => sub { exit })->pack;
```

Es gibt mehrere Möglichkeiten, um eine Subroutine oder eine Folge von Befehlen mit einem Button zu verknüpfen. Die folgenden Erläuterungen treffen auf alle Widgets zu, die eine Option -command haben; Sie werden diese Option also häufig sehen.

Einen -command-Callback definieren

Der Callback kann auf mehrere Arten definiert werden:

- Mit einer anonymen Subroutine: z.B. sub { .. *tue etwas* .. }
- Mit einer Referenz auf eine Subroutine: z.B. \&mysub
- Mit einer anonymen Liste, in der das erste Element ein Zeiger auf eine Subroutine und der Rest der Liste Argumente dieser Subroutine sind: [\&mysub, $arg0, $arg1, \@arg2...]

Der Button, den wir in unserem »Hallo Welt«-Programm erzeugt haben, verwendete eine anonyme Subroutine. Hier ist noch einmal der Code:

```
$mw->Button(-text => "Fertig", -command => sub { exit; })->pack;
```

---

1 Die Maustaste 1 ist die linke Maustaste, Maustaste 2 ist die mittlere Maustaste, und Maustaste 3 ist die rechte Maustaste.

Wir hätten die anonyme Subroutine auch vor dem Button erzeugen und dann dem Button eine Referenz übergeben können:

```
$mysubref = sub { exit };
$mw->Button(-text => "Fertig", -command => $mysubref)->pack;
```

Das ist nützlich, wenn die anonyme Subroutine einige aufwendige Dinge treibt und es unpraktisch wäre, sie in die Argumentliste hineinzuschreiben.

Wir könnten auch eine ganz normale Subroutine schreiben und dann eine Referenz darauf übergeben:

```
sub do_exit {
  &tue_etwas_anderes;
  exit;
}
$mw->Button(-text => "Fertig", -command => \&do_exit )->pack;
```

Es ist eine gute Idee, eine Subroutine wie diese zu verwenden, wenn Ihr Programm auf mehr als eine Art verlassen werden kann. Beispielsweise könnten Sie es dem Benutzer ermöglichen, die Applikation über ein Menü, einen Button oder den Schließen-Befehl des Fenstermanagers zu verlassen.

Wenn wir Argumente an unsere Routine do_exit() übergeben müßten, dann würden wir die Variante mit der anonymen Liste verwenden:

```
sub do_exit {
  my ($arg1, $arg2) = @_;
  &tue_etwas_anderes if ($arg1 = 12);
  exit;
}
$mw->Button(-text => "Fertig",
            -command => [ \&do_exit, $arg1, $arg2 ])->pack;
```

Sie sollten immer daran denken, wie die verschiedenen Möglichkeiten, einen Callback anzugeben, den Gültigkeitsbereich sowie die verfügbaren Variablen beeinflussen.

Anonyme Subroutinen

Anonyme Subroutinen werden einfach nur »beiseite gelegt«, um später von MainLoop aus aufgerufen zu werden. Die Befehle in der anonymen Subroutine werden bis dahin nicht geparst. Alle verwendeten Variablen werden erst dann ausgewertet.

```
foreach (@names) {
  $mw->Button(-text => $_,
              -command => sub { print "$_ wurde gedrückt!\n"; })->pack;
}
```

Im obenstehenden Code verwenden wir die Variable $_ in der foreach-Schleife. Der Textstring des Buttons wird wie erwartet zugewiesen, weil $_ ausgewertet wird, wenn der Button erzeugt wird. Die Variable $_ dagegen, die im Gültigkeitsbereich der anonymen Subroutine liegt, wird erst ausgewertet, wenn der Button gedrückt wird. An dieser

Stelle ist $_ aber undefiniert, und Sie bekommen bei jedem Drücken des Buttons einen Fehler.

Subroutinenreferenzen: Argumente oder nicht

Die Subroutinenreferenz und die anonyme Liste sind sich sehr ähnlich; die Liste erlaubt lediglich noch zusätzliche Argumente (genauer gesagt Argumente aus dem aktuellen Gültigkeitsbereich), die an die Subroutine übergeben werden:

```
foreach (@names) {
  $mw->Button(-text => $_,
              -command => [ \&print_name, $_ ])->pack;
}
sub print_name {
  print "$_[0] wurde gedrückt!\n";
}
```

Die anonyme Liste wird während des Aufrufs zum Erzeugen des Buttons erzeugt. Das bedeutet, daß die Variable $_ in der Liste im Kontext der foreach-Schleife ausgewertet wird und den gleichen Wert wie die Variable -text bekommt.

Diejenigen von Ihnen, die sich mit anonymen Subroutinen auskennen, können das auch so machen:

```
foreach (@names) {
  $mw->Button(-text => $_,
              -command => [ sub { print "$_[0] wurde gedrückt!\n"; },
                            $_ ])->pack;
}
```

Die anonyme Subroutine ist das erste Element in der Liste der Option -command, das zweite Element ist das Argument $_. Denken Sie daran, daß Sie manchmal sehr viel mehr als eine einzelne print-Anweisung in der Subroutine benötigen und daß es dann wegen der Lesbarkeit besser ist, diese in eine separate Subroutine zu stecken.

Das war jetzt nur ein kurzer Überblick über anonyme Subroutinen, wie sie in Perl/Tk verwendet werden. Im Kamel-Buch[2] finden Sie dazu detaillierte Informationen.

Einen Button abschalten

Wenn ein Button erzeugt wird, wird er defaultmäßig auf dem Bildschirm angezeigt und kann sofort verwendet werden. Er wird andere Farben annehmen, wenn sich der Mauszeiger über ihn hinwegbewegt und den zugewiesenen Callback aufrufen, wenn der Button gedrückt wird. Sie können dies mit der Option -state ändern:

```
-state => "normal" | "disabled" | "active"
```

Den Zustand "normal" haben wir gerade beschrieben. Der Zustand "active" liegt vor, wenn sich der Mauszeiger physikalisch über dem Button befindet, und wird intern ver-

---

2 Auch bekannt als *Programmieren mit Perl*, ebenfalls im O'Reilly Verlag erschienen.

wendet. Im Zustand "disabled" erscheint der Button grau (oder in welcher Farbe auch immer –disabledforeground und –disabledbackground angegeben worden sind) und reagiert überhaupt nicht auf die Maus.

Ein Button sollte nur dann für Auswahlen zur Verfügung stehen, wenn das in der Applikation sinnvoll ist; beispielsweise könnte ein Button einen anderen abschalten, wenn er gedrückt wird. Der Code dafür würde so aussehen:

```
my $exit_b = $mw->Button(-text => 'Beenden',
                         -command => sub { exit })->pack;
$var = "Beenden abschalten";
$mw->Button(-textvariable => \$var,
            -command => sub { my $state = $exit_b->configure(-state);
                    if ($state eq "disabled") {
                        $exit_b->configure(-state => 'normal');
                        $var = "Beenden abschalten";
                    } else {
                        $exit_b->configure(-state => 'disabled');
                        $var = "Beenden einschalten";
                    }})->pack;
```

In diesem Beispiel wird eine Referenz auf den Beenden-Button gespeichert, weil sie später dazu benötigt wird, den Zustand des Buttons zu ändern. Beachten Sie auch, daß $exit_b im Gültigkeitsbereich der anonymen Subroutine verwendet wird. Das funktioniert nur, wenn $exit_b im globalen Gültigkeitsbereich des gesamten Programms liegt, so daß $exit_b definiert ist, wenn die anonyme Subroutine ausgeführt wird. Passen Sie auf, daß Sie den Wert von $exit_b nicht verändern; ansonsten enthält $exit_b beim Aufruf der anonymen Subroutine den neuen Wert und nicht den, den Sie haben wollten.

Abbildung 3-4 zeigt das Fenster nach einmaligem Drücken des »Beenden abschalten«-Buttons.

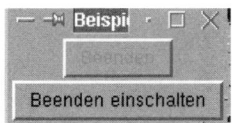

Abbildung 3-4: Ein Fenster mit einem abgeschalteten und einem normalen Button

Die Methode configure() wird später in diesem Kapitel besprochen. Sie müssen sich jetzt noch keine Gedanken darüber machen, wie sie funktioniert.

Durch das Abschalten von Widgets, die gerade nichts tun können, können Sie dem Benutzer visuelle Hinweise geben, was in der Applikation gerade möglich ist und was nicht.

Den Text manipulieren

Sie können Text nicht nur einfach im Button anzeigen, Sie können auch einstellen, wo und wie dieser erscheinen soll. Am einfachsten ist das Ändern des Zeichensatzes mit der Option -font:

```
-font => 'fontname'
```

Es gibt mehrere Möglichkeiten, den Zeichensatz anzugeben. Wenn Sie Tk4 verwenden (die inzwischen veraltete Version von Tk), dann sollten Sie den Anweisungen in den folgenden Abschnitten folgen. Wenn Sie eine neuere Version von Perl/Tk benutzen, die Tk8.0[3] enthält, dann finden Sie in Anhang C, *Fonts*, Informationen über die neuen Methoden aus dem Bereich der Zeichensätze.

Der neue Zeichensatz wird als Textstring angegeben, der einen Zeichensatznamen enthält. Dieser Name wird auf Win32- und Unix-Systemen unterschiedlich angegeben. Auf Unix-Systemen bekommen Sie mit dem Befehl *xlsfonts* oder mit dem Modul Tk::Fonts eine Liste der verfügbaren Zeichensätze. Auf meinem Unix-System ist der folgende Zeichensatz der Default des Button-Widgets:[4]

```
"-Adobe-Helvetica-Bold-R-Normal--*-120-*-*-*-*-*-*"
```

Obwohl Sie diesen Default auf einem Win32-System sehen werden, müssen Sie als Wert der Option -font eine andere Art von String angeben, und zwar z.B.:

```
-font => "{Times New Roman} 12 {normal}"
```

Sie können in der Systemsteuerung unter »Schriftarten« nachschauen, welche Zeichensätze verfügbar sind. Ein Doppelklick darauf öffnet ein Fenster, das die Schriftart in den verschiedenen Größen anzeigt. Verwenden Sie den Namen der Schriftart, wie er im Verzeichnis als erster Teil des Dateinamens zwischen geschweiften Klammern steht. Die Nummer hinter dem Namen ist die Größe des Zeichensatzes in Punkt. Der dritte Teil ist die Art des Zeichensatzes, normalerweise normal, kursiv oder fett.

Jeder Button kann nur einen einzigen Zeichensatz haben; der Textstring kann also nicht auf einmal mittendrin einen anderen Zeichensatz bekommen. Jeder Button (und jedes andere Widget) in einer Applikation kann aber einen anderen Zeichensatz haben. Hier folgt ein Beispiel mit zwei Buttons in einem Fenster; der eine benutzt den Default-Zeichensatz, der andere "lucidasans-14" (einen Unix-Zeichensatz):

```
$mw->Button(-text => "Beenden",
            -command => sub { exit })->pack(-side => 'left',
                                    -fill => 'both', -expand => 1);
```

---

3   Das Numerierungssystem von Perl/Tk folgt den Versionsnummern von Tcl/Tk. Die Versionsnummern 5, 6 und 7 wurden ausgelassen, damit die Versionsnummern von Tcl und Tk zusammenpassen. Früher gehörte beispielsweise Tcl 7.4 zu Tk 4.2, das war verwirrend. – Anm. d. Ü.

4   Nicht alle Zeichensätze stehen auf allen Systemen zur Verfügung, auch wenn der Default Ihres Systems immer funktionieren sollte. Mit dem folgenden Befehl können Sie den Default-Zeichensatz Ihres Systems bekommen: @config = $button->configure(-font); print "@config\n";

```
$mw->Button(-text => "Beenden",
            -font => "lucidasans-14",
            -command => sub { exit })->pack(-side => 'left',
                                            -fill => 'both', -expand => 1);
```

Abbildung 3-5 zeigt das Ergebnis.

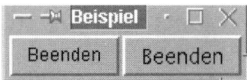

Abbildung 3-5: Buttons mit verschiedenen Zeichensätzen

Sie können nicht nur den Zeichensatz ändern, sondern auch den Text im Button herumschieben. Wie in einer Textverarbeitung können Sie die Ausrichtung des Textes festlegen. Dies wird mit der Option -justify gemacht:

```
-justify => 'left' | 'right' | 'center'
```

Der Default von -justify ist 'center'. Normalerweise ist der im Button angezeigte Text nur kurz, ein oder zwei Worte lang, wie beispielsweise Beenden, Fertig, Ja, Nein oder Abbrechen. Die Ausrichtung des Textes wird erst dann sinnvoll, wenn mehrere Textzeilen verwendet werden. Defaultmäßig zeigt der Button nur dann mehrere Textzeilen an, wenn im Textstring \n enthalten ist. Sie können dem Programm bei der Entscheidung, wann umbrochen werden soll, mit der Option -wraplength ein wenig nachhelfen:

```
-wraplength => betrag
```

Der *betrag* gibt die maximale Länge einer Textzeile als gültigen Bildschirmabstand (siehe Kapitel 1) an. Wenn die Länge des Textstrings im Button diesen Wert übersteigt, wird der Text in die nächste Zeile umbrochen. Der Default für -wraplength ist 0.

Der folgende Code ist ein Beispiel, in dem sowohl -justify und -wraplength verwendet werden:

```
foreach (qw(left center right)) {
  $b = $mw->Button(-text =>"Dieser Button wird ausgerichtet $_",
                   -command => sub { exit },
                   -wraplength => 53,
                   -justify => $_)->pack(-side => 'left',
                                         -fill => 'both',
                                         -expand => 1);
}
```

Abbildung 3-6 zeigt das Ergebnis für die drei Buttons. Am Wort »ausgerichtet« sehen Sie, daß der Text auch mitten im Wort umbrochen werden kann.

Die letzte Einstellung, die Sie am Text (oder einer Bitmap) vornehmen können, ist die Position im Button. Dies wird durch die Option -anchor gesteuert, die der -anchor-Option ähnelt, die von den Geometrie-Managern verwendet wird:

```
-anchor => 'n' | 'ne' | 'e' | 'se' | 's' | 'sw' | 'w' | 'nw' | 'center'
```

Abbildung 3-6: Auswirkungen von -justify und -wraplength auf Buttons

Wie ein Fenster hat auch ein Button Kompaßpunkte, die die Positionen im Button definieren. Abbildung 3-7 zeigt, wo diese Punkte in einem Button liegen.

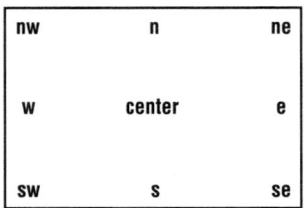

Abbildung 3-7: Ankerpunkte in einem Button

Die Defaultposition des Textes ist `'center'`. Wenn sich die Position ändert, sieht man zunächst einmal nichts. Die Auswirkungen zeigen sich erst, wenn der Button größer gemacht wird. Der Button in Abbildung 3-8 ist der gleiche wie der aus dem -justify-Beispiel (Abbildung 3-6), lediglich `-anchor => 'nw'` ist zur Optionsliste hinzugefügt worden.

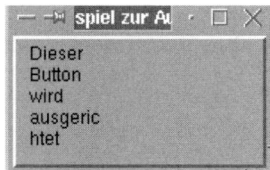

Abbildung 3-8: Der Anker wurde auf 'nw' gesetzt

Wie bereits erwähnt, ähnelt diese Option der gleichnamigen Option des pack-Befehls. Es ist aber wichtig, sich den Unterschied klarzumachen: Diese Option ändert die Position des Textes im Button, die Option `-anchor` von `pack()` ändert die Position des Widgets im Fenster.

Den Stil des Buttons ändern

Per Default sieht ein Button aus, als würde er sich geringfügig über die Fensteroberfläche erheben. Mit der Option `-relief` können Sie den Stil der Kanten des Buttons ändern:

```
-relief => 'flat'|'groove'|'raised'|'ridge'|'sunken'|'solid'
```

Wie Sie in Abbildung 3-9 sehen können, ändert jeder Wert das Aussehen des Buttons ein wenig.

`flat`

> Es sieht so aus, als würde im Fenster nur der Text stehen. `'flat'` ist für Buttons nicht empfehlenswert, weil der Benutzer keine visuellen Informationen hat, daß der Button gedrückt werden kann (der Button sieht nur wie eine Beschriftung aus).

`groove`

> Läßt die Kante etwas hineingedrückt erscheinen (als ob es einen kleinen Graben um den Text gäbe).

`raised`

> Die Voreinstellung; erzeugt ein dreidimensionales Aussehen mit einem Schatten auf der unteren und der rechten Seite, so daß der Button höher erscheint als die Umgebung.

`ridge`

> Das Gegenstück zu `'groove'`; sieht wie eine Erhebung um den Text aus.

`sunken`

> Das Gegenstück zu `'raised'`; erzeugt den dreidimensionalen Effekt, daß der Button tiefer als die Umgebung erscheint.

Egal, welcher Wert bei der Option `-relief` angegeben wird; der Button sieht immer wie bei `'sunken'` aus, wenn der Mauszeiger darüber steht.

Abbildung 3-9: Verschiedene Relieftypen von Buttons

Sie können nicht nur den Typ der Kante um den Button, sondern mit der Option `-borderwidth` auch dessen Dicke ändern:

```
-borderwidth => betrag
```

Der Default von `-borderwidth` ist 2. Je größer dieser Wert ist, um so auffälliger werden die Auswirkungen der `-relief`-Option. Abbildung 3-10 zeigt jeden Relieftyp mit einer Breite von 10.

Abbildung 3-10: Verschiedene Relieftypen mit einer Breite von 10

Die Option -borderwidth kann auch mit -bd abgekürzt werden. Das Ergebnis ist zwar das gleiche, aber bei Verwendung von -borderwidth wird Ihr Code später besser zu lesen sein. Außerdem steht -bd nicht bei allen Widgets zur Verfügung, weswegen es gefährlich sein kann, sich darauf zu verlassen.

Ich empfehle, für die Kantenbreite keinen Wert größer als 4 zu verwenden, weil die Widgets sonst ziemlich merkwürdig aussehen. In jedem der Widget-Kapitel werden Sie einen Screenshot sehen, der zeigt, was passiert, wenn Sie größere -borderwidth-Werte mit den einzelnen -relief-Werten verwenden. Der Einsatz von -borderwidth ist nur dann wirklich sinnvoll, wenn Sie ein Widget während der Entwicklung vorübergehend aus den anderen herausheben wollen. (Ich verwende das auch oft bei Frames, um herauszufinden, wo der Frame liegt, denn der ist ja normalerweise unsichtbar. Siehe Kapitel 12).

Die Größe eines Buttons ändern

Normalerweise wird die Größe eines Buttons von der Applikation automatisch bestimmt und ist vom angezeigten Textstring oder Image abhängig. Die Breite und Höhe können aber auch explizit mit den Optionen -width und/oder -height angegeben werden:

```
-width => x, -height => y
```

Die Werte für x und y sind davon abhängig, ob eine Bitmap/ein Image oder Text im Button angezeigt wird. Wenn eine Bitmap oder ein Image angezeigt wird, werden die Werte als gültige Bildschirmabstände interpretiert, bei Text als Zeichenanzahl.

Das folgende Beispiel enthält einen Button in Defaultgröße und einen, dessen Größe explizit auf 10x10 gesetzt worden ist. (Es ist übrigens nicht notwendig, daß Breite und Höhe gleich sind; Sie müssen nicht einmal beides angeben.)

```
$mw->Button(-text => "Beenden",
            -command => sub { exit })->pack(-side => 'left');
$mw->Button(-text => "Beenden",
            -width => 10, -height => 10,
            -command => sub { exit })->pack(-side => 'left');
```

In Abbildung 3-11 ist der zweite Button viel höher als breit, weil Buchstaben höher als breit sind.

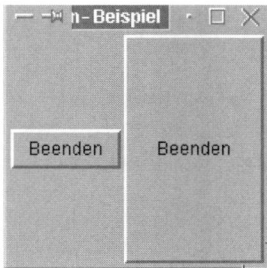

Abbildung 3-11: Ein Button mit Defaulttext und ein weiterer mit -width => 10, -height => 10

Die mit -width und -height angegebenen Werte sind Zeichengrößen, weil der Button Text anzeigt. Wenn -width und -height mit einer Bitmap verwendet werden, ist der angegebene Betrag ein Bildschirmabstand. Hier sehen Sie ein Beispiel für die Verwendung von -width und -height mit einer Bitmap:

```
$mw->Button(-bitmap => 'error',
            -width => 10, -height => 10,
            -command => sub { exit })->pack(-side => 'left');
$mw->Button(-bitmap => 'error',
            -command => sub { exit })->pack(-side => 'left');
$mw->Button(-bitmap => 'error',
            -width => 50, -height => 50,
            -command => sub { exit })->pack(-side => 'left');
```

Der erste Button wurde mit einer auf 10 Pixel beschränkten Breite und Höhe erzeugt, der zweite sieht normal aus, und der dritte wurde mit einer Größe von 50x50 Pixeln erzeugt. Abbildung 3-12 zeigt das Ergebnis.

Abbildung 3-12: Dreimal die gleiche Bitmap mit verschiedenen Werten für -width und -height

Der Defaultwert für -width und -height ist 0; damit kann das Programm die Höhe und Breite des Buttons dynamisch festlegen.

Die totale Breite von Buttons mit Text setzt sich aus der Textbreite plus 2 × -padx zusammen. Die Höhe ist die Texthöhe plus 2 × -pady. Die Breite und Höhe von Buttons mit Bitmaps ist nur die Breite und Höhe der Bitmap selbst. Bei der Anzeige von Bitmaps werden die Optionen -padx und -pady ignoriert.

Alternativ zur expliziten Angabe einer Breite oder Höhe kann man die Größe des Buttons auch mit -padx und/oder -pady vergrößern, wobei zusätzlicher Platz zwischen dem Text und der Kante des Buttons eingefügt wird: -padx => *betrag*, -pady => *betrag*

Der bei -padx angegebene Betrag wird links und rechts vom Text hinzugefügt; der mit -pady oberhalb und unterhalb des Textes. Abbildung 3-13 zeigt ein Beispiel.

Durch Verwendung dieser Optionen teilen Sie dem Button mit, daß er größer als normal sein soll, aber Sie müssen sich keine Gedanken machen, daß er zu groß werden könnte, wie es beim expliziten Verwenden von -width und -height der Fall ist.

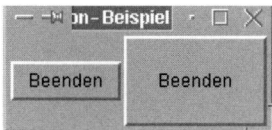

Abbildung 3-13: Ein Beispiel für -padx => 20, -pady => 20

Denken Sie daran, daß -padx und -pady ignoriert werden, wenn eine Bitmap angezeigt wird.

Eine Tastatursteuerung hinzufügen

Ein Button wird üblicherweise durch das Klicken der Maustaste 1 ausgelöst, wenn sich der Mauszeiger über dem Button befindet. Er kann aber auch durch das Drücken der Tab-Taste, bis der Button den Tastaturfokus hat, und anschließendem Drücken der Leertaste ausgelöst werden. Der Effekt ist der gleiche: Der mit dem Button verknüpfte Callback wird aufgerufen, und das -relief ändert sich kurzfristig. Der Tastaturfokus wird visuell durch ein dünnes schwarzes Rechteck um das Widget angezeigt (siehe Abbildung 3-20 weiter hinten in diesem Kapitel).

Um den Button auch mit einer zusätzlichen Taste auslösen zu können, können Sie in einem Button, der Text anzeigt, die Option -underline verwenden:

    -underline => N

Damit wird das *N*-te Zeichen im Textstring unterstrichen. Das erste Zeichen im Textstring hat die Nummer 0, so daß beim Textstring »Beenden« die Option -underline => 1 das zweite Zeichen im String, das »e« unterstreicht (siehe Abbildung 3-14).

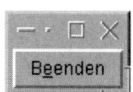

Abbildung 3-14: Ein Beispiel für -underline => 1

Der Defaultwert von -underline ist -1, wobei kein Zeichen unterstrichen wird.

Farboptionen

Die Optionen, die die Farben des Buttons ändern, heißen `-background`, `-foreground`, `-activebackground`, `-activeforeground` und `-disabledforeground`. Jede Option erwartet einen String, der eine Farbe angibt. Dieser String kann entweder eine Farbbeschreibung wie `"blue"` oder ein hexadezimaler String wie `"#d9d9d9"` sein, der ebenfalls eine Farbe beschreibt, aber kryptischer ist.

Auf Win32- und Unix-Systemen können Sie das mit dem Tk-Modul mitgelieferte Demoprogramm *widget* starten. Wenn sich das Verzeichnis *perl/bin* in Ihrem Pfad befindet, können Sie einfach auf der DOS- oder Unix-Kommandozeile `"widget"` eingeben. Im Listbox-Bereich finden Sie ein Beispiel, das Farbnamen anzeigt. Sie können doppelt auf die Namen in der Liste klicken, um zu sehen, wie sich die Farbe der Applikation ändert.

Die zulässigen Werte für den Farbstring stehen auf Unix-Systemen in der Datei *rgb.txt*. Diese Datei liegt normalerweise im *lib*-Verzeichnis von X11. Auf meinem Linux-System ist das */usr/X11R6/lib/rgb.txt*. Sie können auch die X-Applikationen *xcolors* oder *showrgb* verwenden. Lesen Sie sich die Manual-Seiten der Befehle durch, um herauszufinden, wie sie verwendet werden.

Es gibt noch eine Möglichkeit, zulässige Farbnamen herauszufinden, die auch unter Win32 funktioniert, und zwar über das Verzeichnis Ihrer Perl-Distribution. Suchen Sie nach der Datei *xcolors.h*. Das ist eine Textdatei, die die RGB-Werte und Namen für eine ganze Reihe von Farben enthält. Ich habe diese Datei auf meinem Windows 95-Rechner unter *C:\Perl\lib\site\Tk\ptk* gefunden.

Die Farbe des Buttons hängt von seinem Zustand ab. Wenn der Button im Zustand `'normal'` ist, werden die mit `-foreground` und `-background` festgelegten Farben angezeigt. Der Hintergrund des Buttons ist der Bereich hinter dem Textstring, aber innerhalb der Kanten.

Die Hintergrundfarbe wird folgendermaßen angegeben:

```
-background => farbe
```

Die Defaultfarbe des Hintergrundes ist ein helles Grau (`"#d9d9d9"` in hexadezimaler RGB-Darstellung). Abbildung 3-15 zeigt das Ergebnis, wenn der Hintergrund des zweiten Beenden-Buttons blau gemacht wird.[5]

Abbildung 3-15: Ein Beispiel für -background => 'blue'

---

5 Obwohl wir hier über Farben sprechen, sind die Abbildungen schwarzweiß. Farbabbildungen hätten das Buch leider zu teuer gemacht. Ich habe mich bemüht, möglichst konstrastierende Farben zu verwenden, damit die Abbildungen so gut wie möglich aussehen. Sie bekommen am ehesten ein Gefühl für die verschiedenen Farboptionen, wenn Sie die Beispiele ausführen und damit experimentieren.

Der Vordergrund des Buttons ist der angezeigte Text (oder die Bitmap). Die Vordergrundfarbe wird mit

    -foreground => *farbe*

angegeben. Die Defaultfarbe des Vordergrundes ist 'black', Schwarz. Stellen Sie sicher, daß die Farbe, die Sie auswählen, genug mit der Hintergrundfarbe kontrastiert. In Abbildung 3-15 habe ich den Text in der Defaultfarbe gelassen, wodurch er sich nicht besonders gut von der Hintergrundfarbe abhebt. Wenn wir -foreground in 'white' ändern, können wir, wie in Abbildung 3-16 zu sehen ist, den Text sehr viel besser lesen. (Die Abkürzung für -foreground ist -fg, was aber nicht unbedingt bei allen Widget-Typen funktioniert. Ich würde Ihnen raten, immer -foreground zu verwenden.)

Abbildung 3-16: Ein Beispiel mit -background => 'blue' und -foreground => 'white'

Wenn Sie die Optionen -foreground und -background mit einer Bitmap verwenden, dann ändern sich Vordergrund und Hintergrund der Bitmap. Der Effekt der Farben hängt von der Bitmap ab (siehe Abbildung 3-17).

Abbildung 3-17: 'error'-Bitmap mit -foreground => 'white' und -background => 'black'

Die Optionen -foreground und -background bestimmen, welche Farben der Button hat, wenn er sich im Zustand 'normal' befindet. Wenn sich der Mauszeiger über dem Button befindet, werden die Farben -activebackground und -activeforeground verwendet:

    -activebackground => *farbe*, -activeforeground => *farbe*

Für die Zustände werden unterschiedliche Farben verwendet, damit die Benutzer einen visuellen Hinweis bekommen, daß sie den Button drücken können. Dadurch, daß sich die Farben geringfügig ändern, wenn der Mauszeiger über den Button bewegt wird, wissen die Benutzer, daß der Button gedrückt werden kann, um eine Aktion auszulösen.

Die letzte Farboption, -disabledforeground, ist die Textfarbe, die verwendet wird, wenn sich der Button im Zustand 'disabled' befindet.

    -disabledforeground => *farbe*

In diesem Zustand reagiert der Button nicht darauf, daß der Mauszeiger über ihn bewegt oder mit der Maus geklickt wird. Der Default des Textes (oder der Bitmap) ist "#a3a3a3". Abbildung 3-18 zeigt den Unterschied zwischen den Textfarben mit einem abgeschalteten und einem normalen Button. (Dieses Beispiel kam in Abbildung 3-4 schon einmal vor; dort steht auch der Code dafür.)

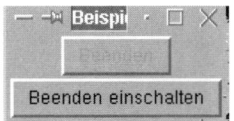

Abbildung 3-18: -disabledforeground-Beispiel

Den Mauszeiger ändern

Der Mauszeiger sieht normalerweise wie ein Pfeil aus.[6] Das kann aber für jedes Widget einzeln mit der Option -cursor geändert werden:

```
-cursor => cursorname
```

Wenn sich der Mauszeiger über dem Button befindet, ändert er sich in die angegebene Form. Das passiert unabhängig davon, ob der Button abgeschaltet ist oder nicht. Es steht eine große Menge von Mauszeigerformen zur Verfügung. Abbildung 3-19 zeigt, wie diese aussehen.

X_cursor	arrow	based_arrow_down	based_arrow_up
boat	bogosity	bottom_left_corner	bottom_right_corner
bottom_side	bottom_tee	box_spiral	center_ptr
circle	clock	coffee_mug	cross
cross_reverse	crosshair	diamond_cross	dot
dotbox	double_arrow	draft_large	draft_small
draped_box	exchange	fleur	gobbler
gumby	hand1	hand2	heart
icon	iron_cross	left_ptr	left_side
left_tee	leftbutton	ll_angle	lr_angle
man	middlebutton	mouse	pencil
pirate	plus	question_arrow	right_ptr
right_side	right_tee	rightbutton	rtl_logo
sailboat	sb_down_arrow	sb_h_double_arrow	sb_left_arrow
sb_right_arrow	sb_up_arrow	sb_v_double_arrow	shuttle
sizing	spider	spraycan	star
target	tcross	top_left_arrow	top_left_corner
top_right_corner	top_side	top_tee	trek
ul_angle	umbrella	ur_angle	watch
xterm			

---

6 Welcher Cursor genau angezeigt wird, hängt davon ab, welchen Fenstermanager Sie verwenden, aber meistens ist es ein Pfeil.

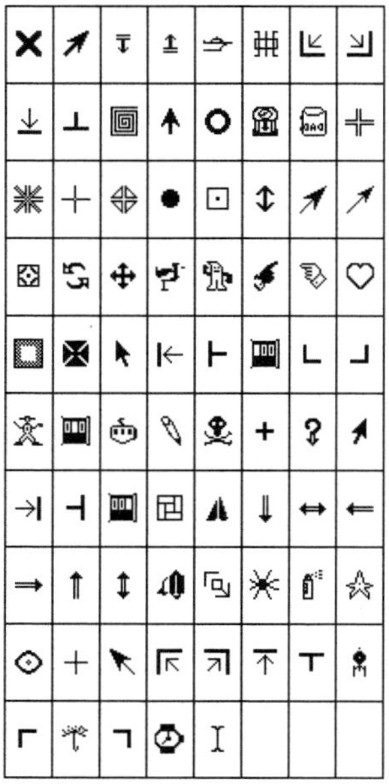

Abbildung 3-19: Die Standardmauszeiger

Mit dem folgenden Programm können Sie sich die Mauszeigerformen interaktiv ansehen:

```perl
#!/usr/bin/perl -w
use Tk;

# Fensterelemente erzeugen
$mw = MainWindow->new;
$mw->Button(-text => "Beenden",
            -command => sub { exit })->pack(-side => "bottom",
                                            -fill => "x");
$scroll = $mw->Scrollbar;
$lb = $mw->Listbox(-selectmode => 'single',
                   -yscrollcommand => [set => $scroll]);
$scroll->configure(-command => [yview => $lb]);

$scroll->pack(-side => 'right', -fill => 'y');
$lb->pack(-side => 'left', -fill => 'both');

# Datei öffnen, die alle verfügbaren Mauszeiger enthält.
# Muß eventuell geändert werden, wenn cursorfont.h bei Ihnen woanders steht.
# Auf Win32-Systemen kann das C:\Perl\lib\site\Tk\X11\cursorfont.h sein.
open (FH, "/usr/X11R6/include/X11/cursorfont.h") ||
  die "Konnte Mauszeiger-Datei nicht öffnen.\n";

while (<FH>) {
  push(@cursors, $1) if (/\#define XC_(\w+) /);
}
```

```
    close(FH);

    $lb->insert('end', sort @cursors);
    $lb->bind('<Button-1>',
        sub { $mw->configure(-cursor => $lb->get($lb->curselection)); });

    MainLoop;
```

Obwohl dieses Programm vielleicht noch ein wenig kompliziert aussieht, sollten Sie sich anschauen, wie es vorgeht. Wenn Sie es noch nicht vollständig verstehen, ist das kein Problem. Lesen Sie noch ein paar Kapitel weiter, kehren Sie dann hierher zurück, und schauen Sie, ob Sie dann alles verstehen. Listboxen werden in Kapitel 7, *Das List-box-Widget*, behandelt, `bind` in Kapitel 14, *Ereignisse binden*.

Fokus-Optionen

Sie können mit der Tab-Taste zwischen den Widgets einer Applikation wechseln, um Tastatureingaben zu ermöglichen. Die Applikation zeigt an, welches Widget gerade Tastatureingaben entgegennehmen kann, indem sie um das jeweilige Widget einen Rahmen zeichnet (das sogenannte Fokus-Rechteck (*highlight rectangle*), siehe Abbildung 3-20). Wenn ein Widget diesen Rahmen hat, dann besitzt es auch den Fokus der Applikation. (Sie können einem Widget explizit den Fokus zuteilen, indem Sie `$widget->focus;` aufrufen.) Wenn ein Button den Fokus hat, können Sie auch die Leertaste anstelle der Maus verwenden, um ihn auszulösen.

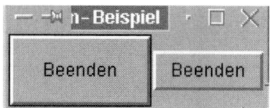

Abbildung 3-20: Der erste Button hat den Fokus.

Sie können die Applikation dazu zwingen, Ihrem Button auf gar keinen Fall den Tastaturfokus zu geben, indem Sie die Option -takefocus verwenden:

```
    -takefocus => 0 | 1 | undef
```

Die Option -takefocus wird normalerweise auf einen leeren String (`undef`) gesetzt, was der Applikation erlaubt, dynamisch zu entscheiden, ob das Widget den Fokus bekommt. Wenn sich ein Widget im Zustand `'disabled'` befindet, wird es ausgelassen, wenn sich der Benutzer mit der Tab-Taste durch die Optionen bewegt. Damit die Applikation das Widget bei der Vergabe des Fokus nie berücksichtigt, verwenden Sie -take-focus => 0; mit -takefocus => 1 kann das Widget immer den Fokus bekommen.

Das Fokus-Rechteck ändern

Das Fokus-Rechteck[7] wird normalerweise mit einer Dicke von zwei Pixeln gezeichnet. Das kann mit der Option -highlightthickness geändert werden:

```
-highlightthickness => betrag
```

Der angegebene Betrag ist ein zulässiger Bildschirmabstand. In Abbildung 3-21 hat der rechte Beenden-Button eine -highlightthickness von 10 und den Fokus.

Abbildung 3-21: Ein Beispiel für -highlightthickness => 10

Wenn der Button gerade nicht den Tastaturfokus hat, wird ein schmaler Freiraum um ihn herum freigelassen. Wenn Sie das stört, können Sie -highlightthickness auf 0 setzen, so daß der Freiraum selbst dann nicht angezeigt wird, wenn das Widget den Fokus hat. Es ist aber schlechter Stil, -highlightthickness auf 0 zu setzen, wenn Sie nicht auch -takefocus auf 0 setzen.

Die Farbe des Fokus-Rechtecks kann ebenfalls geändert werden. Dafür gibt es zwei Werte: die Farbe des Fokus-Rechtecks, wenn der Button den Fokus nicht hat, und die Farbe des Fokus-Rechtecks, wenn er den Fokus hat. Die Option -highlightcolor gibt die Farbe des Fokus-Rechtecks an, wenn der Button den Fokus hat:

```
-highlightcolor => farbe
```

In Abbildung 3-22 hat der rechte Button den Fokus, und -highlightcolor ist auf 'yellow' gesetzt. Vergleichen Sie das mit Abbildung 3-21, um den Unterschied zu sehen.

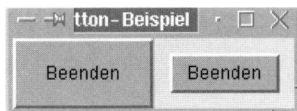

Abbildung 3-22: Ein Beispiel für einen Button mit -highlightcolor => 'yellow'

Um die Farbe des Freiraums zu ändern, der um den Button angezeigt wird, wenn er nicht den Fokus hat, verwenden Sie die Option -highlightbackground:

```
-highlightbackground => farbe
```

Normalerweise hat das Fokus-Rechteck die gleiche Farbe wie der Fensterhintergrund, wodurch es sich in den Hintergrund des Fensters oder Frames einfügt, das bzw. der den Rahmen enthält.

---

7   Auf Win32-Systemen wird das Fokus-Rechteck als gestrichelte Linie um das Widget gezeichnet.

Abbildung 3-23 zeigt ein Beispiel, in dem die beiden Buttons folgendermaßen konfiguriert worden sind:

```
-highlightcolor => 'blue', -highlightbackground => 'yellow'
```

Der rechte Button hat den Fokus.

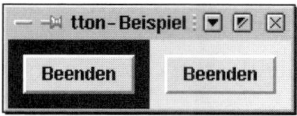

Abbildung 3-23: Ein Beispiel mit zwei Buttons mit -highlightcolor => 'blue' und -highlightbackground => 'yellow'

Einen Button konfigurieren

Nachdem das Widget erzeugt und seine Referenz in einem Skalar (wie `$button`) gespeichert worden ist, ist es möglich, Methoden an diesem Button aufzurufen.

Es gibt zwei Methoden, mit denen ein Button nach seiner Erzeugung umkonfiguriert werden kann bzw. mit denen Konfigurationsdaten abgefragt werden können: `configure` und `cget`. Diese sind für alle Widgets gleich und werden in Anhang A, *Widgets mit configure und cget konfigurieren*, behandelt. Hier folgen einige gängige Beispiele, damit Sie einen Eindruck davon bekommen:

```
$state = $button->cget(-state);          # Den aktuellen Wert von -state holen
$state = $button->configure(-state);     # Den aktuellen Wert von -state setzen
$button->configure(-text => "Neuer Text"); # Den Text ändern
$text = $button->cget(-text);            # Den aktuellen Text holen
@all = $button->configure();             # Informationen über alle Optionen des
                                         # Buttons holen
```

Den Button aufblitzen lassen

Die Methode `flash` läßt den Button auf dem Bildschirm »aufblitzen«. Er wechselt kurz zwischen den Farben des normalen und des aktivierten Zustands.

```
$button->flash();
```

Den Button auslösen

Die Methode `invoke` ruft die Subroutine auf, auf die `-command` verweist. Wenn Sie einmal mit `-command` einen Callback zugewiesen haben, dann können Sie diesen immer auch über `invoke()` aufrufen:

```
$button->invoke();
```

Ein paar Vorschläge zum Experimentieren

Sie finden am besten heraus, wie Perl/Tk funktioniert, wenn Sie es einfach ausprobieren. Wenn Sie die Grundlagen einmal verstanden haben, dann werden Sie die meiste Zeit damit zubringen, an Optionen und Callbacks herumzuschrauben, damit passiert, was Sie wollen. Versuchen Sie einmal folgendes, um den Umgang mit dem Button-Widget zu trainieren.

- Erzeugen Sie ein Fenster mit drei Buttons. Lassen Sie jeden Button etwas anderes ausgeben, wenn er gedrückt wird.

- Erzeugen Sie ein Fenster mit drei Buttons. Lassen Sie die ersten beiden Buttons beim Drücken den Text des jeweils anderen Buttons ändern. Mit dem letzten Button soll das Programm beendet werden können.

- Erzeugen Sie einige riesiggroße und einige winzigkleine Buttons im gleichen Fenster.

4

Checkboxen und Radiobuttons

In diesem Kapitel beschäftigen wir uns mit Checkboxen und Radiobuttons. Obwohl sich diese Widgets sehr ähnlich sind, werden sie für unterschiedliche Zwecke verwendet.

Checkboxen sind nützlich, wenn Sie wie auf einem Einkaufszettel beliebig viele Elemente auswählen wollen. Radiobuttons werden verwendet, wenn die Elemente in Gruppen angeordnet sind und nur eines davon ausgewählt werden darf, etwa wie in einem Multiple-Choice-Test:

```
Q1: In welchem Jahr entdeckte Columbus Amerika?
A) 1400
B) 1470
C) 1472
D) 1492
E) keines davon
```

Weil Radiobuttons in Gruppen zusammengefaßt werden, müssen Sie genau einen aus einer Gruppe auswählen. Wenn die Defaultauswahl immer A ist und Sie auf D klicken, würde die Auswahl von A automatisch aufgehoben werden.

Die beiden Abschnitte in diesem Kapitel beschreiben, wie die beiden Widget-Typen verwendet werden, wie man sie erzeugt und wie man sie konfiguriert.

Das Checkbox-Widget

In Kapitel 3, *Der einfache Button*, haben Sie gelernt, welche Optionen das Button-Widget hat. Eine Checkbox ist ebenfalls eine Art von Button (und verwendet viele der Optionen von Buttons ebenfalls), auch wenn sie in Applikationen ganz anders verwendet wird.

Anstatt auf eine Checkbox zu klicken und zu erwarten, daß sofort etwas passiert, zeigen Sie damit lediglich eine Ja/Nein-Antwort an. Wenn die Checkbox angeklickt ist, heißt das ja, ansonsten nein. Sie könnten beispielsweise eine Checkbox für die Optionen beim Drucken eines Dokuments verwenden. Die Beschriftungen der Checkboxen wären dann vielleicht Titelseite drucken, Nur gerade Seiten, Nur ungerade Seiten und Seiten numerieren. Am unteren Fensterrand gäbe es dann einen Drucken-Button, und wenn dieser gedrückt wird, dann würde das Programm ermitteln, welche Checkboxen angewählt sind, und entsprechend den Druckjob starten.

Ein Fenster, das mehrere auszuführende Aufträge enthält (wie ein Kontrollfenster einer Druckerwarteschlange) könnte Checkboxen verwenden, um vom Benutzer zu erfragen, ob jeder Job ausgeführt werden soll. Wenn die Checkbox neben einem Auftragsnamen angewählt ist, wird der Auftrag ausgeführt, ansonsten wird er vorerst übersprungen.

Jedesmal, wenn eine Checkbox verwendet wird, stellt die Applikation dem Benutzer eine Ja/Nein-Frage. Checkboxen, die optisch zu einer Gruppe zusammengefaßt sind (wie in unserem Druck-Beispiel), hängen normalerweise inhaltlich zusammen. Technisch muß das aber nicht so sein, weil sich Checkboxen nicht gegenseitig beeinflussen.

Die Checkbox ähnelt einem Button. Sie zeigt einen Textstring an, hat aber zusätzlich noch ein kleines Feld am linken Rand des Widgets. Defaultmäßig haben die äußeren Kanten der Checkbox kein 3D-Relief wie normale Buttons, dafür aber das Anzeigefeld (das kleine Quadrat am linken Rand).

Eine Checkbox wird genauso wie ein normaler Button benutzt: Sie klicken mit der linken Maustaste darauf. Ein Button ändert seine eigene `-relief`-Einstellung (die angibt, wie die Kanten des Buttons gezeichnet werden), um so auszusehen, als ob er eingedrückt worden wäre, während eine Checkbox nur den Zustand des Anzeigefeldes ändert. Wenn die Checkbox angewählt ist, sieht das Anzeigefeld aus, als wäre es in das Fenster hineingedrückt und mit einer dunkleren Farbe gefüllt worden.[1] Wenn die Checkbox nicht angewählt ist, sieht das Anzeigefeld wie ein kleiner grauer Button aus.

Manchmal ist die Terminologie etwas verwirrend, weil es zum einen den Zustand des Anzeigefeldes (den Wert) und zum anderen den Zustand der Checkbox selbst gibt. Wenn das Anzeigefeld wie ein kleiner, erhobener Button ohne Farbe aussieht, dann ist es aus (Abbildung 4-1; linke Checkbox). Wenn das Anzeigefeld mit Farbe gefüllt ist, dann ist es an (Abbildung 4-1; rechte Checkbox). Der Zustand der gesamten Checkbox (einschließlich des Anzeigefeldes) kann normal, aktiv oder abgeschaltet sein. Beide Checkboxen in Abbildung 4-1 sind im Normalzustand.

Abbildung 4-1: Eine nicht angewählte und eine angewählte Checkbox

---

1 Manche Betriebssysteme setzen sogar einen Haken (✔) in das kleine Kästchen. Andere verwenden ein kleines »x«, um anzuzeigen, daß das Anzeigefeld im angewählten Zustand ist.

Wie beim Erzeugen jedes anderen Widgets auch, wird die Checkbox mit einer Methode erzeugt, die den englischen Namen des Widgets in Großschreibung trägt und am Eltern-Widget aufgerufen wird; hier heißt diese Methode `Checkbutton`. Die grundlegende Verwendung sieht so aus:

```
$cb = $parentwidget->Checkbutton( [ option => wert, . . . ] )->pack;
```

Neben dem Anzeigefeld mit dem Zustand kann eine Checkbox auch einen Callback haben, der mit der Option `-command` angegeben wird. Wenn die Checkbox angeklickt wird (unabhängig vom Zustand des Anzeigefeldes), dann wird der Callback aufgerufen. Es ist allerdings nicht immer notwendig, Radiobuttons und Checkboxen einen Callback zuzuweisen, weil Sie den Zustand des Widgets auch später im Programm noch abfragen können.

Der Boolesche Zustand der Checkbox wird in einer Variablen mitgeteilt, die bei der Erzeugung der Checkbox mit der Option `-variable` bestimmt wird. Jede Checkbox sollte ihren Zustand in einer eigenen, nicht von anderen Checkboxen verwendeten Variablen speichern. Wenn die Checkbox angeklickt wird, wird der Wert der Variablen aktualisiert. Außerdem werden mit `-command` festgelegte Callbacks aufgerufen (unabhängig vom neuen Zustand der Checkbox). Die Optionen, die das Verhalten von Checkboxen ändern, sind unten aufgeführt und werden später noch detaillierter beschrieben.

Checkbox-Optionen

Die folgenden Checkbox-Optionen funktionieren genauso wie bei normalen Buttons, weswegen sie hier nicht mehr detailliert behandelt werden. Lesen Sie gegebenenfalls in Kapitel 3 nach, wo diese Optionen ausführlich beschrieben sind: `-activebackground`, `-activeforeground`, `-anchor`, `-background`, `-borderwidth`, `-cursor`, `-disabledforeground`, `-font`, `-foreground`, `-height`, `-highlightbackground`, `-highlightcolor`, `-highlightthickness`, `-justify`, `-padx`, `-pady`, `-state`, `-takefocus`, `-text`, `-textvariable`, `-underline`, `-width` und `-wraplength`.

Die weiteren Optionen verhalten sich etwas anders, oder es gibt sie nur für Checkboxen. Diese werden in der folgenden Liste genannt. Manche Optionen (wie beispielsweise `-selectimage`) beeinflussen das Anzeigefeld. Denken Sie daran, daß sich die Option `-state` auf den Zustand des gesamten Widgets bezieht, während der Zustand des Anzeigefeldes von den Variablen `-onvalue`, `-offvalue`, `-indicatoron` und `-variable` beeinflußt wird.

`-activebackground => `*farbe*
: Legt die Farbe fest, die der Hintergrund des Widgets annimmt, wenn sich der Mauszeiger darüber befindet.

`-activeforeground => `*farbe*
: Legt die Farbe fest, die der Vordergrund des Widgets annimmt, wenn sich der Mauszeiger darüber befindet.

`-anchor =>` `'n'` | `'ne'` | `'e'` | `'se'` | `'s'` | `'sw'` | `'w'` | `'nw'` | **`'center'`**

Legt die Position des Textes im Widget fest. Ist vor allem sichtbar, wenn das Widget vergrößert wird.

`-background =>` *farbe*

Legt die Farbe des Widget-Hintergrundes (hinter dem Text) fest.

`-bitmap =>` *bitmap*

Zeigt eine Bitmap anstelle von Text an.

`-borderwidth =>` *betrag*

Legt die Kantendicke des Widgets sowie die Dicke des Anzeigefeldes fest. Der Default ist 2.

`-command =>` *callback*

Ordnet der Checkbox eine Subroutine zu. Die Subroutine wird aufgerufen, wenn der Button angeklickt wird.

`-cursor =>` *cursorname*

Ändert den Mauszeiger, der angezeigt werden soll, wenn sich der Mauszeiger über dem Widget befindet.

`-disabledforeground =>` *farbe*

Legt die Textfarbe für den Zustand `'disabled'` fest.

`-font =>` *fontname*

Legt den Zeichensatz fest, mit dem Text im Widget angezeigt wird.

`-foreground =>` *farbe*

Legt die Textfarbe fest.

`-height =>` *betrag*

Legt die Höhe der Checkbox fest; *betrag* ist ein gültiger Bildschirmabstand.

`-highlightbackground =>` *farbe*

Legt die Farbe des Fokus-Rechtecks um das Widget fest, wenn das Widget nicht den Fokus hat.

`-highlightcolor =>` *farbe*

Legt die Farbe des Fokus-Rechtecks um das Widget fest, wenn das Widget den Fokus hat.

`-highlightthickness =>` *betrag*

Legt die Dicke des Fokus-Rechtecks fest.

`-image =>` *imgptr*

Zeigt ein Image anstelle von Text an.

`-indicatoron =>` `0` | **`1`**

Legt fest, ob das Anzeigefeld angezeigt werden soll.

`-justify =>` `'left'` | `'right'` | **`'center'`**

Legt die Ausrichtung des Textes im Widget fest.

`-offvalue =>` *neuerwert*

Legt den Wert fest, der verwendet wird, wenn die Checkbox nicht angewählt ist. Muß ein Skalar sein. Der Default ist 0.

`-onvalue =>` *neuerwert*
> Legt den Wert fest, der verwendet wird, wenn die Checkbox angewählt ist. Muß ein Skalar sein. Der Default ist 1.

`-padx =>` *betrag*
> Legt den Platz zwischen dem Text und dem Anzeigefeld sowie am linken und rechten Rand des Widgets fest.

`-pady =>` *betrag*
> Legt den Platz an der Ober- und Unterkante des Widgets fest.

`-relief => '`**flat**`'|'groove'|'raised'|'ridge'|'sunken'|'solid'`
> Legt das Aussehen der Kanten des Widgets fest.

`-selectcolor =>` *farbe*
> Legt die Farbe des Anzeigefeldes im angewählten Zustand fest.

`-selectimage =>` *imgptr*
> Legt ein Image fest, das anstelle von Text angezeigt werden soll, wenn die Checkbox angewählt ist. Wird ignoriert, wenn nicht auch `-image` verwendet wird.

`-state => '`**normal**`' | 'disabled' | 'active'`
> Legt den Zustand des Widgets fest. Wenn das Widget abgeschaltet ist, reagiert es nicht auf Eingaben.

`-takefocus => 0 | 1 |` **undef**
> Legt fest, ob das Widget den Fokus annehmen darf oder nicht.

`-text => "text"`
> Legt den im Widget angezeigten Text fest.

`-textvariable => \$variable`
> Gibt an, daß der in `$variable` stehende Text im Widget angezeigt werden soll.

`-underline =>` *n*
> Unterstreicht das *n*-te Zeichen im Textstring.

`-variable => \$wert`
> Verknüpft den An/Aus-Wert des Anzeigefeldes mit der Variablen `$wert`.

`-width =>` *betrag*
> Legt die Breite des Widgets fest. Kann jeder gültige Bildschirmabstand sein.

`-wraplength =>` *betrag*
> Legt fest, daß der Text umbrochen wird, wenn er länger als der hier angegebene Wert ist.

Den Zustand des Anzeigefeldes speichern

Die Option `-variable` verknüpft eine Variable durch Übergabe ihrer Referenz als Wert mit dem Zustand des Anzeigefeldes. Um die skalare Variable `$wert` zu verwenden, würden Sie folgendes in die Optionsliste des `Checkbutton`-Aufrufs aufnehmen:

```
-variable => \$wert
```

Wie die Option -textvariable die Variable festlegt, die mit dem Text der Checkbox verknüpft ist, legt diese Option die Variable fest, die mit dem Anzeigefeld verknüpft ist. Wenn die Checkbox angeklickt wird, enthält $wert den Zustand des Anzeigefeldes (und zwar den mit -onvalue oder -offvalue definierten Wert, wobei die Defaults 1 respektive 0 sind).

Außer mit der Maus können Sie auch den Inhalt von $wert direkt ändern. Wenn Ihr Code an irgendeiner Stelle die Zeile $wert = 1 enthält, dann wird das Anzeigefeld angewählt dargestellt. Sie können diese Zeile auch vor dem Erzeugen der Checkbox verwenden, dann ist deren Anzeigefeld von Anfang an angewählt. Wenn Sie den Wert in $wert nach der Erzeugung der Checkbox ändern, dann ändert sich diese ebenfalls. Die mit -command zugewiesene Subroutine (wenn es eine solche gibt), wird allerdings *nicht* aufgerufen, wenn sich der Wert von $wert ändert.

Die Verwendung von -variable ist normalerweise die einfachste Möglichkeit, den Zustand des Anzeigefeldes einer Checkbox abzufragen. Hier sehen Sie ein Beispiel mit zwei Buttons, die den Wert von $cb_value ändern:

```perl
$cb_value = 0;
$cb = $mw->Checkbutton(-text => "Checkbox",
                       -variable => \$cb_value,
                       -command => sub { print "Angeklickt!! $cb_value\n" }
                      )->pack(-side => 'top');

$mw->Button(-text => "CB an",
            -command => sub { $cb_value = 1 })->pack(-side => 'left');
$mw->Button(-text => "CB aus",
            -command => sub { $cb_value = 0 })->pack(-side => 'left');
```

Abbildung 4-2 zeigt das Ergebnis.

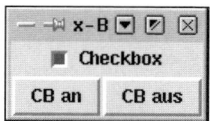

Abbildung 4-2: Buttons ändern den Wert einer Checkbox

Der in $cb_value gespeicherte Wert kann auf drei Arten geändert werden: Durch Anklikken der Checkbox, durch Anklicken des »CB aus«-Buttons und durch Anklicken des »CB an«-Buttons. Nur, wenn Sie auf die Checkbox klicken, werden Sie auch das Wort »Angeklickt!« im Shell-Fenster sehen, von dem aus Sie das Programm gestartet haben.

Es gibt noch andere Möglichkeiten, den einer Checkbox zugeordneten Wert zu ändern. Lesen Sie dazu bei den Methoden invoke, select, deselect und toggle in »Checkbox-Methoden« weiter hinten in diesem Kapitel nach.

Einen Callback zuweisen

Die Option -command funktioniert genau wie bei normalen Buttons, allerdings machen die Funktionen, die mit dem Callback einer Checkbox verknüpft werden, normalerweise etwas weniger Offensichtliches. Manchmal gibt es überhaupt keinen Callback, der mit der Checkbox verknüpft ist, weil die gewünschte Information der Zustand der Checkbox ist, und es nicht interessiert, ob diese angeklickt wurde.

Eine Checkbox könnte allerdings das Aussehen eines Fensters ändern wollen. So eine Checkbox könnte wie in Abbildung 4-3 aussehen.

Abbildung 4-3: Eine Checkbox, die bei Betätigung andere Widgets anzeigt

Wenn der Benutzer die Checkbox anklickt, um sie anzuwählen, verändert sich unser Fenster wie durch Zauberhand und sieht dann aus wie in Abbildung 4-4.

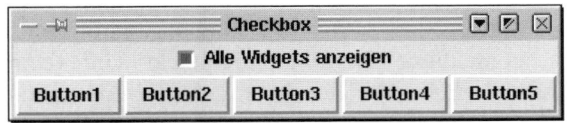

Abbildung 4-4: Das Fenster nach Anklicken der Checkboxen

Hier ist der Zaubercode:

```perl
#!/usr/bin/perl -w
use Tk;
$mw = MainWindow->new;
$mw->title("Checkbox");

# Andere Widgets erzeugen, aber noch nicht packen!
for ($i = 1; $i <= 5; $i++) {
  push (@buttons, $mw->Button(-text => "Button$i"));
}

$mw->Checkbutton(-text => "Alle Widgets anzeigen",
                 -variable => \$cb_value,
                 -command => sub {
                   if ($cb_value) {
                     foreach (@buttons) {
                       $_->pack(-side => 'left');
                     }
                   } else {
                     foreach (@buttons) {
                       $_->pack('forget');
                     }
```

```
                    }
              })->pack(-side => 'top');
   MainLoop;
```

Damit wir die Widgets später anzeigen können, erzeugen wir sie vorab und speichern Referenzen darauf im Array @buttons. Die Buttons im Beispiel sind nicht besonders nützlich, weil sie keinen -command-Befehl haben. Normalerweise hätte jeder Button eine bestimmte Aufgabe, die beim Drücken des Buttons ausgeführt werden würde, aber für dieses Beispiel reicht es uns schon, daß die Buttons überhaupt existieren.

Dann erzeugen wir unsere Zauber-Checkbox. Wenn sie angeklickt wird (unabhängig vom Zustand des Anzeigefeldes), dann wird die mit -command festgelegte Subroutine aufgerufen. Unsere Subroutine schaut sich den aktuellen Wert von $cb_value an und zeigt die Buttons an, wenn dieser Wert 1 ist, beziehungsweise versteckt sie die Buttons, wenn die Variable den Wert 0 enthält. Wenn die Checkbox ein zweites Mal angeklickt wird, dann werden die zusätzlichen Buttons wieder aus dem Fenster entfernt, das dann wieder auf seine ursprüngliche Größe schrumpft.

So etwas ist sehr praktisch, wenn wir das Fenster zunächst einmal einfach und übersichtlich halten, erfahrenen Benutzern aber die Möglichkeiten weiterer Widgets anbieten wollen. Beispielsweise könnten Sie ein Suchen-Fenster programmieren, in das Text eingegeben werden kann, wo es einen Button zum Starten der Suche gibt und eine Checkbox für »Fortgeschrittene Suche«. Wenn diese Checkbox angeklickt wird, dann würden am unteren Rand des Fensters zusätzliche Widgets hinzugefügt werden, mit denen Sie festlegen könnten, ob Groß-/Kleinschreibung berücksichtigt oder reguläre Ausdrücke oder andere raffinierte Suchmethoden verwendet werden sollen.

An- und Aus-Werte

Wenn Sie den Defaultwert von 1 nicht mögen, können Sie mit der Option -onvalue einen anderen einstellen:

```
   -onvalue => neuerwert  # Der Default ist 1
```

Das geht entsprechend auch für den Aus-Wert:

```
   -offvalue => neuerwert  # Der Default ist 0
```

Diese Optionen ändern die in $variable gespeicherten Werte. Je nachdem, wie Ihre Checkbox mit dem Rest der Applikation interagieren soll, kann es manchmal sinnvoll sein, andere Werte zu verwenden. *neuerwert* kann alles mögliche sein, solange der Wert ein Skalar ist. Sie können also sogar Referenzen auf Arrays und Hashes verwenden, wenn Sie unbedingt darauf bestehen.

Es ist guter Stil, wenn die Bedeutung von -onvalue das Gegenteil von -offvalue ist. Wenn -onvalue jetzt der String "AN", ist, dann sollte -offvalue "AUS" sein. Wenn aber die Aufgabe der Checkbox beispielsweise die Anwahl eines genaueren Wertes von π ist, dann könnte -onvalue "3.14159265359" und -offvalue "3.14" sein.

Seien Sie vorsichtig mit ungewöhnlichen Werten für -onvalue und -offvalue. Wenn Sie die Variable auf etwas setzen, was keinem der beiden Werte entspricht, dann gilt die Checkbox als aus, auch wenn der Wert von $variable nicht gleich dem Wert von -offvalue ist. Wenn beispielsweise -onvalue => 1 und -offvalue => 0 ist, und Sie $variable auf 3 setzen, dann gilt die Checkbox als aus.

Die Farbe des Anzeigefeldes

Sie können die Option -selectcolor verwenden, um die Farbe zu ändern, mit der das Anzeigefeld im angewählten Zustand gefüllt wird:

```
-selectcolor => farbe
```

Der Defaultwert ist "#b03060" (ein dunkles Pink). Das Ändern dieses Wertes ändert auch den Hintergrund der Checkbox, wenn sie angewählt und -indicatoron => 0 ist.

Das Anzeigefeld verbergen

Checkboxen unterscheiden sich von normalen Buttons unter anderem durch das Anzeigefeld. Mit der Option -indicatoron können Sie Perl/Tk anweisen, das merkwürdige kleine Quadrat gar nicht zu zeichnen:

```
-indicatoron => 0 | 1
```

Wie wir in den bisherigen Beispielen schon gesehen haben, ist der Default von -indicatoron 1 (das Anzeigefeld wird also angezeigt). Wenn wir diesen Wert auf 0 ändern, sieht die Checkbox fast genauso wie ein normaler Button aus (allerdings mit weniger Platz um den Text). Selbst, wenn die Checkbox jetzt ziemlich wie ein normaler Button aussieht, ist das Verhalten beim Anklicken (um das versteckte Anzeigefeld anzuwählen) ganz anders (siehe Abbildung 4-5). Beachten Sie, daß die Option -relief vollständig ignoriert wird, wenn -indicatoron auf 0 gesetzt wird.

Abbildung 4-5: Eine Checkbox mit -indicatoron => 0. Das linke Fenster ist nicht angewählt, das rechte Fenster ist angewählt.

In diesem Beispiel wird für den Hintergrund der angewählten Checkbox -selectcolor und nicht -backgroundcolor verwendet. Sie könnten diese Einstellungen beispielsweise verwenden, wenn Sie auch den Text der Checkbox ändern, um den neuen Zustand der Checkbox anzuzeigen, wie beispielsweise von Protokoll ein auf Protokoll aus.

Ein Bild anstelle von Text anzeigen

Wie bei normalen Buttons auch, können Sie mit der Option -image ein Image anstelle des Textes in der Checkbox anzeigen. Eine weitere Option, -selectimage, steht zur Verfügung, um ein anderes Image anzuzeigen, wenn die Checkbox angewählt worden ist:

```
-image => $imgptr [ , -selectimage => $imgptr ]
```

In dieser Syntaxbeschreibung ist -selectimage als optional gekennzeichnet, weil diese Option ignoriert wird, wenn -image nicht verwendet wird.

Der Wert von imgptr kann mit den gleichen Methoden wie den in Kapitel 3 für die Option -image von Buttons verwendet werden: $arrow = $mw->Photo(-file => "nextart.gif");

Das Image wird anstelle des Textes in der Checkbox angezeigt. Diese Optionen haben Vorrang vor der Option -text. Wenn also sowohl -text als auch -image angegeben werden, wird die Option -text ignoriert.

Welches Image angezeigt wird, hängt davon ab, ob die Checkbox angewählt ist oder nicht. Wenn nur -image angegeben ist, dann wird immer dieses Image angezeigt, egal, was kommt. Wird aber auch -selectimage verwendet, dann wird das hier angegebene Image immer dann verwendet, wenn die Checkbox angewählt ist. Abbildung 4-6 zeigt ein Beispiel, in dem beide Optionen verwendet werden.

Abbildung 4-6: Ein und dasselbe Fenster mit nicht angewählter (links) und angewählter Checkbox (rechts)

Die Checkboxen in Abbildung 4-6 wurden mit folgendem Code erzeugt:

```
$img1 = $mw->Bitmap(-file => "/usr/X11R6/include/X11/bitmaps/lineOp.xbm");
$img2 = $mw->Bitmap(-file => "/usr/X11R6/include/X11/bitmaps/xlogo32");

$mw->Checkbutton(-text => "Checkbutton",
                 -image => $img1,
                 -selectimage => $img2,
                 -variable => \$cb_value)->pack(-side => 'top');
```

Die Verwendung zweier verschiedener Images, um anzuzeigen, ob die Checkbox angewählt ist oder nicht, ist sinnvoller, wenn Sie auch -indicatoron verwenden und auf 0 setzen. Wenn Sie beispielsweise anzeigen wollen, ob ein Dokument gesperrt (nicht änderbar) oder nicht gesperrt ist, könnten Sie das Bild eines Vorhängeschlosses für -image oder eines durchgestrichenen Vorhängeschlosses für -selectimage verwenden.

Für dieses Beispiel habe ich Bitmap-Dateien als Images verwendet. Anstatt die Bitmaps mit der Option -image anzuzeigen, hätte ich auch gleich die Option -bitmap verwenden können. Diese ist mit der des normalen Buttons identisch; sie ersetzt den Text der Checkbox mit der angegebenen Bitmap (siehe Abbildung 4-7).

Abbildung 4-7: Checkbutton with -bitmap => 'warning'

Im Gegensatz zu -image und -selectimage wird bei der Verwendung von -bitmap das Image nicht geändert, wenn sich der Zustand des Anzeigefeldes ändert.

Vielleicht überlegen Sie sich jetzt, daß Ihre Applikation für Leute, deren Muttersprache nicht Englisch ist, leichter zu benutzen ist, wenn Sie Images anstelle von Text verwenden. Allerdings kann die Verwendung zu vieler Checkboxen auch zu noch größerer Verwirrung führen. Einige wenige leicht verständliche Icons sind besser als eine große Anzahl wenig konkreter Icons.

Der Stil von Checkboxen

Obwohl sowohl Buttons als auch Checkboxen die Optionen -relief und -borderwidth verwenden und beide auch das gleiche bedeuten, sieht der Effekt anders aus, weil Checkboxen noch das Anzeigefeld haben. Zur Erinnerung – die möglichen Werte sind:

```
-relief => 'flat'|'groove'|'raised'|'ridge'|'sunken'|'solid'
-borderwidth => betrag
```

Abbildung 4-8 zeigt die verschiedenen Relieftypen, wenn der Defaultwert -borderwidth verwendet wird. Der Default eines Checkbuttons ist 'flat', weil sich das Relief der äußeren Kante der Checkbox nicht ändert, wenn sie angeklickt wird; nur das Anzeigefeld ändert sich. Abbildung 4-8 zeigt auch, daß die Kanten einer Checkbox sehr viel dichter am Text sind; die Defaultwerte für -padx und -pady sind bei Checkboxen kleiner als bei Buttons. Die Option -relief hat keinen Einfluß auf das Anzeigefeld.

Abbildung 4-8: Ein Beispiel mit allen möglichen Relieftypen

Die Option -borderwidth beeinflußt sowohl die äußere Kante der Checkbox als auch das Anzeigefeld in der Checkbox. Das Anzeigefeld selbst bleibt aber immer gleich, egal, wie groß die Kantenbreite des Widgets ist, lediglich die Kanten des Anzeigefeldes ändern sich. Wenn Sie für `-borderwidth` einen großen Wert verwenden, bekommen Sie interessante Ergebnisse, wie in Abbildung 4-9 zu sehen ist.

Abbildung 4-9: Ein Beispiel mit -borderwidth => 4

Wir haben hier einen Wert von 4 für `-borderwidth` verwendet, und Sie können gut sehen, daß sowohl die äußeren Kanten als auch die des Anzeigefeldes dicker geworden sind. Je größer der Wert für `-borderwidth`, um so weniger Platz steht für die Farbe zur Verfügung, mit der angezeigt wird, daß das Anzeigefeld angewählt ist (können Sie das winzige Quadrat in der Mitte der Anzeigefelder noch erkennen?)

Abbildung 4-10: Ein Beispiel mit -borderwidth => 10

In Abbildung 4-10 haben wir für `-borderwidth` einen Wert von 10 verwendet. Schauen Sie sich den Unterschied an! Das Anzeigefeld ist überhaupt nicht mehr sichtbar, auch wenn noch Platz dafür da ist. Man kann nicht sagen, ob eine solche Checkbox angewählt ist oder nicht, weil das Anzeigefeld praktisch unsichtbar ist.

Wegen dieses interessanten Seiteneffekts empfehle ich Ihnen dringend, die Option `-borderwidth` bei Checkbuttons nicht zu verwenden.

Eine Checkbox konfigurieren

Wie beim Button-Widget gibt es auch bei der Checkbox Methoden, mit der die Checkbox nach ihrer Erzeugung noch manipuliert werden kann. Diese Methoden können zu einem beliebigen Zeitpunkt nach Erzeugung der Checkbox verwendet werden, auch bevor sie überhaupt auf dem Bildschirm angezeigt wird.

Sie können auch bei Checkboxen die Methoden `configure` und `cget` verwenden. Diese Methoden werden in Kapitel A, *Widgets mit configure und cget konfigurieren*, beschrieben.

Eine Checkbox an- und abwählen

Sie können eine Checkbox auch vom Programm aus an- und abwählen. Dazu stehen die Methoden `select` und `deselect` zur Verfügung.

Die Methode `deselect` schaltet das Anzeigefeld in den abgewählten Zustand und weist der mit `-variable` festgelegten Variablen den mit `-offvalue` angegebenen Wert zu:

```
$cb->deselect();
```

Das Gegenstück zu `deselect`, `select`, versetzt das Anzeigefeld in den angewählten Zustand und weist der mit `-variable` festgelegten Variablen den mit `-onvalue` angegebenen Wert zu:

```
$cb->select();
```

Beide Methoden werden ignoriert, wenn `-state 'disabled'` ist.

Sie können das Anzeigefeld auch mittels der Methode `toggle` umschalten:

```
$cb->toggle();
```

Dabei wird die mit `-command` angegebene Subroutine nicht aufgerufen.

Die Checkbox aufblitzen lassen

Sie können das Anzeigefeld mit den Farben `-background` und `-foreground` aufblitzen lassen, indem Sie `flash` aufrufen:

```
$cb->flash();
```

Die Checkbox aufrufen

Um die gleiche Aktion wie beim Anklicken der Checkbox mit der linken Maustaste zu erreichen, rufen Sie `invoke` auf:

```
$cb->invoke();
```

Damit werden mit `-command` festgelegte Callbacks aufgerufen, und außerdem wird der Zustand des Anzeigefeldes umgeschaltet.

Das Radiobutton-Widget

Ein Radiobutton sieht ähnlich wie eine Checkbox aus, weil er ebenfalls auf der linken Seite ein Anzeigefeld hat. Allerdings ist dieses Feld beim Radiobutton kein Quadrat, sondern ein Diamant (Raute, Rhombus). Beide sehen dreidimensional aus und werden etwas hervorgehoben, wenn sie nicht angewählt sind.

Radiobuttons und Checkboxen unterscheiden sich hauptsächlich darin, welche Funktion sie in Applikationen haben. Mit einem Radiobutton wird eine Möglichkeit aus einer Reihe von zur Verfügung stehenden Antworten ausgewählt:

- In einem Multiple-Choice-Test die Antworten A, B, C, D oder E
- Welche Version eines Programms möchten Sie verwenden?
- Ihr Jahreseinkommen: 0–40.000; 40.001–60.000; 60.001–80.000; 80.000 und darüber
- Welche Vorspeise möchten Sie: Rind, Huhn oder vegetarisch?

In jedem Beispiel kann jeweils nur eine Antwort angegeben werden. Beispielsweise wäre es wenig sinnvoll, ein Einkommen von sowohl 36.000 DM als auch von 66.000 DM anzugeben. Und wenn Sie an einem Multiple-Choice-Test teilnehmen, können Sie nicht einfach alle Antworten ankreuzen und darauf hoffen, dafür einen Punkt zu bekommen. Sie müssen sich für eine entscheiden.

Weil Radiobuttons verwendet werden, um aus einer Reihe von Auswahlen auszuwählen, sollten Sie immer mindestens zwei erzeugen.[2] Es ist nicht sinnvoll, überhaupt eine Frage zu stellen, wenn es nur eine Antwort gibt. Radiobuttons sollten daher immer in Gruppen von zwei oder mehr erzeugt werden.

Radiobuttons erzeugen

Bisher haben Sie gelernt, wie man jeweils ein Widget erzeugt. Weil Radiobuttons aber immer in Gruppen erzeugt werden, müssen wir hier immer mehr als ein Widget erzeugen. Sie sollten also ein effizientes Vorgehen wählen und alle Widgets so einfach und schmerzlos wie möglich erzeugen. Ich werde Ihnen daher einige Möglichkeiten zeigen, wie man eine Gruppe von Radiobuttons problemlos erzeugt.

(Um Ihnen zu zeigen, wie Sie den besten Gebrauch von den Widgets machen, werden die Beispiele jetzt etwas komplizierter. Sie sollten jetzt wissen, wie Widgets im allgemeinen erzeugt werden und wie man bei der Erzeugung Optionen angibt. Ich werde oft einfach nur schreiben, daß eine Option genauso wie beim Widget X funktioniert und Sie auf das entsprechende Kapitel verweisen.)

Radiobuttons ähneln Checkboxen insofern, als ihr Zustand ebenfalls mit einer Variablen verknüpft ist (diese Variable wird mit `-variable` angegeben). Wenn Sie eine Gruppe von Radiobuttons erzeugen, verwenden Sie für jeden Radiobutton der Gruppe die gleiche Variable. Der Wert dieser Variablen ändert sich, wenn ein anderer Radiobutton der gleichen Gruppe ausgewählt wird. Um eine neue Gruppe von Radiobuttons zu erzeugen, verknüpfen Sie die Radiobuttons dieser Gruppe einfach mit einer anderen Variablen.

Weil jeder Radiobutton in einer Gruppe auf die gleiche Variable verweist, gibt es bei Radiobuttons keine Werte, die einen ein- und ausgeschalteten Zustand kennzeichnen. Der Wert für den ausgeschalteten Zustand wäre einfach derjenige des gerade aktivierten Radiobuttons. Deswegen wird die Option `-value` anstelle von `-onvalue` und `-offvalue` verwendet.

In unserem ersten Beispiel erzeugen wir eine Gruppe von Radiobuttons, die die Hintergrundfarbe des Fensters bestimmen. Natürlich müssen wir Farben verwenden, die gültige Werte für den Befehl `$mw->configure(-background => farbe)` sind. Einfache englische Farbnamen funktionieren normalerweise, daher verwenden wir red, yellow, green, blue und gray.

---

2 Wenn Sie nur einen Radiobutton erzeugt hätten, dann wäre dieser anfangs nicht angewählt (es sei denn, die zugehörige Variable hätte gerade den Wert des Radiobuttons). Wenn dieser Radiobutton einmal angewählt ist, können Sie ihn nie wieder abwählen.

Wie üblich werden Radiobuttons folgendermaßen erzeugt:

```
$rb = $parentwidget->Radiobutton( [ option => wert, . . . ] )->pack;
```

Hier folgt der Code, der die Gruppe von Radiobuttons erzeugt, die die Hintergrundfarbe bestimmen:

```
# Defaultwert einstellen
$rb_value = "red";
$mw->configure(-background => $rb_value);

# Radiobuttons erzeugen
foreach (qw(red yellow green blue grey)) {
  $mw->Radiobutton(-text => $_,
                   -value => $_,
                   -variable => \$rb_value,
                   -command => \&set_bg)->pack(-side => 'left');
}

# Funktion, um die Hintergrundfarbe auf Basis von $rb_value zu ändern
sub set_bg {
  print "Hintergrundwert ist jetzt: $rb_value\n";
  $mw->configure(-background => $rb_value);
}
```

Wir speichern hier den Status unserer Radiobutton-Gruppe in $rb_value. Wir weisen dieser Variable den initialen Wert "red" zu, was auch der dem ersten Radiobutton zugeordnete Wert ist. Wenn einer der Radiobuttons (einschließlich des gerade aktivierten) angeklickt wird, dann wird die Subroutine set_bg aufgerufen. Diese Subroutine gibt dann den neuen Wert von $rb_value aus und ändert die Hintergrundfarbe des Fensters entsprechend.

Eine Sache ist noch interessant: Obwohl wir den Defaultwert unserer Radiobutton-Gruppe auf "red" gesetzt haben, heißt das noch lange nicht, daß auch der Hintergrund des Fensters rot wird. Dies geschieht erst durch Aufruf des configure-Befehls, dem der Wert in $rb_value übergeben wird. Wir hätten auch die Routine set_bg explizit aufrufen oder die Farbe bereits beim Erzeugen des MainWindows festlegen können.

Das erzeugte Fenster sehen Sie in Abbildung 4-11.

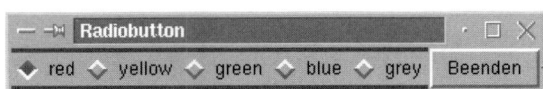

Abbildung 4-11: Radiobuttons, die die Hintergrundfarbe des Fensters ändern

Sie verstehen die Funktionsweise des Fensters am besten, wenn Sie den Code eintippen und das Programm laufen lassen. Das gilt übrigens für viele Beispiele in diesem Buch. Wenn Sie auf einen der Radiobuttons klicken, dann sehen Sie, wie sich ein Streifen des Fensters am oberen und unteren Bildschirmrand in der Farbe verändert. Sie sehen nur diese beiden kleinen Streifen, weil wir nur die Hintergrundfarbe von $mw verändern, nicht aber die des einzelnen Radiobuttons oder des Buttons zum Beenden.

Jetzt wissen Sie, wie Radiobuttons grundsätzlich funktionieren, und wir können uns den Optionen zuwenden.

Optionen für Radiobuttons

Wie bei Checkboxen sind die folgenden Optionen bei allen drei Buttontypen gleich: -activebackground, -activeforeground, -anchor, -background, -borderwidth, -cursor, -disabledforeground, -font, -foreground, -height, -highlightbackground, -highlightcolor, -highlightthickness, -padx, -pady, -state, -takefocus, -text, -textvariable, -underline und -width.

Außerdem sind die folgenden Optionen bei Checkbox und Radiobutton gleich: -command, -indicatoron, -image, -selectimage, -bitmap, -wraplength, -justify und -selectcolor.

Den Rest besprechen wir gleich, weil die Optionen sich je nach Kontext etwas anders verhalten.

-activebackground => *farbe*
> Legt die Hintergrundfarbe des Widgets fest, wenn sich der Mauszeiger darüber befindet.

-activeforeground => *farbe*
> Legt die Farbe des Textes im Widget fest, wenn sich der Mauszeiger darüber befindet.

-anchor => 'n' | 'ne' | 'e' | 'se' | 's' | 'sw' | 'w' | 'nw' | **'center'**
> Legt die Position des Textes im Widget fest. Ist vor allem sichtbar, wenn das Widget vergrößert wird.

-background => *farbe*
> Legt die Farbe des Hintergrundes des Widgets (hinter dem Text) fest.

-bitmap => *bitmapname*
> Zeigt diese Bitmap anstelle eines Textes an.

-borderwidth => *betrag*
> Legt die Kantenbreite des Widgets wie auch die Dicke des Anzeigefeldes fest. Der Default ist 2.

-command => *callback*
> Verknüpft eine Subroutine mit dem Radiobutton, die aufgerufen wird, wenn der Radiobutton angeklickt wird.

-cursor => *cursorname*
> Gibt die Form an, die der Mauszeiger annimmt, wenn er über das Widget bewegt wird.

-disabledforeground => *farbe*
> Legt die Farbe des Textes fest, wenn -state 'disabled' ist.

`-font =>` *fontname*
> Legt den Zeichensatz fest, in dem der Text im Widget angezeigt wird.

`-foreground =>` *farbe*
> Legt die Textfarbe fest.

`-height =>` *betrag*
> Legt die Höhe des Buttons fest; *betrag* ist ein zulässiger Bildschirmabstand.

`-highlightbackground =>` *farbe*
> Legt die Farbe des Fokus-Rechtecks um das Widget fest, wenn dieses nicht den Fokus hat.

`-highlightcolor =>` *farbe*
> Legt die Farbe des Fokus-Rechtecks um das Widget fest, wenn dieses den Fokus hat.

`-highlightthickness =>` *betrag*
> Legt die Dicke des Fokus-Rechtecks fest.

`-image =>` *imgptr*
> Legt fest, daß ein Image anstelle eines Textes verwendet werden soll.

`-indicatoron =>` 0 | **1**
> Gibt an, ob das Anzeigefeld angezeigt werden soll oder nicht.

`-justify =>` '**center**' | 'left' | 'right'
> Legt die Ausrichtung des Textes im Widget fest.

`-padx =>` *betrag*
> Legt den Betrag fest, der zwischen Text und Anzeigefeld sowie am linken und rechten Rand des Widgets freigelassen wird.

`-pady =>` *betrag*
> Legt den Betrag fest, der am oberen und unteren Rand des Widgets freigelassen wird.

`-relief =>` '**flat**'|'groove'|'raised'|'ridge'|'sunken'|'solid'
> Legt das Aussehen der Kanten des Widgets fest.

`-selectcolor =>` *farbe*
> Legt die Farbe des Anzeigefeldes fest, wenn dieses eingeschaltet ist.

`-selectimage =>` *imgptr*
> Gibt an, daß ein Image anstelle von Text angezeigt werden soll, wenn der Button ausgewählt ist. Wird ignoriert, wenn `-image` nicht ebenfalls verwendet wird.

`-state =>` '**normal**' | 'active' | 'disabled'
> Legt den Zustand des Widgets fest. Wenn das Widget abgeschaltet wird, reagiert es nicht auf Benutzereingaben.

`-takefocus =>` 0 | 1 | **undef**
> Bestimmt, ob das Widget den Fokus bekommen kann oder nicht.

`-text =>` *textstring*
> Legt den Text fest, der im Widget angezeigt wird.

`-textvariable => \$variable`

> Gibt an, daß der anzuzeigende Text aus der Variablen `$variable` genommen werden soll.

`-underline => ` *n*

> Unterstreicht das *n*-te Zeichen des Textstrings.

`-value => ` *neuerwert*

> Legt den Wert fest, der der mit `-variable` bestimmten Variablen zugewiesen wird, wenn dieser Radiobutton ausgewählt wird (der Default ist 1).

`-variable => \$variable`

> Legt die Variable fest, der ein Wert zugewiesen werden soll, wenn dieser Radiobutton angeklickt wird.

`-width => ` *betrag*

> Legt die Breite des Widgets fest. Kann ein beliebiger zulässiger Bildschirmabstand sein.

`-wraplength => ` *betrag*

> Legt fest, daß der Text umbrochen wird, wenn er die hier angegebene Breite überschreitet.

Die Verwendung der Option -variable

Die Option `-variable` wird bei jeder Erzeugung eines Radiobuttons gleich aussehen, auch wenn wir sie verschiedenartig verwenden. Wir sollten mehrere Radiobuttons haben, die die gleiche Variable verwenden, anstatt jedem eine eigene zuzuweisen. Das Beispiel aus Abbildung 4-11 zeigt, wie das funktioniert:

Den Wert festlegen

Bei Checkboxen gab es zwei Optionen, `-onvalue` und `-offvalue`, denn wir mußten uns um den Zustand jeder einzelnen Checkbox kümmern. Bei Radiobuttons interessieren wir uns nur für den Zustand der gesamten Gruppe. Jeder Radiobutton sollte einen anderen Wert haben, damit wir durch einfaches Auslesen der mit den Radiobuttons verknüpften Variablen wissen können, welcher gerade angewählt ist.

Der Defaultwert ist 1. (Denken Sie daran: Wenn Sie eine Gruppe verwenden, die nur einen Radiobutton enthält, ist dieser immer angewählt.)

Um sicherzugehen, daß Sie den Unterschied zwischen den Optionen `-variable` und `-value` verstanden haben, schauen wir uns noch ein kurzes Beispiel an:

```
$mw->Radiobutton(-text => "Rind", -value => "Rind",
               -variable => \$entree)->pack;
$mw->Radiobutton(-text => "Huhn", -value => "Huhn",
               -variable => \$entree)->pack;
$mw->Radiobutton(-text => "Vegetarisch", -value => "Vegetarisch",
               -variable => \$entree)->pack;
```

Wir haben hier drei Radiobuttons erzeugt, die alle die Variable $entree verwenden, um ihre Werte darin abzulegen. Wenn der Benutzer Rind auswählt, dann bekommt die Variable $entree den Wert "Rind". Wählt er Huhn an, dann bekommt diese Variable den Wert "Huhn". Wenn wir später die Bestellung aufgeben wollen, können wir einfach in der Variablen $entree nachschauen, um zu sehen, was der Benutzer als Vorspeise ausgewählt hat.

Radiobutton-Stil

Die Option -relief macht zwar das gleiche wie bei Checkboxen; es lohnt sich aber trotzdem, sich einen Screenshot anzusehen, der zeigt, was passiert, wenn verschiedene Relieftypen verwendet werden (siehe Abbildung 4-12).

Abbildung 4-12: Verschiedene Relieftypen von Radiobuttons

Wie bei Checkboxen kann die Änderung von -borderwidth das Aussehen drastisch verändern (siehe Abbildung 4-13).

Abbildung 4-13: Radiobuttons mit einer -borderwidth von 4

Erinnern Sie sich noch daran, daß das Anzeigefeld in einer Checkbox mit einer Kantenbreite von 10 völlig verschwand? Bei Radiobuttons sieht es dann ähnlich wie ein Drachen aus (siehe Abbildung 4-14). Sie können nicht mehr erkennen, welcher Radiobutton angewählt ist und welcher nicht, so daß ich Ihnen von der Verwendung der Option -borderwidth abrate.

Abbildung 4-14: Radiobuttons mit einer -borderwidth von 10

Einen Radiobutton konfigurieren

Genau wie bei den anderen Widgets können Sie configure und cget verwenden, um die Werte von Optionen abzufragen oder zu setzen. Anhang A enthält nähere Informationen zur Verwendung dieser Methoden.

Einen Radiobutton an- und abwählen

Auch Radiobuttons haben die Methoden `select` und `deselect`:

```
$rb->deselect();
```

```
$rb->select();
```

Der Aufruf von `select` wählt den Radiobutton an. (Mit `deselect` wird er wieder abge-wählt. Die zugeordnete Variable bekommt einen leeren String als Wert. Wenn Sie diese Methode verwenden, dann stellen Sie sicher, daß Sie diesen Wert überall da berück-sichtigen, wo der Wert der Variablen abgefragt wird.) Jeder Befehl, der mit `-command` angemeldet wurde, wird von `select` und `deselect` ebenfalls aufgerufen.

Radiobuttons aufblitzen lassen

Die Methode `flash` läßt die Vordergrund- und Hintergrundfarben des Radiobuttons kurz aufblitzen, macht aber ansonsten nichts Interessantes:

```
$rb->flash();
```

Einen Radiobutton aufrufen

Um vom Programm aus einen Radiobutton anzuwählen, verwenden Sie die Methode `invoke`:

```
$rb->invoke();
```

Damit wird der Radiobutton angewählt, und zudem werden mit `-command` angemeldete Callbacks aufgerufen; es wird also im wesentlichen das gleiche gemacht, als wenn Sie den Radiobutton mit der Maus angeklickt hätten.

Einige interessante Dinge zum Ausprobieren

- Erzeugen Sie eine Reihe von Checkboxen sowie einen »Los!«-Button, der die Zustände der einzelnen Checkboxen ausgibt.

- Programmieren Sie einen Fragebogen, der Checkboxen für Fragen verwendet, bei denen mehrere Antworten möglich sind, sowie Radiobuttons für Fragen, bei denen es nur eine mögliche Antwort gibt.

- Erzeugen Sie verschiedene Gruppen von Checkboxen: Lieblingsfarbe, Lieblingslied und Schuhgröße. Erzeugen Sie dann für jede Gruppe einen Radiobutton. Der gerade angewählte Radiobutton bestimmt, welche Checkboxen der Benutzer sehen und verwenden kann.

## 5

Label- und Texteingabe-Widgets

Manchmal wollen Sie Ihre Benutzer bestimmte Informationen wie Name, Adresse oder auch eine Seriennummer eingeben lassen. Das geht am einfachsten mit den Texteingabe-Widgets. Sie können ein Label-Widget verwenden, um deutlich zu machen, welche Daten der Benutzer in das Eingabefeld eingeben soll. Sie werden diese Kombination aus Label- und Texteingabe-Widgets oft in vielfacher Form in Fenstern zur Eingabe von Informationen für Datenbanken sehen, wo es viele verschiedene Daten gibt, die der Benutzer eingeben muß.

Das Label-Widget

`Label-Widget` Bisher haben wir über Buttons, Buttons und noch einmal Buttons gesprochen. Was ist aber, wenn wir einfach einen Informationstext auf den Bildschirm bringen wollen? Das Label-Widget macht genau das. Ein Label-Widget ist wie ein Button, der nichts tut. Es ist ein Widget ohne Interaktionen, das per Default auch nicht den Tastaturfokus haben kann (Sie können es also nicht mit der Tab-Taste ansteuern), und es passiert nichts, wenn Sie es anklicken.

Das Label-Widget ist wahrscheinlich *das* einfachste Widget überhaupt. Es ähnelt einem Button darin, daß es Text (oder eine Bitmap) anzeigen kann, ein Relief haben kann (defaultmäßig ist es flach), mehrere Textzeilen haben und verschiedene Zeichensätze anzeigen kann usw. Abbildung 5-1 zeigt ein einfaches Fenster mit einem Label-Widget und einem Button, das mit folgendem Code erzeugt wurde:

```
use Tk;
$mw = MainWindow->new();
$mw->Label(-text => "Label-Widget")->pack();
$mw->Button(-text => "Beenden", -command => sub { exit })->pack();
MainLoop;
```

Abbildung 5-1: Ein einfaches Fenster mit einem Label und einem Button

Einige typische Anwendungsfälle für ein Label-Widget sind folgende:

- Ein Label-Widget wird links neben ein Eingabe-Widget gestellt, damit der Benutzer weiß, welche Daten er hier eingeben soll.

- Ein Label-Widget wird über eine Gruppe von Radiobuttons gestellt, damit deren Aufgabe deutlicher wird (wie beispielsweise »Hintergrundfarbe«). Sie können das gleiche mit Checkboxen machen, wenn diese zusammenhängen oder aus dem gleichen Bereich kommen.

- Ein Label-Widget wird dazu verwendet, den Benutzern mitzuteilen, was sie falsch gemacht haben: »Der eingegebene Wert muß zwischen 10 und 100 liegen.« (Normalerweise würden Sie für solche Meldungen ein Dialog-Widget verwenden, aber nicht immer.)

- Eine Informationszeile wird am unteren Rand Ihres Fensters ausgegeben. Alle anderen Widgets hätten eine Verknüpfung, mit der jeweils ein Informationstext über dieses Widget angezeigt wird.

Ein Label-Widget erzeugen

Der Befehl zum Erzeugen eines Label-Widgets heißt `Label`. Er wird folgendermaßen erzeugt:

```
$label = $parentwidget->Label( [option=>wert ...])->pack();
```

Ich hoffe, Sie erkennen hier langsam das Muster beim Erzeugen von Widgets. Wie Sie vielleicht erwarten, können Sie beim Erzeugen eines Widgets Optionen angeben, die sein Aussehen und Verhalten beeinflussen.

Optionen des Label-Widgets

Die folgende Liste enthält alle Optionen des Label-Widgets:

`-anchor =>` `'n'` | `'ne'` | `'e'` | `'se'` | `'s'` | `'sw'` | `'w'` | `'nw'` | **`'center'`**
Läßt den Text an der angegebenen Position im Label-Widget verbleiben. Das wird erst sichtbar, wenn das Label-Widget über seine Standardgröße hinaus vergrößert wird.

`-background =>` *farbe*
Setzt die Hintergrundfarbe auf *farbe*.

`-bitmap =>` *bitmap*
Zeigt die angegebene Bitmap anstelle eines Textes an.

`-borderwidth =>` *betrag*
    Ändert die Kantenbreite des Label-Widgets.

`-cursor =>` *cursorname*
    Ändert die Form, die der Mauszeiger annimmt, wenn er sich über dem Widget befindet.

`-font =>` *fontname*
    Legt fest, daß der Text im Widget mit dem angegebenen Zeichensatz angezeigt werden soll.

`-foreground =>` *farbe*
    Legt die Farbe des Textes (oder der Bitmap) fest.

`-height =>` *betrag*
    Legt die Höhe des Widgets fest; *betrag* ist ein gültiger Bildschirmabstand.

`-highlightbackground =>` *farbe*
    Legt die Farbe des Fokus-Rechtecks fest, wenn das Widget nicht den Fokus hat.

`-highlightcolor =>` *farbe*
    Legt die Farbe des Fokus-Rechtecks fest, wenn das Widget den Fokus hat.

`-highlightthickness =>` *betrag*
    Legt die Breite des Fokus-Rechtecks fest. Der Default ist beim Label-Widget 0.

`-image =>` *imgptr*
    Zeigt das angegebene Image anstelle von Text an.

`-justify => 'left' | 'right' | `**`'center'`**
    Legt die Seite fest, an der mehrzeiliger Text ausgerichtet wird.

`-padx =>` *betrag*
    Fügt links und rechts der Beschriftung, aber innerhalb der Kanten, zusätzlichen Platz hinzu.

`-pady =>` *betrag*
    Fügt oberhalb und unterhalb der Beschriftung, aber innerhalb der Kanten, zusätzlichen Platz hinzu.

`-relief => `**`'flat'`**` | 'groove' | 'raised' | 'ridge' | 'sunken'`
    Ändert den Kantentyp des Widgets.

`-takefocus => `**`0`**` | 1 | undef`
    Ändert die Fähigkeit des Label-Widgets, den Fokus bekommen zu können.

`-text =>` *text*
    Zeigt den angegebenen Text im Widget an.

`-textvariable => \$variable`
    Legt eine Variable fest, deren Inhalt im Widget angezeigt wird. Das Widget ändert sich automatisch mit der Variablen.

`-underline =>` *n*
    Legt fest, daß das *n*-te Zeichen unterstrichen werden soll. Damit kann das Widget auch mit dieser Taste aktiviert werden, wenn es den Fokus hat. Der Defaultwert ist -1 (kein Zeichen wird unterstrichen).

-width => *betrag*
> Legt die Breite des Widgets fest.

-wraplength => *betrag*
> Legt fest, daß der Text im Widget umbrochen wird, wenn er länger als *betrag* ist.

Diese Liste beschreibt kurz, welche Optionen es gibt und was jede Option macht. Manche der Optionen haben andere Defaults als die gleichnamigen Optionen der Buttonartigen Widgets, wodurch sich das Label-Widget auch anders verhält.

Wie sich Label-Widgets von anderen Widgets unterscheiden

Wenn wir Button-artige Widgets erzeugen, dann können wir sie entweder mit der Maus anklicken oder mit der Tab-Taste aktivieren und dann den Button mit der Tastatur auslösen. Ein Label-Widget dagegen interagiert nicht mit dem Benutzer. Es hat nur informativen Charakter, weswegen es auch keine Option -command gibt. Außerdem können wir nicht mit der Tab-Taste zum Widget springen, weil nichts passieren würde.

Der Defaultwert der Option -takefocus ist 0, wodurch das Widget nicht-interaktiv wird. Wenn wir uns mit der Tab-Taste durch die Widgets auf dem Bildschirm bewegen, zeigt uns das Fokus-Rechteck an, welches Widget derzeit den Tastaturfokus hat. Weil wir nicht zulassen, daß das Label den Fokus bekommen kann (denken Sie daran, -takefocus hat den Wert 0), ist es auch nicht sinnvoll, ein Fokus-Rechteck zu haben. Der Defaultwert der Option -highlightthickness in Label-Widgets ist daher 0. Sie können aber ein Rechteck um das Label bekommen, indem Sie -highlightthickness auf einen Wert größer 0 und -highlightbackground auf eine Farbe wie blau oder rot setzen.

Das Widget hat auch keine Option -state. Weil wir kein Widget anklicken können, ist es auch nicht notwendig, es abzuschalten.

Relief

In Abbildung 5-2 sehen Sie, was passiert, wenn Sie die Option -relief eines Labels ändern. Beachten Sie, daß die Kanten des Widgets ziemlich dicht am Text liegen. Im Gegensatz zu Buttons wollen Sie bei Labels normalerweise nicht viel zusätzlichen Platz haben (der mit -padx und -pady eingestellt wird). Gewöhnlich sollte das Label direkt neben dem Widget (oder den Widgets) stehen, das es beschreibt.

Abbildung 5-2: Label mit verschiedenen Relief-Werten. Das Fenster rechts hat eine Kantenbreite von 10.

Sie haben sicherlich bemerkt, daß ich mir gern anschaue, wie Widgets mit verschiedenen Relief-Werten aussehen. Damit kann man manchmal leichter feststellen, wo das Widget aufhört, insbesondere bei Widgets mit dem Defaultwert »flat«. Ich ändere auch oft das Relief verschiedener Widgets, um sicherzugehen, daß ich weiß, welches Widget wo auf dem Bildschirm zu sehen ist. Wenn man zehn Eingabe- und Label-Felder mit wenig kreativen Variablennamen erzeugt hat, verliert man leicht den Überblick. Auch durch Ändern der Kantenbreite kann man ein Widget hervorheben. Aber natürlich setze ich die Werte für Relief und Kantenbreite immer auf etwas nicht Störendes zurück, bevor ich das Programm an andere weitergebe! Auch mit Farben kann man Warnmeldungen gut hervorheben.

Ein Beispiel für Statusmeldungen

Wenn ich einen Hilfe- oder Statustext in einem Label am unteren Rand meines Fensters anzeigen möchte, verwende ich oft eines der Reliefs »groove« und »ridge«. Dazu erzeuge ich ein Label-Widget, das mit den Optionen `-side => 'bottom'` und `-fill => 'x'` gepackt wird. Ein solches Status-Label kann auf zwei verschiedene Arten verwendet werden:

- Sie können der zugehörigen Variable Werte zuweisen, so daß sich das Label im Programmablauf ändert und damit dem Benutzer mitteilt, daß das Programm gerade arbeitet oder etwas passiert.
- Das Hilfe-Label kann mittels des `bind`-Befehls Informationen über die verschiedenen Widgets liefern, wenn diese den Fokus bekommen.

Beide Möglichkeiten werden im folgenden Beispiel demonstriert.

Dieser Code zeigt ein »Was mache ich gerade«-Hilfe-Label:

```
$mw->Label(-textvariable => \$message, -borderwidth => 2,
        -relief => 'groove')->pack(-fill => 'x',
                                -side => 'bottom');
$mw->Text()->pack(-side => 'top',
                        -expand => 1,
                        -fill => 'both');

$message = "Lade Datei  index.html...";
...
$message = "Fertig";
```

Das Label wird am unteren Bildschirmrand erzeugt. Wir packen es als erstes, denn es soll auch dann sichtbar bleiben, wenn das Fenster verkleinert wird (denken Sie daran, daß die als letztes gepackten Fenster die niedrigste Priorität haben, wenn der Platz knapp wird). Im Zuge der Abarbeitung des Programms (repräsentiert durch ...) wird das Label entsprechend geändert.

Der folgende Code zeigt ein Beispiel für die Widget-Hilfe:

```
$mw->title("Beispiel für ein Hilfe-Label");

$mw->Label(-textvariable => \$message)
    ->pack(-side => 'bottom', -fill => 'x');

$b = $mw->Button(-text => "Beenden", -command => \&exit)
        ->pack(-side => 'left');
```

```
&bind_message($b, "Klicken Sie hier, um das Programm zu beenden");

$b2 = $mw->Button(-text => "Nichts tun")->pack(-side => 'left');
&bind_message($b2, "Dieser Button macht aber auch gar nichts!");

$b3 = $mw->Button(-text => "Etwas",
                  -command => sub { print "etwas\n"; })->pack(-side => 'left');
&bind_message($b3, "Gibt den Text 'etwas' aus");

sub bind_message {
    my ($widget, $msg) = @_;
    $widget->bind('<Enter>', [ sub { $message = $_[1]; }, $msg ]);
    $widget->bind('<Leave>', sub { $message = ""; });
}
```

Dieses Beispiel ist ein kleines bißchen länger, weil wir die Methode bind verwenden (sie wird in Kapitel 14, *Ereignisse binden*, näher erläutert). Wir wollen zu jedem erzeugten Widget einen Hilfetext angeben. Dazu fügen wir Bindungen zu jedem Widget hinzu, die den Wert der Variablen $message in den jeweiligen Hilfetext beziehungsweise einen leeren String beim Verlassen des Widgets ändern. Wir haben hier eine Subroutine benutzt, um nicht die gleichen zwei bind-Zeilen immer wieder schreiben zu müssen. Abbildung 5-3 zeigt, wie unser Fenster aussieht, wenn sich der Mauszeiger über dem mittleren Button befindet.

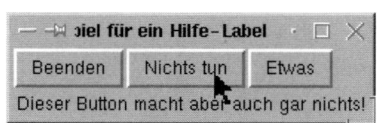

Abbildung 5-3: Ein Fenster mit Hilfetexten zu den Buttons

Container-Frames

In Abbildung 5-3 ist der Beispieltext im Label-Widget zentriert. Wenn Sie einzeilige Label verwenden, bleibt der Text auch dann zentriert, wenn Sie die Option -justify => 'left' angeben. Diese Einschränkung können Sie durch Erzeugen eines Container-Frames umgehen, der das gewünschte Relief bekommt und sich (anstelle des Labels) über die Fensterbreite erstreckt. Das Label wird dann in diesen Frame gesetzt:

```
$f = $mw->Frame(-relief => 'groove',
                -bd => 2)->pack(-side => 'bottom',
                               -fill => 'x');
$f->Label(-textvariable => \$message,)->pack(-side => 'left');
```

Damit kann das Label im Frame die gewünschte Größe einnehmen, und der Text bleibt am linken Rand. Wenn Sie dieses kurze Beispiel eingetippt und mit den an die einzelnen Widgets gebundenen Strings herumgespielt haben, dann ist Ihnen vielleicht aufgefallen, daß sich die Fenstergröße automatisch verändert, wenn der Text in $message zu lang ist, um in das Label zu passen. Das kann ziemlich nervig sein, wenn Ihr Fenster

anfangs ziemlich klein ist. Es gibt zwei Möglichkeiten, dieses Problem zu umgehen:
Zum einen können Sie durchgängig nur kurze Hilfetexte verwenden, zum anderen kön-
nen Sie dem Fenster mitteilen, daß es seine Größe nicht verändern soll, wenn sich die
Größe des Labels ändert.

Die Nachteile der beiden Varianten sind in keinem Fall besonders schwerwiegend, und
es wird oft von der Applikation abhängen, welche Variante Sie verwenden. Wenn es
Ihnen gelingt, wirklich kurze Texte zu schreiben, die genug Hilfe bieten, ist das sehr
gut. Aber es ist auch fast genauso einfach, dem Fenster mitzuteilen, seine Größe beizu-
behalten – eine Zeile reicht:

```
$mw->packPropagate(0);
```

Durch die Verwendung von `packPropagate` ändert sich die Größe Ihres Fensters nicht,
wenn ein Widget in das Fenster eingesetzt wird (wir haben packPropagate das erste Mal
in Kapitel 2, *Geometrie-Management*, besprochen). Das bedeutet, daß das Fenster
anfänglich vielleicht nicht alle Widgets anzeigt. Sie können dieses Problem umgehen,
indem Sie die Größenänderungen anfänglich zulassen, eine gute Anfangsgröße für Ihr
Fenster ermitteln und dann mit `$mw->geometry(size)` diese Größe ausdrücklich anfordern. (Kapitel 13, *Toplevel-Widgets*, enthält Informationen über die Methode `geometry`.)

Label-Konfiguration

Label sind ziemlich langweilige Widgets; es gibt nur zwei Methoden, mit denen Sie
Informationen bekommen oder Zustände ändern können: `cget` und `configure`. Beide
funktionieren bei Label genauso wie bei Buttons. Anhang A beschreibt die Argumente
und Rückgabewerte.

Das Eingabe-Widget

Bisher konnten wir Benutzereingaben nur über ein Button-
Widget (Buttons, Checkboxen oder Radiobuttons) und die
Option `-command` bekommen. Eingaben mit der Maus sind zwar nützlich, aber auch
ziemlich eingeschränkt. Mit dem Eingabe-Widget kann der Benutzer Text eingeben,
der dann von der Applikation nach Belieben verwendet werden kann. Einige Beispiele
zur Verwendung eines Eingabe-Widgets:

- In einem Datenbankformular könnte es ein Eingabe-Widget pro Feld geben (bei-
  spielsweise Vorname, Nachname und Adresse).
- Während der Software-Registrierung zur Eingabe einer Seriennummer
- In einem Anmeldefenster, wo Benutzername und Paßwort eingegeben werden
- In einem Konfigurationsfenster zur Eingabe des Druckers
- In einem Dateiauswahldialog zur Eingabe des Pfades und Dateinamens

Normalerweise interessieren wir uns für die Eingabe des Benutzers in das Eingabe-Widget so lange nicht, bis dieser damit fertig ist; die Verarbeitung geschieht normalerweise erst, nachdem der Benutzer eine Art »Start«-Button angeklickt hat. Sie könnten auch ganz raffinierten Code schreiben und jedes Zeichen direkt nach der Eingabe mit einem komplizierten bind-Befehl verarbeiten, aber das ist wahrscheinlich mehr Aufwand, als sich wirklich lohnt.

Der Benutzer kann beliebige Eingaben in das Eingabe-Widget machen; es ist die Aufgabe des Programmierers, zu entscheiden, ob der eingegebene Text zulässig ist oder nicht. Immer, wenn wir Informationen aus einem Eingabefeld verwenden wollen, sollten wir sie auf fehlerhafte Eingaben überprüfen. Wenn wir eine ganze Zahl benötigen, aber Buchstaben bekommen, dann sollten wir dem Benutzer eine Warnung oder eine Fehlermeldung präsentieren.

Ein Eingabe-Widget ist ein sehr viel komplexeres Widget, als es auf den ersten Blick den Anschein hat. Es handelt sich in Wirklichkeit um einen einzeiligen Texteditor. Text kann eingegeben, mit der Maus selektiert, gelöscht und hinzugefügt werden. Eingabe-Widgets sind etwa von mittlerer Komplexität, sie sind komplizierter als Buttons, aber weniger komplex als Text- und Leinwand-Widgets.

Erzeugen von Eingabe-Widgets

Das ist nicht weiter erstaunlich:

```
$entry = $parent->Entry( [ option => wert ...])->pack;
```

Wenn das Eingabe-Widget erzeugt wird, enthält es zunächst keinen Text, und der Cursor steht am linken Rand (sofern das Widget den Tastaturfokus hat).

Optionen des Eingabe-Widgets

Die folgende Liste enthält kurze Beschreibungen zu allen Optionen des Eingabe-Widgets. Eine Reihe davon werden später in diesem Kapitel noch detaillierter beschrieben.

-background => *farbe*
> Legt die Hintergrundfarbe des Eingabe-Widgets fest, also die Farbe für den Bereich hinter dem Text.

-borderwidth => *betrag*
> Legt die Breite der äußeren Kante des Widgets fest. Der Default ist 2.

-cursor => *cursorname*
> Legt die Mauszeigerform fest, die verwendet wird, wenn sich der Mauszeiger über dem Widget befindet.

-exportselection => 0 | **1**
> Wenn der angegebene Boolesche Wert true ist, wird selektierter Text in die Zwischenablage des jeweiligen Fenstersystems exportiert.

-font => *fontname*
> Legt den im Eingabe-Widget angezeigten Font fest.

`-foreground =>` *farbe*
> Ändert die Textfarbe.

`-highlightbackground =>` *farbe*
> Legt die Farbe des Fokus-Rechtecks fest, wenn das Widget nicht den Tastaturfokus hat.

`-highlightcolor =>` *farbe*
> Legt die Farbe des Fokus-Rechtecks fest, wenn das Widget den Tastaturfokus hat.

`-highlightthickness =>` *betrag*
> Legt die Breite des Fokus-Rechtecks um das Widget fest. Der Default ist 2.

`-insertbackground =>` *farbe*
> Legt die Farbe des Einfügecursors fest.

`-insertborderwidth =>` *betrag*
> Legt die Breite des Randes des Einfügecursors fest. Wird normalerweise in Verbindung mit den Optionen `-ipadx` und `-ipady` des Geometrie-Managers verwendet.

`-insertofftime =>` *millisekunden*
> Legt den Zeitanteil fest, den der Einfügecursor abgeschaltet ist.

`-insertontime =>` *millisekunden*
> Legt den Zeitanteil fest, den der Einfügecursor eingeschaltet ist.

`-insertwidth =>` *betrag*
> Legt die Breite des Einfügecursors fest. Der Default ist 2.

`-justify =>` `'`**`left`**`'` | `'right'` | `'center'`
> Legt die Ausrichtung des Textes im Eingabe-Widget fest. Der Default ist `left`.

`-relief =>` `'flat'`|`'groove'`|`'raised'`|`'ridge'`|`'`**`sunken`**`'`|`'solid'`
> Legt das Relief der äußeren Kanten des Eingabe-Widgets fest.

`-selectbackground =>` *farbe*
> Legt die Hintergrundfarbe von ausgewähltem Text im Eingabe-Widget fest.

`-selectborderwidth =>` *betrag*
> Legt die Breite des Selektionsrandes beim Hervorheben fest.

`-selectforeground =>` *farbe*
> Legt die Textfarbe von ausgewähltem Text im Eingabe-Widget fest.

`-show =>` *zeichen*
> Bestimmt das Zeichen, das anstelle des eingegebenen Textes angezeigt werden soll.

`-state =>` `'`**`normal`**`'` | `'disabled'` | `'active'`
> Gibt den Zustand des Eingabe-Widgets an. Der Default ist `'normal'`.

`-takefocus =>` `0` | `1` | **`undef`**
> Legt fest, ob das Widget den Tastaturfokus bekommen kann.

`-textvariable =>` `\$variable`
> Legt die Variable fest, die mit dem im Eingabe-Widget eingegebenen Text verknüpft wird.

`-width =>` *betrag*

> Legt die Breite des Eingabe-Widgets in Zeichen fest.

`-xscrollcommand =>` *callback*

> Weist einen Callback zu, der zum Hin- und Herscrollen verwendet wird.

Die folgenden Optionen verhalten sich wie erwartet und werden daher hier nicht weiter besprochen: `-background`, `-cursor`, `-font`, `-highlightbackground`, `-highlightcolor`, `-highlightthickness`, `-foreground`, `-justify`, `-takefocus` und `-state`. Detailliertere Informationen, wie sich diese Optionen auf Widgets auswirken, finden Sie in Kapitel 3.

Den Inhalt eines Eingabe-Widgets einer Variablen zuweisen

Mit der Option `-textvariable` können Sie herausfinden, was der Benutzer in das Eingabe-Widget eingetragen hat:

```
-textvariable => \$variable
```

Sie sollten diese Option inzwischen schon aus den diversen Button-Beispielen kennen. Alle Texteingaben in das Eingabe-Widgets werden an `$variable` zugewiesen. Das gilt auch umgekehrt. Alle Strings, die `$variable` zugewiesen werden, werden im Eingabe-Widget angezeigt.

Denken Sie immer daran, daß alles, was der Benutzer eingibt, in dieser Variablen landet. Das bedeutet, daß Sie, auch wenn Sie eine numerische Eingabe (wie »314«) erwarten, etwas wie »3s14« bekommen können, weil der Benutzer aus Versehen (oder absichtlich!) falsche Tasten gedrückt hat. Bevor Sie Informationen aus einem Eingabe-Widget verwenden, sollten Sie sie auf eventuelle Fehler prüfen, um sicherzugehen, daß Sie die Informationen bekommen, die Sie erwarten, oder daß diese wenigstens das richtige Format haben. Wenn Sie versuchen, »3s14« in einer Gleichung zu verwenden, wird das mit großer Wahrscheinlichkeit zu ungewünschten Ergebnissen führen.

Außerdem können Sie den eingegebenen Text mit der Methode `get` ermitteln:

```
$stuff = $entry->get();
```

Sie können `get` unabhängig davon verwenden, ob Sie die Option `-textvariable` verwendet haben oder nicht.

Relief

Wie bei allen anderen Widgets auch können Sie mit den Optionen `-relief` und/oder `-borderwidth` bestimmen, wie die Kanten gezeichnet werden:

```
-relief => 'flat' | 'groove' | 'raised' | 'ridge' | 'sunken'
-borderwidth => betrag
```

Der Default für ein Eingabe-Widget ist `'sunken'`, also etwas anderes als bei den Widgets, die wir bisher kennengelernt haben. Abbildung 5-4 zeigt die verschiedenen Relieftypen mit den Randbreiten 2 (Default), 4 und 10.

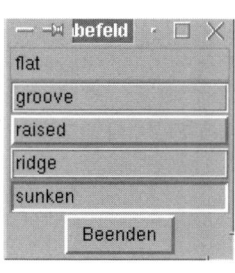  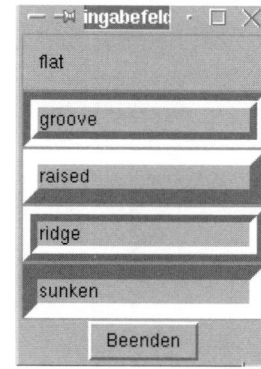

Abbildung 5-4: Verschiedene Relief-Typen eines Eingabe-Widgets mit Kantenbreiten von 2 (Default), 4 und 10

Mit dem folgenden Codeschnipsel habe ich die fünf Eingabe-Widgets erzeugt. Der Reliefname wird als Text des Eingabe-Widgets verwendet:

```
foreach (qw/flat groove raised ridge sunken/) {
  $e = $mw->Entry(-relief => $_)->pack(-expand => 1);
  $e->insert('end', $_);  # Text in das Eingabefeld schreiben
}
```

Indizes in Eingabe-Widgets

Um Text im Eingabe-Widget manipulieren zu können, müssen Sie irgendwie bestimmte Teile oder Positionen im Text identifizieren können. Im letzten Beispiel wurde bereits ein Index verwendet. In der Zeile `$e->insert('end', $_)` wird der Index `'end'` verwendet. Wie bei der Methode `insert`, die weiter hinten in diesem Kapitel behandelt wird, erwarten alle Methoden, die Informationen über eine Position benötigen, einen Index (oder zwei, wenn die Methode einen Bereich von Zeichen benötigt). Dieser Index kann so einfach wie 0 sein, was den Textanfang bezeichnet, oder etwas Komplexeres wie `'insert'`.

Die folgende Aufstellung gibt die verschiedenen Formen von Indexspezifikationen und deren Bedeutungen an:

n (eine beliebige ganze Zahl)

> Eine numerische Zeichenposition. 0 ist das erste Zeichen im String. Wenn das Eingabe-Widget den String `"Meine Mutter hat deiner Mutter auf die Nase gehauen"` enthält und wir einen Index von 13 angeben, dann würde damit das Zeichen »h« im Wort »hat« bezeichnet werden.

`'insert'`

> Bezeichnet das Zeichen, das auf den Einfügecursor folgt. Der Einfügecursor ist dieser etwas merkwürdig aussehende Balken, der im Eingabe-Widget zu sehen ist, wenn Text eingegeben wird. Sie können den Eingabecursor mit den Cursortasten oder durch Klicken mit der Maus an eine anderen Position bewegen.

`'sel.first'`

> Das erste Zeichen der Auswahl. Dies führt zu einem Fehler, wenn es keine Auswahl gibt. Der ausgewählte String ist der String, der mit der Maus oder mit den Cursortasten in Verbindung mit der Umschalttaste markiert worden ist. Er wird etwas abgehoben vom Hintergrund dargestellt.
>
> Wenn der ausgewählte Text das Wort »Nase« im folgenden String (hier in Fettschrift dargestellt) ist,
>
> `Meine Mutter hat deiner Mutter auf die `**`Nase`**` gehauen`
>
> dann würde `'sel.first'` das »N« bezeichnen.

`'sel.last'`

> Das Zeichen direkt nach dem letzten Zeichen der Auswahl. Auch dies führt zu einem Fehler, wenn es keine Auswahl gibt. Im vorstehenden Beispiel wäre das das Leerzeichen hinter dem »e« in »Nase«.

`'anchor'`

> Der Index `'anchor'` ändert sich abhängig davon, was mit der Auswahl im Eingabe-Widget passiert. Defaultmäßig beginnt er am linken Rand des Eingabe-Widgets: 0. Er ändert sich, wenn Sie mit der Maus irgendwo in das Eingabe-Widget klicken. Der neue Wert ist dann der Index der Position, die Sie angeklickt haben. Der `'anchor'`-Index ändert sich ebenfalls, wenn eine neue Auswahl vorgenommen wird – entweder mit der Maus (woraufhin `'anchor'` dort ist, wohin Sie mit der Maus geklickt haben) oder durch Klicken bei gedrückter Umschalt-Taste – woraufhin `'anchor'` an den Anfang der Auswahl gesetzt wird. Dieser Index wird hauptsächlich intern verwendet; Sie werden dafür in einer Applikation kaum Gebrauch finden.

`'end'`

> Bezeichnet das Zeichen nach dem letzten Zeichen im Textstring. Dieser Wert entspricht der Angabe der Länge des Textstrings als Ganzzahlindex.

`'@x'`

> Diese Form verwendet eine x-Koordinate im Eingabe-Widget. Es wird das Zeichen verwendet, das diese x-Koordinate enthält. `"@0"` bezeichnet das erste Zeichen im Eingabe-Widget. Auch diese Form der Indexspezifikation werden Sie selten benutzen.

Optionen zur Textauswahl

Wenn Sie Text in einem Eingabe-Widget selektieren, passiert so einiges. Die Indizes `'sel.first'` und `'sel.last'` verweisen auf den Anfang und das Ende des ausgewählten Textes. Durch Verwendung der Option `-exportselection` können Sie den selektierten Text auf Unix-Systemen in der Zwischenablage zur Verfügung stellen:

```
-exportselection => 0 | 1
```

Diese Option gibt an, ob selektierter Text nicht nur intern im Eingabe-Widget als ausgewählt vermerkt wird, sondern auch in die Zwischenablage gestellt wird. Wenn Sie es beim Defaultwert belassen, können Sie den selektierten Text in andere Applikationen einfügen.

Für den selektierten Text gibt es einige Farboptionen: `-selectbackground`, `-selectfore-ground` und `-selectborderwidth`:

```
-selectbackground => farbe
-selectforeground => farbe
-selectborderwidth => betrag
```

Die Optionen `-selectbackground` und `-selectforeground` ändern die Farbe des selektier-ten Textes sowie des dahinterliegenden Bereiches. In Abbildung 5-5 ist das Wort »Text« selektiert.

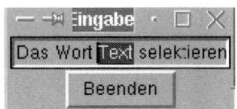

Abbildung 5-5: Eingabe-Widget mit -selectbackground => 'red' und -selectforeground => 'yellow'

Sie können die Kantenbreite des Selektionsrahmens mit `-selectborderwidth` einstellen. Wenn Sie die Größe des Eingabe-Widgets unverändert lassen, werden Sie aber keine Veränderungen sehen. Das Eingabe-Widget begrenzt schon den Platz des Selektions-rahmens. Um die Wirkung von `-selectborderwidth` zu sehen, müssen Sie zusätzlich noch die Optionen `-ipadx` und `-ipady` im Geometrie-Management-Befehl verwenden.

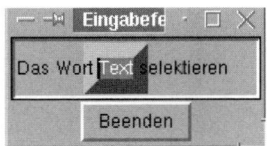

Abbildung 5-6: Eingabe-Widget mit -selectborderwidth => 5

Die Option `-selectborderwidth` ist vor allem dann sinnvoll, wenn Sie ein wenig zusätzli-chen Platz um Ihren Text herum wünschen oder wenn Sie den selektierten Text wirk-lich deutlich hervorheben wollen. Hier folgt der Code, der das Eingabe-Widget in Abbil-dung 5-6 erzeugt hat:

```
$e = $mw->Entry(-selectborderwidth => 10)->pack(-expand => 1,
                                                -fill => 'x',
                                                -ipadx => 10,
                                                -ipady => 10);
$e->insert('end', "Das Wort Text selektieren");
```

Beachten Sie die Optionen `-ipadx` und `-ipady` im `pack`-Befehl.

Der Einfügecursor

Der Einfügecursor ist der etwas merkwürdig aussehende Balken, der im Eingabe-Widget blinkt, während dieses den Tastaturfokus hat. Er ist nur dann zu sehen, wenn das Widget auch wirklich den Tastaturfokus hat. Wenn gerade ein anderes (oder kein) Widget den Tastaturfokus hat, dann ist der Einfügecursor zwar immer noch da, er ist aber unsichtbar. In Abbildung 5-7 steht der Einfügecursor unmittelbar hinter dem »e« des Wortes »Einfügecursor«.

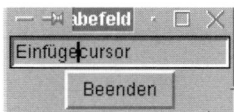

Abbildung 5-7: Der Default-Einfügecursor

Sie können die Dicke, Kantenbreite und Breite des Einfügecursors mit den folgenden Optionen ändern:

```
-insertbackground => farbe
-insertborderwidth => betrag
-insertwidth => betrag
```

Die Option `-insertwidth` ändert einfach nur die Breite des Cursors, so daß dieser dicker aussieht. Die Option `-insertbackground` ändert die Farbe des Einfügecursors. Abbildung 5-8 zeigt ein Beispiel.

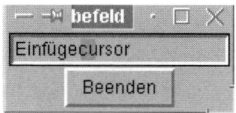

Abbildung 5-8: Einfügecursor mit -insertbackground => 'green' und -insertwidth => 10

Der Cursor wird immer über der Position zwischen den beiden Zeichen zentriert, egal, wie breit er ist. Der Einfügecursor aus Abbildung 5-8 steht an der gleichen Stelle wie der aus Abbildung 5-7. Das kann für die Benutzer ziemlich verwirrend sein, weswegen Sie die Option `-insertwidth` normalerweise nicht verwenden sollten.

Sie können dem Einfügecursor durch Verwendung von `-insertborderwidth` (wie in Abbildung 5-9) ein dreidimensionales Aussehen geben. Wie schon für `-insertwidth` gibt es auch für `-insertborderwidth` wenig praktische Anwendungen.

Außerdem können Sie die Blinkfrequenz des Cursors mit den folgenden Optionen einstellen:

```
-insertofftime => zeit
-insertontime => zeit
```

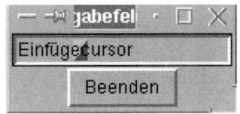

Abbildung 5-9: Einfügecursor mit -insertborderwidth => 5, -insertbackground => 'green' und -insertwidth => 10

Der Defaultwert für `-insertofftime` beträgt 300 Millisekunden, der für `-insertontime` 600 Millisekunden. Damit ist der Cursor doppelt solange zu sehen wie nicht zu sehen. Alle für diese Optionen angegebenen Werte müssen größer oder gleich null sein.

Wenn Ihr Cursor wirklich hektisch aussehen soll, müssen Sie die beiden Werte in etwas viel Kleineres ändern. Soll der Cursor vornehm und gelassen sein, verdoppeln Sie einfach die Defaultwerte. Und wenn Sie das Blinken überhaupt nicht mögen, setzen Sie `-insertofftime` einfach auf 0.

Paßwörter eingeben

Manchmal muß der Benutzer Informationen eingeben, die am Bildschirm nicht sichtbar sein sollen. Um etwas anderes als den eingegebenen Text anzuzeigen, verwenden Sie die Option `-show`:

`-show => ` *zeichen*

zeichen ist ein einzelnes Zeichen, das anstelle der eingegebenen Zeichen angezeigt wird. Zur Eingabe von Paßwörtern könnten Sie beispielsweise Sternchen verwenden (siehe Abbildung 5-10). Wenn Sie einen String angeben, wird nur das erste Zeichen dieses Strings verwendet. Defaultmäßig ist dieser Wert undefiniert, und es wird das angezeigt, was der Benutzer auch eingegeben hat.

Abbildung 5-10: Eingabe eines Paßwortes

Wenn Sie die Option `-show` verwenden, enthält die Variable `$variable` natürlich die richtige Information und nicht die Sternchen.

Wenn Sie dieses Feature verwenden, kann der Benutzer das Paßwort nicht über die Zwischenablage kopieren, unabhängig vom Wert von `-exportselection`. Wenn Text kopiert und an anderer Stelle wieder eingefügt wird, wird das eingefügt, was der Benutzer auf dem Bildschirm gesehen hat (also beispielsweise die Sternchen), aber nicht die Information dahinter. Sie denken jetzt vielleicht, daß man die Eingabe mit einem `$entry->configure(-show => "");` sichtbar machen kann, aber glücklicherweise ist das nicht der Fall. Statt dessen erscheint ein Haufen von `\x0` (also Müll). Alle mit `-text-`

`variable` angemeldeten Variablen enthalten aber trotzdem noch die richtige Information. Wenn Sie `$entry->get()` verwenden, wird ebenfalls die korrekte Information zurückgegeben. Diese Methode wird weiter hinten in diesem Kapitel beschrieben.

Einen Scrollbalken verwenden

Wenn die vom Benutzer angeforderten Informationen länger werden, kann der Benutzer mit den Cursortasten von Hand durch den Text scrollen. Wir können ihm das Leben aber leichter machen, wenn wir einen horizontalen Scrollbalken mit der Option `-xscroll-command` erzeugen und zuweisen:

```
-xscrollcommand => [ 'set' => $scrollbar ]
```

Ich werde Ihnen jetzt nur das grundlegende Verfahren der Zuweisung eines Scrollbalkens an ein Eingabe-Widget zeigen. Näheres über Scrollbalken finden Sie in Kapitel 6, *Scrollbalken*.

Um einen Scrollbalken zu erzeugen und mit Eingabe-Widgets zu verknüpfen, machen Sie folgendes:

```
$scroll = $mw->Scrollbar(-orient => "horizontal"); # Scrollbalken erzeugen
$e = $mw->Entry(-xscrollcommand => [ 'set' => $scroll ])->
    pack(-expand => 1, -fill => 'x'); # Eingabe-Widget erzeugen
$scroll->pack(-expand => 1, -fill => 'x');
$scroll->configure(-command => [ $e => 'xview' ]); # die beiden verbinden
$e->insert('end', "Gaaaaaaaaaanz laaaaaaaaaaaaanger Text");
```

Abbildung 5-11 zeigt das resultierende Fenster in zwei Zuständen: Links wird das Fenster direkt nach der Erzeugung gezeigt, rechts, nachdem der Benutzer ganz nach rechts gescrollt hat.

 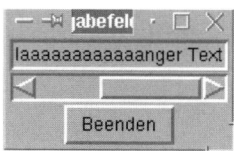

Abbildung 5-11: Scrollbalken und Eingabe-Widget

Sie werden Scrollbalken nur selten in Zusammenhang mit Eingabe-Widgets verwenden. Der Scrollbalken verdoppelt den benötigten Platz, und Sie können die gleiche Funktionalität auch mit den Cursortasten bekommen, während das Eingabe-Widget den Fokus hat. Wenn der Benutzer mehrere Textzeilen eingeben muß, sollten Sie lieber ein Text-Widget verwenden. Kapitel 8, *Das Text-Widget*, beschreibt, was dieses Widget alles kann.

Eingabe-Widgets konfigurieren

Sowohl `cget` als auch `configure` verhalten sich bei Eingabe-Widgets wie bei allen anderen Widgets auch. Die Defaultoptionen des Eingabe-Widgets stehen in Anhang A, *Widgets mit configure und cget konfigurieren.*

Text löschen

Mit der Methode `delete` können Sie Teile des Textes oder auch den ganzen Text aus dem Eingabe-Widget löschen. Sie können einen Bereich von Indizes angeben, um zwei oder mehr Zeichen zu löschen, oder aber einen einzelnen Index zum Löschen eines Zeichens:

```
$entry->delete(ersterindex, [ letzterindex ])
```

Um den ganzen Text zu löschen, verwenden Sie `$entry->delete(0, 'end')`. Wenn Sie die Option `-textvariable` verwenden, können Sie den Inhalt auch durch Zuweisen eines leeren Strings an die entsprechende Variable löschen: `$variable = ""`.

Einige weitere Beispiele zur Verwendung der Methode `delete` sind:

```
$entry->delete(0);          # Nur das erste Zeichen entfernen
$entry->delete(1);          # Das zweite Zeichen entfernen

$entry->delete('sel.first', 'sel.last')  # selektierten Text entfernen
   if $entry->selectionPresent();        # sofern vorhanden
```

Den Inhalt eines Eingabe-Widgets abfragen

Es gibt zwei Möglichkeiten, an den Inhalt eines Eingabe-Widgets heranzukommen: mit der Methode `get` oder über die mit `-textvariable` angemeldete Variable. Die Verwendung von `get` in `$entry_text = $entry->get()` weist den gesamten Inhalt des Eingabe-Widgets der Variablen `$entry_text` zu.

Wie Sie an den Inhalt herankommen wollen, hängt davon ab, was Sie mit der Information vorhaben. Wenn Sie den Text nur einmal benötigen, um ihn in eine Datei zu schreiben oder in eine Datenbank einzufügen, dann ist es nicht sinnvoll, durch Verwendung einer Variablen Speicherplatz zu verschwenden. Benutzen Sie einfach die `get`-Methode in einer `print`-Anweisung (oder wo immer Sie sie benötigen). Wenn die Information im Eingabe-Widget aber ein häufig verwendeter Wert wie etwa ein Wert in einer mathematischen Berechnung ist, dann ist es sicherlich sinnvoll, ihn von Anfang an in einer Variablen ablegen zu lassen.

Den Einfügecursor bewegen

Die Methode `icursor` setzt den Cursor an den angegebenen Index:

```
$entry->icursor(index);
```

Defaultmäßig steht der Einfügecursor dort, wo die letzte `insert`-Operation vorgenommen wurde. Damit er an anderer Stelle steht, könnten Sie etwa folgendes machen:

```
$e_txt = "Eingabe-Text";
$e = $mw->Entry(-textvariable => \$e_txt)->pack();
$e->focus;
$e->icursor(1); # Cursor an diesen Index setzen
```

Wir verwenden hier die Methode `focus` (die nicht spezifisch für das Eingabe-Widget ist, jedes Widget hat sie), damit die Applikation mit dem Fokus in unserem Eingabe-Widget startet. Dann setzen wir den Einfügecursor zwischen das erste und zweite Zeichen (Indizes 0 und 1) im Eingabe-Widget. Kapitel 16, *Methoden für alle Widgets*, enthält weitere Informationen zu `focus`.

Manchmal ist es auch nützlich, die anfängliche Position des Cursors an eine bestimmte Stelle zu setzen; besonders dann, wenn Sie einen bestimmten String vorgeben. Setzen Sie beispielsweise `$e_txt = "http://"`, und führen Sie dann `$e->icursor('end')` aus.

Den numerischen Indexwert abfragen

Die Methode `index` konvertiert einen benannten Index in einen numerischen:

```
$numindex = $entry->index(index) ;
```

Das kann man beispielsweise verwenden, um herauszufinden, wie viele Zeichen im Eingabe-Widget stehen: `$length = $entry->index('end')`. Natürlich würden wir das gleiche auch mit `$length = length($variable)` erreichen, wenn wir die Option `-textvariable` verwendet hätten.

Als Beispiel, wie Sie mit `index` herausfinden können, wo die aktuelle Auswahl gerade startet, können Sie folgenden Code verwenden:

```
$startindex = $entry->selectionPresent() ?
                $entry->index('sel.first') : -1;
```

`selectionPresent` wird später in diesem Kapitel besprochen.

Text einfügen

Mit der Funktion `insert` können Sie beliebigen Text am angegebenen Index einfügen:

```
$entry->insert(index, string);
```

Eine einfache Applikation, die `insert` verwendet, hat folgenden Code:

```
#!/usr/bin/perl
use Tk;
$mw = MainWindow->new;
$mw->title("Eingabe");

$e_txt = "Eingabe-Text";     # Eingabe-Widget mit initialem Text erzeugen
$e = $mw->Entry(-textvariable => \$e_txt)->pack(-expand => 1,
                                        -fill => 'x');
```

```
$mw->Button(-text => "Beenden",
            -command => sub { exit })->pack(-side => 'bottom');

# Button erzeugen, der am Cursor einen Zähler einfügt.
$i = 1;
$mw->Button(-text => "# einfügen", -command =>
            sub {
              if ($e->selectionPresent()) {
                $e->insert('sel.last', "$i"); $i++;
              }
            })->pack;
MainLoop;
```

Wir füllen das Eingabe-Widget zunächst mit `"Eingabe-Text"` als Default. Dann erzeugen wir zwei Buttons. Der eine ist wie üblich der Beenden-Button, mit dem wir die Applikation beenden können. Der zweite ist etwas komplizierter. Wenn er gedrückt wird, überprüft er zunächst, ob im Eingabe-Widget `$e` Text selektiert ist. Wenn das der Fall ist, wird eine Zahl eingefügt, die wiedergibt, wie oft der Button »# einfügen« gedrückt worden ist.

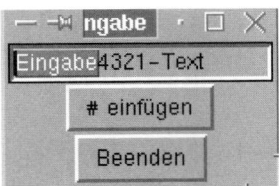

Abbildung 5-12: Verwendung der insert-Methode

In Abbildung 5-12 haben wir zunächst das Wort »Eingabe« selektiert und dann den Button »# einfügen« viermal gedrückt. Jedesmal wurde an der Position `"sel.last"` eine Zahl eingefügt. Dieser Index hat sich dazwischen nicht verändert, so daß es aussieht, als wäre rückwärts gezählt worden!

Text scannen

Die Methoden `scanMark` und `scanDragto` werden im Eingabe-Widget verwendet. Sie ermöglichen schnelles Scrollen. Ein Aufruf von `scanMark` merkt sich einfach die x-Koordinate zur späteren Verwendung mit `scanDragto`. Der Rückgabewert ist ein leerer String.

```
$entry->scanMark(x);
$entry->scanDragto(x);
```

Zu `scanMark` gehört `scanDragto`. Diese Methode erwartet ebenfalls eine x-Koordinate. Diese wird mit der von `scanMark` verglichen. Anschließend wird die Sicht auf das Eingabe-Widget um das Zehnfache des Unterschiedes zwischen den Koordinaten verwendet.

Die Selektion manipulieren

Die Methode `selection` hat mehrere Argumentlisten. Wenn Sie sich die HTML-Dokumentation anschauen, werden Sie feststellen, daß Sie die folgende Form verwenden können:

```
$entry->selectionAdjust(index).
```

Vielleicht stoßen Sie auch irgendwo auf die Form `$entry->selection('adjust', index)`, wobei `'adjust'` das erste Argument ist. Beide machen genau dasselbe.

Mit `selectionAdjust` können Sie die Selektion an den angegebenen Index verschieben:

```
$entry->selectionAdjust(index);
```

Die Selektion wird bis *index* erweitert (vom jeweils nähergelegenen Ende her).

Die Selektion wird gelöscht mit:

```
$entry->selectionClear();
```

Die Markierung der Selektion wird entfernt; die Indizes `'sel.first'` und `'sel.last'` sind jetzt undefiniert. Der selektierte Text wird nicht gelöscht.

Mit `selectionFrom` wird der `'anchor'`-Index auf den angegebenen Index gesetzt:

```
$entry->selectionFrom(index);
```

Dies beeinflußt weder den derzeit selektierten Text noch die Indizes `'sel.first'` und `'sel.last'`.

Die einzige Möglichkeit festzustellen, ob Text im Eingabe-Widget selektiert ist, ist die Methode `selectionPresent`:

```
if ($entry->selectionPresent()) {
}
```

Sie gibt 1 zurück, wenn es selektierten Text gibt, was bedeutet, daß Sie gefahrlos die Indizes `'sel.first'` und `'sel.last'` verwenden können (wenn es keinen selektierten Text gibt, führt die Verwendung einer dieser beiden Indizes zu einem Fehler). `selectionPresent` gibt 0 zurück, wenn es keine aktuelle Selektion gibt.

Sie können den selektierten Bereich durch Aufruf von `selectionRange` ändern:

```
$entry->selectionRange(startindex, endeindex);
```

Die beiden Indizes geben den Bereich an, den die Selektion abdecken soll. Wenn *startindex* größer oder gleich *endeindex* ist, dann wird die Selektion gelöscht, und `'sel.first'` und `'sel.last'` sind undefiniert. Ansonsten werden `'sel.first'` und `'sel.last'` zu *startindex* respektive *endeindex*.

Durch den Aufruf der Methode `selectionTo` erstreckt sich die neue Selektion vom aktuellen `'anchor'`-Punkt bis zum angegebenen Index:

```
$entry->selectionTo(index);
```

Die Sicht auf das Eingabe-Widget ändern

Die Methode `xview` hat unterschiedliche Funktionalität, je nachdem, welche Argumente übergeben werden.

Ohne Argumente gibt sie eine zweielementige Liste mit Zahlen zwischen 0 und 1 zurück. Diese beiden Zahlen definieren den derzeit sichtbaren Bereich im Widget. Die erste Zahl gibt dabei an, wieviel vom Text am linken Rand nicht mehr sichtbar ist. Wenn der Wert .3 ist, sind 30% des Textes links nicht sichtbar. Die zweite Zahl gibt an, wieviel Text links nicht sichtbar ist plus der im Widget sichtbaren Textmenge. Im Beispiel in Abbildung 5-13 sind 20% des Textes sichtbar.

```
($left, $right) = $entry->xview();
```

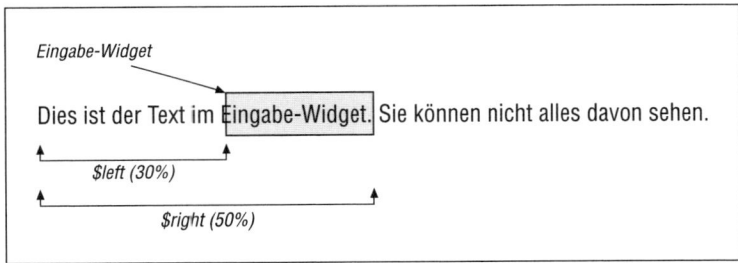

Abbildung 5-13: Die Bedeutung von $left und $right

Wenn `xview` ein Indexwert übergeben wird, verschiebt der Text im Eingabe-Widget seine Position so, daß der Text am angegebenen Index am linken Rand zu liegen kommt.

```
$entry->xview(index);
```

Die restlichen beiden Varianten von `xview` werden zum Scrollen verwendet und in Kapitel 6 detailliert erläutert:

```
$entry->xviewMoveto(anteil);
$entry->xviewScroll(wert, was);
```

Tips zum Weiterexperimentieren

Mit Label-Widgets kann man nicht viel Spannendes machen, aber es ist sicher nützlich, die Verwendung des Eingabe-Widgets zu üben.

*   Erzeugen Sie eine Kombination aus Eingabe- und Label-Widget, und zeigen Sie in beiden die gleiche Information an. Wenn Sie etwas in das Eingabe-Widget schreiben, soll sich der Text im Label simultan entsprechend ändern.

- Erzeugen Sie ein Formular für eine Datenbankeingabe, und beschriften Sie die Eingabefelder mit Name, Adresse, Postleitzahl, Stadt und Telefonnummer. Fügen Sie einen Aktualisieren-Button hinzu, der einige Fehlerüberprüfungen auf den Daten in den Eingabefeldern vornimmt.

- Erzeugen Sie ein Fenster mit einem Eingabe-Widget und mehreren Buttons, die alle etwas anderes mit dem Eingabe-Widget machen. Einige Vorschläge: Text löschen, Selektion löschen oder Default (Ersetzen des Inhalts durch den Originalstring).

- Erzeugen Sie ein Eingabe-Widget, und geben Sie etwas ein. Setzen Sie einen Button in das Fenster, der den Inhalt des Eingabe-Widgets bei Betätigung umdreht.

6

Scrollbalken

Scrollbalken werden für Widgets verwendet, in denen mehr zu sehen ist, als auf einmal angezeigt werden kann. Mit einem oder zwei Scrollbalken kann der Benutzer den Inhalt des Widgets horizontal oder vertikal verschieben. Scrollbalken sind Ihnen schon in vielen verschiedenen Applikationen begegnet. Jede größere Textverarbeitung hat Scrollbalken. Ein Zeichenprogramm hat Scrollbalken. Selbst Ihr Webbrowser hat Scrollbalken. In diesem Kapitel werden Sie lernen, wie Sie Scrollbalken zusammen mit verschiedenen Perl/Tk-Widgets verwenden können.

Definition einiger Scrollbalken-Bestandteile

Abbildung 6-1 zeigt die verschiedenen Bestandteile von Scrollbalken und deren Namen.

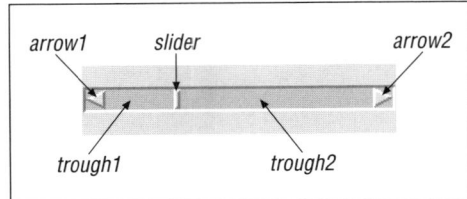

Abbildung 6-1: Verschiedene Bestandteile eines Scrollbalkens

Der Trog (»Trough«, auch Laufleiste genannt) ist der vertiefte Teil zwischen den beiden Pfeilen. Er wird durch den Griff (»Slider«) in zwei Teile, Trog 1 und Trog 2, aufgeteilt. Der Griff ist das Rechteck, das anzeigt, wieviel vom Fenster zum Scrollen zur Verfügung steht. Wenn Sie sich gerade in der Mitte der Liste befinden würden, würden Sie das Griff-Rechteck in der Mitte des Trogs mit freiem Platz auf beiden Seiten davon sehen. Die beiden Pfeile (»Arrow«) an den Enden sind arrow1 und arrow2. Wenn der Scrollbalken vertikal (also um 90 Grad mit dem Uhrzeigersinn gedreht) wäre, würde arrow1 der obere Pfeil sein.

Durch Klicken auf einen der Pfeile werden die Informationen im zugehörigen Widget um eine Einheit verschoben. Was eine Einheit ist, hängt davon ab, mit was für einem Widget der Scrollbalken verknüpft ist. Bei einem Eingabe-Widget sind die Einheiten Zeichen, bei einem Listbox-Widget und einem vertikalen Scrollbalken sind die Einheiten Zeilen. Durch Klicken in den Trog auf einer der beiden Seiten des Griffs wird die Information seitenweise in dieser Richtung verschoben. Sie können auch direkt auf den Griff klicken und ihn mit gedrückter Maustaste verschieben.

Scrollbalken können horizontal oder vertikal sein. Normalerweise sind sie am unteren und/oder rechten Rand des Widgets, das sie beeinflussen, angeordnet, aber nicht immer.

Unter anderem können in Perl/Tk Text-Widgets, Listbox-Widgets, Leinwand-Widgets, Eingabe-Widgets, Ghostview-Widgets, HList-Widgets und Tiler-Widgets zur Verwendung mit Scrollbalken konfiguriert werden. Nur die ersten vier Widgets (Text, Listbox, Leinwand und Eingabe) werden in diesem Buch behandelt. Die Abbildungen 6-2 bis 6-5 zeigen Beispiele der genannten Widgets mit Scrollbalken.

Abbildung 6-2: Eingabe-Widget mit einem Scrollbalken

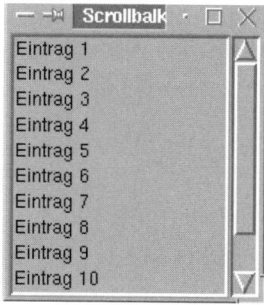

Abbildung 6-3: Listbox-Widget mit einem Scrollbalken

Es gibt zwei Möglichkeiten, Scrollbalken zur Steuerung von Widgets zu erzeugen und zu konfigurieren. Sie können entweder den Widget-Erzeugungsbefehl `scrollbar` oder die Methode `scrolled` verwenden. Beide haben Vor- und Nachteile. Bei Verwendung von `scrolled` haben Sie sehr viel weniger Arbeit und müssen weniger programmieren, können dafür aber auch nicht so trickreiche Dinge tun, wie einen Scrollbalken mit zwei Widgets zu verknüpfen. Den Scrollbalken von Hand zu erzeugen, erfordert mehr Code, aber Sie können dann auch raffiniertere Dinge damit tun, weil Sie die direkte Kontrolle darüber haben, wo der Scrollbalken positioniert wird und mit welchen Widgets er verknüpft wird. Wir behandeln in diesem Kapitel beide Verfahren.

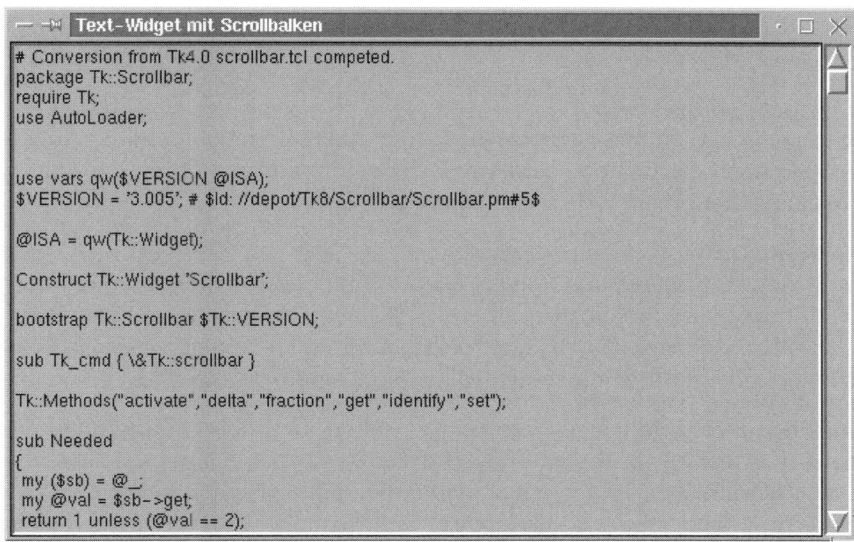

```
# Conversion from Tk4.0 scrollbar.tcl competed.
package Tk::Scrollbar;
require Tk;
use AutoLoader;


use vars qw($VERSION @ISA);
$VERSION = '3.005'; # $Id: //depot/Tk8/Scrollbar/Scrollbar.pm#5$

@ISA = qw(Tk::Widget);

Construct Tk::Widget 'Scrollbar';

bootstrap Tk::Scrollbar $Tk::VERSION;

sub Tk_cmd { \&Tk::scrollbar }

Tk::Methods("activate","delta","fraction","get","identify","set");

sub Needed
{
 my ($sb) = @_;
 my @val = $sb->get;
 return 1 unless (@val == 2);
```

Abbildung 6-4: Text-Widget mit einem Scrollbalken. Das Text-Widget zeigt die Datei Scrollbar.pm

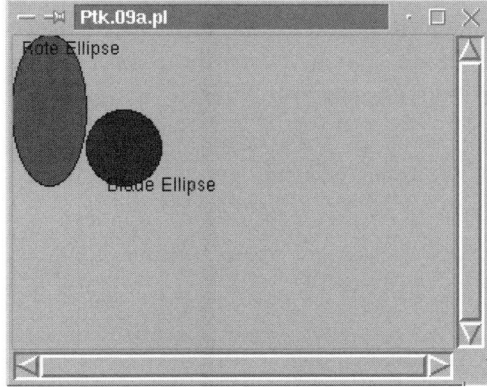

Abbildung 6-5: Leinwand-Widget mit Scrollbalken

Die Methode Scrolled

Um ein Widget zusammen mit seinen Scrollbalken zu erzeugen, verwenden Sie die Methode Scrolled. Scrolled gibt einen Zeiger auf das erzeugte Widget zurück. Das ist die einfachste Methode, um Scrollbalken zu einem scrollbaren Widget hinzuzufügen. Die Methode erzeugt einen Frame, der das Widget und den oder die Scrollbalken enthält. Alle diese werden mit einem einzigen Befehl erzeugt.

Die Methode `Scrolled` wird folgendermaßen verwendet:

```
$widget = $parent->Scrolled('Widget',
                            -scrollbars => 'string' [, optionen ]);
```

Das erste Argument ist das zu erzeugende Widget wie `"Listbox"` oder `"Canvas"`. Außerdem benötigen Sie noch die Option `-scrollbars`, die einen String erwartet, der angibt, welche Scrollbalken erzeugt und wo sie hingesetzt werden.

Die zulässigen Werte der Option `-scrollbars` sind `"n"`, `"s"`, `"e"`, `"w"` oder `"on"`, `"os"`, `"oe"`, `"ow"` oder eine beliebige Kombination, die ein *n* oder *s* mit einem *e* oder *w* kombiniert. `"n"` gibt an, den horizontalen Scrollbalken über das Widget zu legen. `"s"` steht für einen horizontalen Scrollbalken unter dem Widget. `"e"` steht für einen vertikalen Scrollbalken rechts vom Widget und `"w"` für einen vertikalen Scrollbalken links vom Widget.

Sie können maximal zwei Scrollbalken pro Widget haben. Beispielsweise können wir einen Scrollbalken an der `"n"`-Seite des Widgets erzeugen. Sie können auch `"nw"` verwenden, um zwei Scrollbalken zu erzeugen, einen oberhalb und einen links vom Widget, aber es ist nicht erlaubt, `"ns"` zu verwenden, weil `"n"` und `"s"` in die gleiche Richtung scrollen.

Ein `"o"` vor der Richtung macht den Scrollbalken optional. Optionale Scrollbalken werden nur angezeigt, wenn es aufgrund der Größe des Widgets notwendig ist, die Informationen im Widget zu scrollen. Geben Sie immer den Nord- oder Süd-Wert zuerst an (wenn Sie überhaupt einen verwenden), um Beschwerden seitens der Subroutine zu vermeiden. Hier sind einige Beispiele, die die Verwendung von `Scrolled` verdeutlichen sollen:

```
# Optionalen Scrollbalken östlich (rechts) vom Widget erzeugen
$lb = $mw->Scrolled("Listbox", -scrollbars => 'oe')->pack;

# Scrollbalken südlich (unterhalb) und östlich (rechts) vom Widget erzeugen
$lb = $mw->Scrolled("Listbox", -scrollbars => 'se')->pack;

# Optionale Scrollbalken südlich (unterhalb) und östlich (rechts) vom Widget erzeugen
$lb = $mw->Scrolled("Listbox", -scrollbars => 'osoe')->pack;

# Scrollbalken nördlich (oberhalb) und westlich (links) vom Widget erzeugen
$lb = $mw->Scrolled("Listbox", -scrollbars => 'nw')->pack;
```

Die mit Scrolled erzeugten Scrollbalken konfigurieren

Alle weiteren Optionen, die der Methode `Scrolled` übergeben werden, konfigurieren nur das erzeugte Widget. Wenn Sie auch die Scrollbalken konfigurieren wollen, verwenden Sie die Methode `Subwidget` aus der Widget-Referenz. Diese Methode kann verwendet werden, weil `Scrolled` in Wirklichkeit ein zusammengesetztes Widget ist. Zusammengesetzte Widgets werden in Kapitel 15, *Zusammengesetzte Widgets*, behandelt.

Mit folgendem Code färben Sie den Hintergrund Ihres horizontalen Scrollbalkens grün:

```
$lb->Subwidget("xscrollbar")->configure(-background => "green");
```

Um einen vertikalen Scrollbalken zu konfigurieren, verwenden Sie `"yscrollbar"` anstelle von `"xscrollbar"`. Wenn Sie versuchen, einen Scrollbalken zu konfigurieren, den Sie gar nicht erzeugt haben (beispielsweise wenn Sie `-scrollbars => "e"` verwendet haben und jetzt versuchen, `"xscrollbar"` zu konfigurieren), dann passiert einfach nichts.

Um nur das Widget zu konfigurieren, können Sie nach dem Aufruf von `Scrolled` `$widget->configure` verwenden oder aber:

```
$widget->Subwidget("widget")->configure(...);
```

Diese Art der Verwendung von `Subwidget` ist eigentlich dumm, weil Sie genausogut einfach `$widget` verwenden können. Der String `"widget"` ist das gleiche wie das erste Argument von `Scrolled`, allerdings vollständig in Kleinbuchstaben. Beispielsweise haben wir im vorigen Beispiel `Scrolled` mit `"Listbox"` aufgerufen, aber wir würden `"listbox"` bei der Methode `Subwidget` verwenden.

Das Scrollbar-Widget

Anstatt automatisch einen oder mehrere Scrollbalken mit der Methode `Scrolled` zu erzeugen, können Sie die Widget-Methode `Scrollbar` verwenden und die Konfiguration selbst vornehmen. Das ist besser, wenn Sie etwas Ungewöhnliches benötigen, wie beispielsweise einen Scrollbalken, der zwei Listboxen scrollt.

Ein Scrollbar-Widget erzeugen

Um einen Scrollbalken zu erzeugen, rufen Sie die Methode `Scrollbar` am Eltern-Widget auf. Diese gibt eine Referenz auf den frisch erzeugten Scrollbalken zurück, die Sie zur Konfiguration verwenden können:

```
$scrollbar = $mw->Scrollbar([ optionen ...])
```

Es gibt noch mindestens zwei weitere Dinge, die Sie tun müssen, um den Scrollbalken zur Zusammenarbeit mit einem anderen Widget zu bewegen. Zunächst einmal muß das zu scrollende Widget erzeugt und mit der Option `-xscrollcommand` oder `-yscrollcommand` konfiguriert werden. Dann wird der Scrollbalken so konfiguriert, daß er weiß, wie er sich mit dem Widget verständigen soll. Hier folgt ein Beispiel, in dem ein Listbox-Widget erzeugt wird (machen Sie sich keine Sorgen, wenn Sie noch nicht alles verstehen; ich möchte lediglich ein vollständiges Beispiel zeigen, bevor wir zu all den Optionen kommen):

```
# Vertikaler Scrollbalken erzeugen
$scrollbar = $mw->Scrollbar();
$lb = $mw->Listbox(-yscrollcommand => ['set' => $scrollbar]);
# Den Scrollbalken zur Kommunikation mit der Listbox konfigurieren
$scrollbar->configure(-command => ['yview' => $lb]);
```

```
# Den Scrollbalken zuerst packen, damit er beim Verkleinern nicht
# verschwindet
$scrollbar->pack(-side => 'right', -fill => 'y');
$lb->pack(-side => 'left', -fill => 'both');
```

Das Erzeugen des Scrollbalkens ist ziemlich einfach; wir nehmen einfach die Defaultoptionen. Beim Erzeugen der Listbox müssen wir einen Callback einrichten, damit die Listbox mit dem Scrollbalken kommunizieren kann, wenn der Inhalt der Listbox umherbewegt wird. Unser Scrollbalken ist vertikal, so daß bei der Option `-yscrollcommand` der `set`-Befehl verwendet und diesem unser Scrollbalken zugewiesen wird (bei horizontalen Scrollbalken verwenden Sie `-xscrollcommand`). Wenn der Inhalt der Listbox vom Benutzer ohne Verwendung der Scrollbalken gescrollt wird, informiert die Listbox den Scrollbalken durch Aufruf von `$scrollbar->set(...)`.

Die Zeile `$scrollbar->configure(-command => ['yview' => $lb])` macht fast das Gegenteil dazu; sie konfiguriert den Scrollbalken so, daß er mit der Listbox kommuniziert. Wenn der Benutzer auf den Scrollbalken klickt, dann ruft dieser `$lb->yview(...)` auf, um der Listbox zu sagen, daß sie die Sicht auf den Inhalt verändern soll. Wir verwenden hier die »y«-Version des view-Befehls, weil dies ein vertikaler Scrollbalken ist.

Im Abschnitt "Wie Scrollbalken mit anderen Widgets kommunizieren« weiter hinten in diesem Kapitel finden Sie noch weitere Informationen über `yview`. Die letzten beiden Zeilen in diesem Beispiel packen den Scrollbalken und die Listbox in das Fenster, so daß der Scrollbalken die gleiche Höhe wie die Listbox hat und rechts von dieser liegt.

Packen Sie immer die Scrollbalken zuerst in das Fenster oder den Frame. Damit können Sie die Scrollbalken auch dann sichtbar lassen, wenn der Benutzer das Fenster kleiner macht. Die Listbox (oder welches Widget auch immer) wird verkleinert, die Scrollbalken bleiben aber an den Kanten sichtbar.

Jetzt haben wir ein vollständiges Beispiel gesehen, wie ein Scrollbalken erzeugt und wie das zu scrollende Widget eingerichtet wird, und können uns nun mit den Optionen und deren Verwendungen beschäftigen.

Scrollbalken-Optionen

Diese Liste enthält die Optionen, die für Scrollbalken zur Verfügung stehen, zusammen mit kurzen Definitionen. Die wichtigen Optionen werden weiter hinten in diesem Kapitel noch genauer besprochen.

`-activebackground => `*farbe*
> Legt die Farbe des Scrollbalkens fest, wenn sich der Mauszeiger darüber befindet.

`-activerelief => 'flat' | 'groove' | `**`'raised'`**` | 'ridge' | 'sunken'`
> Die Option `-activerelief` bestimmt, wie aktive Elemente gezeichnet werden. Die betroffenen Elemente sind die beiden Pfeile und der Griff.

`-background => `*farbe*
> Legt die Hintergrundfarbe des Scrollbalkens (nicht die Farbe des Trogs) fest.

`-borderwidth => ` *betrag*

Legt die Breite der Kanten des Scrollbalkens sowie der Pfeile und des Griffs fest.

`-command => ` *callback*

Bestimmt den Callback, der aufgerufen wird, wenn der Scrollbalken angeklickt wird.

`-cursor => ` *cursorname*

Legt die Mauszeigerform fest, die verwendet wird, wenn der Mauszeiger sich über dem Scrollbalken befindet.

`-elementborderwidth => ` *betrag*

Legt die Farbe für die Ränder der Pfeile und des Griffes fest.

`-highlightbackground => ` *farbe*

Legt die Farbe des Fokus-Rechtecks um das Widget fest, wenn dieses nicht den Tastaturfokus hat.

`-highlightcolor => ` *farbe*

Legt die Farbe des Fokus-Rechtecks um das Widget fest, wenn dieses den Tastaturfokus hat.

`-highlightthickness => ` *betrag*

Legt die Dicke des Fokus-Rechtecks fest. Der Default ist 2.

`-jump => ` **0** `| 1`

Gibt an, ob der Widget-Inhalt beim Scrollen springt oder nicht.

`-orient => "horizontal" | `**`"vertical"`**

Legt die Ausrichtung des Scrollbalkens fest.

`-relief => 'flat'|'groove'|'raised'|'ridge'|`**`'sunken'`**`|'solid'`

Ändert die Kanten des Widgets.

`-repeatdelay => ` *zeit*

Legt die Anzahl der Mikrosekunden fest, die ein Pfeil heruntergedrückt werden muß, bevor das automatische Wiederholen einsetzt. Der Default ist 300 Millisekunden.

`-repeatinterval => ` *zeit*

Legt die Anzahl der Millisekunden zwischen automatischen Wiederholungen fest. Der Default ist 100 Millisekunden.

`-takefocus => 0 | 1| `**`undef`**

Bestimmt, ob der Scrollbalken den Tastaturfokus bekommen kann.

`-troughcolor => ` *farbe*

Ändert die Farbe des Trogs (beide Seiten davon).

`-width => ` *betrag*

Legt die Breite des Scrollbalkens fest.

Farben im Scrollbalken

Im Scrollbalken gibt es einen neuen Widget-Teil namens Trog. Dieser bekommt mit der Option -troughcolor eine eigene Farbe. Der Trog ist der Teil hinter den Pfeilen und dem Griff. Abbildung 6-6 zeigt ein Beispiel.

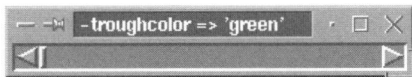

Abbildung 6-6: Scrollbalken, bei dem -troughcolor 'green' ist

Der Hintergrund des Scrollbalkens besteht aus den Pfeilen, dem Griff und einem kleinen Teil außerhalb des Trogs. Sie können die Hintergrundfarbe mit der Option -background ändern. Die Option -activebackground bestimmt die Farbe, die angezeigt wird, wenn sich der Mauszeiger über einem der Pfeile oder dem Griff befindet. Abbildung 6-7 zeigt zwei Beispiele für die Verwendung von -background; das zweite Fenster verwendet sowohl -background als auch -troughcolor.

Abbildung 6-7: Beispiele zur Option-background

Scrollbalken-Stil

Die Optionen -relief und -borderwidth betreffen sowohl die äußeren Kanten des Scrollbalkens als auch die beiden Pfeile und den Griff. Dieses Verhalten ähnelt der Konfiguration von Checkboxen und Radiobuttons mit den Optionen -relief und -borderwidth. Abbildung 6-8 zeigt einen Screenshot mit verschiedenen Werten für diese beiden Optionen.

Abbildung 6-8: Die erste Zeile zeigt verschiedene Relief-Werte, die zweite verschiedene Relief-Werte mit -borderwidth => 4

Die Option -activerelief beeinflußt die Dekoration der drei Elemente – beide Pfeile und der Griff –, wenn sich der Mauszeiger darüber befindet. Auch die Option -elementborderwidth beeinflußt diese drei Elemente, nämlich deren Kantenbreite. Die Option -borderwidth ändert ebenfalls die Breite dieser Elemente, aber auch die Breite der Widget-Kanten. In Abbildung 6-9 sehen Sie, daß die Kanten des Scrollbalkens ihre Breite von 2 behalten.

Abbildung 6-9: Ein Beispiel für eine -elementborderwidth mit einem Wert von 4

Die mit -width angegebene Breite des Scrollbalkens ist der Abstand zwischen den Trog-rändern, aber ohne die Ränder selbst. Abbildung 6-10 zeigt, wie sich der Scrollbalken verändert, wenn Sie den Wert von -width verändern.

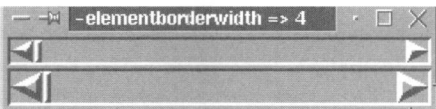

Abbildung 6-10: Der obere Scrollbalken hat die Defaultbreite von 15, der untere eine Breite von 20.

Ausrichtung von Scrollbalken

Wie bereits erwähnt wurde, können Scrollbalken vertikal oder horizontal sein. Der Default ist 'vertical'; horizontale Scrollbalken bekommen Sie mit der Option -orient:

```
$scrollbar = $mw->Scrollbar(-orient => 'horizontal');
```

Sie könnten natürlich auch -orient => 'vertical' verwenden, aber weil das ohnehin der Default ist, ist das nicht notwendig.

Die Pfeile und den Griff verwenden

Wenn Sie auf einen der Pfeile eines Scrollbalkens klicken, dann bewegen Sie damit den Griff um eine Einheit in diese Richtung. Wenn Sie die Maustaste weiter gedrückt halten, wird der Griff diese Bewegung nach einer kurzen Verzögerung automatisch wiederho-len. Die Zeit, die Sie warten müssen, bis diese automatische Wiederholung anfängt, wird durch die Option -repeatdelay bestimmt. Der Default sind 300 Millisekunden.

Wenn Sie die Maustaste lange genug heruntergedrückt haben, daß die automatische Wiederholung anfängt, gibt es zwischen den einzelnen Wiederholungen eine kurze Verzögerung. Diese wird durch die Option -repeatinterval bestimmt. Der Default sind 100 Millisekunden.

Normalerweise bewegen sich die Daten im Widget entsprechend mit, wenn Sie auf den Griff klicken und diesen bewegen, denn der Scrollbalken aktualisiert das Widget per-manent, während der Griff bewegt wird. Wenn der Scrollbalken das Widget nur nach dem Loslassen des Griffes aktualisieren soll, müssen Sie die Option -jump auf 1 setzen; der Default ist 0. Sie werden -jump => 1 vor allem dann verwenden, wenn das gescrollte Widget viele Daten enthält und es zu lange dauern würde, auf die Aktualisierung des Bildschirms zu warten, während der Griff bewegt wird.

Einen Callback zuweisen

Wenn Sie einen Scrollbalken erzeugen, teilen Sie diesem mit der Option -command und einer anonymen Liste mit, mit welchem Widget er kommunizieren soll und welche Methode er an diesem Widget aufrufen soll. Diese Liste enthält den Namen der aufzurufenden Methoden sowie das Widget, an dem die Methode aufgerufen werden soll. Im folgenden Codeschnipsel können wir sehen, daß der Befehl yview verwendet werden soll, um das Widget $lb (eine Listbox) zu scrollen:

```
$scrollbar->configure(-command => ['yview' => $lb])
```

Wenn jetzt der Benutzer auf den Scrollbalken klickt, wird $lb->yview aufgerufen. Wir wissen, daß der mit $lb verbundene Scrollbalken vertikal ist, weil er den Befehl yview verwendet. Für horizontale Scrollbalken verwenden Sie xview. Sowohl yview als auch xview weisen das Widget an, seinen Inhalt um einen Betrag zu verschieben, der dadurch bestimmt wird, wo der Benutzer den Scrollbalken angeklickt hat. Die Methoden yview und xview werden im nächsten Abschnitt behandelt.

Wie Scrollbalken mit anderen Widgets kommunizieren

Wie bereits beschrieben, verwenden Sie die Option -command eines Scrollbalkens, um diesem mitzuteilen, welches Widget und welche Methode verwendet werden soll, wenn der Scrollbalken angeklickt wird. Der Befehl sollte xview für horizontale Scrollbalken und yview für vertikale Scrollbalken sein. Sie können diese Methoden auch selbst aufrufen, aber meistens ist das nicht sinnvoll.

xview und yview verwenden die gleichen Argumente. Wo der Benutzer den Scrollbalken angeklickt hat, bestimmt, welcher Wert verwendet wird, aber der Wert wird immer in einer der folgenden Formen übergeben:

```
$widget->xviewMoveto(anteil); # oder
$widget->yviewMoveto(anteil);
```

> Diese Form wird verwendet, wenn der Benutzer auf den Griff klickt, diesen bewegt und wieder losläßt. Das Argument ist ein Anteil, eine Fließkommazahl zwischen 0 und 1, die den ersten Teil der im Widget anzuzeigenden Daten repräsentiert. Wenn der Benutzer den Griff ganz nach oben oder links geschoben hat, dann sollte der allererste Teil der Daten im Widget angezeigt werden. Das Argument muß dann also 0 sein:
>
> ```
> $widget->xviewMoveto(0);
> ```
>
> Wenn der Griff in die Mitte des Scrollbalkens verschoben wurde, ist das Argument 0.5:
>
> ```
> $widget->xviewMoveto(0.5);
> ```

```
$widget->xviewScroll(anzahl, "units"); # oder
$widget->yviewScroll(anzahl, "units");
```

> Diese Form wird verwendet, wenn der Benutzer auf einen der Pfeile klickt. Das Widget sollte dann seine Daten einheitenweise verschieben.

Das erste Argument gibt die *anzahl* der Einheiten an, um die gescrollt werden soll. Der Wert kann eine beliebige Zahl sein, aber normalerweise ist das 1 oder −1. Ein Wert von 1 bedeutet, daß die nächste Einheit von Daten am unteren oder rechten Rand des Widgets sichtbar gemacht werden soll (und damit eine Einheit am linken oder oberen Rand verschwindet). Ein Wert von −1 bedeutet, daß die vorangegangene Einheit von Daten am oberen oder rechten Rand des Widgets sichtbar wird (und damit eine Einheit am rechten oder unteren Rand verschwindet). Beispielsweise wird immer dann eine neue Zeile am unteren Rand einer Listbox angezeigt, wenn der Benutzer auf den abwärts gerichteten Pfeil des vertikalen Scrollbalkens, der mit der Listbox verknüpft ist, geklickt hat.

Das zweite Argument ist der String `"units"` (Einheiten). Was eine Einheit ist, hängt vom Widget ab. In einer Listbox wäre das eine Textzeile, in einem Eingabe-Widget ein Zeichen.

Einige Beispielaufrufe:

```
# Benutzer hat auf den Pfeil nach unten geklickt
$listbox->yviewScroll(1, "units");

# Benutzer hat auf den Pfeil nach oben geklickt
$listbox->yviewScroll(-1, "units");

# Benutzer hat auf den Pfeil nach rechts geklickt
$entry->xviewScroll(1, "units");
```

```
$widget->xviewScroll(anzahl, "page"); # oder
$widget->yviewScroll(anzahl, "page");
```

Diese Form entspricht exakt der vorigen, lediglich das zweite Argument ist jetzt `"page"` anstelle von `"units"`. Wenn der Benutzer in den Trog des Scrollbalkens (zwischen dem Griff und den Pfeilen) klickt, dann erwartet er, daß die Daten seitenweise gescrollt werden.

Was eine Seite ist, wird wiederum durch das zu scrollende Widget definiert. Beispielsweise entspricht eine Seite in einer Listbox der Anzahl der sichtbaren Zeilen beim vertikalen Scrollen und der Breite der Listbox beim horizontalen Scrollen.

Die Konfiguration von Scrollbalken

Sie können alle Optionen von Scrollbalken mit `cget` und `configure` konfigurieren. Anhang A, *Widgets mit configure und cget konfigurieren*, enthält alle Informationen zu diesen Methoden.

Definieren, was sichtbar ist

Die Methode `set`, die wir dem gescrollten Widget mitteilen, wenn es erzeugt wird, definiert, was sichtbar ist. Im ersten Beispiel hatten wir eine Listbox erzeugt und dieser mitgeteilt, daß sie unseren Scrollbalken und die Methode `set` verwenden soll:

```
$scrollbar = $mw->Scrollbar();   # Vertikale Scrollbalken
$lb = $mw->Listbox(-yscrollcommand => ['set' => $scrollbar ]);
```

Wenn das Widget den Befehl `set` aufruft, schickt es zwei Anteile (*anfang* und *ende*) als Argumente mit:

```
$scrollbar->set(anfang, ende);
```

Damit wird die Position der Daten, die wir sehen, geändert. Die Argumente *anfang* und *ende* sind Fließkommazahlen zwischen 0 und 1. Sie repräsentieren die Position des ersten respektive letzten sichtbaren Datenelements. Wenn alle Daten im Widget sichtbar sind, sind diese Werte 0 und 1. Der Wert *anfang* wird größer, wenn weitere Zeilen am oberen Rand weggescrollt werden, und der Wert von *ende* wird kleiner, wenn weitere Zeilen am unteren Bildschirmrand verschwinden. Sie werden `set` vermutlich nie selbst aufrufen müssen, es reicht also, wenn Sie einen Eindruck davon bekommen, was hinter den Kulissen passiert.

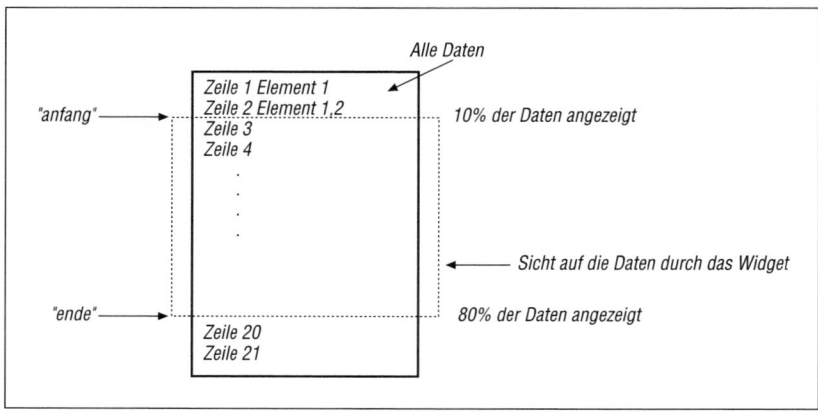

Abbildung 6-11: Die Sicht auf die Daten des Widgets über die set-Methode (wenn ein vertikaler Scrollbalken verwendet wird)

Abbildung 6-11 zeigt ein hypothetisches Dokument, das in einem vertikal gescrollten Widget angezeigt wird. Das gestrichelte Rechteck repräsentiert den Teil, der derzeit im Widget sichtbar ist. Wenn das Widget `set` aufruft, dann bestimmt es, an welcher Position im Dokument das erste sichtbare Element liegt, und schickt diese Position als erstes Argument. In Abbildung 6-11 wäre das 10% oder 0.10. Der zweite Argument von `set()` gibt an, an welcher Position sich das letzte sichtbare Element befindet. In unserem Beispiel wäre das 80% oder 0.80.

Den aktuell sichtbaren Bereich bestimmen

Die Methode `get` gibt eine Liste mit den letzten Argumenten von `set` zurück:

```
($anfang, $ende) = $scrollbar->get();
```

Diese Daten können sich ändern, wenn entweder das Widget oder der Scrollbalken eine Positionsänderung anfordern.

Die Elemente eines Scrollbalkens aktivieren

Um zu bestimmen, welcher Teil eines Scrollbalkens gerade aktiv ist, verwenden Sie die Methode `activate`:

```
$elem = $scrollbar->activate();
```

Der zurückgegebene Wert ist ein leerer String (es ist gerade kein Element aktiv) oder der Name des derzeit aktiven Elements. Die möglichen Werte sind `"arrow1"` (erster Pfeil), `"arrow2"` (zweiter Pfeil) oder `"slider"` (Griff).

Wenn Sie einen Elementnamen als Argument an `activate` schicken, dann ändert dieses Element seine Farbe und sein Relief entsprechend der Optionen `-activebackground` und `-activerelief`. Das Element wird diese Farbe und dieses Relief weiterhin anzeigen, bis ein Ereignis (wie etwa das Überstreichen des Elements durch den Mauszeiger) eine Veränderung erzwingt. Auch falls Sie das erwartet haben – `activate` ruft das Element nicht auf. Einige Beispiele:

```
$scrollbar->activate("arrow1");
$scrollbar->activate("arrow2");
$scrollbar->activate("slider");
```

Es gibt kein `activate` für den Trog, weil dieser seine Farbe nicht ändert, wenn sich der Mauszeiger über ihm befindet.

Die Veränderung anhand von Pixeln berechnen

Der von `delta` zurückgegebene Wert gibt an, wie sehr sich der Scrollbalken verändern muß, um den Griff um *deltax* Pixel bei horizontalen Scrollbalken und *deltay* Pixel bei vertikalen Scrollbalken zu bewegen. (Das jeweils unpassende Argument wird ignoriert.)

```
$wert = $scrollbar->delta(deltax, deltay)
```

Der zurückgegebene Wert kann sowohl positiv als auch negativ sein.

Einen Punkt im Trog ermitteln

`fraction` gibt zu einem Punkt (x,y) eine Fließkommazahl zwischen 0 und 1 zurück, die angibt, wo die Koordinaten im Trog des Scrollbalkens liegen würden:

```
$ort = $scrollbar->fraction(x, y);
```

Der Punkt (x,y) muß relativ zum Scrollbalken angegeben werden. Abbildung 6-12 zeigt die Lage dreier möglicher Rückgabewerte von `fraction`: 0.0, 0.5 und 1.0.

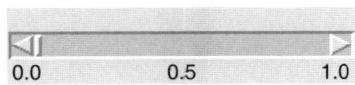

Abbildung 6-12: Beispiele für von der Methode fraction zurückgegebene Werte

Elemente identifizieren

Die Methode `identify` gibt einen String zurück, der den Namen des Elements an den Koordinaten (x,y) enthält:

```
$elem = $scrollbar->identify(x,y);
```

Wenn (x,y) nicht in einem Element liegt, ist der String leer. *x* und *y* müssen Koordinaten in Pixeln relativ zum Scrollbalken sein. Die möglichen Rückgabewerte sind `"arrow1"` (erster Pfeil), `"arrow2"` (zweiter Pfeil), `"trough"` (Trog) und `"slider"` (Griff).

Beispiele

Ich habe die folgenden Beispiele aufgenommen, um alle Unklarheiten zu beseitigen, wie Scrollbalken in richtigen Programmen verwendet werden. Jedes Beispiel verwendet zunächst wenn möglich die Methode `Scrolled`; anschließend machen wir das gleiche noch einmal manuell. Wir haben noch nicht alle hier verwendeten Widget-Typen behandelt, aber wir machen auch nichts besonderes damit. Wenn Sie auf eine Option oder Methode stoßen, die Sie noch nicht kennen, dann schlagen Sie einfach im entsprechenden Kapitel des Widgets nach, um Näheres zu erfahren.

Eingabe-Widget

Das Eingabe-Widget kann nur horizontal gescrollt werden. Es kann höchstens eine Textzeile enthalten, so daß ein vertikaler Scrollbalken keinen Sinn ergeben würde. Die Verwendung von `Scrolled` zur Erzeugung eines gescrollten Eingabe-Widgets ist einfach:

```
$mw->Scrolled("Entry", -scrollbars => "s", -width => 30)->pack();
```

Wenn Sie den Scrollbalken nur dann sehen wollen, wenn die Daten im Eingabe-Widget das erfordern, dann verwenden Sie `-scrollbars => "os"`. Die Benutzung der Methode `Scrollbar` erfordert ein wenig mehr Arbeit:

```
$scrollbar = $mw->Scrollbar(-orient => 'horizontal');
$entry = $mw->Entry(-width => 30,
                    -xscrollcommand => ['set' , $scrollbar]);
$scrollbar->configure(-command => ['xview', $entry]);
$scrollbar->pack(-side => 'bottom', -fill => 'x');
$entry->pack(-side => 'bottom', -fill => 'x');
```

Beide erzeugen einen Eintrag, der etwa wie in Abbildung 6-13 aussehen wird.

Abbildung 6-13: Eingabe-Widget mit einem Scrollbalken

Listbox-, Text- und Leinwand-Widgets

Ein Listbox-Widget kann sowohl horizontal als auch vertikal gescrollt werden, auch wenn Sie möglicherweise nicht immer beide Optionen verwenden wollen. Wenn Sie wissen, wie breit Ihre Daten sein werden und daß das Fenster diese aufnehmen kann, dann ist ein horizontaler Scrollbalken nicht notwendig. Unser erstes Beispiel verwendet die Methode scrolled und erzeugt zwei Scrollbalken:

```
$mw->Scrolled("Listbox", -scrollbars => "se",
            -width => 50, -height => 12)->pack();
```

Um das gleiche manuell zu tun, müssen wir mit Scrollbar zwei Scrollbalken erzeugen und diese für die Zusammenarbeit mit dem Widget konfigurieren:

```
$f = $mw->Frame()->pack(-side => 'top', expand => 1, -fill => 'both');
$xscroll = $f->Scrollbar(-orient => 'horizontal');
$yscroll = $f->Scrollbar();
$lb = $f->Listbox(-width => 50, -height => 12,
                -yscrollcommand => ['set', $yscroll],
                -xscrollcommand => ['set', $xscroll]);
$xscroll->configure(-command => ['xview', $lb]);
$yscroll->configure(-command => ['yview', $lb]);
$xscroll->pack(-side => 'bottom', -fill => 'x');
$yscroll->pack(-side => 'right', -fill => 'y');
$lb->pack(-side => 'bottom', -fill => 'both', -expand => 1);
```

Wie Sie sehen, sparen wir mit der Verwendung von scrolled eine Menge Arbeit. In Abbildung 6-14 sehen Sie eine Listbox mit zwei Scrollbalken, einer im Süden und einer im Osten. Dieses Fenster wurde mit scrolled erzeugt. Es gibt aber einen subtilen Unterschied: das kleine, nicht belegte Viereck in der rechten unteren Ecke, wo die Scrollbalken aufeinanderstoßen. Wenn wir die Scrollbalken selbst erzeugen, bekommen wir dieses Viereck nicht (der zuerst gepackte Scrollbalken belegt den Platz).

Gescrollte Text- und Leinwand-Widgets werden genauso erzeugt wie gescrollte Listbox-Widgets, ich werde Sie deshalb nicht mit einer Wiederholung dieses Codes langweilen.

Ein Scrollbalken, mehrere Widgets

Manchmal wollen Sie einen Scrollbalken für mehr als ein Widget verwenden. Wenn der Benutzer auf den Scrollbalken klickt, sollte dieser alle Widgets gleichzeitig in der gleichen Richtung scrollen. Im nächsten Beispiel erzeugen wir drei Listboxen, die alle elf Elemente enthalten. Es gibt einen Scrollbalken, der alle drei Listen scrollt, wenn der Benutzer darauf klickt. Wenn der Benutzer sich mit der Tab-Taste zu den Listboxen bewegt und diese mit den Cursortasten oder den Tasten Bild auf/Bild ab scrollt, scrollen die anderen Listboxen mit. Abbildung 6-15 zeigt, wie das Fenster aussieht.

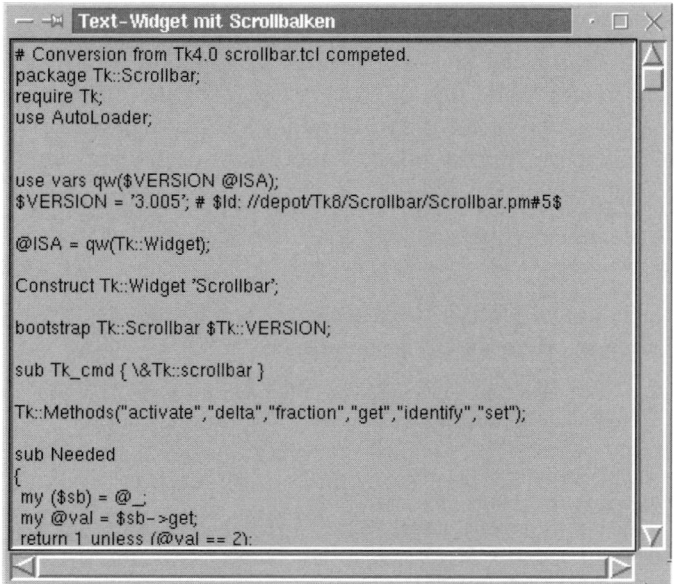

Abbildung 6-14: Eine Listbox mit zwei Scrollbalken

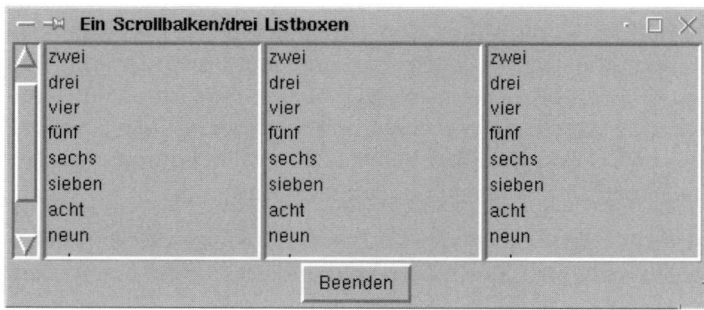

Abbildung 6-15: Ein Fenster mit drei Listboxen, die alle durch den gleichen Scrollbalken gesteuert werden

Der Code dafür sieht folgendermaßen aus:

```
use Tk;

$mw = MainWindow->new();
$mw->title("Ein Scrollbalken/drei Listboxen");
$mw->Button(-text => "Beenden",
            -command => sub { exit })->pack(-side => 'bottom');

$scroll = $mw->Scrollbar();
# Anonymes Array mit den drei Listboxen
$listboxes = [ $mw->Listbox(), $mw->Listbox(), $mw->Listbox() ];
```

```
# Diese Methode wird aufgerufen, wenn eine der Listboxen mit der Tastatur
# gescrollt wird. Sie sorgt dafür, daß der Scrollbalken die Veränderung
# wiedergibt und die anderen Listen mitgescrollt werden.
sub scroll_listboxes {
  my ($sb, $scrolled, $lbs, @args) = @_;
  $sb->set(@args); # dem Scrollbalken mitteilen, was angezeigt wird
  my ($top, $bottom) = $scrolled->yview();
  foreach $list (@$lbs) {
    $list->yviewMoveto($top); # alle Listboxen aktualisieren
  }
}

# Alle Listboxen so konfigurieren, daß sie &scroll_listboxes aufrufen
foreach $list (@$listboxes) {
  $list->configure(-yscrollcommand => [ \&scroll_listboxes, $scroll,
                                        $list, $listboxes ]);
}

# Den Scrollbalken so konfigurieren, daß er alle Listboxen scrollt
$scroll->configure(-command => sub { foreach $list (@$listboxes) {
                                       $list->yview(@_);
                                     }});

# Scrollbalken und Listboxen packen
$scroll->pack(-side => 'left', -fill => 'y');
foreach $list (@$listboxes) {
  $list->pack(-side => 'left');
  $list->insert('end', "eins", "zwei", "drei", "vier", "fünf", "sechs",
                       "sieben", "acht", "neun", "zehn", "elf");
}

MainLoop;
```

Um mehrere Widgets mit einem Scrollbalken zu verbinden, verwenden wir zunächst die Methode Scrollbar, um diesen zu erzeugen. Dann konfigurieren wir den Scrollbalken so, daß er yview an allen zu scrollenden Listboxen aufruft (die Listboxen werden in einem anonymen Array gespeichert, damit alle Methoden leicht darauf zugreifen können). Um die Listboxen wirklich miteinander zu verbinden, konfigurieren wir jede Listbox so, daß sie eine besondere Subroutine aufruft, die alle drei Listboxen scrollt und den Scrollbalken anpaßt. Normalerweise würde -yscrollcommand nur ['set', $lb] zugewiesen werden. Statt dessen verwenden wir den Callback \&scroll_listboxes und rufen set aus dieser Subroutine auf.

Tips zum Weiterexperimentieren

- Erzeugen Sie je zwei Widgets jedes scrollbaren Typs, einen davon mit `Scrolled` und einen mit selbsterzeugten Scrollbalken. Dadurch können Sie feststellen, welche Methode Ihnen besser liegt.

- Erzeugen Sie zwei Scrollbalken, und verbinden Sie diese mit dem gleichen Widget (programmieren Sie also das Gegenstück zu unserem Beispiel mit einem Scrollbalken und mehreren Widgets). Erzeugen Sie beispielsweise eine Listbox mit je einem Scrollbalken links und rechts davon, die beide die Listbox vertikal scrollen.

7

Das Listbox-Widget

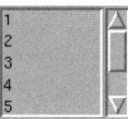 Das Listbox-Widget ist dazu gedacht, Textstrings mit je einem Textstring pro Zeile anzuzeigen. Sie können dann eine oder mehrere Zeilen aus der Listbox auswählen, um darauf andere Operationen auszuführen. Beispielsweise könnten Sie folgendes in eine Listbox stecken:

- Eine alphabetische Liste von Städten

- Eine Liste von Servern, bei denen sich der Benutzer anmelden kann. Dieser wählt dann den Servernamen aus, gibt seinen Namen und sein Paßwort in einige Eingabe-Widgets ein und betätigt dann den OK-Button, um sich anzumelden.

- Eine Liste von Betriebssystemen

- Eine Liste von Zahlungsmöglichkeiten: MasterCard, American Express, Visa, Eurocheque, Bargeld

Eine Listbox ist die ideale Lösung, um Radiobuttons oder Checkboxen zu ersetzen, wenn sich zu viele von diesen auf dem Bildschirm angesammelt haben. Drei oder vier Checkboxen oder Radiobuttons sind normalerweise kein großes Problem, aber wenn Sie zehn auf einmal anzeigen müßten, würde das Fenster ein wenig überfüllt wirken. Eine Gruppe von Radiobuttons kann durch eine Listbox ersetzt werden, in der nur ein Eintrag ausgewählt werden kann und die eine Defaultauswahl hat. Eine Reihe von Checkboxen kann durch eine Listbox mit Mehrfachauswahl ersetzt werden.

Eine Listbox erzeugen und mit Daten füllen

Um ein Listbox-Widget zu erzeugen, verwenden Sie die Methode Listbox am Eltern-Widget der Listbox:

```
$lb = $parent->Listbox( [ optionen ...] )->pack;
```

Die Methode Listbox gibt eine Referenz auf die neu erzeugte Listbox zurück. Mit dieser Referenz können Sie jetzt die Listbox konfigurieren, Einträge einfügen und so weiter.

Meistens werden Sie direkt nach dem Erzeugen einer Listbox mit `insert` Einträge in diese einfügen:

```
$lb->insert('end', @listbox_items);
# oder ...
$lb->insert('end', $item1, $item2, $item3);
```

Die Methode `insert` erwartet einen Indexwert als erstes Argument; der Rest der Argumente sind Einträge, die in die Listbox gesteckt werden. Indizes in Listboxen ähneln denen im Eingabe-Widget, beziehen sich aber auf Zeilen anstelle von einzelnen Zeichen.

Wir könnten eine Listbox anstelle von Radiobuttons verwenden, um die Hintergrundfarbe des Fensters auszuwählen (Kapitel 4, *Checkboxen und Radiobuttons*, enthält das Beispiel mit Radiobuttons). Der Listbox-Code sieht folgendermaßen aus:

```
$lb = $mw->Listbox(-selectmode => "single")->pack();
$lb->insert('end', qw/red yellow green blue grey/);
$lb->bind('<Button-1>',
          sub { $lb->configure(-background =>
                          $lb->get($lb->curselection()) );
          });
```

Die Option `-selectmode` beschränkt die Anzahl der ausgewählten Einträge auf einen. Es gibt bei Listboxen keine Option `-command`, weswegen wir `bind` (siehe Kapitel 14, *Ereignisse binden*) verwenden, damit etwas passiert, wenn der Benutzer ein Element mit der linken Maustaste anklickt. Mit den Listbox-Methoden `get` und `curselection` bestimmen wir, auf welchen Eintrag der Benutzer geklickt hat, und stellen dann die Hintergrundfarbe der Listbox entsprechend ein. Es gibt in unserem Beispiel nur fünf Farben, aber Sie können weitere Farben sowie einen Scrollbalken hinzufügen, um das Beispiel nützlicher zu machen. Das Hinzufügen des Scrollbalkens geschieht mit:

```
$lb = $mw->Scrolled("Listbox", -scrollbars => "e",
                    -selectmode => "single")->pack();
```

Alle anderen Programmzeilen bleiben unverändert. Weitere Informationen zur Verwendung von Scrollbalken finden Sie in Kapitel 6, *Scrollbalken*. Jetzt haben wir uns ein Beispiel angeschaut und können die Optionen und Methoden durchgehen, mit denen wir die Listboxen unseren Wünschen anpassen können.

Listbox-Optionen

Wie bei allen anderen Widgets auch, werden Listboxen mit Optionen konfiguriert. Die Standardoptionen für das Widget lauten: `-cursor`, `-font`, `-height`, `-highlightbackground`, `-highlightcolor`, `-highlightthickness`, `-takefocus`, `-width`, `-xscrollcommand` und `-yscroll-command`. Diese Optionen, die sich bei allen Widgets gleich auswirken, werden nur in der folgenden Liste aufgeführt. Listbox-spezifische Optionen werden später in diesem Kapitel behandelt.

`-background =>` *farbe*

Legt die Farbe des Bereichs hinter dem Text fest.

`-borderwidth =>` *betrag*

Legt die Kantenbreite des Widgets fest. Der Default ist 2.

`-cursor =>` *cursorname*

Legt die Mauszeigerform fest, die verwendet wird, wenn sich der Mauszeiger über dem Widget befindet.

`-exportselection =>` 0 | **1**

Bestimmt, ob die aktuelle Auswahl der Listbox auch als X-Selektion zur Verfügung steht. Wenn diese Option auf 1 gesetzt wird, dann können zwei Listboxen nicht zur gleichen Zeit ausgewählte Einträge haben.

`-font =>` *zeichensatzname*

Legt den Zeichensatz fest, mit dem Text in der Listbox angezeigt wird.

`-foreground =>` *farbe*

Legt die Farbe nicht ausgewählten Texts in der Listbox fest.

`-height =>` *betrag*

Legt die Höhe der Listbox fest.

`-highlightbackground =>` *farbe*

Legt die Farbe des Fokus-Rechtecks fest, wenn das Widget nicht den Tastaturfokus hat.

`-highlightcolor =>` *farbe*

Legt die Farbe des Fokus-Rechtecks fest, wenn das Widget den Tastaturfokus hat.

`-highlightthickness =>` *betrag*

Legt die Dicke des Fokus-Rechtecks fest. Der Default ist 2.

`-relief =>` `'flat'`|`'groove'`|`'raised'`|`'ridge'`|**`'sunken'`**|`'solid'`

Wählt das Relief der Listbox-Kanten aus.

`-selectbackground =>` *farbe*

Legt die Farbe hinter ausgewähltem Text fest.

`-selectborderwidth =>` *betrag*

Legt die Breite des Randes um ausgewählten Text fest.

`-selectforeground =>` *farbe*

Legt die Farbe des Textes ausgewählter Einträge fest.

`-selectmode =>` `'single'` | **`"browse"`** | `"multiple"` | `"extended"`

Bestimmt, wie viele Einträge zur gleichen Zeit ausgewählt werden können, und beeinflußt auch einige Tastatur- und Maus-Bindungen (wie Umschalt-Auswählen) der Listbox. Der Default ist `"browse"`.

`-setgrid =>` **0** | 1

Schaltet das Raster der Listbox ein oder aus. Der Default ist 0.

`-takefocus =>` 0 | 1 | **undef**

Legt fest, ob das Widget den Tastaturfokus bekommen kann oder nicht. 0 bedeutet nie, 1 bedeutet immer, undef bedeutet je nach Situation.

`-width =>` *betrag*

> Legt die Breite der Listbox in Zeichen fest. Wenn der Wert 0 oder negativ ist, dann wird die Listbox so breit wie der breiteste Eintrag.

`-xscrollcommand =>` *callback*

> Weist dem Widget einen horizontalen Scrollbalken zu (siehe Kapitel 6).

`-yscrollcommand =>` *callback*

> Weist dem Widget einen vertikalen Scrollbalken zu (siehe Kapitel 6).

Auswahl-Modi

Das Listbox-Widget gibt Ihnen mehrere Möglichkeiten, wie Sie Einträge in der Listbox auswählen können. Sie können einstellen, daß nur ein Element zur Zeit ausgewählt werden kann (und damit Radiobuttons emulieren), oder aber viele verschiedene, zusammenhängende oder nichtzusammenhängende Elemente auswählen lassen (und damit Checkboxen emulieren). Dieses Verhalten wird mit der Option `-selectmode` eingestellt.

Die möglichen Auswahl-Modi sind `"browse"`, `"single"`, `"multiple"` und `"extended"`. Der Defaultmodus ist `"browse"`.

`browse` & `single`

> Die Modi `"browse"` und `"single"` ähneln sich insofern, als daß mit beiden nur ein Eintrag zur Zeit ausgewählt werden kann; ein Klick auf ein Element deselektiert ein möglicherweise anderes selektiertes Element. Der Modus `browse` hat noch die zusätzliche Eigenschaft, daß sich die Auswahl mit der Maus mitbewegt, wenn Sie die Maus bei gedrückter Taste in der Listbox umherbewegen. Dazu wird `"<Button-1>"` mit `bind` gebunden, wenn Sie das erste Mal die Maustaste betätigen. Wenn Sie mitgeteilt bekommen wollen, wann die Maustaste losgelassen wird, dann definieren Sie eine Bindung für `ButtonRelease` (das Binden von Ereignissen wird in Kapitel 14 behandelt).

`extended`

> Mit dem Modus `"extended"` können Sie mehr als einen Eintrag zur Zeit auswählen. Sie können mit der linken Maustaste einen Eintrag auswählen, aber dann werden alle bisher ausgewählten Einträge deselektiert. Um mehr als einen Eintrag zu selektieren, müssen Sie alle weiteren Einträge bei gedrückter Umschalt- oder Strg-Taste anklicken. Das Anklicken bei gedrückter Umschalt-Taste erweitert die Auswahl vom bereits selektierten Eintrag bis zum neu selektierten Eintrag. Beim Anklicken mit gedrückter Strg-Taste wird der angeklickte Eintrag der Selektion hinzugefügt, aber alle anderen Einträge bleiben unberührt. Sie können auch einen Eintrag mit der Maus anklicken, die Maustaste gedrückt halten und dann den Mauszeiger über andere Einträge bewegen, um diese auszuwählen. Ich nenne das die Klick-Zieh-Bewegung. Mit `"extended"` können Sie sehr schnell viele verschiedene Einträge in der Listbox auswählen.

`multiple`

> Der Modus `"multiple"` ermöglicht ebenfalls das Auswählen von mehr als einem Element. Hier gibt es aber kein Anklicken mit Umschalt- oder Strg-Taste, sondern alle Einträge müssen einzeln angewählt werden. Das Anklicken eines deselektierten Eintrags wählt diesen aus, und das Anklicken eines selektierten Eintrags hebt die Auswahl dieses Eintrags wieder auf.

Unterschiede zwischen verschiedenen Betriebssystemen

Beim Ausprobieren von `-selectmode` ist mir aufgefallen, daß unter Windows 95 der Modus `"multiple"` nicht richtig funktioniert, sondern (nur unter Windows 95) genau wie `"single"` arbeitet. Unter Unix und Windows NT arbeitet `"multiple"` korrekt.

Wenn Sie einen Eintrag in einer Listbox auswählen, wird dieser defaultmäßig als X-Selektion zur Verfügung gestellt (was bedeutet, daß Sie ihn wie jede andere X-Selektion in ein anderes Fenster kopieren können). Selbst wenn dies nichts mit der Zwischenablage auf Win32-Systemen zu tun hat, beeinflußt es doch die Auswahl, wenn es mehrere Listboxen gibt. Einträge können nur in einer Listbox gleichzeitig ausgewählt werden, auch wenn Sie mehr als eine Listbox haben. Dies wird durch die Option `-exportselection` gesteuert. Verwenden Sie `-exportselection => 0`, wenn zur gleichen Zeit in mehr als einer Listbox Einträge ausgewählt werden sollen.

Farben

Bei den meisten Widgets gibt es eine Vordergrund- und Hintergrundfarbe, die mit `-background` beziehungsweise `-foreground` eingestellt wird. Außerdem gibt es bei Listboxen die Farboptionen `-selectbackground` und `-selectforeground`. Wenn ein Listbox-Eintrag selektiert wird, erscheint er in einer anderen Farbe.

Obwohl Sie die Farbe des ausgewählten Textes ändern können, können Sie nur *eine* Farbe angeben. Sie können nicht verschiedene Zeilen einer Listbox in verschiedenen Farben darstellen.

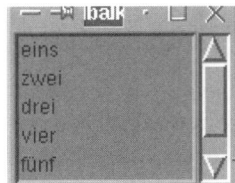 

Abbildung 7-1: Beispiele für -foreground, -background, -selectforeground und -selectbackground

In Abbildung 7-1 hat die Listbox auf der linken Seite die Optionen `-foreground => 'red'`, `-background => 'green'`. Auf der rechten Seite ist `-selectforeground => 'red'`, `-selectbackground => 'green'` eingestellt. Stellen Sie sicher, daß die Vordergrund- und Hintergrundfarbe gut kontrastieren, wenn Sie diese Optionen ändern.

Listbox-Stil

Der Defaultwert der Option -relief bei Listboxen ist 'sunken'. Die Default-Kantenbreite (-borderwidth) ist 2. Abbildung 7-2 zeigt die fünf verschiedenen Relieftypen (flat, groove, raised, ridge und sunken). Im ersten Fenster wird die Default-Kantenbreite verwendet, im zweiten eine Kantenbreite von vier. Um Platz in den Fenstern zu sparen, habe ich keine Scrollbalken verwendet.

Abbildung 7-2: Beispiele für -relief und -borderwidth in Listboxen

Der Stil ausgewählter Einträge

Neben der Kantenbreite des Widgets gibt es auch eine Kantenbreite des ausgewählten Textes, die mit der Option -selectborderwidth eingestellt wird. Abbildung 7-3 zeigt, wie sich das Ändern der Kantenbreite des ausgewählten Textes auf die Listbox auswirkt.

Abbildung 7-3: Beispiel für -selectborderwidth => 4

Besondere Größenänderungen bei Listboxen

Die Option -setgrid bestimmt, wie sich das Fenster verhält, wenn seine Größe verändert wird. Mit -setgrid => 1 bleibt das Fenster im durch die Listbox definierten Raster. Das bedeutet im wesentlichen, daß die Listbox nur vollständige Zeilen und Zeichen anzeigt. Ein weiterer Vorteil liegt darin, daß die Listbox immer mindestens eine Zeile anzeigt und nicht bis zum Unsichtbaren verkleinert werden kann. Diese Option hat nichts damit zu tun, welchen Geometrie-Manager Sie verwenden, um die Listbox im Fenster zu plazieren.

Listbox-Indizes

Die Einträge in einem Listbox-Widget sind sortiert. Der erste Listbox-Eintrag hat den Index 0, die weiteren Einträge dann jeweils um eins höhere Indizes. Diese Werte sind für alle Methoden zulässig, die einen Index erwarten.

n

Ein Integerindex. Der erste Eintrag in einer Listbox hat den Index 0.

`"active"`

Der Index in der Listbox, auf dem gerade der Cursor steht. Wenn die Listbox den Tastaturfokus hat, wird dieser Eintrag unterstrichen angezeigt.

`"anchor"`

Dieser Index wird mit der Methode `selectionAnchor(...)` ausgewählt.

`"end"`

Das Ende der Listbox. Je nachdem, welche Methode diesen Index verwendet, kann dies direkt nach dem letzten Element (wie bei `insert`) oder das letzte Element selbst (wie bei `delete`) bedeuten.

`"@x,y"`

Der Listbox-Eintrag, der an den Koordinaten (in Pixeln) x,y liegt. Wenn dort gerade kein Eintrag liegt, wird derjenige genommen, der am dichtesten dabei ist.

Listboxen konfigurieren

Sie können die Methode `cget` verwenden, um den aktuellen Wert einer beliebigen Listbox-Option herauszufinden. Mit `configure` können Sie Listbox-Optionen setzen oder abfragen. In Anhang A, *Widgets mit configure und cget konfigurieren*, finden Sie weitere Informationen über die Methoden `configure` und `cget`.

Einträge einfügen

Mit der Methode `insert` fügen Sie der Listbox Einträge hinzu:

```
$lb->insert(index, eintrag, eintrag ... );
```

Jeder *eintrag* ist eine weitere Zeile in der Listbox. *index* ist ein zulässiger Index (siehe Kasten »Listbox-Indizes«), vor dem die neuen Einträge eingefügt werden. Mit folgendem Code hängen Sie beispielsweise Einträge am Ende der Listbox an:

```
$lb->insert('end', @new_elements);
# Oder
$lb->insert('end', "Item1", "Item2", "Item3");
```

Und so fügen Sie Einträge am Anfang ein:

```
$lb->insert(0, @new_elements);
```

Einträge löschen

Mit der Methode `delete` können Sie Einträge wieder aus der Listbox löschen:

```
$lb->delete(ersterindex [, letzterindex ]);
```

Das erste Argument ist der Index, ab dem gelöscht werden soll. Um mehr als einen Eintrag zu löschen, können Sie einen zweiten Index angeben. *ersterindex* muß kleiner oder gleich *letzterindex* sein. Mit dem folgenden Aufruf wird die Listbox vollständig geleert:

```
$lb->delete(0, 'end');
```

Und so wird der letzte Eintrag in der Listbox gelöscht:

```
$lb->delete('end');
```

Einträge auslesen

Die Methode `get` gibt eine Liste der Listbox-Einträge zurück, die zwischen den Indizes *ersterindex* und *letzterindex* einschließlich liegen:

```
$lb->get(ersterindex [, letzterindex ]);
```

Wenn nur *ersterindex* angegeben wird, dann wird auch nur ein Eintrag zurückgegeben. *ersterindex* muß kleiner oder gleich *letzterindex* sein. Eine Liste aller Einträge der Listbox können Sie folgendermaßen ausgeben lassen:

```
@elements = $lb->get(0, 'end');
```

Und so bekommen Sie den letzten Eintrag in der Listbox:

```
$lastitem = $lb=>get('end');
```

Um herauszufinden, welche Elemente in der Listbox gerade ausgewählt sind, verwenden Sie die Methode `curselection`:

```
@list = $lb->curselection();
```

Diese Methode gibt eine Liste mit den Indizes aller derzeit ausgewählten Einträge zurück. Wenn keine Einträge ausgewählt sind, gibt `curselection` einen leeren String zurück. Ein Beispiel zur Verwendung der Methode `curselection` ist:

```
@selected = $lb->curselection;
foreach (@selected) {
  # etwas mit dem Index in $_ machen
}
```

Denken Sie immer daran, daß `curselection` eine Liste von Indizes und nicht von Elementen zurück gibt.

Methoden, die die Auswahl beeinflussen

Die im letzten Abschnitt besprochene Methode curselection sagt Ihnen nur, was der Benutzer gerade ausgewählt hat. Sie können die Auswahl aber auch vom Programm aus ändern, indem Sie eine der Varianten der Methode selection verwenden.

Einträge auswählen

Um einen Bereich von Einträgen in einer Listbox auszuwählen, können Sie die »set«-Form der Methode selection verwenden (selectionSet). selectionSet erwartet entweder einen einzelnen Index oder einen Bereich. Wenn Sie einen Bereich angeben, muß *ersterindex* kleiner oder gleich *letzterindex* sein; einige Beispiele:

```
# alles auswählen
$lb->selectionSet(0, 'end' );
#ersten Eintrag auswählen
$lb->selectionSet(0);
```

Selbst, wenn Sie mit -selectmode eingestellt haben, daß nur ein Eintrag ausgewählt werden kann, können Sie doch mit selectionSet(...) die Auswahl mehrerer Einträge erzwingen.

Einträge abwählen

Um Einträge zu deselektieren, verwenden Sie die »clear«-Form der Methode selection (selectionClear). Übergeben Sie einen Index oder einen Bereich von Indizes, der angibt, welche Einträge deselektiert werden sollen. Um beispielsweise alle Auswahlen in der Listbox aufzuheben, machen Sie folgendes:

```
$lb->selectionClear(0, "end");
```

Indizes außerhalb des angegebenen Bereichs werden nicht deselektiert – so können Sie jeweils einen Eintrag deselektieren. Es ist auch möglich, überhaupt nur einen Eintrag zu deselektieren:

```
$lb->selectionClear("end");
```

Abfragen, ob ein Eintrag ausgewählt ist

Um festzustellen, ob ein bestimmter Index bereits selektiert ist, verwenden Sie die »includes«-Form der Methode selection (selectionIncludes). selectionIncludes gibt 1 zurück, wenn der Eintrag mit dem angegebenen Index ausgewählt ist, und 0, wenn das nicht der Fall ist. Beispielsweise können Sie folgendermaßen feststellen, ob der letzte Eintrag in der Listbox ausgewählt ist:

```
if ($lb->selectionIncludes('end')) {
  ...
}
```

Die Selektion verankern

Mit der »anchor«-Form der Methode `selection` (`selectionAnchor`) können Sie den Indexanker auf einen bestimmten Index setzen. Dieser wird verwendet, wenn Sie mit der Maus mehrere Einträge in der Listbox auswählen wollen. Der erste Eintrag, den Sie anklicken (ohne die Maustaste loszulassen), wird zum Anker. Beispielsweise könnten Sie den ersten Eintrag in der Listbox mit folgendem Befehl zum Anker machen:

```
$lb->selectionAnchor(0);
```

Einen bestimmten Eintrag anzeigen

Mit der Methode `see` können Sie erzwingen, daß ein bestimmter Eintrag sichtbar ist.

```
$lb->see(index);
```

`see` verschiebt den Inhalt der Listbox so, daß der Eintrag mit dem angegebenen Index sichtbar wird. Ein Beispiel dazu finden Sie am Ende dieses Kapitels.

Indizes übersetzen

Die Methode `index` übersetzt eine Indexspezifikation (wie `"active"`) in das numerische Äquivalent. Wenn eine Listbox beispielsweise zwölf Einträge enthält, würde `$index = $lb->index("end")` der Variablen `$index` den Wert 11 zuweisen. (Denken Sie daran, daß der erste Eintrag den Index 0 hat.)

Einträge zählen

Die Methode `size` gibt die Gesamtanzahl der Einträge in der Listbox zurück:

```
$count = $lb->size();
```

Aktive Einträge und selektierte Einträge

Die Methode `activate` macht den Listbox-Eintrag mit dem angegebenen Index zum aktiven Element. Damit können Sie später mit dem Index `"active"` auf diesen Eintrag zugreifen. Abbildung 7-4 zeigt zwei Fenster, bei denen die aktiven Einträge unterstrichen sind. Außerdem haben beide Listboxen ein schwarzes Fokus-Rechteck, das anzeigt, daß die Listbox den Fokus hat (der aktive Eintrag wird nur dann markiert, wenn die Listbox den Fokus hat).

```
# Im ersten Fenster ist der Eintrag "vier" aktiviert
$lb->activate(3);
$lb->focus();
```

```
# Im zweiten Fenster ist der Eintrag "drei" aktiviert
$lb2->activate(2);
$lb2->focus();
```

Abbildung 7-4: Listboxen mit aktiven Elementen

Bounding Box

Die Methode bbox gibt eine Liste mit vier Werten zurück, die die Bounding Box um den Text mit dem angegebenen Index beschreiben:

```
($x, $y, $w, $h) = $lb->bbox(index);
```

Die vier Werte sind (in dieser Reihenfolge): x, y, w und h. Die Koordinaten x,y bezeichnen die linke obere Ecke der Bounding Box. w ist die Breite des Textes in Pixeln und h seine Höhe. Diese Maße werden in Abbildung 7-5 dargestellt.

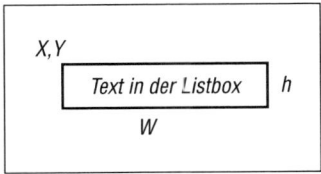

Abbildung 7-5: Bounding Box-Werte um einen Text

Einen Index anhand seiner y-Koordinate finden

Wenn Sie die y-Koordinate in der Listbox kennen, können Sie mit der Methode nearest den Index des nächstliegenden, sichtbaren Listbox-Eintrags bestimmen:

```
$index = $lb->nearest(y)
```

Methoden zum Scrollen

Listboxen können sowohl horizontal als auch vertikal gescrollt werden und haben daher sowohl die Methoden xview als auch yview und alle zugehörigen Formen. Diese Methoden und ihre Verwendungsweise werden in Kapitel 6 beschrieben.

Mit der Methode scan steht Ihnen eine wirklich schnelle Scroll-Methode zur Verfügung. Diese wird automatisch von der Listbox an die zweite Maustaste gebunden. Mit folgendem Code können Sie das gleiche auch mit Ihrem Fenster machen:

```
$mw->bind("Listbox", "<2>",['scan','mark',Ev('x'),Ev('y')]);
$mw->bind("Listbox", "<B2-Motion>",['scan','dragto',Ev('x'),Ev('y')]);
```

Wenn Sie mit der zweiten Maustaste in das Fenster klicken und die Maus bewegen, dann werden Sie den Inhalt der Listbox mit rasender Geschwindigkeit vorbeifliegen sehen. Sie könnten das zweite Argument der bind-Anweisungen ändern, wenn Sie eine andere Kombinationen von Tasten und Maustasten vorziehen. Die Methode bind wird in Kapitel 14 beschrieben.

Ein Listbox-Beispiel

Wenn Sie viele Einträge in einer Listbox haben, kann es lange dauern, durch diese hindurchzuscrollen. Wenn Sie die Einträge in der Listbox sortiert einfügen, können Sie eine Suchroutine implementieren. Hier folgt ein kurzes Skript, an dem Sie sehen können, wie man ein Eingabe-Widget verwenden kann, um einen Suchtext einzugeben und dann die Listbox bei jedem neu eingegebenen Buchstaben erneut zu durchsuchen:

```
use Tk;

$mw = MainWindow->new;
$mw->title("Listbox");
# In diesem Beispiel verwenden wir für jeden Buchstaben ein Wort
@choices = qw/anton berta cäsar dora emil friedrich gustav heinrich
              ida julius konrad martha nordpol oskar paula quatsch
              richard siegfried theodor ulrich viktor wilhelm xaver
              ypsilon zacharias/;

# Eingabe-Widget erzeugen und die Subroutine do_search an Tastendrücke binden
$entry = $mw->Entry(-textvariable => \$search)->pack(-side => "top",
                                                -fill => "x");
$entry->bind("<KeyPress>", [ \&do_search, Ev("K") ]);

# Listbox erzeugen und Einträge einfügen
my $lb = $mw->Scrolled("Listbox", -scrollbars => "osoe",
                    )->pack(-side => "left");
$lb->insert("end", sort @choices);

$mw->Button(-text => "Beenden",
            -command => sub { exit; })->pack(-side => "bottom");
```

```
MainLoop;

# Diese Routine wird bei jedem Tastendruck aufgerufen.
sub do_search {
  my ($entry, $key) = @_;

  # Löschtaste und alles, was das Wort nicht ändert (wie Strg und Alt),
  # ignorieren
  return if ($key =~ /backspace/i);
  return if ($oldsearch eq $search);

  # Aktuellen Listbox-Inhalt für die Suche verwenden. Dies ist eine einfache
  # Suche in sortierten Daten.
  my @list = $lb->get(0, "end");
  foreach (0 .. $#list) {
    if ($list[$_] =~ /^$search/) {
      $lb->see($_);
      $lb->selectionClear(0, "end");
      $lb->selectionSet($_);
      last;
    }
  }
  $oldsearch = $search;
}
```

Tips zum Weiterexperimentieren

Verwenden Sie eine Listbox, um einen einfachen Dateibetrachter zu programmieren.
Ein Eingabe-Widget ermöglicht die Eingabe eines Dateinamens. Wenn der Button angeklickt wird, soll die Datei in die Listbox geladen werden (jede Zeile in der Datei wird zu
einem Eintrag in der Listbox).

8

Das Text-Widget

Wenn Sie sich überlegen, was ein Text-Widget wohl tun kann, wird Ihre erste Antwort vermutlich »Es zeigt Text an« lauten. Das stimmt auch, aber es kann noch einiges mehr tun. Das Text-Widget ist eines der mächtigsten Standard-Widgets in Perl/Tk. Es ist flexibel und umfassend konfigurierbar, aber für einfache Aufgaben auch leicht zu benutzen. Ein Text-Widget kann:

- eine Textdatei anzeigen und editieren
- formatierten Text aus einem HTML-Dokument anzeigen
- eine scrollbare Farbtabelle erzeugen, in der Buttons das Ändern der Farben ermöglichen
- den Benutzer mehrzeiligen, formatierten (auch farbigen) Text eingeben lassen (quasi eine Mini-Textverarbeitung)
- Text mit von der Eingabe abhängigen verschiedenen Farben anzeigen
- Bestimmte Teile des Textes anklickbar machen und beim Anklicken bestimmte Aktionen ausführen. Das könnte HTML-Text sein oder aber dem Widget-Demoprogramm ähneln.[1]

Sie können einfachen Text, formatierten Text und andere Widgets in ein Text-Widget stekken. Ein Text-Widget kann mit Scrollbalken versehen werden, damit viele Seiten mit Informationen auf kleinem Raum angezeigt werden können.

Text-Widgets erzeugen und verwenden

Um ein Text-Widget zu erzeugen, rufen Sie die Methode Text am gewünschten Eltern-Widget auf:

```
$text = $parent->Text( [ optionen ... ] )->pack;
```

---

1 Bei der Installation des Tk-Moduls von Perl haben Sie auch die *widget*-Demo installiert. Geben Sie auf der Kommandozeile *widget* ein, um sich die verschiedenen Widgets in Perl/Tk und deren Fähigkeiten anzusehen.

Nachdem das Text-Widget erzeugt worden ist, kann auf verschiedene Arten Text eingefügt werden. Der Benutzer kann den Text direkt eingeben, oder Sie fügen ihn mit der
Methode insert ein:

```
$text->insert('end', "Sein oder nicht sein...\nDas ist hier die Frage");
```

In seiner Grundform erwartet insert zwei Argumente. Das erste Argument ist ein Indexwert, der angibt, an welcher Stelle der Text eingefügt werden soll. Das zweite Argument
ist dann natürlich der einzufügende Text selbst. Im Gegensatz zur insert-Methode von
Listboxen können Sie kein Array als zweites Argument verwenden; wenn Sie das trotzdem tun, wird nur das erste Element des Arrays eingefügt.

Es ist eine typische Anwendung des Text-Widgets, eine Datei einzulesen und den ein-
gelesenen Text in das Text-Widget zu schreiben:

```
$text = $mw->Scrolled("Text")->pack();
open (FH, "kapitel1") || die "Konnte kapitel1 nicht öffnen";
while (<FH>) {
  $text->insert('end', $_);
}
close(FH);
```

Sie können das Text-Widget auch dazu verwenden, den Text (zeilenweise) rückwärts
anzuzeigen, indem Sie $text->insert(0, $_) verwenden. Damit wird die nächste Zeile
am Anfang des Text-Widgets statt am Ende eingefügt.

Das Text-Widget kann aber noch sehr viel mehr machen, als ein paar Zeilen aus Shake-
speare-Dramen anzuzeigen. Neben den Optionen gibt es noch Tags, Indizes und Marken, mit denen gesteuert werden kann, wie der Inhalt eines Text-Widgets dargestellt
werden soll.

Optionen des Text-Widgets

Die Optionen der Methode Text beeinflussen, wie der Text in den Text-Widgets angezeigt wird. Die folgenden Optionen sind bei allen Widgets gleich: -background, -border-
width, -cursor, -exportselection, -foreground, -highlightbackground, -highlightcolor,
-highlightthickness, -insertbackground, -insertborderwidth, -insertofftime, -inserton-
time, -insertwidth, -padx, -pady, -selectbackground, -selectborderwidth, -selectfore-
ground, -setgrid, -state, -takefocus, -wrap, -xscrollcommand und -yscrollcommand.

Wenn Sie noch einmal nachlesen wollen, was diese Optionen machen, dann schlagen
Sie in Kapitel 3, *Der einfache Button*, nach, wo sie zuerst behandelt wurden.

-background => *farbe*
    Legt die Farbe des Bereichs hinter dem Text fest.
-borderwidth => *betrag*
    Legt die Kantenbreite des Widgets fest.

`-cursor => `*mauszeigername*

> Legt die Mauszeigerform fest, die verwendet wird, wenn sich der Mauscursor über dem Text-Widget befindet.

`-exportselection => 0 | `**`1`**

> Bestimmt, ob der im Widget selektierte Text auch vom Fenstersystem (wie dem X Window System) verwendet werden kann.

`-font => `*fontname*

> Legt den Font fest, mit dem der Text angezeigt wird.

`-foreground => `*farbe*

> Legt die Textfarbe fest.

`-height => `*betrag*

> Legt die Höhe des Widgets fest. Der Default ist 24.

`-highlightbackground => `*farbe*

> Legt die Farbe des Fokus-Rechtecks um das Widget fest, wenn es nicht den Tastaturfokus hat.

`-highlightcolor => `*farbe*

> Legt die Farbe des Fokus-Rechtecks um das Widget fest, wenn es den Tastaturfokus hat.

`-highlightthickness => `*betrag*

> Legt die Breite des Fokus-Rechtecks um das Widget fest; der Default ist 2.

`-insertbackground => `*farbe*

> Legt die Farbe des Einfügecursors fest.

`-insertborderwidth => `*betrag*

> Legt die Breite des Einfügecursors fest.

`-insertofftime => `*zeit*

> Legt die Zeit in Millisekunden fest, in der der Cursor nicht zu sehen ist. Der Default ist 300.

`-insertontime => `*zeit*

> Legt die Zeit in Millisekunden fest, in der der Cursor zu sehen ist. Der Default ist 600.

`-insertwidth => `*betrag*

> Legt die Breite des Einfügecursors fest.

`-padx => `*betrag*

> Fügt innerhalb des Text-Widgets links und rechts vom Text zusätzlichen Platz hinzu.

`-pady => `*betrag*

> Fügt innerhalb des Text-Widgets oberhalb und unterhalb des Textes zusätzlichen Platz hinzu.

`-relief => 'flat'|'groove'|'raised'|'ridge'|`**`'sunken'`**`|'solid'`

> Legt das Relief der Widget-Kanten fest. Der Default ist `'sunken'`.

`-selectbackground` => *farbe*

    Legt die Farbe des Bereichs hinter ausgewähltem Text fest.

`-selectborderwidth` => *betrag*

    Legt die Breite des Randes um ausgewählten Text fest.

`-selectforeground` => *farbe*

    Legt die Farbe des ausgewählten Textes fest.

`-setgrid` => **0** | 1

    Schaltet ein Raster für das Text-Widget ein. Der Default ist 0.

`-spacing1` => *betrag*

    Legt den zusätzlichen Platz vor einer Textzeile fest, die eine eigene Zeile beginnt. Der Default ist 0.

`-spacing2` => *betrag*

    Legt den zusätzlichen Platz vor einer Textzeile fest, die automatisch umbrochen worden ist. Der Default ist 0.

`-spacing3` => *betrag*

    Legt den zusätzlichen Platz hinter einer Textzeile fest, die mit `"\n"` endet. Der Default ist 0.

`-state` => `'`**normal**`'` | `'disabled'`

    Legt den Zustand des Text-Widgets fest. Der Default ist `'normal'`. Wenn diese Option auf `'disabled'` gesetzt wird, dann kann weder der Benutzer noch die Applikation (über die `insert`-Methode) Text einfügen.

`-tabs` => *liste*

    Gibt eine Liste von Tabulatorpositionen an, die im Text-Widget verwendet werden sollen. Der Default ist undefiniert (keine Tabulatorpositionen).

`-takefocus` => 0 | 1 | **undef**

    Legt fest, ob das Widget den Tastaturfokus bekommen kann.

`-width` => *betrag*

    Legt die Breite des Text-Widgets in Zeichen fest. Der Default ist 80.

`-wrap` => `"none"` | `"`**char**`"` | `"word"`

    Bestimmt, wie der automatische Zeilenumbruch durchgeführt werden soll. Der Default ist `"`**char**`"`.

`-xscrollcommand` => *callback*

    Bestimmt den zu verwendenden Callback, wenn das Widget horizontal gescrollt wird.

`-yscrollcommand` => *callback*

    Bestimmt den zu verwendenden Callback, wenn das Widget vertikal gescrollt wird.

Fonts

Sie können die Option `-font` benutzen, um den Font sowie seine Größe einzustellen (siehe Abbildung 8-1). Damit wird der Default-Font für das gesamte Text-Widget festgelegt. Text, der ohne Text-Tag eingefügt wird, verwendet diesen Font (mit Tags können

Sie besondere Formatierungsanweisungen angeben, die nur auf einen bestimmten Teil des Textes zutreffen sollen).

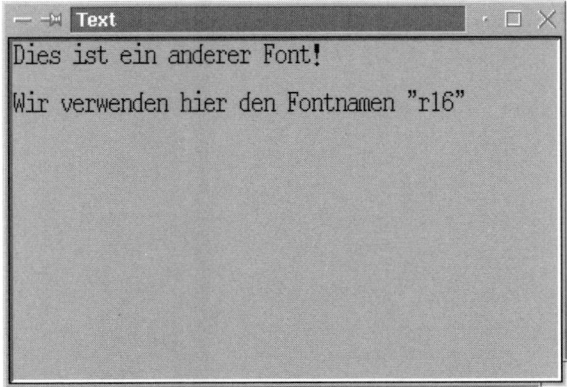

Abbildung 8-1: Text-Widget mit -font => "r16"

Die Verwendung von Fonts wurde in Kapitel 3 behandelt, wo diese zum erstenmal auftauchten.

Widget-Größe

Wenn Sie ein Text-Widget erzeugen, hat es normalerweise eine Höhe von 24 und eine Breite von 80 Zeichen. Je nachdem, wie Sie das Text-Widget in das Fenster einfügen (ob Sie pack mit den Optionen -expand und -fill oder grid mit -sticky => "nsew" verwenden), kann es seine Größe verändern, wenn sich die Fenstergröße ändert. Um eine bestimmte Größe zu erzwingen, können Sie die Optionen -width und -height verwenden:

```
# Ein 20 Zeichen breites und 10 Zeichen hohes Text-Widget
$mw->Text(-width => 20, -height => 10)->pack;
```

Der Wert für -width wird in Zeichen, der für -height in Textzeilen angegeben. Es kann passieren, daß das Text-Widget nicht genau diese Größe hat, wenn Sie das Widget mit der Routine minsize (d.h., $mw->minsize(400,400)) zwangsweise größer machen, insbesondere dann, wenn Sie beim pack-Befehl -expand => 1 und -fill => 'both' verwendet haben. Denken Sie daran, wenn Sie auf dem Bildschirm nicht das erwartete Ergebnis bekommen.

Widget-Stil

Wie bei anderen Widgets, können Sie auch beim Text-Widget mit den Optionen -relief und -borderwidth das Aussehen beeinflussen. Die Beispiele aus Abbildung 8-2 sehen vielleicht nicht wie Text-Widgets aus, aber es sind wirklich welche!

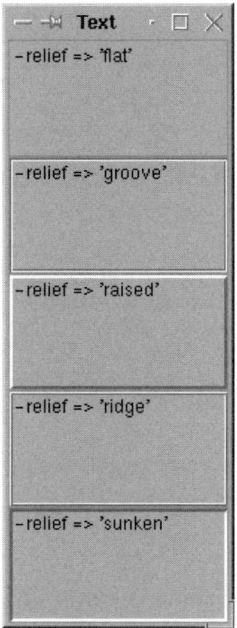

Abbildung 8-2: Text-Widgets mit verschiedenen Werten für -relief (zeigt auch, wie man mit den Optionen -width und -height kleinere Größen erzwingen kann)

Zeilenabstand

Wenn Text in einem Text-Widget angezeigt wird, kann er automatisch umbrochen werden, wenn die Zeile länger wird, als das Text-Widget anzeigen kann. Der freigelassene Platz zwischen den Zeilen wird durch die Optionen -spacingN bestimmt. Abbildung 8-3 zeigt die verschiedenen Bereiche, die von -spacing1, -spacing2 und -spacing3 beeinflußt werden.

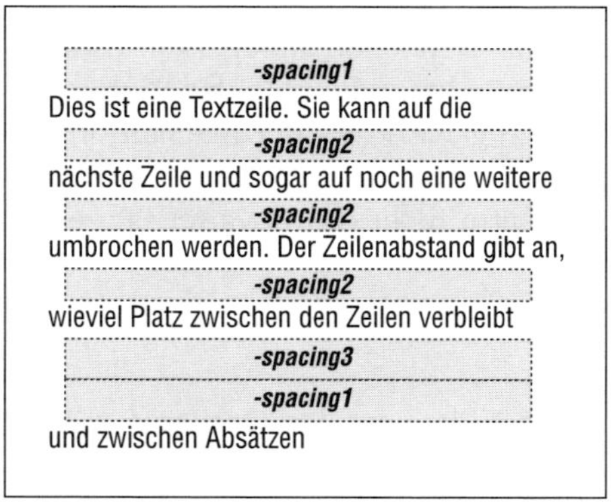

Abbildung 8-3: Beispiele für die Optionen -spacingN

Die Option -spacing1 legt fest, wieviel Platz über einer neuen Textzeile (der ersten Zeile eines Absatzes) freigelassen wird. Die Option -spacing2 bestimmt den Platz zwischen den Zeilen, wenn Text automatisch umbrochen wird, weil er zu lang ist, um auf eine Zeile zu passen. Die Option -spacing3 schließlich legt fest, wieviel Platz nach einem Absatz (direkt nach einem expliziten Zeilenwechsel) freigelassen wird.

Tabulatorpositionen

Von Haus aus setzt das Text-Widget alle acht Zeichen eine Tabulatorposition. Das entspricht dann jeweils acht Leerzeichen (auch wenn keine Leerzeichen verwendet werden). Sie können diese Einstellung mit der Option -tabs folgendermaßen ändern:

```
-tabs => [qw/2 center/]   # Tabs alle zwei Pixel setzen
-tabs => [2, "center"]    # Das gleiche mit anderer Syntax
```

Das Argument von -tabs ist eine anonyme Liste, die die Positionen angibt, an denen die Tabulatorpositionen gesetzt werden sollen. Sie können für jede Tabulatorposition auch noch (wie im obenstehenden Beispiel) einen optionalen Ausrichtungswert angeben. Das klingt jetzt alles verwirrender, als es in Wirklichkeit ist. Hier sind einige Beispiele, die das ganze aufhellen sollen:

```
-tabs => [qw/1i center/]   # Jeder Zoll; Text wird an den Tabulatorpositionen
                           # zentriert
-tabs => [qw/1i 1.5i/]     # Tabulatorposition bei 1 Zoll, 1,5 Zoll und danach alle
                           # 0,5 Zoll
```

Die Defaultausrichtung ist "left". Die möglichen Werte sind "left", "right", "center" und "numeric".

Wenn Sie die Werte (ob nun in Zentimetern, Zoll und Pixel) angeben, werden diese nicht aufaddiert. Die Liste ["1i", "1.5i"] steht für eine Tabulatorposition einen Zoll vom linken Rand des Text-Widgets sowie für eine weitere Position, die sich 1,5 Zoll vom linken Rand befindet. Wenn die angegebene Liste nicht lang genug ist, um die gesamte Fensterbreite abzudecken, dann wird der Abstand zwischen den letzten beiden Tabulatorpositionen über die gesamte Breite wiederholt.

Natürlich ist das Setzen von Tabulatorpositionen nur dann sinnvoll, wenn Sie größere Editieraktionen planen; Sie müssen diese Option also nur selten verwenden.

Sie können die Tabulatorpositionen auf den Default zurücksetzen, indem Sie den Wert von -tabs auf undef setzen:

```
$text->configure(-tabs => undef);
```

Eine kurze Pause für ein einfaches Beispiel

Bevor wir uns einige der komplexeren (und interessanteren) Dinge anschauen, die man mit einem Text-Widget machen kann, schauen wir uns zunächst ein vollständiges Beispiel zur Verwendung dieses Widgets an.

Dieses kleine Programm zeigt eine Datei an, läßt Sie daran Änderungen vornehmen und diese wieder abspeichern:

```perl
use Tk;
$mw = MainWindow->new;
# Alle benötigten Widgets erzeugen
$f = $mw->Frame->pack(-side => 'top', -fill => 'x');
$f->Label(-text => "Dateiname:")->pack(-side => 'left', -anchor => 'w');
$f->Entry(-textvariable => \$filename)->pack(-side => 'left',
   -anchor => 'w', -fill => 'x', -expand => 1);
$f->Button(-text => "Beenden", -command => sub { exit; } )->
  pack(-side => 'right');
$f->Button(-text => "Speichern", -command => \&save_file)->
  pack(-side => 'right', -anchor => 'e');
$f->Button(-text => "Laden", -command => \&load_file)->
  pack(-side => 'right', -anchor => 'e');
$mw->Label(-textvariable => \$info, -relief => 'ridge')->
  pack(-side => 'bottom', -fill => 'x');
$t = $mw->Scrolled("Text")->pack(-side => 'bottom',
                                 -fill => 'both', -expand => 1);

MainLoop;

# load_file überprüft den Dateinamen und lädt die Datei, wenn möglich
sub load_file {
  $info = "Lade Datei '$filename'...";
  $t->delete("1.0", "end");
  if (!open(FH, "$filename")) {
    $t->insert("end", "FEHLER: Konnte $filename nicht öffnen\n");
        return;
  }
  while (<FH>) { $t->insert("end", $_); }
  close (FH);
  $info = "Datei '$filename' geladen";
}

# save_file speichert die Datei unter dem Dateinamen im Eingabefeld.
sub save_file {
  $info = "Speichere '$filename'";
  open (FH, ">$filename");
  print FH $t->get("1.0", "end");
  $info = "Gespeichert.";
}
```

Abbildung 8-4[2] zeigt das Fenster nach dem Laden und Speichern eines Dokuments.

---

2 Wenn Sie genau hingesehen haben, ist Ihnen vielleicht aufgefallen, daß dieser Screenshot anders aussieht. Das liegt daran, daß er unter Microsoft Windows und nicht unter dem X Window System gemacht wurde. Achten Sie auf das »Tk« in der linken oberen Ecke und die Windows-Schaltflächen rechts oben.

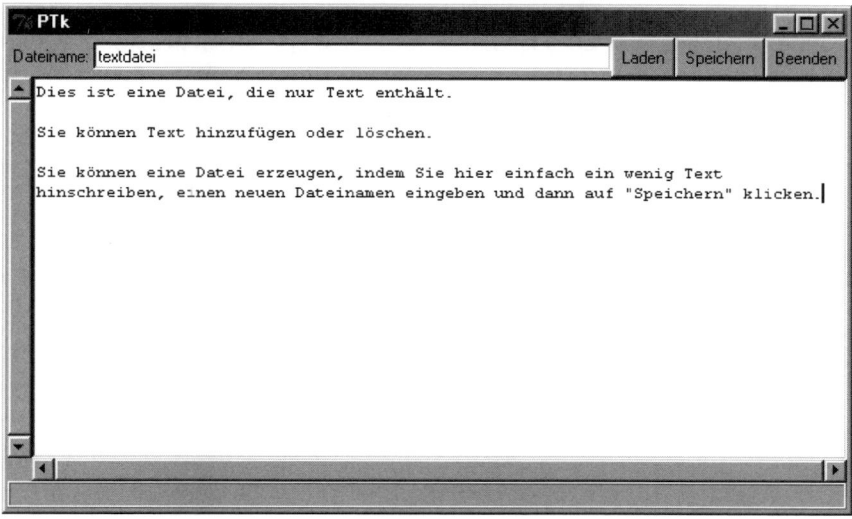

Abbildung 8-4: Ein einfacher Texteditor, in dem die Datei »textdatei« geladen wurde

Textindizes

Bei den Indizes in Listboxen bezog sich jeder Index auf eine Zeile in der Listbox. Die erste Zeile hatte den Index 0 und so weiter. Bei Text-Widgets kann ein Index auf eine bestimmte Zeile verweisen, aber auch auf ein Zeichen in dieser Zeile. Ein Index im Text-Widget besteht aus einem Basisindex und einem optionalen Modifikator zu diesem Index. Der gesamte Index aus Basis und Modifikator sollte in doppelte Anführungszeichen gestellt werden.

Basisindexwerte

`"n.m"`

Mit diesem Format können Sie eine Zeilennummer und ein Zeichen in dieser Zeile explizit angeben. Die erste Zeile hat die Nummer 1 (das ist also anders als bei Listboxen), die Zeichen beginnen bei 0.

`"@x,y"`

Das Zeichen im Widget, das der Koordinate x,y am nächsten liegt.

`"end"`

Das Ende des Text-Widgets nach allen eventuellen `"\n"`-Zeichen.

`"marke"`

Bezeichnet das Zeichen nach der Stelle namens *marke*. Die beiden von Tk verwendeten Markennamen sind `"current"` und `"insert"`. Was diese bedeuten, erfahren Sie weiter hinten in diesem Kapitel.

"*tag*.first"

> Ein Tag-Name ist einfach nur ein Platzhalter für einige spezielle Formatierungsanweisungen (die im nächsten Abschnitt besprochen werden). Wenn Sie Tags erzeugt haben, können Sie diese Indexform verwenden. *tag*.first ist das erste Zeichen im Text-Widget, das den Typ *tag* hat. Sie könnten also ein Tag "ueberschrift" erzeugen und dann den Index "ueberschrift.first" verwenden.

"*tag*.last"

> Gibt das Zeichen direkt nach dem mit *tag* bezeichneten Text an.

$widget

> Wenn Sie ein eingebettetes Widget haben, können Sie sich mit der Variablen, die dieses Widget referenziert, auf dessen Lage im Text-Widget beziehen.

$image

> Seit Tk 8.0 können Sie Images einbetten. Sie können die Lage eines solchen Image angeben, indem Sie die Variable verwenden, die das Image referenziert.

Indexmodifikatoren

Die Indexmodifikatoren können nach einem Basisindexwert verwendet werden.

[+ | -] *betrag* [chars | lines]

> Sie können + und – verwenden, um Zeilen und Zeichen zum Basisindex hinzuzuaddieren oder davon abzuziehen. Der Index "end – 1 chars" bezeichnet den Text auf der Zeile vor "end". Seien Sie damit aber vorsichtig, denn jede Zeile, die nur "\n" enthält, zählt schon als vollständige Zeile.

linestart

> Modifiziert den Index so, daß er sich auf das erste Zeichen auf der jeweiligen Zeile bezieht; $t->insert("end linestart", $string) fügt den String also am Anfang der letzten Zeile im Text-Widget ein. insert setzt den neuen Text vor den angegebenen Index.

lineend

> Bezeichnet das letzte Zeichen in der Zeile (normalerweise der Zeilenwechsel). Das ist nützlich, wenn Sie nicht genau wissen, wie viele Zeichen in einer Zeile stehen, aber trotzdem Text am Ende einfügen wollen.

wordstart

> Ändert den Index auf das erste Zeichen des Wortes, das den Basisindex enthält.

wordend

> Ändert den Index auf das Zeichen nach dem Ende des Wortes, das den Basisindex enthält.

Beispiele für Textindizes

`"end"`

Die Position direkt hinter der letzten Zeile im Widget, egal wieviel Text enthalten ist.

`"1.0"`

Das erste Zeichen der ersten Zeile im Widget. Die 1 steht für die Zeile, die 0 für das Zeichen.

`"2.0 - 1 chars"`

Das letzte Zeichen am Ende der ersten Zeile. Wir geben zunächst das erste Zeichen der zweiten Zeile (`2.0`) an und ziehen davon ein Zeichen ab. Wenn wir die Methode `insert` mit diesem Index verwenden würden, würde der Text direkt vor dem `"\n"` am Ende der ersten Zeile eingefügt werden.

`"1.end"`

Bezeichnet ebenfalls das letzte Zeichen der ersten Zeile, ist allerdings einfacher.

`"2.0 lineend"`

Das Ende der zweiten Zeile. Sie müssen `2.0` anstelle von `2` angeben, weil `2` kein zulässiger Basisindex ist.

Die Basisindizes sind einfach zu verwenden. Wenn Sie dann aber noch damit herumrechnen, wird es etwas schwieriger. Sie müssen immer daran denken, daß Sie sich auf eine Position im Text-Widget beziehen, die sich ändern kann, wenn anderer Text (entweder durch den Benutzer oder die Applikation selbst) eingefügt oder gelöscht wird.

Auch wenn manche der Kombinationen vielleicht dumm aussehen (wie beispielsweise `"1.0 linestart"`), sollten Sie nicht vergessen, daß Sie wahrscheinlich Methoden aufrufen werden, die unbestimmte Informationen über ein Ereignis zurückgeben. Beispielsweise könnte der Benutzer in das Text-Widget klicken und dann einen Button anklicken, der die Fontgröße der gesamten Zeile verändert. Mit der Indexarithmetik können Sie die gesamte Zeile bezeichnen, ohne überhaupt genau zu wissen, um welche Zeile es sich handelt.

Text-Tags

Text-Tags sind eine weitere Möglichkeit, Textteile in einem Text-Widget zu bezeichnen. Ein Tag hat drei Aufgaben, und ein und dasselbe Tag kann alle drei oder auch nur eine erfüllen:

- Textteilen Formatierungsinformationen zuweisen
- Bindungen mit Text im Widget verknüpfen
- Selektierten Text verwalten

Außerdem werden Tags verwendet, um anzugeben, wie der Text auf dem Bildschirm erscheinen soll: Zeichensatz, Größe, Farbe und Abstand gehören zu den Texteigenschaften, die von Tags beeinflußt werden. Sie können Texteigenschaften ändern, indem Sie eigene Tags (mit eigenen Namen) erzeugen und dann mit Option/Wert-Paaren Formatierungsinformationen zuweisen. Neben der Formatierung können Sie ein Tag auch dazu verwenden, eine bestimmte Bindung (wie etwa das Ausführen einer bestimmten Handlung beim Anklikken des Textes durch den Benutzer) festzulegen. Das besondere Tag `"sel"` verwaltet selektierten Text. Jedesmal, wenn der Benutzer Text selektiert, wird die Lage dieses Textes mit dem Tag `"sel"` markiert.

Jeder Text im Widget kann ein oder mehrere Tags haben. Wenn Sie zwei Tags auf das gleiche Stück Text anwenden und beide den Zeichensatz ändern, gewinnt das letzte Tag.

Mit Tags verwendete Optionen

Die Optionen, mit denen Sie mit Tags markierten Text konfigurieren können, sind größtenteils eine Untermenge der Konfigurationsoptionen des Text-Widgets selbst. Es gibt aber auch einige Optionen, die nur bei Tags verwendet werden können.

`-background =>` *farbe*
    Legt die Farbe hinter dem Text fest.

`-bgstipple =>` *muster*
    Legt das Muster fest, mit dem der Bereich hinter dem Text ausgefüllt wird. Kann ein schattiertes Aussehen erzeugen.

`-borderwidth =>` *betrag*
    Legt die Breite des Reliefs um die Textkanten Zeile für Zeile fest.

`-fgstipple =>` *muster*
    Legt das Muster fest, mit dem der Text gezeichnet wird.

`-font =>` *fontname*
    Legt den für den Text verwendeten Font fest.

`-foreground =>` *farbe*
    Legt die Textfarbe fest.

`-justify =>` `'`**`left`**`'` | `'right'` | `'center'`
    Legt die Ausrichtung des Textes im Text-Widget fest.

`-lmargin1=>` *betrag*
    Legt den Abstand fest, um den die erste Zeile eines Absatzes eingerückt wird.

`-lmargin2=>` *betrag*
    Legt den Abstand fest, um den die zweite und alle weiteren Zeilen eines Absatzes eingerückt werden. Wird manchmal hängender Einzug genannt.

`-offset =>` *betrag*
    Legt den Betrag fest, um den der Text über oder unter der Zeilenbasis steht. Kann benutzt werden, um Super- oder Subskripten zu erzeugen.

-overstrike => **0** | 1

    Wenn dieser Wert wahr ist, wird der Text durchgestrichen dargestellt.

-relief => **'flat'** | 'groove' | 'raised' | 'ridge' | 'sunken'

    Bestimmt, wie die Kanten um den Text Zeile für Zeile gezeichnet werden.

-rmargin => *betrag*

    Legt den Abstand zwischen dem Text und der rechten Kante des Widgets fest.

-spacing1 => *betrag*

    Legt den zusätzlichen Platz fest, der vor einer Textzeile freigelassen wird, die auf einer eigenen Zeile beginnt. Der Default ist 0.

-spacing2 => *betrag*

    Legt den zusätzlichen Platz fest, der am Anfang einer automatisch umbrochenen Zeile freigelassen wird. Der Default ist 0.

-spacing3 => *betrag*

    Legt den zusätzlichen Platz hinter einer Textzeile fest, die mit "\n" endet. Der Default ist 0.

-tabs => *liste*

    Legt die Tabulatorpositionen für diesen Text fest. Lesen Sie dazu den Abschnitt »Tabulatorpositionen« weiter vorn in diesem Kapitel.

-underline => *boolean*

    Legt fest, daß der Text unterstrichen dargestellt werden soll.

-wrap =>'none' | **'char'** | 'word'

    Bestimmt, wie der Text umbrochen werden soll. 'none' besagt, daß Zeilen, die länger sind, als das Text-Widget breit ist, nicht umbrochen werden; 'char' umbricht bei jedem beliebigen Zeichen, 'word' zwischen Wörtern.

Ein einfaches Beispiel zur Verwendung von Tags

Schauen wir uns jetzt ein einfaches Beispiel an, wie ein einfaches Tag erzeugt und verwendet wird, um ein wenig Text in ein Text-Widget einzufügen (das Ergebnis ist in Abbildung 8-5 zu sehen):

```
$t = $mw->Text()->pack();
$t->tagConfigure('bold', -font =>
                "-*-Courier-Medium-B-Normal--*-120-*-*-*-*-*-*");
# Verwenden Sie -font => "{Courier New} 24 {bold}" unter Win32
$t->insert('end', "Dies ist normaler Text\n");
$t->insert('end', "Dies ist fetter Text\n", 'bold');
```

Zeile 1 erzeugt das Text-Widget und bringt es auf den Bildschirm.

Zeile 2 erzeugt das Tag 'bold'. Lassen Sie sich nicht durch das Wort »configure« anstelle von »create« irritieren. Wenn Sie ein Tag konfigurieren, dann erzeugen Sie es. Wir haben ein Tag namens 'bold' erzeugt und einen bestimmten Font dafür angegeben (wobei es sich um den gleichen Font wie in unserem Unix-Text-Widget handelt, allerdings in der fetten Version).

An dieser Stelle haben wir im Text-Widget noch nichts verändert. Wir haben nur das Tag soweit eingerichtet, damit es später verwendet werden kann. Sie können jeden Namen als Tag-Namen verwenden, solange es sich um einen zulässigen Textstring handelt. Wir hätten das Tag auch 'bold_font' oder 'big_bold_font' oder 'tag1' nennen können. Wenn Sie einen guten Programmierstil pflegen wollen (und auch später noch in der Lage sein wollen, Ihren Code zu warten), dann sollten Sie einen Namen verwenden, der beschreibt, was das Tag macht.

Zeile 3 fügt ein wenig Text in das Text-Widget ein.

Zeile 4 fügt ein wenig mehr Text in das Text-Widget ein, verwendet dabei aber das Tag `'bold'`. Wie können bei der Methode `insert` ein Tag als drittes Argument angeben. Damit wird der String in das Text-Widget eingefügt und bekommt das Tag `'bold'` zugewiesen. Das Tag `'bold'` ist konfiguriert worden, um den Font zu ändern, so daß jeder Text, der mit dem Tag `'bold'` markiert ist, mit diesem anderen Font angezeigt wird.

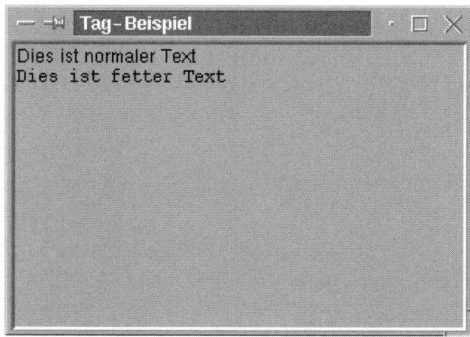

Abbildung 8-5: Ein Text-Widget mit normalem und fettem Text

Das ist ein ziemlich einfaches Beispiel. Was würde passieren, wenn wir einen Text verändern wollen, den der Benutzer eingegeben hat? In diesem Fall können wir ja nicht die Methode `insert` verwenden. Hier kommt die Methode `tagAdd` ins Spiel:

```
$t->tagAdd('bold', '1.0', 'end');
```

Damit wird das Tag `'bold'` auf den gesamten Text im Text-Widget angewendet.

Mit dem Tag "sel" die Selektion manipulieren

Das Tag `"sel"` ist ein besonderes Tag, das vom Text-Widget selbst verwaltet wird. Jeder Text, der vom Benutzer selektiert wird, bekommt das Tag `"sel"` zugewiesen. Sie können die Selektion von Text auch erzwingen, indem Sie mit einigen der Tag-Methoden (die wir noch nicht besprochen haben) dem gewünschten Text das Tag `"sel"` zuweisen. Um beispielsweise die dritte Zeile zu selektieren, können Sie folgendes machen:

```
$t->tagAdd("sel", "3.0", "3.0 lineend");
```

Das folgende Beispiel zeigt, wie dem gerade selektierten Text ein weiteres Tag zugewiesen wird.

```
$t->tagAdd('bold', 'sel.first', 'sel.last') if ($t->tagRanges('sel'));
```

Wenn Sie das Tag "sel" als Teil eines Index verwenden, müssen Sie zunächst (mit tagRanges) sicherstellen, daß das Tag existiert; ansonsten können Sie einen wirklich unangenehm riesigen Fehler bekommen.

Tags erzeugen und konfigurieren

Bevor Sie mit einem Tag arbeiten können, müssen Sie dieses mit tagConfigure erzeugen (es sei denn, Sie verwenden das automatisch definierte Tag "sel"). Das erste Argument dieser Funktion ist der Name des Tags. Die weiteren Argumente (die optional sind) sind Option/Wert-Paare, wie sie im Abschnitt »Mit Tags verwendete Optionen« weiter vorn in diesem Kapitel beschrieben werden. Einige Beispiele:

```
# Ein Tag ohne Optionen erzeugen
$text->tagConfigure("special");
# Ein Tag erzeugen, das die Farbe ändert
$text->tagConfigure("blue", -foreground => "blue");
# Ein Tag erzeugen, das den Text unterstreicht
$text->tagConfigure("underline", -underline => 1);
# Ein Tag erzeugen, das die Farbe und den Zeilenabstand ändert
$text->tagConfigure("bigblue", -foreground => "blue", -spacing2 => 6);
```

Sie können die Einstellungen eines bereits erzeugten Tags durch einen weiteren Aufruf von tagConfigure ändern. Alle Änderungen, die Sie an einem Tag vornehmen, wirken sich unmittelbar auf den Text auf dem Bildschirm aus, der mit diesem Tag markiert ist:

```
# Eine Hintergrundfarbe zum Tag "blue" hinzufügen
$text->tagConfigure("blue", -background => "red");
# Den Zeilenabstand von "bigblue" ändern
$text->tagConfigure("bigblue", -spacing2 => 12);
```

Wie bei den configure-Methoden von Widgets, können Sie auch tagConfigure verwenden, um die aktuellen Einstellungen eines bestimmten Tags zu ermitteln. Mit folgendem Code bekommen Sie alle Tag-Optionen und die zugehörigen Werte in einer Liste von Listen:

```
@listoflists = $text->tagConfigure("blue");
foreach $l (@list) { print "@$l\n"; } # ausgeben
```

Jede Liste in dieser Liste enthält zwei Elemente: den Namen der Option und den Wert. Sie können die erhaltene Information auch auf eine einzige Option einschränken:

```
($option, $value) = $text->tagConfigure("blue", -font);
```

Wenn Sie nur den Wert einer bestimmten Option haben wollen, können Sie tagCget verwenden:

```
$value = $text->tagCget("bigblue", -spacing2)
```

Ein Tag zu bereits existierendem Text hinzufügen

Wir haben schon ein Beispiel zur Verwendung der Methode tagAdd gesehen. Sie können damit Textteilen im Text-Widget ein Tag zuordnen. tagAdd wird folgendermaßen verwendet:

```
$text->tagAdd('tag-name', index1 [ , index2, index1, index2, ... ] )
```

Sie können ein Tag entweder einem Index oder einem Bereich von Indizes zuordnen. Das bedeutet, daß Sie ein Tag mehreren Stellen in einem Text-Widget zur gleichen Zeit zuordnen können. Nehmen wir einmal an, Sie wollten der ersten, zwölften und dreißigsten Zeile das Tag 'heading' zuordnen, weil diese Überschriften enthalten, die anders aussehen sollen als der Rest des Textes:

```
$text->tagAdd('heading', '1.0', '1.0 lineend',
                         '12.0', '12.0 lineend',
                         '30.0', '30.0 lineend');
```

Wenn wir jetzt annehmen, daß die Formatierung von 'heading' den Font größer macht, sehen diese Zeilen nun anders aus und heben sich vom Rest des Textes im Widget ab.

Sie können einem Textabschnitt mehr als ein Tag zuordnen. Beispielsweise können Sie sowohl ein 'heading'-Tag als auch ein 'color'-Tag haben. Wenn beide Tags versuchen, die gleiche Option (wie beispielsweise -font) zu ändern, gewinnt die letzte Einstellung für diese Option.

Wenn Sie einmal einem Textbereich ein Tag zugeordnet haben, dann bekommt jeder zwischen dem Anfangs- und dem Endindex eingefügte Text automatisch ebenfalls dieses Tag zugewiesen. Das geschieht, wenn Sie entweder insert ohne Angabe eines Tags verwenden oder der Benutzer einfach Text in das Text-Widget eingibt. Wenn Sie bei insert ein Tag angeben, überschreibt dieses das umgebende Tag.

Bind mit Tags verwenden

Einer der Hauptgründe, warum man Tags verwendet, ist die Möglichkeit, bestimmten Textteilen eine Bindung zuzuweisen. Nachdem Sie ein Tag mit tagConfigure erzeugt haben, können Sie bind verwenden, um einen Callback ausführen zu lassen, wenn eine bestimmte Ereignisfolge (wie beispielsweise ein Mausklick) auf dem mit dem Tag markierten Text eintrifft. In unseren Button-Widgets haben wir eine Defaultbindung von <Button-1>, die den mit -command angegebenen Callback aufruft. Wir können das gleiche mit durch ein Tag markiertem Text machen.

Die Verwendung von Web-Hyperlinks ist das beste Beispiel dafür. Wenn Sie auf den Link klicken, passiert etwas: Ein neues Dokument wird geladen oder ein anderes Fenster erzeugt und dem Benutzer präsentiert. Die grundlegende Form von tagBind lautet folgendermaßen:

```
$text->tagBind(tag-name [, folge, callback ] )
```

Dieser Callback ähnelt dem mit –command bei einem Button angegebenen Callback. Die Folge ist eine Beschreibung des Ereignisses, das das Skript auslöst. Sie können nur Tastatur- und Mausereignisse angeben. (Kapitel 14, *Ereignisse binden*, enthält weitere Informationen über die zur Verfügung stehenden Ereignisse.)

Der folgende Code zeigt ein Pseudo-Link-Beispiel. Wenn auf den Link geklickt wird, zeigt er das Ende des Text-Widgets an:

```
$t = $mw->Scrolled("Text", -width => 40)->pack(-expand => 1,
                                               -fill => 'both');
$t->tagConfigure('goto_end', -underline => 1, -foreground => 'red');
$t->tagBind('goto_end', "<Button-1>", sub { shift->see('end'); } );

# Bindungen so einrichten, daß sich der Mauszeiger über der Zeile ändert
$t->tagBind('goto_end', "<Any-Enter>",
            sub { shift->configure(-cursor => 'hand2') });
$t->tagBind('goto_end', "<Any-Leave>",
            sub { shift->configure(-cursor => 'xterm') });
$t->insert('end', "ENDE\n", "goto_end");

# Einige Zeilen einfügen
for ($i = 1; $i <= 100; $i++) {
  $t->insert('end', "$i\n");
}
```

In den Subroutinen in den tagBind-Aufrufen verwenden wir den Befehl shift, um eine Methode aufzurufen. Wir können das machen, weil das erste Argument, das an den bind-Callback geschickt wird, das Text-Widget ist. Dies wird implizit für Sie erledigt. An welchem Widget auch immer tagBind aufgerufen wird, dieses Widget wird als erstes Argument an den Callback übergeben. Um ein Text-Widget mehr als einmal im Callback zu verwenden, können Sie es einer lokalen Variable übergeben, beispielsweise mit $widget = shift.

Wenn wir unser Text-Widget im globalen Gültigkeitsbereich des Programms erzeugt und eine Referenz auf das Widget in der Variablen $t gespeichert haben, dann könnten wir im Callback auch über diese Variable auf das Text-Widget zugreifen. Das geht nur, weil $t im globalen Gültigkeitsbereich liegt und während des Callbacks zur Verfügung steht. Wenn Sie zwei verschiedene Text-Widgets haben, die Sie mit dem gleichen Callback verwenden wollen, dann können Sie shift verwenden, um an das richtige Text-Widget zu gelangen:

```
$t1->tagBind('goto_end', "<Button-1>", \&goto_end );
$t2->tagBind('goto_end', "<Button-1>", \&goto_end );
sub goto_end {
  my $text = shift;
  $text->see('end');
}
```

Die Verwendung des gleichen Callbacks für beide Text-Widgets hilft dabei, in Ihrem Programm Platz zu sparen.

Um herauszubekommen, welche Bindungen für einen Tag-Namen zur Verfügung stehen, verwenden Sie einfach `tagBind` mit lediglich dem Tag-Namen als Argument:

```
@bindings = $text->tagBind("tag-name");
```

Die zurückgegebene Liste ist leer, wenn für dieses Tag derzeit keine Bindungen definiert sind.

Alle Instanzen eines Tags löschen

Wenn ein Tag erzeugt worden ist, können Sie es mit `tagDelete` wieder löschen:

```
$text->tagDelete(tag-name [ , tag-name ... ])
```

Die Tags werden von `tagDelete` vollständig gelöscht. Das bedeutet, daß der Text vollständig auf die Defaultkonfigurationswerte zurückgesetzt wird und alle Bindungen oder andere Informationen, die zu diesem Tag gehören, ebenfalls gelöscht werden.

Die Methode `tagDelete` kann verwendet werden, wenn Sie temporäre Tags dynamisch in Ihrem Programm erzeugen und diese später löschen müssen, weil die Information nicht mehr gültig ist.

Ein Tag aus dem Text entfernen

Um ein Tag aus einem bestimmten Text zu entfernen, können Sie die Methode `tagRemove` verwenden:

```
$text->tagRemove(tag-name, index1 [, index2, index1, index2 ...])
```

Sie geben den Namen des Tags sowie einen Index oder einen Bereich von Indizes an, aus dem das Tag gelöscht werden soll. Das Tag selbst bleibt dabei erhalten; es wird lediglich aus dem von den Indizes angegebenen Text gelöscht.

Tags hervorheben und zurücksetzen

Wenn dem gleichen Text mehrere Tags zugewiesen worden sind, überschreibt das letzte Tag die vorhergehenden, und seine Konfigurationsoptionen genießen Priorität. Sie können die Priorität der Tags mit den Methoden `tagLower` und `tagRaise` ändern:

```
$text->tagLower(tag-name [, unterTag ])
$text->tagRaise(tag-name [ , ueberTag ])
```

Diese Methoden erwarten einen Tag-Namen als erstes Argument. Wenn es kein zweites Tag-Argument gibt, dann bekommt das erste Tag die höchste oder niedrigste Priorität. Das beeinflußt den gesamten Text im Text-Widget, egal, wo die Tags tatsächlich verwendet worden sind. Wenn ein zweites Tag angegeben wird, wird das erste Tag ausdrücklich vor oder hinter das zweite gesetzt.

Stellen Sie sich das wie eine Umsortierung eines Stapels von Tags vor (die alle dem gleichen Text zugewiesen worden sind). Das Tag am oberen Ende hat das letzte Wort, und wenn es die Option `-foreground` mit dem Wert `'red'` hat, dann wird jeder Text mit diesem Tag rot, egal, welche `-foreground`-Werte andere Tags haben. Wenn wir `tagRaise` verwenden, um ein Tag mit einem `-foreground`-Wert von `'blue'` nach oben zu setzen, dann wird der markierte Text blau.

Tag-Namen ermitteln

Mit der Methode `tagNames` können Sie alle Tags ermitteln, die entweder einem bestimmten Index oder aber dem gesamten Text-Widget zugewiesen worden sind:

```
$text->tagNames([ index ])
```

Wenn Sie einen Index angeben, dann enthält die zurückgegebene Liste die Tags, die nur diesem Index zugewiesen worden sind. Wenn kein Index angegeben wird, dann enthält die Liste alle Tags, die für das gesamte Text-Widget gültig sind, unabhängig davon, ob das Tag einem Text im Widget zugewiesen worden ist oder nicht.

Bestimmen, wo ein Tag verwendet wird

Wenn Sie den Namen eines Tags kennen, können Sie mit den range-Methoden herausfinden, wo dieses Tag im Text-Widget verwendet wird. Die erste Methode, `tagRanges`, gibt eine Liste zurück, die Paare aus Indexwerten für das gesamte Text-Widget enthält:

```
@list = $text->tagRanges("tag-name")
# gibt ( begin1, end1, begin2, end2 ... ) zurück
```

Wenn kein Text im Text-Widget dieses Tag hat, ist die zurückgegebene Liste leer.

Sie können die Paare mit den Indexwerten auch eines nach dem anderen mit der Methode `tagNextrange` bekommen:

```
($start, $end) = $text->tagNextrange("tag-name", index1 [ , index2 ])
```

Die Suche nach `"tag-name"` beginnt bei *index1* und geht nicht weiter als bis *index2*. Wenn *index2* nicht angegeben wird, geht die Suche weiter, bis entweder der Tag-Name gefunden worden ist oder das Ende des Text-Widgets erreicht wird.

Text einfügen

Jetzt kennen Sie sich mit Textindizes und Markierungen aus, und wir können uns die Methoden zur Manipulation des Widget-Inhalts genauer ansehen.

Wie Sie schon in vielen Beispielen in diesem Kapitel gesehen haben, wird `insert` verwendet, um Text in das Text-Widget einzufügen. Das erste Argument ist ein Index und bezeichnet, wo der Text eingefügt werden soll. Das zweite Argument ist der einzufügende String. Das nächste (optionale) Argument ist ein einzelner Tag-Name oder aber eine Liste von Tag-Namen, die dem eingefügten Text zugewiesen werden soll. Diese Methode wird folgendermaßen verwendet:

```
$text->insert(index, string, [ tag-liste, string, tag-liste ...] )
```

Bisher haben wir bei `insert` nur einzelne Tags verwendet. Wenn Sie mehr als ein Tag verwenden wollen, dann müssen Sie die Tag-Namen in eckige Klammern stellen und so eine Liste erzeugen:

```
$t->insert('end', "Dies ist eine Zeile mit vielen Tags",
            [ 'tag1', 'tag2', 'tag3' ]);
```

Um verschiedene Tag-Mengen verwenden zu können, können Sie zusätzliche Textzeilen und zusätzliche Tag-Listen angeben:

```
$t->insert('end', "Dies ist die Überschrift", ['heading', 'underline'],
            "Zweite Zeile", ['bold', 'blue']);
```

Wenn Sie mit dem `insert`-Befehl mehr als einen String mit verschiedenen Tags einfügen, dann stellen Sie sicher, daß diese immer paarweise verwendet werden: Text, Tags, Text, Tags usw. Wenn ein angegebenes Tag nicht (mit `tagConfigure`) definiert ist, hat das keinen Effekt auf den Text, aber das Tag wird dem Text trotzdem zugewiesen. Sie können das Tag bei Bedarf später immer noch erzeugen.

Text löschen

Um Text aus dem Text-Widget zu löschen, verwenden Sie die Methode `delete`:

```
$text->delete(index1 [ , index2 ]);
```

Das erste Indexargument muß angegeben werden, das zweite ist optional. Wenn beide angegeben werden, muß der erste Index kleiner oder gleich dem zweiten sein. Alle Zeichen von *index1* bis ausschließlich *index2* werden aus dem Text-Widget entfernt. Wenn Sie alles aus dem Text-Widget löschen wollen, können Sie `$text->delete("1.0", 'end')` verwenden.

Text ermitteln

Die Funktion `get` ist eine der Funktionen, die Sie häufig verwenden werden. Sie gibt den Text zwischen *index1* und *index2* zurück. Wenn *index2* nicht angegeben wird, wird nur das Zeichen an *index1* zurückgegeben. `get` wird folgendermaßen verwendet:

```
$t = $text->get(index1 [ , index2 ]);
```

Wie bei anderen Indexbereichen muß auch hier *index1* kleiner oder gleich *index2* sein, ansonsten wird ein leerer String zurückgegeben.

Indexwerte übersetzen

Wenn Sie mit Indizes arbeiten, kann es nützlich sein, eine komplizierte Indexform in eine einfachere umzuwandeln. Die Methode `index` gibt einen Index in der Form *zeile.zeichen* zurück:

```
$newvalue = $text->index(index1);
```

Der Wert *index1* kann ein beliebiger zulässiger Indexausdruck sein.

Indexwerte vergleichen

Mit der Methode `compare` können Sie zwei Indexwerte vergleichen.

```
$text->compare(index1, op, index2);
```

Sie übergeben den Index, den auszuführenden Text und den zweiten Index. Die Werte für *op* sind: `"<"`, `"<="`, `"=="`, `">="` und `"!="`. Die Funktion gibt 1 zurück, wenn der Test erfolgreich war und 0 sonst. Der Aufruf

```
$status = $text->compare("1.0", "<=", "end");
```

gibt 1 zurück, weil `"1.0"` kleiner als `"end"` ist.

Einen Index anzeigen

Mit der Methode `see` können Sie das Text-Widget veranlassen, den Teil des Textes anzuzeigen, der *index* enthält:

```
$text->see(index);
```

Der Text im Widget wird so weit herauf- oder heruntergescrollt wie nötig. Wenn *index* bereits sichtbar ist, passiert nichts.

Die Größe eines Zeichens bestimmen

Die Methode `bbox` gibt eine Liste mit vier Elementen zurück, die einen Kasten um das Zeichen bei *index* definieren:

```
($x, $y, $w, $h) = $text->bbox(index);
```

Die ersten beiden Elemente sind die x- und y-Koordinaten der linken oberen Ecke, die anderen beiden die Breite und Höhe des Kastens. Der Kasten gibt nur den sichtbaren Teil des Zeichens wieder; wenn also ein Teil oder auch alles davon nicht sichtbar ist, dann wird dies durch die Rückgabewerte von `bbox` wiedergegeben.

Zeileninformationen ermitteln

Die Methode `dlineinfo` gibt eine Liste mit fünf Elementen zurück. Diese beschreiben den Bereich der Zeile, die *index* enthält:

- x-Koordinate der linken oberen Ecke
- y-Koordinate der linken oberen Ecke
- Breite des Bereichs
- Höhe des Bereichs
- Basiszeilenposition der Zeile, gemessen von x

Ein Beispielaufruf sieht so aus:

```
($x, $y, $w, $h, $base) = $text->lineinfo("index");
```

Im Gegensatz zur Methode `bbox` werden selbst nicht angezeigte Bereiche (die durch nicht umbrochene Zeichen entstehen können) in den Berechnungen berücksichtigt, solange überhaupt ein Teil der Zeile sichtbar ist. Wenn die Zeile aber überhaupt nicht auf dem Bildschirm zu sehen ist, dann ist diese Liste leer. Wenn die Zeile aus mehreren umbrochenen Zeilen besteht, dann wird der gesamte Bereich berücksichtigt.

Den Inhalt eines Text-Widgets durchsuchen

Mit der Methode `search` können Sie ein Text-Widget nach einem Muster oder einem regulären Ausdruck durchsuchen. Diese Methode erwartet das Suchmuster, einen Index, ab dem gesucht werden soll, und optional einige Schalter:

```
$index = $text->search([schalter], muster, index, [ stopindex ])
```

Wenn ein Treffer gefunden wird, dann verweist der zurückgegebene Index auf das erste Zeichen im Treffer. Wenn das Suchmuster nicht gefunden wurde, wird ein Leerstring zurückgegeben.

Es gibt die folgenden Schalter:

`-forwards`
> Die Suche wird vorwärtsgerichtet ab *index* durchgeführt. Dies ist der Default.

`-backwards`
> Die Suche wird rückwärtsgerichtet ab dem Zeichen vor *index* durchgeführt.

`-exact`
> Das Muster muß exakt gefunden werden. Dies ist der Default.

`-regexp`
> Das Muster wird als regulärer Ausdruck interpretiert.

`-nocase`

>   Ignoriert in den Vergleichen zwischen dem Suchmuster und dem Text im Text-Widget die Groß-/Kleinschreibung.

`-count =>` *varname*

>   *varname* ist eine Referenz auf eine Variable (d.h. `\$variable`). Die Anzahl der gefundenen Zeichen wird in dieser Variablen abgelegt.

`--`

>   Diese Option veranlaßt lediglich, daß das nächste Argument als Suchmuster interpretiert wird, auch wenn der String mit `"-"` beginnt.

Ein einfaches Beispiel der Suche mit `search`:

```
$result = $text->search(-backwards, "finde mich", 'end');

$location = $text->search(-nocase, "SCHALTER", "1.0");
```

Scrollen

Das Text-Widget kann sowohl horizontal als auch vertikal gescrollt werden, implementiert also sowohl die Methode `xview` als auch die Methode `yview`. Diese beiden Methoden werden in Kapitel 6, *Scrollbalken*, beschrieben.

Marken

Es gibt mehrere Möglichkeiten, sich auf verschiedene Positionen im Text-Widget zu beziehen. Indexwerte bezeichnen ein Zeichen. Tags sind benannte Referenzen auf ein oder mehrere bestimmte Zeichen. Der Begriff *Marke* wird für die Zwischenräume zwischen Zeichen verwendet. Wie ein Tag hat eine Marke einen Namen. Beispielsweise bezeichnet die Marke `"insert"` die Position des Einfügecursors. Tags beziehen sich aber auf tatsächliche Zeichen, und wenn diese Zeichen gelöscht werden, dann ist das Tag nicht mehr länger mit diesen Zeichen verbunden. Eine Marke bleibt, wo sie ist, wenn die umgebenden Zeichen gelöscht oder andere Zeichen hinzugefügt werden. Marken können sich immer nur auf jeweils eine Position im Text-Widget beziehen.

Wenn eine Marke einmal erzeugt ist, können Sie sie als Index verwenden. Die *Schwerkraft* (Gravity) der Marke bestimmt, auf welcher Seite der Text eingefügt wird. Wenn die Schwerkraft `'right'` ist (der Default), dann wird der Text links von der Marke eingefügt, weil diese fest mit dem Zeichen rechts von ihr verbunden ist. Wenn die Schwerkraft `'left'` ist, dann wird der Text links von der Marke eingefügt, und die Marke bezieht sich auf die Position links vom letzten eingefügten Zeichen.

Es gibt zwei spezielle Marken, die vom Text-Widget automatisch gesetzt werden: `"insert"` und `"current"`. Die Marke `"insert"` steht immer da, wo sich der Einfügecursor befindet. Die Marke `"current"` hat die Position, die der Mausposition am nächsten ist und folgt den Mausbewegungen (solange eine Maustaste gedrückt ist). Beide Marken werden intern verwaltet und können nicht gelöscht werden.

Nach einem Klick in das Text-Widget können Sie durch Aufruf der Methode `getNames` auch eine Marke namens `"anchor"` sehen. Diese hat immer den gleichen Indexwert wie `"insert"`, existiert aber nicht immer.

Setzen und Abfragen der Schwerkraft

Die Schwerkraft einer Marke kann mit `markGravity` eingestellt werden:

```
$text->markGravity(markenname [ , richtung ])
```

Die zulässigen Werte für *richtung* sind `"right"` und `"left"`. Die Defaultschwerkraft für neue Marken ist `"right"`. Wenn Sie keine Richtung angeben, wird die aktuelle Schwerkraft der jeweiligen Marke zurückgegeben.

Markennamen ermitteln

Mit `markNames` bekommen Sie eine Liste aller Marken im Text-Widget:

```
@names = $text->markNames()
```

Diese Funktion hat keine Argumente und gibt eine Liste zurück. Das folgende Beispiel zeigt, wie man die Marken in einem Text-Widget ausgeben kann:

```
$f->Button(-text => "Bericht",
           -command => sub { my @m = $t->markNames();
                             foreach (@m) {
                                 print "MARKE: $_ bei ", $t->index($_), "\n";
                             }})->pack(-side => 'left');
```

Nach dem Klicken in das Fenster zum Positionieren des Einfügecursors ergibt sich folgendes:

```
MARKE: insert bei 2.15
MARKE: anchor bei 2.15
MARKE: current bei 3.0
```

Marken erzeugen und löschen

Mit der Methode `markSet` können Sie Marken erzeugen und an einen bestimmten Index setzen.

```
$text->markSet(markenname, index)
```

Neben dem Namen der Marke, die Sie erzeugen wollen, geben Sie den Index an, an den die Marke gesetzt werden soll. Wenn Sie beispielsweise immer in der Lage sein wollen, etwas am Ende von Zeile 3 einzufügen, machen Sie folgendes:

```
$text->markSet("end of line3", "3.0 lineend");
...
$text->insert("end of line3", "einzufügender Text");
```

Die Methode markUnset entfernt eine Marke aus dem Text-Widget und löscht diese vollständig. Sie erscheint danach nicht mehr in der markNames-Liste und kann auch nicht mehr als Indexwert verwendet werden. Sie können bei markUnset auch mehr als einen Markennamen angeben:

```
$text->markUnset(markenname [, markenname, markenname ... ])
```

Widgets einbetten

Eine der besten Sachen, die Sie mit Text-Widgets machen können, ist das Einbetten von anderen Widgets (wie Buttons oder Eingabefeldern). Das hat beispielsweise den Vorteil, daß Sie eine gescrollte Menge von Widgets Zeile für Zeile erzeugen können.

Bevor wir die verschiedenen Funktionen anschauen, die zur Arbeit mit eingebetteten Widgets zur Verfügung stehen, gucken wir uns schnell ein kurzes Beispiel an. In vielen Programmen müssen eine Menge Daten eingegeben werden, was bedeutet, daß wir viele Label und Eingabefelder benötigen. Manchmal sind das so viele, daß es schwierig ist, alle auf dem Bildschirm anzuordnen, ohne daß das Fenster völlig unübersichtlich wird. Durch Verwendung eines gescrollten Text-Widgets, das Label und Eingabefelder enthält, können wir sehr viel mehr Widgets auf kleinerem Raum anordnen. Wir benutzen dazu folgenden Code:

```
use Tk;

$mw = MainWindow->new;
$mw->title("Dateneingabe");
$f = $mw->Frame->pack(-side => 'bottom');
$f->Button(-text => "Beenden",
           -command => sub { exit; })->pack(-side => 'left');
$f->Button(-text => "Speichern",
           -command => sub {  # irgend etwas mit %info machen;
               })->pack(-side => 'bottom');
$t = $mw->Scrolled("Text", -width => 40,
               -wrap => 'none')->pack(-expand => 1, -fill => 'both');

foreach (qw/Name Adresse PLZ Stadt Land Telefon Abteilung Firma
         Geschaeftsanschrift Geschaeftstelefon/) {
    $w = $t->Label(-text => "$_:", -relief => 'groove', -width => 20);
    $t->windowCreate('end', -window => $w);
    $w = $t->Entry(-width => 20, -textvariable => \$info{$_});
    $t->windowCreate('end', -window => $w);
    $t->insert('end', "\n");
}
$t->configure(-state => 'disabled'); # Verhindern von Benutzereingaben

MainLoop;
```

Abbildung 8-6 zeigt das Resultat.

Abbildung 8-6: Ein Text-Widget, das andere Widgets enthält

Wir schalten das Text-Widget vor dem Aufruf von MainLoop ab, weil wir nicht wollen, daß der Benutzer Text direkt in das Text-Widget eingeben kann. Damit wird nur die Möglichkeit, Text einzugeben oder zu löschen, blockiert – interne Widgets funktionieren weiter wie bisher. Wir haben auch die Option -wrap abgeschaltet, damit die Label und Eingabefelder nicht aus Versehen auf die nächste Zeile geraten, wenn die Fenstergröße verändert wird.

Sie könnten auch ein anderes Text-Widget in ein Text-Widget einbetten, aber es gibt wenig Grund, das zu tun.

Die Methode window

Wie Sie aus dem vorangegangenen Beispiel ersehen können, wird die Methode windowCreate erzeugt, um ein eingebettetes Widget einzufügen. Das Widget sollte bereits erzeugt worden und ein Kind des Text-Widgets sein. Die allgemeine Syntax lautet:

```
$widget = $text->Widget( … );
$text->windowCreate(index, -window => $widget,[option => wert ] );
```

Im obigen Beispiel haben wir den Index 'end' verwendet. Sie können jeden zulässigen Text-Widget-Index verwenden, um eingebettete Widgets einzufangen. Wir haben nur die Option -window verwendet, mit der die Referenz auf das neue $widget angegeben wird.

Die verfügbaren Optionen für die Methode window lauten:

-align => wo

Die möglichen Werte sind 'baseline', 'bottom', 'center' und 'top'. Sie bestimmen, wo das Widget auf die Zeile gesetzt wird, wenn es nicht so hoch ist wie die Zeile selbst. Der Default ist 'center'.

-padx => *betrag* und -pady => *betrag*

    Fügen Leerraum um das Widget in x- bzw. y-Richtung ein.

-stretch => **0** | 1

    Erwartet einen Booleschen Wert (1 oder 0). Ein wahrer Wert dehnt die Widgets so weit, daß sie ihre Zeile in voller Höhe ausfüllen.

-window => $widget

    Gibt die Referenz auf das eingebettete Widget an.

Es gibt mehrere verschiedene Formen der Methode window. Die erste, die »Create«-Form, erzeugt Widgets im Text-Widget. Mit der »Names«-Form können Sie ermitteln, welche Arten von Widgets im Text-Widget eingebettet sind:

```
@types = $text->windowNames();
```

Das Ergebnis sieht etwa so aus:

```
.text.radiobutton .text.label .text.button .text.entry .text.checkbutton
```

Verwenden Sie die Funktion windowCget, um Informationen über die Optionen zu bekommen, die bei der Erzeugung des eingebetteten Widgets im Text-Widget verwendet wurden:

```
$value = $text->windowCget(index, option);
```

Um windowCget verwenden zu können, müssen Sie den Index kennen, den das Widget derzeit belegt (jedes Widget belegt ein Zeichen im Text-Widget, selbst wenn es aussieht, als würde es mehr Platz verbrauchen).

Die »Configure«-Form von window ermöglicht es Ihnen, die Optionen des Widgets an einem bestimmten Index zu ändern oder die Werte von Konfigurationsoptionen abzufragen:

```
$text->windowConfigure(index [, option => wert ] );
```

Denken Sie daran, daß Sie bei dieser Methode nur die Optionen -align, -padx, -pady, -stretch und -window verwenden können. Davon einmal abgesehen, verhält sich windowConfigure(...) genauso wie die normale configure-Methode. Um das Widget direkt zu verändern, benutzen Sie $widget->configure(...).

Der interne Debug-Schalter

Die Funktion debug hat ein optionales Boolesches Argument:

```
$text->debug( [ boolean ] );
```

Wenn der übergebene Wert wahr ist, dann werden die internen Konsistenzüberprüfungen im B-Tree-Code des Text-Widgets eingeschaltet. Ist der Wert falsch, bleiben diese aus. Ohne Argument gibt die Methode debug den Wert "on" aus, wenn die Überprüfungen eingeschaltet sind, und "off" sonst. Alle Text-Widgets in der Applikation teilen sich einen Debug-Schalter.

Durchlaufen

Die Methoden scanMark und scanDragto werden intern vom Text-Widget verwendet. Ein Aufruf von scanMark speichert einfach nur die übergebenen x- und y-Koordinaten zur späteren Verwendung mit scanDragto. Die Funktion gibt einen leeren String zurück:

```
$text->scanMark(x, y);
```

scanDragto erwartet ebenfalls Koordinaten, die mit den an scanMark übergebenen verglichen werden. Die Sicht auf das Text-Widget wird um das Zehnfache des Unterschieds zwischen den beiden Koordinaten verschoben.

```
$text->scanDragto(x, y);
```

Tips zum Weiterexperimentieren

- Erzeugen Sie ein scrollbares Text-Widget. Fügen Sie ein Button-Widget ein, das einen Text enthält, der die Vordergrundfarbe des Text-Widgets beschreibt. Wenn Sie auf den Button klicken, sollten verschiedene Farben durchlaufen und die -foreground-Farbe des Buttons sowie dessen Text aktualisiert werden. Eine Applikation mit größerem Nutzwert bekommen Sie, wenn Sie mehrere Buttons verwenden, die alle für jeweils eine bestimmte Farbe in der Applikation zuständig sind. Wenn der Benutzer auf den Button klickt, kann er eine andere Farbe auswählen (möglicherweise mit dem zusammengesetzten ColorEdit-Widget).

- Erzeugen Sie ein Text-Widget, das eine nur lesbare Datei angezeigt. Fügen Sie dem Fenster zwei Buttons hinzu. Der eine davon soll die im Fenster verwendete Fontgröße vergrößern, der andere soll sie verkleinern.

Das Leinwand-Widget

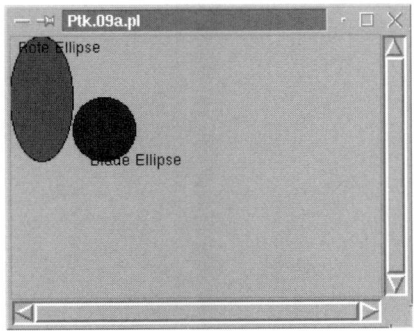

Das Leinwand-Widget (Canvas) wird hauptsächlich dazu verwendet, Elemente wie Bögen, Linien, Rechtecke, Kreise und andere zu zeichnen. Sie können aber auch Text oder andere Widgets in ein Leinwand-Widget setzen. Stellen Sie sich die Leinwand wie die Leinwand eines Malers vor. Sie ist leer, bis Sie sich überlegt haben, was Sie darauf malen wollen. Aber im Gegensatz zu einer echten Leinwand, die nur eine begrenzte Größe hat, ist das Leinwand-Widget in alle Richtungen scrollbar. Einige Beispiele, wie Sie das Leinwand-Widget verwenden können:

- Programmieren Sie ein Zeichenprogramm.
- Zeigen Sie einen auf Benutzereingaben basierenden Graphen an.
- Programmieren Sie einen eigenen Schieberegler.

Jedes Element, das Sie in einem Leinwand-Widget erzeugen, kann eigene Bindungen haben, um eine einfache Interaktion durch den Benutzer zu ermöglichen.

Ein Leinwand-Widget erzeugen

Ich empfehle Ihnen, immer die Methode Scrolled zur Erzeugung eines Leinwand-Widgets zu verwenden; es sei denn, Sie sind sich sicher, daß Ihre Leinwand nur eine feste Größe haben soll, die auf jeden Fall in das Fenster paßt:

```
$canvas = $mw->Canvas( [ option => wert, ... ] )->pack();
# oder...
$canvas = $mw->Scrolled('Canvas', [ option => wert, ... ])->pack();
```

Die erste Zeile erzeugt einfach eine Leinwand, die zweite eine Leinwand mit Scrollbalken. (Kapitel 6, *Scrollbalken*, enthält nähere Informationen darüber, was Sie sonst noch mit der Methode `scrolled` anfangen können.) Um ein Leinwand-Widget zu erzeugen, rufen Sie am gewünschten Eltern-Widget die Methode `Canvas` auf und übergeben die notwendigen initialen Optionen mit ihren Werten. Die Methode `Canvas` gibt eine Referenz auf das frisch erzeugte Leinwand-Widget zurück.

Bevor wir uns mit den Optionen und Methoden des Leinwand-Widgets beschäftigen, müssen Sie noch einige Dinge über dieses Widget wissen.

Das Koordinatensystem

Leinwand-Widgets verwenden ein Koordinatensystem, um die enthaltenen Elemente zu lokalisieren, aber dieses Koordinatensystem ist nicht wie die anderen. Es wirkt eher auf den Kopf gestellt.

Abbildung 9-1 enthält ein Diagramm, das das vom Leinwand-Widget verwendete Koordinatensystem illustriert.

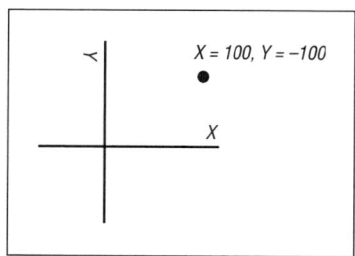

Abbildung 9-1: Das Koordinatensystem des Leinwand-Widgets

Die x-Koordinaten verhalten sich wie gewohnt, sie wachsen von links nach rechts. Aber die y-Koordinaten sehen aus, als hätten sie dem Wodka zu sehr zugesprochen, denn die großen y-Koordinaten stehen am unteren Rand und nicht am oberen, denn die Koordinate 0,0 befindet sich in der linken unteren Ecke. Obwohl das selten gemacht wird, können Sie auch negative Koordinaten in einem Leinwand-Widget verwenden.

Das Koordinatensystem ist nicht so schwierig zu verwenden, wenn Sie sich einmal klargemacht haben, was passiert, aber wenn Sie versuchen, eine Zeichnung mit dem Standardkoordinatensystem (also mit den großen y-Koordinaten oben) im Hinterkopf zu zeichnen, wird Ihre Zeichnung auf dem Kopf stehen.

Es gibt mehrere Möglichkeiten, damit umzugehen. Zunächst einmal können Sie einfach Ihre Denkweise ändern und im neuen Koordinatensystem denken (und damit all die Jahre vergessen, in denen Sie im Geometrie-Unterricht geschwitzt haben). Oder, wenn Sie genauso dickköpfig sind wie ich, denken Sie einfach in normalen Koordinaten weiter und lassen Ihr Programm eine kleine Berechnung ausführen, bevor Sie die y-Koordinaten an die Leinwand-Funktionen übergeben (einfach alle y-Koordinaten mit −1 multi-plizieren).

Wie Sie sich auch entscheiden, seien Sie auf jeden Fall konsistent, und kommentieren Sie Ihren Code gut.

Die x- und y-Koordinaten können in beliebigen zulässigen Bildschirmeinheiten angege-ben werden. Die Defaulteinheit sind Pixel. Wenn Sie nach dem Betrag der Koordinate den Buchstaben m schreiben, geben Sie die Distanzen in Millimetern an. Entsprechend stehen p für (Drucker-)Punkte, i für Zoll (Inch) und c für Zentimeter. Wir verwenden in allen Beispielen dieses Kapitels den Default Pixel.

Der scrollbare Bereich

Der scrollbare Bereich ist der Teil des Leinwand-Widgets, den der Benutzer sehen kön-nen soll. Wenn Sie keinen scrollbaren Bereich (mit der Option -scrollregion) erzeugen, kann der Benutzer beliebig in alle Richtungen scrollen, und die Scrollbars geben nicht wieder, wo die Elemente auf der Leinwand liegen.

Abbildung 9-2 zeigt ein Beispiel des scrollbaren Bereichs im Vergleich zum sichtbaren Bereich der Leinwand. Wenn diese beiden Bereiche die gleiche Größe haben, dann brauchen Sie keine Scrollbalken auf der Leinwand (wenn Sie welche verwenden wür-den, würden ihre Griffe den Scrollbalken vollständig ausfüllen).

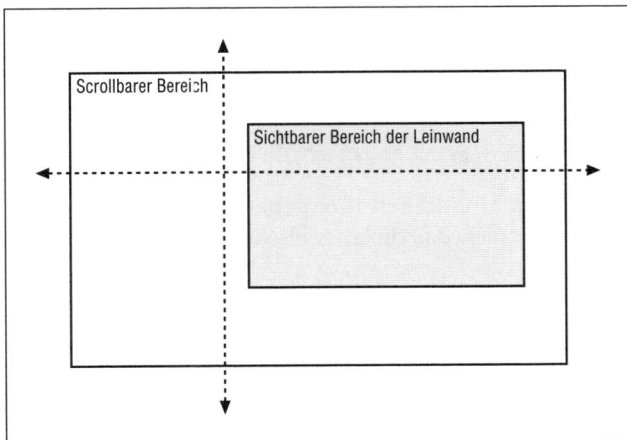

Abbildung 9-2: Der scrollbare Bereich und der sichtbare Bereich

Die Pfeile auf den Achsenmarkierungen in Abbildung 9-2 zeigen an, daß die Leinwand immer noch größer als der angegebene scrollbare Bereich sein kann. Wenn Sie sich bei-spielsweise entscheiden, einen Kreis jenseits des scrollbaren Bereichs einzufügen, müs-sen Sie den scrollbaren Bereich anpassen, damit der Benutzer den Kreis überhaupt sehen kann.

Das geht am besten mit der Methode bbox, die den umgebenden Kasten aller Elemente zurückgibt, die auf die übergebenen Tags passen. Das sieht im Code so aus:

```
$canvas->configure(-scrollregion => [ $canvas->bbox("all") ]);
```

Damit wird der scrollbare Bereich nach dem Hinzufügen oder Entfernen von Elementen passend gemacht. Wenn Sie viele Elemente auf einmal hinzufügen wollen, sollten Sie natürlich warten, bis Sie alle Elemente eingefügt haben, und dann erst den scrollbaren Bereich aktualisieren.

Bind mit Leinwand-Widgets verwenden

Wenn Sie versuchen, die Methode bind mit einem Leinwand-Widget zu verwenden, werden Sie auf einige unerwartete Probleme stoßen. Sie bekommen entweder eine Fehlermeldung und Ihr Skript startet gar nicht erst, oder es startet zwar, aber der bind-Aufruf scheint wirkungslos zu sein. Was Sie tun müssen, ist explizit Tk::bind anstelle von bind aufzurufen (weil das Leinwand-Widget eine eigene bind-Methode hat, die Sie vermeiden sollten):

```
$canvas = $mw->Canvas();
$canvas->Tk::bind("<Button-1>", sub { print "bind!\n"; });
```

Sie können auch SUPER::bind anstelle von Tk::bind verwenden. Beides funktioniert.[1]

Wenn Sie die Methode Scrolled verwenden, um Ihre Leinwand zu erzeugen, haben Sie noch eine zusätzliche Hürde zu meistern: Sie müssen die Methode Subwidget verwenden, um an das Leinwand-Widget heranzukommen:

```
$canvas = $mw->Scrolled("Canvas");
$real_canvas = $canvas->Subwidget("canvas");
$real_canvas->Tk::bind("<Button-1>", sub { print "bind!\n" });
```

Abgesehen von diesen kleinen Ärgernissen funktioniert bind genauso wie erwartet. Hier folgt ein kleines (und ganz nützliches) Beispiel, das die angeklickte Koordinate ausgibt:

```
$c = $mw->Scrolled("Canvas")->pack();
$canvas = $c->Subwidget("canvas");
$canvas->Tk::bind("<Button-1>", [ \&print_xy, Ev('x'), Ev('y') ]);
sub print_xy {
  my ($canv, $x, $y) = @_;
  print "(x,y) = ", $canv->canvasx($x), ", ", $canv->canvasy($y), "\n";
}
```

Dieses Beispiel gibt die Koordinaten (in Leinwand-Koordinaten) aus, wenn Sie mit der linken Maustaste klicken.

---

1 Für diejenigen, die Tk8.0 verwenden: Sie können anstelle von Tk::bind auch canvasBind verwenden. Ich werde im Rest dieses Kapitels Tk::bind verwenden, aber denken Sie daran, daß Sie statt dessen canvas-Bind verwenden sollten.

Optionen des Leinwand-Widgets

Die Optionen dieses Abschnitts betreffen das gesamte Leinwand-Widget sowie die darin enthaltenen Elemente. Elemente sind Kreise, Linien, Rechtecke, Text oder andere Widgets. Die folgenden Optionen funktionieren so, wie Sie das erwarten würden (und wie es in Kapitel 3, *Der einfache Button*, für die meisten Optionen und in Kapitel 6 für die Scrollbalken-Optionen beschrieben wurde): -background, -borderwidth, -cursor, -height, -highlightbackground, -highlightcolor, -highlightthickness, -relief, -takefocus, -width, -xscrollcommand und -yscrollcommand.

Neue Optionen

Wenn Sie Elemente auf der Leinwand mit der Maus selektieren, stellt das Leinwand-Widget Berechnungen an, ob sich der Mauszeiger im Element oder außerhalb befindet. Die Option -closeenough bestimmt, wie dicht sich der Mauszeiger an einem Element befinden muß, bevor er als im Element befindlich gilt. Der Defaultwert von -closeenough ist "1.0", was für 1,0 Pixel Entfernung steht. Alle Fließkommazahlen können bei -closeenough angegeben werden und werden immer als Pixel interpretiert.

Ich bin schon kurz im Abschnitt »Der scrollbare Bereich« weiter vorn in diesem Kapitel auf die Option -scrollregion eingegangen. Diese Option erwartet eine Referenz auf eine Liste mit vier Koordinaten. Diese Koordinaten geben den umgebenden Bereich des scrollbaren Bereichs auf der Leinwand an. Die Koordinaten stehen in der Reihenfolge [*minx, miny, maxx, maxy*]. Sie können sich das auch so merken, daß die Koordinaten den linken, oberen, rechten und unteren Rand des scrollbaren Bereichs definieren.

Normalerweise beschränkt das Leinwand-Widget die Sicht des Benutzers auf den mit der Option -scrollregion beschränkten Bereich. Sie können es dem Benutzer erlauben, darüber hinaus zu scrollen, indem Sie -confine => 0 angeben. Der Default dieser Option ist 1.

Zusätzliche Scrolling-Optionen

Die Optionen -xscrollcommand und -yscrollcommand funktionieren beide so wie in Kapitel 6 beschrieben, aber es gibt noch zwei weitere Optionen, die ebenfalls beeinflussen, wie das Leinwand-Widget seinen Inhalt scrollt: -xscrollincrement und -yscrollincrement. Jede Option erwartet als Wert einen gültigen Bildschirmabstand. Dieser Abstand ist der Betrag, um den die Leinwand in der jeweiligen Richtung gescrollt wird. Wenn Sie beispielsweise -xscrollincrement => 10 angeben, dann wird der Inhalt der Leinwand bei jedem Klick auf einen der Pfeile des horizontalen Scrollbalkens so verschoben, daß der linke Rand ein ganzzahliges Vielfaches von zehn ist. Die Leinwand wird also praktisch zehn Pixel in Pfeilrichtung verschoben.

Wenn der Wert von -xscrollincrement oder -yscrollincrement kleiner oder gleich 0 ist, dann wird in normalen Schritten verschoben.

Optionen für Textelemente

Die folgenden Optionen werden zwar auf das gesamte Leinwand-Widget angewendet, beeinflussen aber eigentlich nur die Textelemente auf der Leinwand: -insertbackground, -insertborderwidth, -insertofftime, -insertontime, -insertwidth, -selectbackground, -selectborderwidth und -selectforeground. Diese Optionen funktionieren genauso wie bei einem Eingabe-Widget oder einem Text-Widget. Lesen Sie dazu Kapitel 5, *Label- und Texteingabe-Widgets*, und Kapitel 8, *Das Text-Widget*.

Optionsliste des Leinwand-Widgets

Die folgenden Optionen können bei der Methode Canvas angegeben werden:

-background => *farbe*
 Legt die Hintergrundfarbe der Leinwand fest.

-borderwidth => *betrag*
 Legt die Kantenbreite der Leinwand fest.

-closeenough => *fließkomma_betrag*
 Legt die Distanz fest, die der Mauszeiger von einem Element entfernt sein darf, um noch als darin befindlich zu gelten.

-confine => **1** | 0
 Legt fest, ob sich die Leinwand auf den mit -scrollregion definierten Bereich beschränkt oder nicht. Der Default ist 1 (beschränken).

-cursor => *mauszeigername*
 Legt die Form des Mauszeigers fest, die verwendet werden soll, wenn sich der Mauszeiger über dem Leinwand-Widget befindet.

-height => *betrag*
 Legt die Höhe der Leinwand fest.

-highlightbackground => *farbe*
 Legt die Farbe des Fokus-Rechtecks fest, wenn die Leinwand nicht den Tastaturfokus hat.

-highlightcolor => *farbe*
 Legt die Farbe des Fokus-Rechtecks fest, wenn die Leinwand den Tastaturfokus hat.

-highlightthickness => *betrag*
 Legt die Dicke des Fokus-Rechtecks fest. Der Default ist 2.

-insertbackground => *farbe*
 Legt die Farbe des Bereichs hinter dem Text-Einfügecursor fest.

-insertborderwidth => *betrag*
 Legt die Randbreite des Einfügecursors fest.

-insertofftime => *millisekunden*
 Legt die Zeit fest, die der Cursor beim Blinken nicht zu sehen ist.

-insertontime => *millisekunden*
 Legt die Zeit fest, die der Cursor beim Blinken zu sehen ist.

`-insertwidth =>` *betrag*

  Legt die Breite des Einfügecursors fest.

`-relief => 'flat'|'groove'|'raised'|'ridge'|'sunken'|'solid'`

  Legt fest, wie die Kanten der Leinwand gezeichnet werden sollen. Der Default ist
  `'flat'`.

`-scrollregion => [` *links, oben, rechts, unten* `]`

  Definiert den Bereich, in dem der Benutzer scrollen darf.

`-selectbackground =>` *farbe*

  Legt die Farbe des Bereichs hinter selektiertem Text fest.

`-selectborderwidth =>` *betrag*

  Legt die Randbreite des selektierten Bereichs fest.

`-selectforeground =>` *farbe*

  Legt die Farbe des selektierten Textes fest.

`-takefocus => 0 | 1 | `**undef**

  Legt fest, ob die Leinwand den Tastaturfokus bekommen kann oder nicht. Der
  Default ist `undef`, d.h., die Entscheidung wird der Applikation überlassen.

`-width =>` *betrag*

  Legt die Breite der Leinwand fest.

`-xscrollcommand =>` *callback*

  Gibt den Callback an, der verwendet werden soll, wenn die Leinwand horizontal
  gescrollt wird (wird automatisch gesetzt, wenn die Methode `Scrolled` verwendet
  wird).

`-xscrollincrement =>` *betrag*

  Gibt die Distanz an, um die der Inhalt der Leinwand verschoben wird, wenn einer
  der Pfeile des horizontalen Scrollbalkens angeklickt wird.

`-yscrollcommand =>` *callback*

  Gibt den Callback an, der verwendet werden soll, wenn die Leinwand vertikal gescrollt wird.

`-yscrollincrement =>` *betrag*

  Gibt die Distanz an, um die der Inhalt der Leinwand verschoben wird, wenn einer
  der Pfeile des vertikalen Scrollbalkens angeklickt wird.

Elemente auf der Leinwand erzeugen

Eine Leinwand existiert überhaupt nur dazu, um Elemente zu enthalten. Sie können
Bögen, Bitmaps, Linien, Rechtecke, Ellipsen (Kreise), Polygone, Text und Widgets einfügen. Für jedes Element gibt es eine Methode create*XXX*, wobei *XXX* den Namen des
Elements angibt. Alle create-Methoden geben eine eindeutige ID zurück, mit der Sie
später auf das Element Bezug nehmen können. Wenn Sie eine Methode sehen, die ein
Tag oder eine ID als Argument erwartet, dann handelt es sich um die ID, die von der
create-Methode zurückgegeben wurde.

Das Bogen-Element (Arc)

Wenn Sie einen Bogen erzeugen, geben Sie ein umgebendes Rechteck mit zwei Sätzen von x- und y-Koordinaten an. Der Bogen wird innerhalb dieses Rechtecks gezeichnet. Die weiteren Optionen, die bestimmen, wie der Bogen gezeichnet wird, werden gleich erklärt. Der grundlegende Aufruf von `createArc` lautet:

```
$id = $canvas->createArc(x1, y1, x2, y2);
```

Alle weiteren Optionen dieser Methode werden nach den Koordinaten angegeben:

```
$id = $canvas->createArc(x1, y1, x2, y2, option => Wert);
```

Alle Optionen des Bogen-Elements können später auch mit den Methoden `itemcget` und `itemconfigure` verwendet werden. Die Optionen lauten:

`-extent =>` *grad*

Die Länge des Bogens wird mit der Option in (Alt-)Grad angegeben. Der Default sind 90 Grad. Der Bogen wird vom Startpunkt (siehe die Option `-start`) gegen den Uhrzeigersinn im durch (*x1*, *y1*) und (*x2*, *y2*) definierten Rechteck gezeichnet. Die Werte für *grad* sollten zwischen −360 und 360 liegen. Kleinere oder größere Werte werden mit einer Modulo 360-Operation auf diesen Bereich abgebildet.

Einige Beispiele zur Option `-extent`:

```
# Zeichnet die Hälfte einer Ellipse
$canvas->createArc(0,0,100,150, -extent => 180);
# Zeichnet _ einer Ellipse
$canvas->createArc(0,0,100,150, -extent => 270);
```

`-fill =>` *farbe*

Füllt den Bogen mit der angegebenen Farbe. Defaultmäßig wird der Bogen nicht gefüllt.

`-outline =>` *farbe*

Normalerweise wird der Bogen mit einem schwarzen Rand gemalt. Um dies zu ändern, können Sie die Option `-outline` verwenden. Die Randfarbe ist etwas anderes als die Füllfarbe, um also ein einfarbiges, ausgefülltes Objekt zu bekommen, müssen Sie bei `-outline` und `-fill` die gleichen Werte angeben.

`-outlinestipple =>` *bitmap*

Um `-outlinestipple` verwenden zu können, müssen Sie auch die Option `-outline` angeben. Normalerweise wird der Rand des Bogens durchgezogen gezeichnet. Geben Sie bei `-outlinestipple` eine Bitmap an, um einen anderen Rand zu bekommen; der Rand wird dann mit dieser Bitmap gezeichnet.

`-start =>` *grad*

Der mit `-start` angegebene Wert bestimmt, wo Perl/Tk mit dem Zeichnen des Bogens beginnt. Die Default-Startposition ist bei drei Uhr (0 Grad). Die angegebene Gradzahl wird zu diesem Wert hinzuaddiert, allerdings gegen den Uhrzeigersinn. Mit `-start =>` 90 beginnt der Bogen bei zwölf Uhr, mit `-start =>` 180 bei neun Uhr und so weiter.

`-stipple => ` *bitmap*

Mit der Option `-stipple` wird der Bogen mit der angegebenen Bitmap gefüllt, allerdings nur, wenn auch `-fill` angegeben worden ist.

`-style => "`**pieslice**`" | "chord" | "arc"`

Der mit `-style` angegebene Stil des Bogens bestimmt, wie der Bogen gezeichnet wird. Der Default, `"pieslice"`, zeichnet den Bogen sowie zwei Linien vom Mittelpunkt des Bogens zu den Enden des Bogensegments. `"chord"` zeichnet einen Bogen sowie eine Linie zwischen den beiden Enden des Bogensegments. `"arc"` schließlich zeichnet nur den Bogen ohne weitere Linien. Die Optionen `-fill` und `-stipple` werden ignoriert, wenn `"arc"` verwendet wird.

`-tags => ` *tagliste*

Wenn Sie einen Bogen erzeugen, können Sie diesem mit der Option `-tags` Tag-Namen zuweisen. *tagliste* ist eine anonyme Liste von Tag-Namen wie im folgenden Beispiel:

```
$canvas->createArc(0,0,10,140,-tags => ["arc", "tall"]);
```

Wenn Sie nur einen Tag-Namen verwenden, müssen Sie keine anonyme Liste benutzen:

```
$canvas->createArc(0,0,10,140,-tags => "arc");
```

`-width => ` *betrag*

Die Breite des Randes wird mit `-width` angegeben. Der Default ist 1.

Das Bitmap-Element

Ein Leinwand-Widget kann ganz genauso eine Bitmap anzeigen wie ein Button oder ein Label. Mit `createBitmap` können Sie eine Bitmap in Ihre Leinwand einfügen:

```
$id = $canvas->createBitmap(x, y);
```

Natürlich müssen Sie auch die Option `-bitmap` verwenden, um anzugeben, welche Bitmap eigentlich angezeigt werden soll; ansonsten werden Sie wenig zu sehen bekommen. Also wird ein Bitmap-Element in Wirklichkeit so erzeugt:

```
$id = $canvas->createBitmap(x, y, -bitmap => bitmap);
```

Warum die Bitmap nicht einfach das dritte Argument ist, weiß ich nicht. Es ist eben einfach so. Die weiteren Optionen von `createBitmap` lauten:

`-anchor => "`**center**`" | "n" | "e" | "s" | "w" | "ne" | "nw" | "se" | "sw"`

Die Option `-anchor` bestimmt, wie die Bitmap relativ zu den x- und y-Koordinaten in die Leinwand gesetzt wird. Der Default ist `"center"`, wodurch die Mitte der Bitmap an die angezeigten x- und y-Koordinaten gelegt wird. Die Verwendung einer einzelnen Richtung (wie beispielsweise `"e"`) würde die Mitte dieser Kante an die angegebenen Koordinaten legen.

`-background` => *farbe*

Die Option `-background` gibt die Farbe an, die für die 0-Pixel in der Bitmap verwendet werden soll. Wenn Sie keine Hintergrundfarbe angeben oder aber einen leeren String (`""`) verwenden, bleiben die 0-Pixel transparent.

`-bitmap` => *bitmapname*

Sie müssen die Option `-bitmap` verwenden, um der Leinwand mitzuteilen, welche Bitmap angezeigt werden soll. Sie können wie beim Button-Widget eingebaute Bitmaps wie `'info'` oder `'warning'` verwenden oder aber einen Dateinamen angeben. Denken Sie daran, daß Sie zur Angabe einer Bitmap-Datei dem Dateinamen ein `@` voranstellen müssen.

`-foreground` => *farbe*

Die Vordergrundfarbe der Bitmap ist das Gegenstück zur Hintergrundfarbe. (Bitmaps haben per definitionem nur zwei Farben.) Alle 1-Pixel der Bitmap werden mit der hier angegebenen Farbe eingefärbt. Der Default ist Schwarz.

`-tags` => *tagliste*

Wenn Sie eine Bitmap erzeugen, können Sie dieser mit der Option `-tags` Tag-Namen zuweisen. *tagliste* ist eine anonyme Liste von Tag-Namen wie im folgenden Beispiel:

```
$canvas->createBitmap(0,0, -bitmap => 'info', -tags => ["info", "bitmap"]);
```

Sie müssen keine Liste verwenden, wenn Sie nur einen Tag-Namen angeben wollen:

```
$canvas->createBitmap(0,0, -bitmap => 'info', -tags => "bitmap");
```

Das Image-Element

Wenn wir eine Bitmap auf einer Leinwand erzeugen können, ist es nur logisch, daß das auch mit Images geht. Dies geschieht mit der Methode `createImage`:

```
$id = $canvas->createImage(x, y, -image => image);
```

Auch hier müssen Sie ein Image angeben, oder Sie sehen nichts. Die weiteren Optionen von `createImage` lauten:

`-anchor` => **"center"** | `"n"` | `"e"` | `"s"` | `"w"` | `"ne"` | `"nw"` | `"se"` | `"sw"`

Die Option `-anchor` funktioniert bei Images genau wie bei Bitmaps. Sie gibt an, wo das Image relativ zu den Koordinaten zu liegen kommt. Der Default ist `'center'`.

`-image` => `$image`

Die Option `-image` gibt an, welches Image angezeigt werden soll. Dabei handelt es sich um eine Referenz auf ein Image, das mit einer der Methoden `Photo` oder `Bitmap` erzeugt worden ist. (In Kapitel 3 können Sie lernen, wie man eine Image-Datei erzeugt.)

-tags => *tagliste*

Verwenden Sie die Option -tags, um einem Image Tag-Namen zuzuweisen. -tags
erwartet eine anonyme Liste von Tag-Namen wie im folgenden Beispiel:

```
$canvas->createImage(0,0, -image => $imgptr, -tags => ["image", "blue"]);
```

Sie müssen keine Liste angeben, wenn Sie nur einen Tag-Namen verwenden
wollen:

```
$canvas->createImage(0,0, -image => $imgptr, -tags => "image");
```

Das Linien-Element

Die Methode createLine kann nicht nur eine, sondern auch mehrere Linien erzeugen.
Die ersten beiden Koordinatensätze bezeichnen die erste Linie, alle weiteren Koordinaten setzen die Linie von diesem Punkt an fort:

```
$id = $canvas->createLine(0,0, 400,400);              # erzeugt eine Linie
$id = $canvas->createLine(0,0, 400,400, -50, 240);    # erzeugt zwei Linien
```

Nach den Koordinaten können Sie alle notwendigen Optionen und Werte angeben, um
die Linie(n) zu konfigurieren. Es gibt folgende Optionen:

-arrow => "**none**" | "first" | "last" | "both"

Sie können mit der Option -arrow an jedes Ende der Linie Pfeile setzen. Wenn Sie
mehr als eine Linie mit createLine erzeugt haben, wird nur der erste und/oder der
letzte Punkt zu einem Pfeil. Wenn jede Linie Pfeile haben soll, müssen Sie mehrere
createLine-Anweisungen verwenden.

-arrowshape => [*dist1*, *dist2*, *dist3*]

Die Option -arrowshape wird nur verwendet, wenn Sie auch -arrow angegeben
haben. Abbildung 9-3 zeigt die Bedeutungen der drei Werte.

Sie geben die drei Distanzen durch eine anonyme Liste an:

```
$canvas->createLine(10, 10, 200, -40, -arrow => "both",
                    -arrowshape => [ 20, 20, 20]);
```

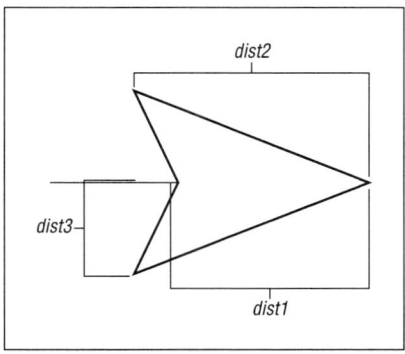

Abbildung 9-3: Die Definition einer Pfeilspitze

-capstyle => **"butt"** | "projecting" | "round"

Statt Pfeilspitzen können Linienenden auch einen dieser drei Stile haben.

-fill => *farbe*

Die Option -fill hat eigentlich den falschen Namen, weil sie gar nichts ausfüllt. Die Linie wird einfach nur mit dieser Farbe anstelle von Schwarz gezeichnet.

-joinstyle => "bevel" | **"miter"** | "round"

Die Option -joinstyle beeinflußt, wie zwei Linien miteinander verbunden werden. Der Default ist "miter". Wenn nur eine Linie erzeugt wird, hat diese Option keine Funktion.

-smooth => 1 | **0**

Wenn -smooth den Wert 1 hat, dann werden die Linien mit Hilfe von Bezier-Splines als Kurven gezeichnet. Die ersten beiden Linien bilden das erste Spline, die zweite und dritte Linie das zweite Spline und so weiter. Um eine gerade Linie zu zeichnen, müssen Sie die Endpunkte der gewünschten Linie wiederholen (oder createLine erneut verwenden, um eine separate Linie zu zeichnen).

-splinesteps => *anzahl*

Wenn Sie die Option -smooth verwenden, dann wird die Kurve um so glatter, je höher der mit -splinesteps angegebene Wert ist. Um herauszufinden, welcher Wert das gewünschte Ergebnis bringt, müssen Sie mit verschiedenen Werten experimentieren.

-stipple => *bitmap*

Mit der Option -stipple können Sie Linien mit einem Bitmap-Muster zeichnen lassen (die Einsen in der Bitmap sind eingefärbt, die Nullen sind transparent). Die Bitmap kann ein Default-Bitmapname oder ein Dateiname sein. Je breiter die Linie ist (siehe -width), desto mehr ist von der Bitmap zu sehen.

-tags => *tagliste*

Wenn Sie eine Linie erzeugen, können Sie dieser mit der Option -tags Tag-Namen zuweisen. *tagliste* ist eine anonyme Liste von Tag-Namen wie im folgenden Beispiel:

```
$canvas->createLine(0,0, 100,100, -tags => ["line", "blue"]);
```

Sie müssen keine Liste verwenden, wenn Sie nur einen Tag-Namen angeben wollen:

```
$canvas->createLine(0,0, 100, 100, -tags => "line");
```

-width => *betrag*

Mit der Option -width können Sie die Linie dicker machen. Normalerweise wird die Linie mit einer Breite von einem Pixel gezeichnet. Der Betrag kann ein beliebiger zulässiger Bildschirmabstand sein (also auch beispielsweise in Zentimetern oder Zoll angegeben werden).

Das Ellipsen-Element

Eine Ellipse kann ein Kreis sein, wenn Sie sie nur richtig zeichnen. Um eine Ellipse beziehungsweise einen Kreis zu zeichnen, verwenden Sie die Methode createOval und geben zwei Punktsätze an, die das Rechteck (oder das Quadrat) beschreiben, in das der Kreis oder die Ellipse gezeichnet werden soll. Ein einfaches Beispiel:

```
$id = $canvas->createOval(0,0, 50, 50);  # erzeugt einen Kreis
$id = $canvas->createOval(0,0, 50, 100); # erzeugt eine Ellipse
```

Die Optionen für Ellipsen werden Ihnen bekannt vorkommen, weswegen sie hier nur kurz behandelt werden:

-fill => *farbe*
> Die Ellipse wird mit der angegebenen Farbe gefüllt. Diese Farbe ist etwas anderes als die Randfarbe. Defaultmäßig wird die Ellipse nicht gefüllt.

-outline => *farbe*
> Diese Option definiert die Linie, die um den Kreis oder die Ellipse herum gezeichnet wird. Normalerweise ist dieser Rand schwarz, das kann aber mit der Option -outline geändert werden. Wenn die Farbe des Randes und die Füllfarbe gleich sind, wirkt die Ellipse wie eine Scheibe.

-stipple => *bitmap*
> Um die Ellipse mit einem Bitmap-Muster zu füllen (Einsen in der Bitmap werden eingefärbt, Nullen sind transparent), verwenden Sie die Option -stipple. Wenn die Option -fill nicht verwendet wird, hat -stipple keine Wirkung. -stipple erwartet einen Default-Bitmapnamen oder den Namen einer Bitmap-Datei.

-tags => *tagliste*
> Wenn Sie eine Ellipse erzeugen, können Sie dieser mit der Option -tags Tag-Namen zuweisen. *tagliste* ist eine anonyme Liste von Tag-Namen wie im folgenden Beispiel:
>
> ```
> $canvas->createOval(0,0, 100,100, -tags => ["oval", "blue"]);
> ```
>
> Sie müssen keine Liste verwenden, wenn Sie nur einen Tag-Namen angeben:
>
> ```
> $canvas->createOval(0,0, 100, 100, -tags => "oval");
> ```

-width => *betrag*
> Die Option -width legt fest, wie breit der Rand der Ellipse gezeichnet wird. Der Default ist 1 Pixel.

Das Polygon-Element

Ein Polygon ist einfach nur eine Reihe von Linien, deren erster Punkt automatisch mit dem letzten verbunden wird, um einen umschlossenen Bereich zu erzeugen. Die Methode createPolygon erwartet mindestens drei Paare von x- und y-Koordinaten. Beispielsweise erzeugt der folgende Code ein dreiseitiges Polygon:

```
$id = $canvas->createPolygon(1000,1000, 850,950, 30,40);
```

Natürlich können auch noch weitere Koordinatenpaare angegeben werden:

```
$id = $canvas->createPolygon(1000,1000, 850,950, 30,40, 500,500);
```

Sie können bei `createPolygon` die gleichen Optionen verwenden wie bei `createLine`: `-fill`, `-outline`, `-smooth`, `-splinesteps`, `-stipple`, `-tags` und `-width`. Denken Sie nur daran, daß `createPolygon` immer den ersten Punkt mit dem letzten verbindet, um den Bereich zu schließen.

Das Rechteck-Element

Als wenn es nicht genug wäre, ein Rechteck mit `createLine` oder `createPolygon` erzeugen zu können, gibt es auch noch die Methode `createRectangle`. Diese erwartet nur zwei Paare von Koordinaten, die die gegenüberliegenden Seiten des rechteckigen Bereichs beschreiben:

```
$id = $canvas->createRectangle(10, 10, 50, 150);
```

Auch hier haben wir die zur Verfügung stehenden Optionen schon bei anderen `create`-Methoden gesehen: `-fill`, `-outline`, `-stipple`, `-tags` und `-width`. Obwohl ich diese Optionen schon behandelt habe, kommen hier noch ein paar Beispiele:

```
# Ein blaues Rechteck mit einem schwarzen Rand:
$canvas->createRectangle(10,10, 50, 150, -fill => 'blue');
# Ein blaues Rechteck mit einem dickeren Rand:
$canvas->createRectangle(10,10, 50, 150, -fill => 'blue', -width => 10);
```

Das Textelement

Endlich einmal ein Elementtyp, der keine Linien enthält. Mit der Methode `createText` können Sie einer Leinwand Text hinzufügen. Die Methode erwartet ein Koordinatenpaar, das angibt, wo der Text hingesetzt wird, sowie den anzuzeigenden Text:

```
$id = $canvas->createText(0,0, -text => "origin");
```

Die Option `-text` ist zwar im Prinzip optional, aber wenn Sie sie nicht angeben, sehen Sie auch keinen Text auf dem Bildschirm. Weil das keinen Sinn ergibt, werden wir hier annehmen, daß Sie immer `-text` angeben. Die weiteren zur Verfügung stehenden Optionen lauten:

`-anchor => "`**center**`" | "n" | "e" | "s" | "w" | "ne" | "nw" | "se" | "sw"`

> Die Option `-anchor` bestimmt, wo der Text relativ zu den Koordinaten eingesetzt wird. Defaultmäßig geschieht dies zentriert. Der Text wird über dem Punkt zentriert, egal, wie lang er ist.

`-fill =>` *farbe*

> Der Text wird normalerweise in Schwarz gezeichnet, aber Sie können das mit der Option `-fill` ändern. Der Name dieser Option ist eigentlich nicht besonders sinnvoll (normalerweise verwenden unsere Widgets schließlich `-foreground`, um die Textfarbe zu ändern). Beispielsweise zeichnet `-fill => 'blue'` den Text in Blau.

`-font =>` *fontname*

> Sie können den Font, mit dem der Text angezeigt wird, mit der Option `-font` ändern.

`-justify =>` `"left"` | `"right"` | `"center"`

> Wenn der angezeigte Text mehr als eine Zeile enthält, können Sie mit dieser Option die Ausrichtung bestimmen. Die Defaultausrichtung ist linksbündig.

`-stipple =>` *bitmap*

> Diese Option ist etwas merkwürdig, aber ich werde sie trotzdem erklären. Wenn Sie einen Bitmapnamen (oder eine Datei) mit der Option `-stipple` angeben, dann wird der Text mit diesem Bitmap-Muster gezeichnet. Das wird den Text in den meisten Fällen unlesbar machen. Benutzen Sie diese Option also besser nicht, es sei denn, Sie verwenden Sie bei einem sehr großen Font.

`-tags =>` *tagliste*

> Die *tagliste* ist ein einzelner Tag-Name oder eine anonyme Liste von Tag-Namen, die diesem Element zugeordnet werden sollen.

`-text =>` *string*

> Diese Option ist nicht optional. Der angegebene String wird in der Leinwand an den übergebenen Koordinaten angezeigt.

`-width =>` *betrag*

> Dies ist noch eine weitere schlecht benannte Option, denn sie ändert nicht die Breite der einzelnen Zeichen, sondern legt die maximale Textzeilenlänge fest. Wenn der Text länger als dieser Wert ist, dann wird die Zeile automatisch in eine zweite umbrochen. Der Defaultwert für diese Option ist 0, womit Zeilen nur bei Zeilenwechselzeichen umbrochen werden. Zeilen werden immer nur an Leerstellen umbrochen, so daß keine Wörter zerschnitten werden.

Indizes in Textelementen

Manche Methoden, die auf Textelementen arbeiten, benötigen einen Indexwert. Wir haben in Kapitel 8 schon Indizes für normale Text-Widgets besprochen; die Indexwerte für Texte in Leinwand-Widgets sind ähnlich. Der einzige Unterschied ist der, daß jedes Textelement nur als eine einzige Zeile gilt (selbst wenn `"\n"`-Zeichen enthalten sind). Es gibt die folgenden Indexwerte:

n

> Ein numerischer Wert wie 0 oder 12. 0 ist das erste Zeichen, 1 das zweite und so weiter.

`"end"`

> Das Zeichen direkt nach dem letzten. Wird oft zusammen mit der Methode `insert` verwendet, um am Ende des Strings Text anzuhängen.

`"insert"`

Das Zeichen unmittelbar vor dem Einfügecursor.

`"sel.first"`

Das erste Zeichen des selektierten Textes. Nur gültig, wenn es eine Selektion gibt.

`"sel.last"`

Das letzte Zeichen des selektierten Textes. Nur gültig, wenn es eine Selektion gibt.

`"@`*x,y*`"`

Das Zeichen, das dem Punkt *x,y* auf der Leinwand am nächsten ist (keine Bildschirmkoordinaten!).

Zeichen löschen

Um Zeichen aus einem Textelement zu löschen, verwenden Sie die Methode `dchars`: `$canvas->dchars`(*tag/id*, *erstes [, letztes]*). Geben Sie ein Tag oder eine ID an, um das oder die Textelemente zu bestimmen; außerdem den Index, ab dem gelöscht werden soll. Wenn kein Endindex angegeben wird, werden alle Zeichen bis zum Ende des Strings gelöscht (einschließlich `"\n"`-Zeichen).

Den Cursor positionieren

Sie können den blinkenden Text-Cursor mit der Methode `icursor` positionieren: `$canvas->icursor`(*tag/id*, *index*). Der Cursor wird nur dann sofort angezeigt, wenn das Element den Tastaturfokus hat. Sie können die Position auch sonst setzen, werden davon aber nichts sehen, bis das Element den Tastaturfokus bekommt.

Indexinformation

Mit der Methode `index` können Sie einen Index auf der Basis eines anderen Index finden. Lassen Sie sich nicht verwirren, hier ist ein Beispiel:

```
$index = $canvas->index("textitem", "sel.first");
```

Damit wird der numerische Index des ersten selektierten Zeichens im Textelement zurückgegeben. Wenn mehr als ein Element auf das Tag oder die ID paßt (in diesem Fall handelt es sich um ein Tag namens `"textitem"`), wird das erste gefundene verwendet.

Text hinzufügen

Um einem Textelement weiteren Text hinzuzufügen, können Sie die Methode `insert` verwenden: `$canvas->insert`(*tag/id*, *index*, *string*). Das erste Argument ist das Tag oder die ID, was auch auf mehrere Elemente zutreffen kann. Das zweite Argument ist der Index, vor dem der neue String eingefügt werden soll, und das dritte ist der einzufügende String.

Text selektieren

Es gibt mehrere Methoden, mit denen Sie Text programmatisch selektieren können. Um die Auswahl zu löschen (eine beliebige Selektion, es werden bei diesem Befehl keine Tags oder IDs angegeben), verwenden Sie `$canvas->selectClear()`. Zum Selektieren eines Textteils dienen `selectFrom` und `selectTo`. Die folgenden zwei Codezeilen selektieren den Text vom Anfang bis zum Ende des ersten Elements, auf das das Tag `"texttag"` paßt:

```
$canvas->selectFrom("texttag", 0);
$canvas->selectTo("texttag", "end");
```

Sie können die Selektion mit `selectAdjust` erweitern: `$canvas->selectAdjust("adjust"`, *tag/id*, *index*). Die ID des Elements, das derzeit gerade die Selektion enthält, bekommen Sie mit `$id = $canvas->selectItem()`.

Das Widget-Element

Sie können ein beliebiges anderes Widget in eine Leinwand stecken – Buttons, Checkboxen, Text-Widgets oder selbst andere Leinwand-Widgets (wenn Sie ein bißchen verrückt sind) –, indem Sie die Methode `createWindow` verwenden. Das Widget, das in die Leinwand gesetzt werden soll, muß vor dem Aufruf von `createWindow` erzeugt worden sein. Ein Beispiel:

```
$bttn = $canvas->Button(-text => "Button",
                        -command => sub { print "Button in der Leinwand\n"; });
$id = $canvas->createWindow(0, 0, -window => $bttn);
```

An diesem Beispiel gibt es einige Auffälligkeiten (die aber ziemlich normal sind, von der Subroutine, die nichts Nützliches tut, einmal abgesehen):

- Der Button ist ein Kind der Leinwand. Er könnte auch ein Kind eines Vorfahrens der Leinwand sein (beispielsweise ein Kind von MainWindow, wenn die Leinwand ebenfalls ein Kind von MainWindow ist). Er sollte aber kein Kind eines anderen Toplevel-Widgets sein, das ansonsten nichts mit der Leinwand zu tun hat.

- Die Methode `createWindow` erzeugt nicht etwa das Widget, sie setzt es nur in die Leinwand ein. Der Button wird an den angegebenen Koordinaten in die Leinwand gesetzt und muß nicht erst mit `pack()`, `grid()` oder `place()` sichtbar gemacht werden.

- Das Widget muß vor dem Aufruf von `createWindow` erzeugt werden.

- Sie können den Button anklicken, worauf der zugeordnete Callback aufgerufen wird, genau wie bei anderen Buttons auch.

- Wenn Sie das Widget erzeugen, können Sie beliebige Optionen des Widgets verwenden, um es zu konfigurieren. Auch danach können Sie das noch über eine Referenz auf das Widget (wie etwa `$bttn`) tun.

Die folgenden Optionen, die Sie beim Aufruf von `createWindow` verwenden können, ähneln mehr den Optionen von `pack()` als Widget-Optionen:

`-anchor => "`**`center`**`"` | `"n"` | `"e"` | `"s"` | `"w"` | `"ne"` | `"nw"` | `"se"` | `"sw"`

> Das Widget wird entsprechend dieses Wertes relativ zu den Koordinaten eingesetzt. Der Default ist `"center"`, wodurch die Mitte des Widgets an den angegebenen Koordinaten zu liegen kommt.

`-height =>` *betrag*

> Legt die Höhe des Widgets fest. Wenn Sie `-height` nicht angeben, bekommt das Widget die Höhe, mit der es erzeugt worden ist (normalerweise die natürliche Größe des Widgets).

`-tags =>` *tagliste*

> Die *tagliste* verknüpft ein Tag mit dem Widget. Sie können entweder einen einzelnen Tag-Namen oder eine anonyme Liste von Tag-Namen angeben.

`-width =>` *betrag*

> Legt die Breite des Widgets fest. Wenn Sie `-width` nicht angeben, bekommt das Widget die Breite, mit der es erzeugt worden ist (normalerweise die natürliche Breite des Widgets).

`-window => $widget`

> Diese Option ist nicht optional. Wenn Sie `-window` nicht angeben, wird auch kein Widget in die Leinwand eingesetzt. `$widget` ist eine Referenz auf ein Widget-Element. Sie können das Widget entweder vorab oder direkt im Aufruf von `createWindow` erzeugen:
>
> ```
> $canvas->createWindow(0,0, -window => $canvas->Button(-text => "Button",
>         -command => sub { print "Button!\"; }));
> ```

Es ist immer dann sinnvoll, das Widget direkt im Aufruf zu erzeugen, wenn Sie nichts Besonderes damit vorhaben.

Das Leinwand-Widget konfigurieren

Sie können das Leinwand-Widget wie üblich mit den in Anhang A, *Widgets mit configure und cget konfigurieren*, beschriebenen Methoden `configure` und `cget` konfigurieren. Denken Sie daran, daß diese beiden Befehle auf dem gesamten Leinwand-Widget arbeiten (und möglicherweise darin enthaltene Elemente beeinflussen).

Elemente im Leinwand-Widget konfigurieren

Um die Konfigurationsoptionen irgendwelcher Elemente in der Leinwand zu ändern, müssen Sie lediglich den passenden Tag-Namen oder die ID wissen. Dann können Sie die Methoden `itemcget` und `itemconfigure` verwenden. Diese funktionieren genauso

wie `cget` und `configure`, erwarten aber als erstes Argument das Tag oder die ID des oder
der Elemente (ein Tag kann mehr als ein Element bezeichnen). Einige Beispiele sind:

```
$color = $canvas->itemcget("circle", -fill);
$canvas->itemconfigure($id_number, -fill => "yellow", -outline => 5);
```

Stellen Sie sicher, daß Sie nur zulässige Optionen mit `itemconfigure` und `itemcget` verwenden. Für jeden Elementtyp gibt es eine Liste zulässiger Optionen, die Sie bei den
Beschreibungen der einzelnen `create`-Methoden weiter vorn in diesem Kapitel finden.

Wenn Sie die Option `-tags` verwenden, ersetzt die Methode `itemconfigure` derzeit eventuell gesetzte Tags für das Element. Die *tagliste* von `-tags` kann auch leer sein, wodurch
alle Tags entfernt werden.

Tags

Jedem Element können ein oder mehrere Tags zugeordnet sein. Wir haben Tags schon
beim Text-Widget in Aktion gesehen, wo einzelnen Textabschnitten Tags zugeordnet
werden konnten. Ein Tag kann entweder beim Erzeugen des Widgets oder aber auch
später mit der Methode `addtag` zugewiesen werden.

Es gibt zwei besondere Tags, die automatisch zugewiesen und verwaltet werden: `"cur-
rent"` und `"all"`. Das Tag `"all"` bezeichnet alle Elemente in der Leinwand, das Tag `"cur-
rent"` das oberste Element, über dem sich der Mauszeiger befindet. Wenn der Mauszei-
ger außerhalb des Leinwand-Widgets oder nicht über einem Element ist, existiert das
Tag `"current"` nicht.

Sie können Tags verwenden, um Änderungen an vielen Elementen auf einmal vorzunehmen. Wenn Sie beispielsweise wollen, daß alle Kreise die gleiche Farbe haben,
diese Farbe aber von Zeit zu Zeit verändert werden soll, dann können Sie allen Kreisen
bei der Erzeugung ein Tag `"circle"` zuweisen. Mit der Methode `itemconfigure` können
Sie dann später die Konfigurationsoptionen aller Elemente mit diesem Tag ändern.

Betrachten wir einige beispielhafte Codezeilen zur Erzeugung von Tags:

`$canvas->addtag("newtag", "above", ` *tag/id*`);`
> Das Tag `"newtag"` wird dem Element zugeordnet, das über dem angegebenen Tag
> oder der ID liegt. Wenn es mehr als ein Element gibt, auf das *tag/id* zutrifft, dann
> wird das zuletzt gefundene verwendet, so daß `"newtag"` in der Anzeigeliste direkt
> über dem gefundenen Element liegt. Die Anzeigeliste (*display list*) wird automa-
> tisch erzeugt und verwaltet, wenn Sie Elemente zur Leinwand hinzufügen, und
> kann mit den Methoden `raise` und `lower` manipuliert werden.

`$canvas->addtag("newtag", "all");`
> Das Schlüsselwort `"all"` ist ein spezielles Tag, das alle Elemente einschließt, die
> sich derzeit in der Leinwand befinden. Elemente, die nach diesem Aufruf hinzuge-
> fügt werden, haben dann allerdings `"newtag"` nicht in ihrer Tag-Liste.

```
$canvas->addtag("newtag", "below", tag/id);
```
Das Tag "newtag" wird dem Element, das über dem angegebenen Tag oder der ID liegt, zugeordnet. Wenn es mehr als ein Element gibt, auf das *tag/id* zutrifft, dann wird das zuletzt gefundene verwendet.

```
$canvas->addtag("newtag", "closest", x, y);
```
Verwenden Sie das Tag "closest", um auf das Element zuzugreifen, das am dichtesten bei den angegebenen Koordinaten (in Leinwand-Koordinaten) liegt. Wenn mehr als ein Element paßt, wird das zuletzt gefundene verwendet.

Es gibt zwei weitere mögliche Argumente für diese Form von addtag. Sie können eine Zahl angeben, wie weit ein Element von den angegebenen Koordinaten entfernt sein darf, um noch berücksichtigt zu werden. Wenn Sie beispielsweise wollen, daß ein Element innerhalb von zehn Pixeln noch als "closest" gilt, verwenden Sie folgenden Aufruf:

```
$canvas->addtag("newtag", "closest", 50, 100, 10);
```

Außerdem können Sie ein Tag oder eine ID angeben, um die Suche einzuleiten. Der Aufruf würde dann so aussehen:

```
$canvas->addtag("newtag", "closest", x, y, 10, $tag_or_id);
```

Mit dieser Form können Sie alle als »closest« bezeichneten Elemente durchlaufen.

```
$canvas->addtag("newtag", "enclosed", x1, y1, x2, y2);
```
Mit der Form "enclosed" von addtag können Sie ein Tag mehreren Elementen zuweisen, die alle im durch die Koordinaten angegebenen Bereich liegen müssen. Die Koordinaten müssen sinnvoll sein, d.h., es muß gelten: $x1 < x2$ und $y1 < y2$.

```
$canvas->addtag("newtag", "overlapping", x1, y1, x2, y2);
```
Um jedem Element, von dem zumindest ein Stück in dem durch die Koordinaten angegebenen Bereich liegt, ein Tag zuzuweisen, verwenden Sie "overlapping" anstelle von "enclosed". Selbst wenn nur ein einziger Pixel des Elements im Bereich liegt, zählt das noch. Alle anderen Regeln für den Bereich sind wie bei "enclosed".

```
$canvas->addtag("newtag", "withtag", tag/id);
```
Weist "newtag" allen Elementen mit dem angegebenen Tag oder der angegebenen ID zu.

Elementbindungen mit Tags verwenden

An jedes Element in einer Leinwand kann eine Ereignisfolge gebunden werden, so daß ein Callback aufgerufen wird, wenn diese Folge von Ereignissen eintritt. Das entspricht dem Binden einer Ereignisfolge an Widgets, nur daß hier Element-Tags oder Element-IDs verwendet werden. (Denken Sie daran: Wenn Sie normale Bindungen für das Leinwand-Widget verwenden wollen, dann müssen Sie Tk::bind (oder canvasBind ab Tk8.0) anstelle von bind verwenden.)

Die allgemeine Form von bind lautet:

```
$canvas->Tk::bind(tag/id [ , folge, befehl ] );
```

Die Folge ist etwas wie "<Button-1>" oder "<Double-1>". Eine vollständige Definition und Beschreibung von Ereignisfolgen finden Sie in Kapitel 14, *Ereignisse binden.*

Wenn Sie Elementbindungen erzeugen, dann denken Sie daran, daß Elemente nur Maus- und Tastaturbindungen verwenden können. Sie können nicht all die merkwürdigen esoterischen Bindungen verwenden, die für Widgets zur Verfügung stehen.

Im folgenden Beispiel wird die Farbe aller Elemente mit dem Tag "blue" geändert, wenn sich der Mauszeiger darüber befindet:

```
# Wenn sich der Mauszeiger über dem Element befindet, mache es blau
$c->Tk::bind("blue", "<Enter>",
        sub { $c->itemconfigure("blue", -fill => "blue"); });
# Ansonsten mache das Element schwarz
$c->Tk::bind("blue", "<Leave>",
        sub { $c->itemconfigure("blue", -fill => "black"); });
```

Tags suchen

Mit dem Befehl find können Sie herausbekommen, welche Elemente ein bestimmtes Tag haben. Die einzelnen Möglichkeiten, find aufzurufen, sind die gleichen wie bei addtag (mit Ausnahme des newtag-Arguments). Es gibt folgende grundlegende Formate (der Abschnitt «Tags» weiter vorn in diesem Kapitel enthält die Details, was diese Formate bedeuten und wie sie funktionieren):

```
$canvas->find("above", tag/id);
$canvas->find("all");
$canvas->find("below", tag/id);
$canvas->find("closest", x, y [ , zusaetzlicher_bereich ] [ , tag/id ]);
$canvas->find("enclosed", x1, y1, x2, y2);
$canvas->find("overlapping", x1, y1, x2, y2);
$canvas->find("withtag", tag/id);
```

Die Tags eines bestimmten Elements ermitteln

Um eine Liste aller Tags eines Elements zu bekommen, verwenden Sie:

```
@list = $canvas->gettags(tag/id);
```

Wenn *tag/ID* auf mehr als ein Element zutrifft, wird das erste gefundene Element verwendet. Wenn *tag/ID* auf gar nichts zutrifft, wird ein leerer String zurückgegeben.

Koordinaten umgebender Kästen ermitteln

Als wir über den scrollbaren Bereich einer Leinwand gesprochen haben, haben wir schon ein Beispiel für die Methode bbox gesehen. Diese Methode gibt eine Liste mit vier Elementen zurück, die den Bereich definieren, in dem alle angegebenen Tags liegen. Im Beispiel hatten wir das besondere Tag "all" verwendet, das alle Elemente in der Leinwand bezeichnet. Damit hatten wir unseren scrollbaren Bereich definiert. Sie können auch mehr als ein Tag oder eine ID angeben:

```
($l, $r, $t, $b) = $canvas->bbox("blue", "red");
```

Wenn wir einmal annehmen, daß Sie die Tags "blue" und "red" den entsprechend eingefärbten Elementen zugewiesen haben, würde dieser Code den Bereich der Leinwand zurückgeben, der alle blauen und roten Elemente umfaßt.

Koordinaten übersetzen

Wenn Sie einen Callback einrichten und die Argumente Ev('x') und/oder Ev('y') verwenden, um herauszufinden, wo der Benutzer hingeklickt hat, dann müssen Sie diese Information in die Leinwand-Koordinaten übersetzen (Ev wird in Kapitel 14 beschrieben). Dazu dienen die Methoden canvasx und canvasy:

```
$x = $canvas->canvasx(bildschirmx [, rasterabstand ]);
$y = $canvas->canvasy(bildschirmy [, rasterabstand ]);
```

Beide Methoden kennen ein optionales Argument für den Rasterabstand. Wenn dieses angegeben wird, wird die Leinwand-Koordinate auf den nächsten Wert in diesem Raster gerundet.

Elemente bewegen

Wenn ein Element einmal in die Leinwand gesetzt worden ist, können Sie es mit zwei verschiedenen Methoden bewegen: move und coords. move erwartet ein Tag oder eine ID, das oder die angibt, welche Elemente bewegt werden sollen, sowie die Beträge, die zu den x- und y-Koordinaten hinzuaddiert werden sollen:

```
$canvas->move(tag/id, xdistanz, ydistanz);
```

Beispielsweise verschiebt der folgende Code alle Elemente mit dem Tag "blue" um 100 Pixel in x- und 100 Pixel in y-Richtung:

```
$canvas->move("blue", 100, 100);
```

Um ein Element in negativer Richtung zu verschieben, geben Sie einfach negative Distanzen an. Mit der anderen Methode, coords, können Sie explizit eine neue x- und y-Koordinate für das erste Element angeben, das durch das Tag oder die ID identifiziert wird:

```
$canvas->coords(tag/id, neux, neuy);
```

Wenn das Element mehr als einen Satz von Koordinaten benötigt, geben Sie einfach weitere an:

```
$canvas->coords(tag/id, neux1, neuy1, neux2, neuy2...);
```

Mit der Methode `coords` können Sie auch herausfinden, wo in der Leinwand sich ein Element gerade befindet, indem Sie einfach keine Koordinaten angeben:

```
@coords_list = $canvas->coords(tag/id);
```

Denken Sie daran, daß die Methode `coords` immer nur auf dem ersten passenden Element für das Tag oder die ID arbeitet.

Die Anzeigeliste manipulieren

Jedesmal, wenn eine Methode alle Elemente in der Leinwand nach einem bestimmten Tag oder einer bestimmten ID durchsucht, wird die Anzeigeliste durchsucht. Diese wird erzeugt und verwaltet, wenn Elemente zur Leinwand hinzugefügt werden. Das erste zur Leinwand hinzugefügte Element ist auch das erste in der Anzeigeliste, und alle weiteren Elemente werden in der Reihenfolge ihrer Erzeugung zur Anzeigeliste hinzugefügt. Später erzeugte Elemente werden auch über früher erzeugten gezeichnet, wenn sie überlappen. Mit den Methoden `raise` und `lower` können Sie die Reihenfolge in der Anzeigeliste ändern:

```
$canvas->raise(tag/id, uebertag/id);
$canvas->lower(tag/id, untertag/id);
```

Das erste Argument der beiden Methoden ist jeweils das Tag oder die ID des oder der Elemente, die in der Anzeigeliste verschoben werden sollen. Das zweite Argument ist das Tag oder die ID, vor oder hinter dem oder der das erste Element eingeordnet werden soll. Wenn das erste Tag beziehungsweise die erste ID auf mehr als ein Element zutrifft, werden alle verschoben.

Beachten Sie, daß Sie bei Verwendung der Methode `Scrolled` zur Erzeugung der Leinwand nicht das von dieser Methode zurückgegebene Element verwenden können, um `raise` oder `lower` aufzurufen. Das würde zu einem häßlichen Fehler mit falschen Argumenttypen führen, weil `Scrolled` nicht diese Version von `raise` oder `lower` aufruft, sondern eine andere. Verwenden Sie das Subwidget, um eine Referenz auf die eigentliche Leinwand zu bekommen, dann funktioniert es auch mit `raise` und `lower`.

Elemente löschen

Mit der Methode delete können Sie eines oder mehrere Elemente löschen. Sie erwartet eine Liste von Tag-Namen oder IDs. Alle darauf passenden Elemente werden gelöscht; seien Sie also vorsichtig, daß Sie nicht etwas löschen, was Sie vielleicht noch brauchen. Hier folgt ein Beispiel, in dem drei verschiedene Tags/IDs verwendet werden:

```
$canvas->delete("blue", "circle", $id_num);
```

Sie können ein Tag bzw. eine ID oder auch beliebig viele angeben.

Tags löschen

Mit der Methode dtag können Sie Tags von Elementen löschen. Es gibt zwei Varianten:

```
$canvas->dtag(tag);
$canvas->dtag(tag/id, loeschtag);
```

Die erste Variante sucht nach den Elementen mit dem angegebenen Tag und löscht es dann aus diesen. Die zweite Variante sucht nach Elementen, auf die das Tag oder die ID passen, und löscht dann das Tag loeschtag aus diesem Element (sofern dieser existiert). Damit können Sie auch nur eine Teilmenge von Tags anstelle jedes einzelnen löschen.

Den Typ eines Elements bestimmen

Mit der Methode type können Sie den Typ eines Elements bestimmen:

```
$canvas->type(tag/id);
```

Wenn mehr als ein Element auf das Tag oder die ID paßt, wird nur der Typ des ersten Elements zurückgegeben. Der zurückgegebene Wert ist ein String, der den Elementtyp beschreibt: "oval", "text", "rectangle" und so weiter.

Den Tastaturfokus zuweisen

Um einem Element den Tastaturfokus zuzuweisen, verwenden Sie die Methode focus:

```
$canvas->focus(tag/id);
```

Wenn das Element mit dem Tastaturfokus nichts anfangen kann, passiert einfach gar nichts. Sie können diese Methode verwenden, wenn Sie einem Widget in der Leinwand den Fokus zuweisen wollen.

Den Leinwandinhalt als PostScript ausgeben

Mit der Methode `postscript` bekommen Sie eine Kopie des Leinwandinhalts als Post-Script. Die Methode gibt entweder den PostScript-Code zurück oder schreibt diesen in eine Datei, sofern die Option `-file` angegeben wurde:

```
$postscript = $canvas->postscript();
$canvas->postscript(-file => "ps.out");
```

Mit den folgenden Methoden können Sie beeinflussen, wie der PostScript-Code erzeugt wird:

`-colormap` => *@array*

Jedes Element in *@array* muß ein gültiger PostScript-Befehl zum Setzen von Farb-werten sein, also beispielsweise `"1.0 1.0 0.0 setrgbcolor"`.

`-colormode` => `"color"` | `"gray"` | `"mono"`

Erzeugt den PostScript-Code entweder in Farbe, in Graustufen (`"gray"`) oder in Schwarzweiß (`"mono"`).

`-file` => *dateiname*

Gibt die Datei an, in die der PostScript-Code ausgegeben werden soll.

`-fontmap` => *@array*

Jedes Element in *@array* ist ein zweielementiges Array, das einen Fontnamen und eine Punktgröße enthält. Der Fontname sollte vollständig sein, damit Tk ihn korrekt parsen kann (also beispielsweise `"-*-Helvetica-Bold-O-Normal--*-140-*"`).

`-height` => *groesse*

Legt die Größe des zu druckenden Bereichs fest. Der Default ist die Höhe der Lein-wand.

`-pageanchor` => `"n"` | `"e"` | `"s"` | `"w"` | **`"center"`**

Legt fest, wie die Seite am mit `-pagex` und `-pagey` angegebenen Positionierungs-punkt ausgerichtet werden soll. Der Default ist `"center"`.

`-pageheight` => *hoehe*

Gibt die Größe der ausgedruckten Seite an. Das Leinwandabbild wird so skaliert, das es hineinpaßt. *hoehe* ist ein zulässiger Bildschirmabstand.

`-pagewidth` => *breite*

Gibt die Größe der ausgedruckten Seite an. Das Leinwandabbild wird so skaliert, daß es hineinpaßt.

`-pagex` => *x*

Gibt die x-Koordinate des Positionierungspunkts an. Kann jeder zulässige Bild-schirmabstand sein.

`-pagey` => *y*

Gibt die y-Koordinate des Positionierungspunkts an. Kann jeder zulässige Bild-schirmabstand sein.

`-rotate => `**`0`**` | 1`

> Wenn dieser Wert 1 ist, dann wird die Seite in Quer-Ausrichtung (»landscape«) gedreht. Der Default ist Hoch-Ausrichtung (»portrait«).

`-width => `*`groesse`*

> Legt die Größe des auszudruckenden Leinwandbereichs fest. Der Default ist die Größe der Leinwand.

`-x => `*`x`*

> Legt die linke Kante des auszudruckenden Bereichs (in Leinwand-Koordinaten) fest. Der Default ist die linke Kante des Fensters.

`-y => `*`y`*

> Legt die obere Kante des auszudruckenden Bereichs (in Leinwand-Koordinaten) fest. Der Default ist die obere Kante des Fensters.

Die Leinwand skalieren

Wenn Sie eine große Anzahl von Elementen in die Leinwand einsetzen, dann ist es manchmal schwierig, alle zu sehen, ohne ständig umherzuscrollen. Es ist aber möglich, die Leinwand so zu skalieren, daß alles nur noch halb so groß (oder auch doppelt so groß) ist. Die dafür zuständige Methode scale wird folgendermaßen verwendet:

```
$canvas->scale(tag/id, xursprung, yursprung, xskalierung, yskalierung);
```

Die Skalierung wird um *xursprung* und *yursprung* skaliert. Ich würde Ihnen immer dazu raten, den tatsächlichen Ursprung (0, 0) zu verwenden, wenn Sie nicht einen sehr guten Grund haben, es anders zu machen. *xskalierung* und *yskalierung* sind die Skalierungsfaktoren, die auf jede Koordinate jedes Elements angewendet werden. Einige Beispiele:

```
$canvas->scale("all", 0, 0, 1, 1);   # nichts ändert sich!
$canvas->scale("all", 0, 0, .5, .5); # alles wird halb so groß
$canvas->scale("all", 0, 0, 2, 2);   # alles wird doppelt so groß
$canvas->scale("all", 0, 0, 3, 3);   # alles wird dreimal so groß
```

Es ist eine gute Idee, Buttons zum Hineinzoomen und Hinauszoomen zu erzeugen, die das Skalieren erledigen. Merken Sie sich den Skalierungsfaktor in einer Variablen (beispielsweise $scale), die anfangs auf 1 gesetzt wird. Multiplizieren Sie diesen Wert mit 0.5 zum Hinauszoomen und mit 2 zum Hineinzoomen. Als letztes müssen Sie noch sicherstellen, daß Sie auch beim Hinzufügen neuer Elemente zur Leinwand deren Koordinaten mit diesen Faktoren multiplizieren (ansonsten werden diese Elemente im Vergleich zu den anderen Elementen der Leinwand entweder zu groß oder zu klein aussehen).

Durchlaufen

Verwenden Sie die Methode `scan`, um ein Durchlaufen der Leinwand zu implementieren:

```
$canvas->scanMark(x, y);
$canvas->scanDragto(x, y);
```

Der erste Aufruf, `$canvas->scanMark(x, y)`, speichert die x- und y-Koordinaten sowie die aktuelle Sicht auf die Leinwand. Durch den zweiten Aufruf, `$canvas->scanDragto(x, y)`, wird die Sicht auf die Leinwand um das Zehnfache der Differenz zwischen diesen Koordinaten und den vorher mit `scanMark` übergebenen Koordinaten verschoben. Das sieht dann so aus, als würde die Leinwand mit großer Geschwindigkeit verschoben werden.

Scrolling-Methoden

Das Leinwand-Widget kann sowohl horizontal als auch vertikal gescrollt werden. Die Methoden `xview` und `yview` dienen zur Kommunikation mit den Scrollbalken. Kapitel 6 beschreibt, wie diese Methoden funktionieren.

Beispiel: Ein Zeichenprogramm

Das Leinwand-Widget ist sehr flexibel und kann verwendet werden, um viele verschiedene Elementtypen anzuzeigen. Eines der ersten Dinge, das Programmierern beim Gedanken an das Leinwand-Widget einfällt, ist ein Zeichenprogramm. Um Ihnen die Arbeit zu ersparen, habe ich ein rudimentäres Zeichenprogramm namens Quick Draw geschrieben, mit dem Sie Rechtecke, Ellipsen und Linien zeichnen können. Außerdem können Sie vor dem Zeichnen die Dicke der Objekte ändern. Mit ein wenig mehr Fehlerüberprüfung kann das ein ganz gutes Programm werden. Hier ist der Code:

```
use Tk;

$mw = MainWindow->new;
$mw->title("Quick Draw");

$f = $mw->Frame(-relief => 'groove',
                -bd => 2,
                -label => "Zeichnen:")->pack(-side => 'left', -fill => 'y');
$draw_item = "rectangle";
$f->Radiobutton(-variable => \$draw_item,
                -text => "Rechteck",
                -value => "rectangle",
                -command => \&bind_start)->pack(-anchor => 'w');
$f->Radiobutton(-variable => \$draw_item,
                -text => "Ellipse",
                -value => "oval",
                -command => \&bind_start)->pack(-anchor => 'w');
```

```perl
$f->Radiobutton(-variable => \$draw_item,
                -text => "Linie",
                -value => "line",
                -command => \&bind_start)->pack(-anchor => 'w');
$f->Label(-text => "Linienbreite:")->pack(-anchor => 'w');
$thickness = 1;
$f->Entry(-textvariable => \$thickness)->pack(-anchor => 'w');

$c = $mw->Scrolled("Canvas", -cursor => "crosshair")
        ->pack(-side => "left", -fill => 'both', -expand => 1);
$canvas = $c->Subwidget("canvas");

&bind_start();

MainLoop;

sub bind_start {
  # Wenn es eine "Motion"-Bindung gibt, dann müssen wir es dem Benutzer
  # erlauben, das Zeichnen des Elements zu beenden, bevor Button-1 erneut
  # gebunden wird. Diese Funktion wird aufgerufen, wenn das Zeichnen des
  # Elements abgeschlossen ist.
  @bindings = $canvas->Tk::bind("<Motion>");
  return if ($#bindings >= 0);

  if ($draw_item eq "rectangle"||$draw_item eq "oval"||$draw_item eq "line") {
    $canvas->Tk::bind("<Button-1>", [\&start_drawing, Ev('x'), Ev('y')]);
  }
}

sub start_drawing {
  my ($canv, $x, $y) = @_;
  $x = $canv->canvasx($x);
  $y = $canv->canvasy($y);

  # Ein wenig Fehlerüberprüfung
  $thickness = 1 if ($thickness !~ /[0-9]+/);

  if ($draw_item eq "rectangle") {
    $canvas->createRectangle($x, $y, $x, $y,
      -width => $thickness, -tags => "drawmenow");
  } elsif ($draw_item eq "oval") {
    $canvas->createOval($x, $y, $x, $y,
      -width => $thickness, -tags => "drawmenow");
  } elsif ($draw_item eq "line") {
    $canvas->createLine($x, $y, $x, $y,
      -width => $thickness, -tags => "drawmenow");
  }

  $startx = $x; $starty = $y;
  # Die Button-1-Bindung auf &end_drawing abbilden, anstatt mit dem
  # Zeichnen anzufangen
  $canvas->Tk::bind("<Motion>", [\&size_item, Ev('x'), Ev('y')]);
  $canvas->Tk::bind("<Button-1>", [\&end_drawing, Ev('x'), Ev('y')]);
}
```

```
sub size_item {
  my ($canv, $x, $y) = @_;
  $x = $canv->canvasx($x);
  $y = $canv->canvasy($y);

  $canvas->coords("drawmenow", $startx, $starty, $x, $y);
}

sub end_drawing {
  my ($canv, $x, $y) = @_;
  $x = $canv->canvasx($x);
  $y = $canv->canvasy($y);

  # die Größe des Elements festlegen und das Tag vom Element entfernen
  $canvas->coords("drawmenow", $startx, $starty, $x, $y);
  $canvas->dtag("drawmenow");

  # die Motion-Bindung entfernen
  $canvas->Tk::bind("<Motion>", "");
  &bind_start();
}
```

Beachten Sie, daß ich -scrollregion überhaupt nicht verwendet habe, weil ich dem Benutzer ein endloses Zeichenblatt zur Verfügung stellen wollte. (Das war der einfachste Weg, dies zu erreichen: nichts tun!) Dies hier ist ein nettes, kleines Programm, das demonstriert, wie man bind und einige Leinwand-Methoden verwendet. Abbildung 9-4 zeigt ein Bildschirmfoto der Applikation, nachdem einige Elemente gezeichnet worden sind.

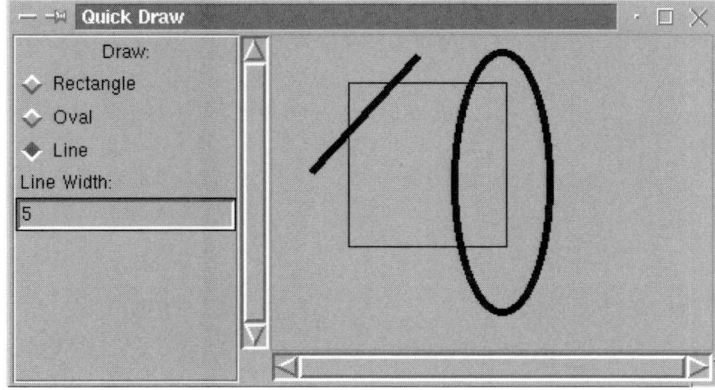

Abbildung 9-4: Die Applikation Quick Draw

Tips zum Weiterexperimentieren

Das Programm Quick Draw macht noch nicht viel Nützliches, deswegen hier einige Ideen, was Sie noch hinzufügen könnten:

- Die Fähigkeit, in eine PostScript-Datei drucken zu können.

- Eine Speichern-Funktion implementieren, die alle Elemente durchläuft und deren Typen und Koordinaten in eine Textdatei schreibt. Natürlich brauchen Sie dann auch eine Laden-Funktion.

- Es dem Benutzer ermöglichen, auch Textelemente zu erzeugen.

- Ein Eingabe-Widget hinzufügen, mit dem (durch Eingabe des Farbnamens) die Farbe geändert werden kann, in der die Elemente gezeichnet werden sollen.

10

Das Skalen-Widget

 Das Skalen-Widget ist ein merkwürdiges kleines Widget. Es ähnelt einem Scrollbalken, denn es ist lang und dünn und hat in der Mitte einen Button, aber es scrollt nichts anderes als sich selbst. Allerdings verwaltet es auch etwas, nämlich eine Zahl. Wenn Sie die Position des Buttons ändern, ändert sich auch die zugeordnete Zahl. Einige Vorschläge, was Sie mit einem Skalen-Widget machen können:

- Erzeugen Sie ein Widget, aus dem der Benutzer eine Zahl zwischen 1 und 100 auswählen kann.

- Erzeugen Sie drei Skalen, die jeweils eine Komponente eines RGB-Wertes (rot, grün, blau) repräsentieren.

- Erzeugen Sie vier Skalen, die jeweils einen Teil einer IP-Adresse repräsentieren. Jede Skala kann Werte von 0 bis 255 annehmen, und es ist vermutlich sinnvoll, 255 als Anfangswert zu verwenden. Verwenden Sie dann ein Label, um die vollständige IP-Adresse einschließlich der Punkte anzuzeigen.

- Erzeugen Sie eine Temperaturskala, die bei -20 Grad Celsius beginnt und bis 40 Grad Celsius geht.

- Zeigen Sie mit der Skala die bisherige Jahresregenmenge an. Die Skala kann alle fünf Zentimeter einen Skalenstrich haben.

Das Skalen-Widget kann horizontal oder vertikal ausgerichtet werden, abhängig davon, wieviel Platz Sie in Ihrem Applikationsfenster haben.

Eine Skala erzeugen

Genau wie bei anderen Widgets wird ein Skalen-Widget mit Hilfe eines Eltern-Widgets und durch die Übergabe von Optionen zur Konfiguration erzeugt:

```
$parent->Scale( [ option => wert ] )->pack;
```

Verwenden Sie einen der in Kapitel 2, *Geometrie-Management*, beschriebenen Geometrie-Manager, um die Skala auf den Bildschirm zu bringen (im obenstehenden Beispiel habe ich `pack` verwendet).

Die meisten Optionen des Skalen-Widgets kennen Sie schon von den anderen Widgets. Die folgende Liste enthält alle möglichen Optionen. Anschließend folgt eine Beschreibung derjenigen Optionen, die beim Skalen-Widget eine etwas andere Bedeutung haben, sowie der Optionen, die es nur für das Skalen-Widget gibt.

`-activebackground` => *farbe*
> Legt die Farbe des Hintergrundes fest, wenn sich der Mauszeiger über dem Schieberegler befindet (`-state` ist `'active'`).

`-background` => *farbe*
> Legt die Farbe des Hintergrundes fest, wenn sich der Mauszeiger nicht über dem Schieberegler befindet (`-state` ist `'normal'`).

`-bigincrement` => *betrag*
> Legt den Betrag fest, um den sich der Schieberegler ändert, wenn dies in größeren Schritten geschehen soll. Der Default ist 0, was bedeutet, daß sich der Wert um ein Zehntel des oberen Skalenwertes ändert.

`-borderwidth` => *betrag*
> Legt die Kantenbreite des Widgets fest. Der Default ist 2.

`-command` => *callback*
> Bestimmt den Callback, der aufgerufen wird, wenn der Schieberegler bewegt wird.

`-cursor` => *mauszeigername*
> Legt die Mauszeigerform fest, die verwendet wird, wenn sich der Cursor über dem Skalen-Widget befindet.

`-digits` => *anzahl*
> Legt fest, wie viele Stellen erhalten bleiben, wenn eine Zahl in einen String konvertiert wird.

`-font` => *fontname*
> Legt den Font fest, der zur Anzeige von Text im Skalen-Widget verwendet wird.

`-foreground` => *farbe*
> Legt die Farbe von Text im Skalen-Widget fest.

`-from` => *wert*
> Legt den unteren Skalenwert fest. Der Default ist 0.

`-highlightbackground` => *farbe*
> Legt die Farbe des Fokus-Rechtecks um die Skala fest, wenn dieses nicht den Tastaturfokus hat.

`-highlightcolor` => *farbe*
> Legt die Farbe des Fokus-Rechtecks um die Skala fest, wenn dieses den Tastaturfokus hat.

`-highlightthickness` => *betrag*

Legt die Dicke des Fokus-Rechtecks um die Skala fest.

`-label` => *labelstring*

Gibt ein Label für die Skala an. Defaultmäßig wird kein Label angezeigt.

`-length` => *betrag*

Legt die Länge des Schiebereglers (in der längeren Ausdehnung, unabhängig vom Wert von -orient) in zulässigen Bildschirmabständen fest.

`-orient` => **'vertical'** | 'horizontal'

Legt die Ausrichtung der Skala fest. Der Default ist `'vertical'`.

`-relief` => 'raised'|'sunken'|**'flat'**|'ridge'|'groove'|'solid'

Legt fest, wie die Kanten des Widgets gezeichnet werden. Der Default ist `'flat'`.

`-repeatdelay` => *millisekunden*

Legt fest, wie viele Millisekunden das Widget wartet, bevor eine Operation wiederholt ausgeführt wird.

`-repeatinterval` => *millisekunden*

Legt fest, wie viele Millisekunden das Widget zwischen zwei Wiederholungen einer Operation wartet.

`-resolution` => *wert*

Gibt die Inkremente der Skala an. Der Default ist 1.

`-showvalue` => 0 | **1**

Wenn diese Option den Wert 0 hat, wird der Wert des Schiebereglers überhaupt nicht angezeigt. Der Default ist 1.

`-sliderlength` => *wert*

Legt die Größe des Schiebereglers (im Widget) fest. Der Default ist 25.

`-state` => **'normal'** | 'active' | 'disabled'

Bestimmt den Zustand des Widgets und legt fest, ob Benutzer damit interagieren können. Der Default ist `'normal'`.

`-takefocus` => 1 | 0 | **undef**

Bestimmt, ob das Widget den Tastaturfokus bekommen kann. Defaultmäßig wird diese Entscheidung der Applikation überlassen.

`-tickinterval` => *wert*

Bestimmt die Label, die rechts von (oder unterhalb) der Skala angezeigt werden. Für jeden Wert wird ein Label gezeichnet. Wenn *wert* 0 ist, werden gar keine Label gezeichnet. Der Default ist 0.

`-to` => *wert*

Legt den oberen Skalenwert fest. Der Default ist 100.

`-troughcolor`=> *farbe*

Legt die Farbe des Bereichs hinter dem Schieberegler-Button fest (wie bei Scrollbalken).

`-variable` => *$variable*

Legt die Variable fest, in der der Wert der Skala gespeichert wird.

`-width =>` *betrag*

Legt die Ausdehnung des Schiebereglers in der schmalen Richtung fest (unabhängig vom Wert von `-orient`).

Einen Callback zuweisen

Wie üblich verwenden wir die Option `-command`, um dem Widget einen Callback zuzuweisen. Der Callback wird immer dann aufgerufen, wenn sich der Skalenwert ändert. Wenn Sie also den Wert von 50 auf 100 ändern und das Inkrement der Skala 1 ist, dann wird der Callback fünfzigmal aufgerufen. Außerdem wird der Callback bei der Erzeugung des Widgets aufgerufen. Ich empfehle Ihnen, `-command` nicht zu verwenden, es sei denn, daß es nur eine kleine Anzahl möglicher Werte gibt.

Orientierung

Mit der Option `-orient` können Sie die Ausrichtung der Skala ändern. Der erwartete Wert ist entweder `"horizontal"` oder `"vertical"`, der Default ist `"vertical"`. Abbildung 10-1 zeigt eine horizontale und eine vertikale Skala nebeneinander.

 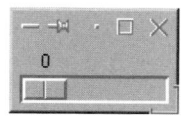

Abbildung 10-1: Eine vertikale (die Defaultausrichtung) und eine horizontale Skala

Minimale und maximale Werte

Mit den Optionen `-from` und `-to` können Sie den Wertebereich der Skala ändern. Der bei `-from` angegebene Wert ist normalerweise kleiner als der bei `-to`. Wenn Sie die beiden vertauschen, zeigt die Skala trotzdem noch den höheren Wert rechts und den niedrigeren Wert links an. Einer oder beide Werte können negativ sein. Einige Beispiele:

```
$mw->Scale(-from => -10, -to => 10)->pack;
$mw->Scale(-from => 10, -to => -100)->pack;
$mw->Scale(-from => -100, -to => -50)->pack;
$mw->Scale(-from => -0.5, -to => 0.5, -resolution => 0.1)->pack;
```

Wie Sie sehen, muß es sich bei den Minimal- und Maximalwerten nicht um ganze Zahlen handeln.

Der angezeigte und der gespeicherte Wert

Manchmal liegt der Wert, den Sie suchen, zwischen zwei sehr weit auseinanderliegenden Zahlen, etwa 0 und 1.000.000. Es wäre zu mühsam, alle diese Werte einzeln zu durchlaufen. Sie können die Schrittweite der angezeigten Zahl mit der Option `-resolution` ändern. Der Default ist 1, aber das kann auch in jede andere Zahl, egal ob kleiner oder größer, geändert werden.

Beachten Sie, daß der Schieberegler einen Wert haben kann, der größer oder kleiner als der angezeigte Wert ist, wenn die Auflösung größer als 1 ist (beispielsweise weil der Wert vom Programm gesetzt wurde).

Ein Label hinzufügen

Mit der Option `-label` können Sie Ihrer Skala ein Label hinzufügen. Das Label wird je nach Wert von `-orient` an unterschiedliche Stellen gesetzt (siehe Abbildung 10-2).

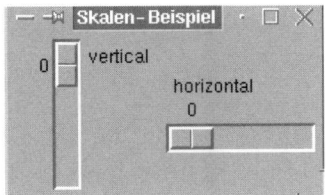

Abbildung 10-2: Zwei Skalen mit Label

Die Wert-Inkremente anzeigen

Die Skala zeigt ihren aktuellen Wert oberhalb oder links von sich an (je nach Wert von `-orient`). Nehmen wir an, daß Sie Label wie 0, 10, 20, ..., 100 anzeigen wollen, um dem Benutzer etwa anzuzeigen, wo sich der Button befinden muß, um diese Werte zu erreichen. Wenn Sie die Werte unterhalb der Skala oder links neben ihr anzeigen wollen, können Sie die Option `-tickinterval` verwenden. Der Default dieser Option ist 0, d.h., es werden keine Zahlen angezeigt. Um alle zehn Zahlen einen Wert anzuzeigen, verwenden Sie `-tickinterval => 10`. Je größer der Wertebereich der Skala ist, um so größer sollte dieser Wert sein. Ansonsten bekommen Sie einen Haufen von Zahlen, die so dicht beieinander (oder gar übereinander) liegen, daß Sie keine davon mehr erkennen können (siehe Abbildung 10-3).

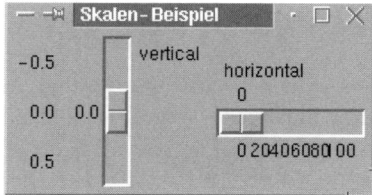

Abbildung 10-3: -tickinterval mit horizontalen und vertikalen Skalen verwenden

Die Größe der Skala ändern

Mit den Optionen -length und -width können Sie die Größe der Skala ändern. Außerdem können Sie mit -sliderlength die Größe des Buttons im Widget ändern. Die Werte werden in Bildschirmeinheiten angegeben. Siehe Abbildung 10-4.

```
$mw->Scale(-sliderlength => 100); # den Button 100 Pixel groß machen
```

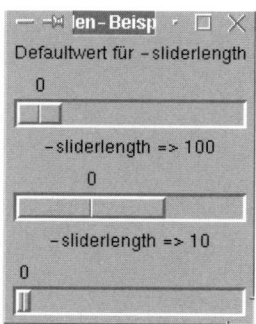

Abbildung 10-4: Verschiedene Werte für -sliderlength

Optionen, die Sie wahrscheinlich nie benötigen

Die letzten beiden Optionen des Skalen-Widgets sind -bigincrement und -digits. Die Option -bigincrement gibt an, wie weit bei wirklich großen Zahlen gesprungen wird. Der Default ist 0, was zu Inkrementen von einem Zehntel des gesamten Wertebereichs führt.

Die Option -digits bestimmt, wie viele Stellen bei der Konvertierung einer Zahl in einen String verwendet werden. Der Default (0) führt zu einer Genauigkeit, mit der für jeden möglichen Wert der Skala ein anderer String angezeigt werden kann.

Eine Skala konfigurieren

Wie üblich gibt es die Methoden `configure` und `cget`, mit denen Sie die Optionen des Skalen-Widgets abfragen und setzen können. Anhang A, *Widgets mit configure und cget konfigurieren,* beschreibt, wie diese Methoden verwendet werden.

Den Wert einer Skala ermitteln

Die Methode `get` gibt den aktuellen Wert der Skala zurück:

```
$value = $scale->get( );
```

Sie können auch Koordinaten angeben und bekommen dann den Skalenwert an dieser Stelle:

```
$value = $scale->get(x, y);
```

Den Wert einer Skala setzen

Sie können der Skala mit der Methode `set` auch einen Wert aufzwingen:

```
$scale->set(wert);
```

Diese Methode ist sehr nützlich, um einen initialen Wert zu setzen, wenn Sie die Option `-variable` nicht verwenden. Wenn Sie dagegen `-variable` verwenden, können Sie einfach der dort angegebenen Variablen den gewünschten initialen Wert zuweisen.

Koordinaten bestimmen

Die Methode `coords` gibt eine Liste mit x- und y-Koordinaten zurück:

```
($x, $y) = $scale->coords();
```

Die Koordinaten beschreiben die Position, an der der aktuelle Skalenwert liegt. Sie können auch einen Wert übergeben, um dessen Koordinaten herauszubekommen:

```
($x, $y) = $scale->coords(wert);
```

Die Bestandteile einer Skala identifizieren

Mit der Methode `identify` können Sie bestimmen, in welchem Teil der Skala eine bestimmte Koordinate liegt:

```
$value = $scale->identify(x, y);
```

Diese Methode gibt einen String zurück, der einen der Werte `"slider"`, `"trough1"`, `"trough2"` enthält, oder einen leeren String (wenn die Koordinaten keinen dieser Teile bezeichnen).

Tips zum Weiterexperimentieren

- Programmieren Sie einen personenbezogenen Fragebogen. Daten wie Alter (0 – 150 sollte ein hinreichender Wertebereich sein), Einkommen und Anzahl der Kinder im Haushalt können gut mit einem Skalen-Widget eingegeben werden. Verwenden Sie `-resolution`, `-to` und `-from` sinnvoll, um dem Benutzer die Arbeit so leicht wie möglich zu machen.

- Programmieren Sie ein *ping*-Programm, das Skalen-Widgets (je eines pro Teil der IP-Adresse) verwendet, um die IP-Adresse vom Benutzer zu erfragen.

11

Menüs

Die verschiedenen Menüarten

Es gibt mehrere Möglichkeiten, in Perl/Tk-Applikationen Menüs zu erzeugen und zu verwenden. Hier sind einige Beispiele, wofür man Menü-Widgets verwenden kann:[1]

- Datei-, Bearbeiten- und Hilfe-Menüs am oberen Rand Ihrer Applikation.

- Eine Liste von Fonts anzeigen, aus der der Benutzer auswählen kann (der ausgewählte Font kann mit einem Häkchen gekennzeichnet werden).

- Eine Liste von verfügbaren Befehlen anzeigen, wenn der Benutzer mit der rechten Maustaste auf ein anderes Objekt (wie eine Listbox oder ein Eingabefeld) in Ihrem Fenster klickt.

Diese verschiedenen Menüs können Sie alle mit dem grundlegenden Menü-Widget programmieren. Das Menü-Widget selbst besteht aus einer Liste von Elementen, die mit je einem Element pro Zeile in einem Kasten angezeigt werden. Jedem Element kann ein Callback zugeordnet werden, der aufgerufen wird, wenn das Menüelement aufgerufen oder ausgewählt wird. Im Gegensatz zu den Widgets, mit denen wir uns bisher befaßt haben, können Sie Menüs nicht mit Geometrie-Managern verwenden, sondern müssen das Menü-Widget statt dessen mit einer Methode namens post anzeigen (post wird später in diesem Kapitel noch behandelt werden).

Abbildung 11-1 zeigt den Inhalt eines typischen Menü-Widgets. Es enthält mehrere Elemente, eine Trennlinie und noch einige weitere Elemente. Trennlinien sind nützlich, um zusammengehörende Elemente zu gruppieren und um eine optische Trennung zu erreichen, wenn das Menü viele Befehle hat.

Menüs sind sehr gut dafür geeignet, um Checkboxen und Radiobuttons zu ersetzen. Wenn Sie fünf Radiobuttons benötigen, können Sie diese in ein Menü stecken und

---

1 Typischerweise enthalten Menüs Befehle, die nicht so oft benutzt werden, wie etwa Konfigurationsoptionen, Öffnen und Schließen von Dateien, Hilfe usw. Häufig verwendete Befehle sollten im Fenster zur Verfügung stehen, damit der Benutzer schnell darauf zugreifen kann.

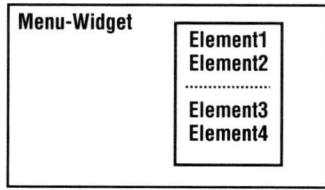

Abbildung 11-1: Ein einfaches Menü-Widget mit fünf Elementen: Element1, Element2, Trennlinie, Element3 und Element4

damit sehr viel Platz auf dem Bildschirm einsparen, der so für wichtigere Widgets zur Verfügung steht.

Ein Menubutton-Widget basiert auf dem Menü-Widget und hat einen Button, der bestimmt, wann das Menü angezeigt wird. Wenn der Button betätigt wird, dann wird das Menü direkt unter dem Button angezeigt. Der Button enthält einen Textstring, der die Elemente im Menü beschreibt. Menubuttons sind die Art von Menüs, die Sie meistens verwenden werden. Abbildung 11-2 zeigt ein Blockdiagramm eines Menubuttons nach dem Drücken des Buttons. Der Button-Teil des Menubuttons ist der Teil, in dem das Wort »Datei« steht.

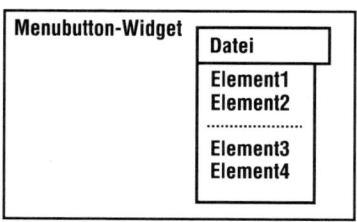

Abbildung 11-2: Ein Menubutton-Widget, das ein Menu-Widget verwendet

Der Hauptvorteil des Menubutton-Widgets besteht in den Funktionen zum Anzeigen des Menüs. Weil dies das Widget aus dem Menü-Bereich ist, das am häufigsten verwendet wird, werden wir hier als erstes darauf eingehen.

Das letzte hier behandelte Widget zur Erzeugung von Menüs ist das Optionsmenü, das sich anders als die anderen Menüs verhält. Mit dem Optionsmenü kann der Benutzer ein Element aus einer Liste von Elementen auswählen. Beispielsweise können Sie ein Optionsmenü verwenden, um die folgenden Optionen zu Ihrem Programm hinzuzufügen:

- Der Benutzer kann seine Lieblingsfarbe aus einer Liste von Farben auswählen.

- Die Benutzer können ihr Heimatland auswählen.

- Der Benutzer kann auswählen, wie viele Ausgaben das Programm machen soll: keine Ausgaben, nur Fehlermeldungen oder alle Ausgaben.

Abbildung 11-3 zeigt ein Blockdiagramm eines Optionsmenüs, bei dem das dritte Element ausgewählt worden ist.

```
Optionmenu-Widget
(auch Popup-Menü genannt)        Element1
                                 Element2
                                 Element3
        Wert auswählen:          Element4
```

Abbildung 11-3: Ein Beispiel eines Optionmenu-Widgets

Menüs sind einfach eine Möglichkeit, verwandte Aufgaben zu gruppieren, und mit dem Optionsmenü können Sie mehrere Auswahlmöglichkeiten gruppieren. Zu jedem Menüelement gehört, ähnlich wie bei Button-Widgets, ein Callback. Anstatt zehn verschiedene Buttons zu verwenden, können Sie zwei Menüs erzeugen, die jeweils fünf Elemente enthalten. Das spart Platz auf dem Bildschirm und macht dem Benutzer deutlich, daß diese Elemente eine ähnliche Aufgabe haben und der Übersichtlichkeit wegen gruppiert worden sind.

Das Menubutton-Widget

 Wie bereits beschrieben, hat das Menubutton-Widget ein Menü, das aus einem Button herunterklappt, wenn der Button betätigt wird. Das Menü wird wieder entfernt, wenn ein Element aus dem Menü ausgewählt wird oder aber der Benutzer an eine andere Stelle im Applikationsfenster klickt.

Viele Applikationen verwenden Menubuttons. Die Menubuttons werden normalerweise am oberen Rand des Applikationsfensters angeordnet und haben Namen wie Datei, Bearbeiten, Optionen und Hilfe. Abbildung 11-4 zeigt ein Beispiel mit mehreren Menubuttons, die in einem Frame zusammengefaßt sind.[2]

Einen Menubutton erzeugen

Wenn Sie ein Menubutton-Widget erzeugen, rufen Sie am Eltern-Widget die Methode `Menubutton` auf, die eine Referenz auf ein Menubutton-Widget zurückgibt. Die Optionen, die Sie an die Methode `Menubutton` übergeben, können sowohl den zunächst angezeigten Button als auch die eigentlichen Menüelemente konfigurieren:

```
$mbutton = $parent->Menubutton( [ optionen... ] )->pack;
```

---

2 Sie können das gleiche Aussehen in einem Fenster mit einem Menubar-Widget erzielen. Die zusätzliche Funktionalität dieses Widgets ist aber so minimal, so daß wir es in diesem Buch nicht behandeln werden. Um dieses Aussehen zu bekommen, erzeugen Sie ein Frame-Widget mit eimem `"ridge"`-Relief und einer Randbreite von 2. Packen Sie alle Menubutton-Widgets außer dem Hilfe-Menü mit `-side => "left"`, das Hilfe-Menü mit `-side => "right"`.

Abbildung 11-4: Ein Fenster mit mehreren Menubuttons am oberen Rand

Wenn dieses Widget mit einem der Geometrie-Manager angezeigt wird, sehen Sie zunächst nur den Button-Anteil des Menubuttons, einen Button mit »flachem« Relief. Der Menü-Teil erscheint erst, wenn Sie den Button betätigen. Abbildung 11-5 zeigt das Menubutton-Widget vor und nach dem Betätigen des Buttons. Beachten Sie auch, wie sich das Relief des Buttons dabei ändert.

 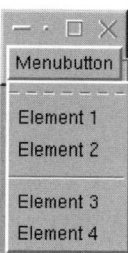

Abbildung 11-5: Ein Menubutton vor und nach dem Betätigen des Buttons

Optionen von Menubuttons

Die Optionen des Befehls Menubutton (die auch über die Methode configure angegeben werden können) können nur den Button-Anteil des Menubuttons, sowohl den Button als auch das Menü oder auch nur das Menü betreffen.[3] Die Optionen, die das Menü betreffen, gelten sowohl für das Menü-Widget als auch für das Menubutton-Widget. Wir werden die verfügbaren Optionen hier kurz (einige auch ausführlicher) behandeln, um deren Auswirkungen darzustellen. Zunächst folgt wie üblich die kurze Übersicht der Optionen und ihrer Wirkungen.

Wenn in der Beschreibung »betrifft nur den Button« steht, dann ist das Verhalten genau wie beim Button-Widget.

-activebackground => *farbe*

   Legt die Hintergrundfarbe des Buttons und des gerade hervorgehobenen Menüelements fest.

---

3 Das Menubutton-Widget enthält andere Widgets (in diesem Fall ein Button und ein Menü), um die gewünschte Funktionalität bereitzustellen.

-activeforeground => *farbe*
> Legt die Textfarbe des Buttons und des gerade hervorgehobenen Menüelements fest.

-anchor => 'n' | 'ne' | 'e' | 'se' | 's' | 'sw' | 'w' | 'nw' | **'center'**
> Betrifft nur den Button. Legt die Position des Textes im Button fest.

-background => *farbe*
> Alle Hintergrundfarben bekommen diesen Wert, wenn der Zustand des Buttons und der Menüeinträge 'normal' ist.

-bitmap => *bitmapname*
> Betrifft nur den Button. Zeigt eine Bitmap anstelle von Text an.

-borderwidth => *betrag*
> Betrifft nur den Button. Ändert die Kantenbreite des Buttons.

-cursor => *mauszeigername*
> Betrifft nur den Button. Ändert die Form des Mauszeigers, wenn sich dieser über dem Button-Teil des Menubuttons befindet.

-disabledforeground => *farbe*
> Betrifft den Button und den Text von Menüelementen, wenn der Wert von -state 'disabled' ist.

-direction => "above" | "below" | "left" | "right" | "flush"
> Diese Option gibt es erst ab Tk8.0. Der Wert "above" läßt das Menü über dem Menubutton erscheinen, "below" setzt es unter den Button und "left" und "right" auf die entsprechende Seite des Buttons. "flush" legt das Menü direkt über den Button.

-font => *fontname*
> Betrifft nur den Button. Legt den Font des im Button angezeigten Textes fest.

-foreground => *farbe*
> Betrifft nur den Button. Legt die Farbe des Textes oder der Bitmap fest.

-height => *betrag*
> Betrifft nur den Button. Legt die Höhe des Buttons fest.

-highlightbackground => *farbe*
> Betrifft nur den Button. Legt die Farbe des Fokus-Rechtecks fest, wenn der Button nicht den Tastaturfokus hat.

-highlightcolor => *farbe*
> Betrifft nur den Button. Legt die Farbe des Fokus-Rechtecks fest, wenn der Button den Tastaturfokus hat.

-highlightthickness => *betrag*
> Betrifft nur den Button. Der Default ist 0. Legt die Breite des Fokus-Rechtecks um den Button fest.

-image => *imgptr*
> Betrifft nur den Button. Zeigt ein Image anstelle eines Textes an.

-indicatoron => **0** | 1

> Betrifft den Button, der Anzeigemechanismus des Menüs ist indirekt betroffen. Wenn dieser Wert auf 1 gesetzt wird, erscheint rechts neben dem Text, der Bitmap oder dem Image im Button ein kleiner Balken.

-justify => 'left' | 'right' | **'center'**

> Betrifft nur den Button. Legt die Ausrichtung des Textes im Button fest.

-menu => $menu

> Veranlaßt den Menubutton, das Menü $menu anstelle des mit der Option -menuitems erzeugten Menüs anzuzeigen.

-menuitems => *liste*

> Übergibt dem Menü eine Liste von zu erzeugenden Elementen.

-padx => *betrag*

> Betrifft nur den Button. Fügt links und rechts vom Button, aber innerhalb des Rahmens des Buttons, zusätzlichen Platz hinzu.

-pady => *betrag*

> Betrifft nur den Button. Fügt oberhalb und unterhalb des Buttons, aber innerhalb des Rahmens des Buttons, zusätzlichen Platz hinzu.

-relief => **'flat'** | 'groove' | 'raised' | 'ridge' | 'sunken'

> Betrifft nur den Button. Der Default ist 'flat'. Das Relief des Buttons ändert sich in 'raised', wenn der Button betätigt wird.

-state => **'normal'** | 'active' | 'disabled'

> Betrifft den Button direkt, das Menü nur indirekt (es kann nicht angezeigt werden, wenn der Zustand 'disabled' ist).

-takefocus => **0** | 1 | undef

> Betrifft nur den Button. Der Default ist 0. Bestimmt, ob der Button den Tastaturfokus bekommen kann oder nicht.

-tearoff => 0 | **1**

> Betrifft nur das Menü. Der Default ist 1. Wenn der Wert 0 ist, wird die gestrichelte Linie zum Abreißen des Menüs nicht angezeigt.

-text => *text string*

> Betrifft nur den Button. Zeigt den angegebenen String im Button an (wird ignoriert, wenn eine der Optionen -bitmap oder -image verwendet wird).

-textvariable => \$variable

> Betrifft nur den Button. Die Information in der Variablen $variable wird im Button angezeigt.

-underline => *zeichenpos*

> Betrifft nur den Button. Das Zeichen an der Position *zeichenpos* wird unterstrichen. Wenn der Button den Tastaturfokus hat, dann kann das Menü auch durch Drücken der Taste für dieses Zeichen aufgeklappt werden.

-width => *betrag*

> Betrifft nur den Button. Legt die Breite des Buttons fest.

`-wraplength => ` *pos*

> Betrifft nur den Button. Der Default ist 0. Legt die maximale Länge einer Textzeile fest, bevor umbrochen wird.

Optionen, die nur den Button betreffen

Die folgenden Optionen betreffen nur den Button und verhalten sich genauso wie in Kapitel 3 beschrieben: `-cursor`, `-anchor`, `-bitmap`, `-borderwidth`, `-font`, `-foreground`, `-height`, `-highlightbackground`, `-highlightcolor`, `-highlightthickness`, `-image`, `-justify`, `-padx`, `-pady`, `-relief`, `-state`, `-takefocus`, `-text`, `-textvariable`, `-underline`, `-width` und `-wraplength`.

Abreißelemente

Jedes erzeugte Menü kann von seinem Fenster »abgerissen« werden. Das erste Menüelement ist eine gestrichelte Linie (siehe Abbildung 11-6). Wenn Sie dieses Element auswählen, wird das Menü-Widget zu einem eigenen Fenster und bleibt auf dem Bildschirm, bis Sie es über den Fenstermanager schließen.

Sie können das Menü auf dem Bildschirm umherbewegen, nicht aber seine Größe verändern. Die anderen Menüelemente verhalten sich wie üblich. Seien Sie vorsichtig: Sie können ein Menü mehrmals abreißen. Abreißmenüs werden nicht aktualisiert, wenn andere Ereignisse im Programm aktualisiert werden, Sie sollten Abreißmenüs also nur sparsam verwenden.

Um die Abreißfähigkeit aus einem Menü zu entfernen, geben Sie `-tearoff => ` `0` in der Argumentliste bei der Erzeugung des Menüs an; die gestrichelte Liste wird dann nicht angezeigt.

Die Abreißlinie im Menü zählt übrigens als eigenes Element. Wenn sie existiert, hat sie den Index 0, so daß Ihre Menüelemente dann die Indizes von 1 aufwärts haben. Wenn Sie `-tearoff=>0` verwenden, dann haben Ihre Menüelemente von 0 aufsteigende Indizes.

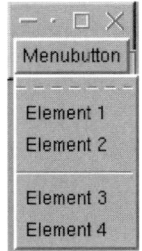 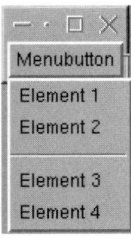

Abbildung 11-6: Ein Menü mit Abreißelement und ein Menü ohne

Farboptionen

Mehrere Optionen, die Farben einstellen, betreffen sowohl den Button als auch das Menü: -activebackground, -activeforeground, -background und -disabledforeground.

-activebackground und -activeforeground betreffen den im Button angezeigten Text (oder die Pixmap) wie auch das derzeit aktive Menüelement im Menü. Das aktive Menüelement ist das Element, über dem sich gerade der Mauszeiger befindet. Es erscheint leicht hervorgehoben und kann, abhängig von diesen Optionen, eine andere Farbe haben. Die Auswirkungen dieser Optionen auf den Button entsprechen denen auf normale Button-Widgets.

Die Option -background betrifft das gesamte Menü wie auch den Hintergrund des Buttons. Die Option -disabledforeground ändert die Textfarbe von Menüeinträgen, deren -state-Wert 'disabled' ist, sowie die Farbe des Textes oder der Bitmap im Button, wenn deren -state-Wert ebenfalls 'disabled' ist.

Anzeigefelder des Buttons

In Kapitel 4 haben wir gesehen, daß Radiobutton- und Checkbox-Widgets eigene Anzeigefelder haben. Der Button-Teil eines Menubutton-Widgets hat ebenfalls ein Anzeigefeld. Dabei handelt es sich um einen kleinen, dreidimensionalen Balken, der rechts neben dem Text, der Bitmap oder dem Image des Buttons angezeigt wird (siehe Abbildung 11-7). Normalerweise wird das Anzeigefeld dazu verwendet, um anzudeuten, daß etwas anderes passiert, wenn Sie auf den Button klicken. Die Anzeige des Anzeigefeldes wird mit der Option -indicatoron gesteuert, genau wie beim Radiobutton- und Checkbox-Widget.

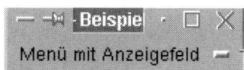

Abbildung 11-7: Ein Menubutton mit Anzeigefeld

Das Anzeigefeld einzuschalten hat überhaupt keinen Einfluß auf das Menü selbst. Normalerweise werden Sie die Option -indicatoron nicht verwenden, es sei denn, Sie verwenden den Menubutton als eine Art Optionsmenü oder in ungewöhnlicher Art und Weise.

Menüelemente angeben

Alles, was Sie in diesem Abschnitt lesen, gilt nicht nur für das Menubutton-Widget, sondern auch für die Option -menuitems des Menü-Widgets.

Das Hinzufügen von Elementen zum Menü in einem Menubutton-Widget erfolgt am einfachsten mit der Option -menuitems. Der Wert dieser Option muß eine Liste von

Listen[4] sein, die nicht nur die Reihenfolge der Elemente, sondern auch alle Konfigurationsoptionen der Elemente angibt. Das läßt sich am besten anhand eines Beispiels erklären.

```
$menub = $mw->Menubutton(-text => "Menubutton",
                         -menuitems => [[ 'command' => "Element 1"],
                                        [ 'command' => "Element 2"],
                                        "-",
                                        [ 'command' => "Element 3"],
                                        [ 'command' => "Element 4"]]);
```

Mit diesem Codeschnipsel erzeugen wir das Menü, das Sie schon in Abbildung 11-5 gesehen haben.

Die einzelnen Elemente der Liste haben folgende Bedeutung: Die Option `-menuitems` erwartet eine Liste von Listen. Die Unterlisten enthalten die Informationen über jeweils ein Menüelement. Jede Liste, die ein Menüelement konfiguriert, hat wieder eine bestimmte Reihenfolge. Das erste Element dieser Liste ist ein String, der bestimmt, was für ein Elementtyp erzeugt wird. Die verfügbaren Elementtypen sind `"command"`, `"radiobutton"`, `"checkbutton"` und `"cascade"`. Das zweite Element in dieser Liste ist der String, der im Menü angezeigt werden soll. Danach können Optionen angegeben werden, die den jeweiligen Elementtyp beeinflussen. Um eine Trennlinie zu bekommen, verwenden Sie einen String anstelle einer anonymen Liste.

Wie Sie sehen, habe ich nach `-menuitems` keine Callbacks zugewiesen. Wenn Sie ein Menüelement auswählen würden, würde nichts passieren. Um Callbacks zuzuweisen, müßten wir die Anweisung etwa so ändern:

```
$menub = $mw->Menubutton(-text => "Menubutton",
                         -menuitems => [[ 'command' => "Element 1",
                                         -command => \&do_item1 ],
                                        [ 'command' => "Element 2",
                                         -command => \&do_item2 ],
                                        "-",
                                        [ 'command' => "Element 3",
                                         -command => \&do_item3 ],
                                        [ 'command' => "Element 4",
                                         -command => \&do_item4 ]]);
```

Ich habe hier die Option `-command` verwendet, um Callbacks hinzuzufügen, und zwar für jedes Menüelement eine andere Subroutine. Es ergibt keinen Sinn, für die Trennlinie ebenfalls einen Callback anzugeben.

Die ersten beiden Elemente jeder Elementliste müssen der Elementtyp sowie der im Menü anzuzeigende Textstring sein. Selbst wenn Sie vorhaben, mit der Option `-label` einen anderen Textstring anzugeben oder gar ein Image zu verwenden, muß das zweite Argument in dieser Liste ein String sein.

---

4 Wenn Ihnen der Begriff »Liste von Listen« nichts sagt, dann kann das Kamel-Buch (*Programmieren mit Perl*) eine nützliche Referenz für Sie sein. Es enthält mehr Informationen über Listen, Hashes und das Erzeugen von anonymen Listen, als Sie jemals wissen wollen.

Es mag irritierend sein, daß wir sowohl "command" als auch –command verwenden müssen. Das erste ist der String, der den Elementtyp angibt, das zweite die Option (der ein Callback folgen sollte).

Mit der Methode AddItems() können Sie ebenfalls Elemente zu einem Menü hinzufügen: $menub->AddItems("command", -label => "Item1", -command => \&do_item1);. Die Argumentliste ist hier etwas anders (Sie übergeben nur den Typ und müssen dann die Option -label verwenden, um den Text anzugeben, der im Menü erscheinen soll; aber alle weiteren Optionen jedes Menüelementtyps werden hier ganz genauso angegeben).

Manche Optionen gelten auch nur für bestimmte Elementtypen, die in den folgenden Abschnitten besprochen werden.

Der Elementtyp Command

Bisher haben wir nur die Elementtypen "command" und "separator" verwendet. Normalerweise werden Sie auch die Option -command verwenden, damit etwas passiert, wenn das Menüelement ausgewählt wird.

Der Elementtyp Radiobutton

Es ist möglich, Radiobuttons in ein Menü anstelle eines Fensters zu stecken, wo sie Platz wegnehmen. Sie sehen genauso aus wie ein Radiobutton in einem Fenster, nur daß sie statt dessen im Menü stehen, und sie funktionieren auch gleich. Sie sollten immer mindestens zwei Radiobuttons verwenden, die auch logisch gruppiert sind, indem für alle Radiobuttons in der Gruppe die gleiche -variable => $variable-Option verwendet wird. Abbildung 11-8 zeigt ein Beispiel, in dem Radiobuttons in ein Menü eingesetzt worden sind.

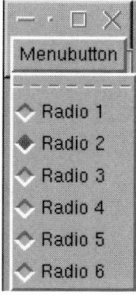

Abbildung 11-8: Radiobuttons als Menüelemente

In einem der Beispiele in Kapitel 4, *Checkboxen und Radiobuttons*, haben wir Radiobuttons verwendet, um die Hintergrundfarbe des Fensters auszuwählen. Wie könnten diese Radiobuttons auch in ein Menü stecken und so Platz in unserer Applikation sparen:

```
#!/usr/bin/perl -w

use Tk;
my $mw = MainWindow->new;
$mw->title("Menubutton");
$menub = $mw->Menubutton(-text => "Farbe")->pack(-side => 'left',
                                                 -anchor => 'n');
foreach (qw/red yellow green blue grey/) {
  $menub->radiobutton(-label => $_,
                      -command => \&set_bg,
                      -variable => \$background_color,
                      -value => $_);
}

MainLoop;

sub set_bg {
  print "Hintergrundwert ist jetzt: $background_color\n";
  $mw->configure(-background => $background_color);
}
```

Abbildung 11-9 zeigt, wie das Fenster nach einer Größenveränderung und nach dem Anzeigen des Menüs aussieht.

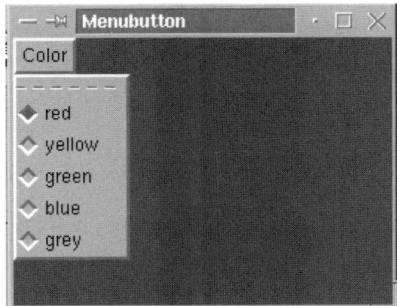

Abbildung 11-9: Radiobuttons in einem Menü zum Einstellen der Hintergrundfarbe

Der Elementtyp Checkbutton

Auch Checkboxen können Sie in ein Menü stecken, damit sie nicht im Weg stehen. Verwenden Sie die Option -command, um die Checkbox so zu konfigurieren, daß sie eine Aktion ausführt, wenn sie angewählt wird. Abbildung 11-10 zeigt Checkboxen in einem Menü.

Denken Sie an die Regeln für Checkboxen: Jede Checkbox sollte eine eigene -variable haben, weil jede für sich angewählt sein kann oder nicht.

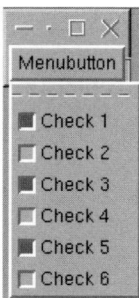

Abbildung 11-10: Checkboxen in einem Menü (1, 3 und 5 wurden manuell angewählt)

Der Elementtyp Cascade

Ein Cascade-Menüelement verweist auf ein anderes Menü. Wenn Sie diese Art von Menüelement auswählen, wird ein anderes Menü rechts daneben aufklappen. Dies ist der komplizierteste Elementtyp, denn Sie müssen noch ein weiteres Menü haben, das angezeigt werden kann (im nächsten Hauptabschnitt behandeln wir das Menü-Widget). Abbildung 11-11 zeigt, wie ein Cascade-Menüelement aussieht.

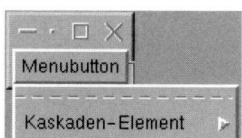

Abbildung 11-11: Ein Cascade-Menüelement in einem Menubutton-Widget

Das Untermenü muß ein Kind des Menüs im Menubutton-Widget sein. Damit kann Perl/Tk die Menühierarchie korrekt verwalten. Es ist am besten, wenn Sie zunächst das Menubutton-Widget und dann das Untermenü erzeugen.

```
$menub = $mw->Menubutton(-text => "Mein Menü",
                         -menuitems => [["cascade" => "Submenu"]]);
$submenu = $menub->menu->Menu(-menuitems => [ ... ]);
```

Wir können die Methode menu() des Menubutton-Widgets verwenden, um das Menüelement in einem Menubutton zurückzugeben und so das neue Menü als Kind des ersten zu erzeugen. Anschließend fügen wir das Cascade-Element zum Menubutton hinzu und lassen es auf das neue Untermenü verweisen:

```
$menub->entryconfigure("Submenu", -menu => $submenu);
```

Wegen einiger Probleme mit den Cascade-Menüs ist es notwendig, zuerst das Cascade-Element zu erzeugen und es dann mit dem anzuzeigenden Menü zu konfigurieren. Hier folgt ein vollständiges Perl-Programm zum Ausprobieren, damit Sie ein Gefühl für Untermenüs bekommen. Es erzeugt zwei Untermenüs, eines mit Zahlen und eines mit Buchstaben:

```
#!/usr/bin/perl -w

use Tk;
my $mw = MainWindow->new;
$mw->title("Menubutton");
# Menubutton erzeugen und anzeigen
$menub = $mw->Menubutton(-text => "Menubutton")->pack;

# Das Untermenü ist ein Kind des ersten Menüs.
$menu1 = $menub->menu->Menu;
foreach (qw/eins zwei drei vier/) {
  $menu1->add('command', -label => $_);
}

# Auch das zweite Untermenü ist ein Kind des ersten Menüs.
$menu2 = $menub->menu->Menu;
foreach (qw/A B C D/) {
  $menu2->radiobutton(-label => $_);
}

# Cascade-Elemente zum Hauptmenü hinzufügen
$menub->cascade(-label => "Zahlen");
$menub->cascade(-label => "Buchstaben");

# Jetzt den Cascade-Elementen die richtigen Submenüs zuweisen
$menub->entryconfigure("Numbers", -menu => $menu1);
$menub->entryconfigure("Letters", -menu => $menu2);

MainLoop;
```

Sie können auch Cascade-Elemente in einem Menü erzeugen, das selbst ein Untermenü ist, aber denken Sie daran, das neue Untermenü zu einem Kind des ersten Untermenüs zu machen.

Der Elementtyp Separator

Trennlinien, die mit dem Elementtyp Separator erzeugt werden, sind die nichtinteraktiven Teile eines Menüs. Ihre Aufgabe ist die optische Trennung von Menüeinträgen. Um Trennlinien zu erzeugen, rufen Sie entweder die Methode separator am Menubutton-Widget auf oder verwenden in der -menuitems-Liste einen String anstelle einer weiteren Liste.

Abbildung 11-12 zeigt den Trennstrich. Im Gegensatz zur Abreißlinie, einer gestrichelten Linie (die in Abbildung 11-12 nicht zu sehen ist), handelt es sich beim Trennstrich um eine durchgezogene Linie. Das Menubutton-Widget in Abbildung 11-12 wurde mit folgendem Code erzeugt:

```
$mw->Menubutton(-tearoff => 0, -menuitems => [ ['command' => "Element 1"],
                                               ['command' => "Element 2"],
                                               "-",
                                               ['command' => "Element 3"],
                                               ['command' => "Element 4"] ])->pack;
```

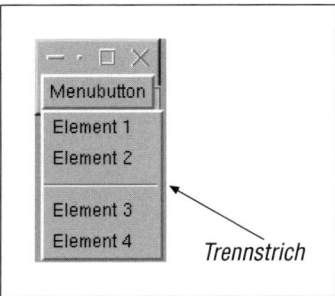

Abbildung 11-12: Eine Trennlinie in einem Menubutton-Widget

Anstelle von `"-"` hätten wir auch jeden anderen String verwenden können. Es ist aber guter Programmierstil, immer den gleichen String zu verwenden, so daß es später leicht zu erkennen ist, wo ein Trennstrich erzeugt wird.

Acceleratoren

Mit der Option `-accelerator` können Sie rechts neben dem im Menü angezeigten Text (oder der Bitmap) einen weiteren Textstring anzeigen. Dieser gibt normalerweise einen Hinweis auf eine Tastenkombination, die mit dem Befehl des Menüelements verbunden ist. In Abbildung 11-13 steht neben Element 1 der Accelerator-String Alt+1. Das Menüelement wurde mit der Liste `[ 'command' => 'Item 1', -accelerator => "Alt+1"]` in der Option `-menuitems` erzeugt. Damit die Tastenkombination Alt-1 auch wirklich eine Funktion hat, müssen Sie aber `bind` verwenden (siehe Kapitel 14, *Ereignisse binden*).

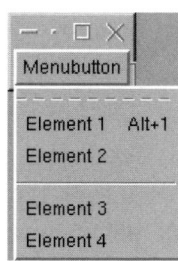

Abbildung 11-13: Ein Menü mit einem Accelerator neben Element 1

Ein Image in einem Menüelement anzeigen

Jedes Menüelement ist eine Art Button, so daß es nur logisch ist, daß man auch ein Image anstelle eines Textes anzeigen kann. Abbildung 11-14 zeigt, was passiert, wenn Sie auch die Option `-image` angeben. Der Code, mit dem dieses Menü erzeugt wurde, lautet:

```
$img1 = $mw->Bitmap(-file =>
    "/usr/X11R6/include/X11/bitmaps/RotateLeft");
```

```
$mw->Menubutton(-text => "Menubutton",
                -menuitems => [[ 'command' => "Element 1"],
                               [ 'command' => "Element 2",
                                 -image => $img1],
                               '-',
                               [ 'command' => "Element 3"],
                               [ 'command' => "Element 4"]
                               ])->pack(-side => 'left');
```

Abbildung 11-14: Anstelle von Text wird ein Image angezeigt

In Kapitel 4 habe ich die Verwendung von Icons behandelt und beschrieben, wie diese Optionen leichter verständlich machen. Aber wägen Sie gut ab, und überhäufen Sie Ihre Menüs nicht mit Bildern. Zu viele wenig aussagekräftige Icons (wie das aus Abbildung 11-14) machen eine Anwendung nur verwirrend.

Ein anderes Menü zuweisen

Defaultmäßig wird ein Menü erzeugt, wenn Sie die Option -menuitems verwenden. Sie können aber auch ein eigenes Menü-Widget erzeugen und das Menubutton-Widget anweisen, dieses zu verwenden. Allerdings ist da ein kleiner Trick dabei, Sie stehen hier nämlich vor einem Henne-oder-Ei-Problem. Sie müssen zunächst den Menubutton erzeugen und dann das Menü-Widget als Kind des Menubuttons erzeugen. Letzteres geschieht mit configure. Ein Codebeispiel:

```
# Menubutton mit einigen Platzhalter-Elementen erzeugen
$m1 = $mw->Menubutton(-text => "Menü1",
                      -menuitems => [[ 'command' => "Element 1"],
                                     [ 'command' => "Element 2"],
                                     "-",
                                     [ 'command' => "Element 3"],
                                     [ 'command' => "Element 4"]
                                     ])->pack(-side => "left",
                                              -expand => 'y',
                                              -fill => 'both');

# Ein Menü als Kind des Menubuttons $m1 erzeugen
$menu = $m1->Menu(-menuitems => [[ 'command' => "Element 1"],
                  [ 'command' => "Element 2"],
                  [ 'command' => "Element 3"]]);
```

```
# Jetzt $menu im Menubutton verwenden
$ml->configure(-menu => $menu);

MainLoop;
```

Wie bereits erwähnt, müssen Sie zunächst den Menubutton erzeugen und zu einem Kind von $mw (dem MainWindow) machen. Ich habe hier einige Menüelemente erzeugt, die im neuen Menü anders sind, damit Sie sehen können, welches Menü der Menubutton verwendet.

Einen Menubutton konfigurieren

Mit der Methode cget können Sie die Werte der Optionen eines Menubuttons abfragen, mit configure diese Optionen ändern oder deren Werte abfragen. Beide Methoden werden in Anhang A, *Widgets mit configure und cget konfigurieren*, beschrieben.

Menubutton-Elemente konfigurieren

Das Menubutton-Widget hat eine Methode namens entrycget, die der Methode entrycget des Menü-Widgets entspricht.

```
$value = $menub->entrycget(index, option);
```

Die Argumente sind ein Index und die abzufragende Option. Die zulässigen Indexwerte werden im Abschnitt »Das Menü-Widget« weiter hinten in diesem Kapitel besprochen.

Die Methode entryconfigure wird ebenfalls vom Menubutton-Widget zur Verfügung gestellt. Sie hat die gleiche Funktion wie die Funktion entryconfigure des Menü-Widgets:

```
$menub->entryconfigure(index, [ option ]);
```

Elemente zu einem Menubutton hinzufügen

Die Methode AddItems ermöglicht es Ihnen, dem Menü neue Elemente hinzuzufügen. Sie hängt die neuen Einträge immer in der angegebenen Reihenfolge an das Ende des Menüs an. Ähnlich wie die an -menuitems übergebenen Argumente werden auch die Argumente von AddItems in mehreren Listen angegeben. Es ist hier nicht nötig, die einzelnen Listen mit einer weiteren Liste zu umgeben, weil Sie nur diese Elementlisten an AddItems übergeben. Ein Beispiel:

```
$menub = $mw->Menubutton(-text => "Datei")->pack;
$menub->AddItems(["command" => "Öffnen", -command => \&do_open],
                 ["command" => "Schließen", -command => \&do_close],
                 "-",
                 ["command" => "Beenden", -command => sub { exit } ]);
```

Das ist nur eine andere Formulierung von:

```
$menub = $mw->Menubutton(-text => "Datei", -menuitems =>
         [ ["command" => "Öffnen", -command => \&do_open],
           ["command" => "Schließen", -command => \&do_close],
           "-",
           ["command" => "Beenden", -command => sub { exit } ]
         ])->pack;
```

Beachten Sie die zusätzlichen eckigen Klammern um die Informationen über die Menü-elemente. Die Information in den eckigen Klammern entspricht genau dem, was an AddItems übergeben wurde.

Die Methode command hängt ein Command-Element an das Ende des Menüs an. Wenn Sie command verwenden, müssen Sie die Option -label benutzen, um den im Menü anzuzeigenden Text anzugeben. Der folgende Code erzeugt noch einmal das gleiche Menü:

```
$menub = $mw->Menubutton(-text => "Datei")->pack;
$menub->command(-label => "Öffnen", -command => \&do_open);
$menub->command(-label => "Schließen", -command => \&do_close);
$menub->separator;
$menub->command(-label => "Beenden", -command => sub { exit });
```

Eine Checkbox erzeugen

Die Methode checkbutton hängt eine Checkbox an das Ende des Menüs an. Wie bei der Methode command müssen Sie die Option -label verwenden, um den Text anzugeben, der im Menü erscheinen soll. Alle weiteren Optionen des Checkbox-Elements sind genauso wie im Abschnitt »Menüelemente angeben« weiter oben beschrieben. Ein Beispiel:

```
$menub = $mw->Menubutton(-text => "Optionen");
$menub->checkbutton(-label => "Sicherheitsabfrage beim Beenden?",
                    -variable => \$confirm_quit);
```

checkbutton ist eigentlich eine Methode des Menü-Widgets, funktioniert aber auch bei Menubutton-Widgets. Das gleiche gilt für radiobutton, separator und cascade.

Einen Radiobutton erzeugen

Die Methode radiobutton hängt einen Radiobutton an das Ende des Menüs an. Sie müssen den anzuzeigenden Text mit der Option -label angeben.

```
$menub->radiobutton(-label=>"Radioelement");
```

Einen Trennstrich erzeugen

Die Methode separator hängt einen Trennstrich an das Ende des Menüs an. Sie erwartet keine Argumente:

```
$menub->separator();
```

Ein Cascade-Menü hinzufügen

Die Methode `cascade` hängt ein Cascade-Element an das Ende des Menüs an. Sie müssen den anzuzeigenden Text mit der Option `-label` angeben. Verwenden Sie `$menub->entry-configure(-menu => $submenu)`, um das aufzuklappende Menü anzugeben.

```
# $menu_more sei bereits erzeugt worden
$menub->cascade(label => "Noch ein Menü...");
$menub->entryconfigure("Noch ein Menü...", -menu => $menu_move);
```

Die Referenz auf ein Menüelement ermitteln

Die Methode `menu` gibt eine Referenz auf das vom Menubutton verwendete Menü zurück. Damit können wir Cascade-Einträge erzeugen, bei denen das Menü als Eltern-Widget des Untermenüs dient. Außerdem haben wir so Zugriff auf alle Methoden des Menü-Widgets. Beispielsweise könnten wir mit `$menub->menu->delete(1)` ein Element aus dem Menü löschen. Weitere Informationen zu den Methoden des Menü-Widgets finden Sie in »Das Menü-Widget« weiter hinten in diesem Kapitel.

Ein vollständiges Beispiel zu Menubuttons

Menüs sind viel kompliziertere Widgets als die, die wir bisher gesehen haben, weil die Elemente nicht immer auf die gleiche Art und Weise hinzugefügt werden. Manchmal können Sie die einfache Option `-menuitems` verwenden, manchmal wollen Sie die Elemente lieber dynamisch hinzufügen. Dieser Abschnitt enthält einige vollständige Perl-Skripten, die nützliche Menüs erzeugen.

Eine Menüleiste erzeugen

Der folgende Code wurde verwendet, um das Fenster und die Menüleiste aus Abbildung 11-4 zu erzeugen:

```perl
#!/usr/bin/perl -w
use Tk;
my $mw = MainWindow->new;
$mw->title("Menubutton");

$mw->Button(-text => "Beenden",
            -command => sub { exit; })->pack(-side => "bottom");

my $f = $mw->Frame(-relief => 'ridge', -borderwidth => 2);
$f->pack(-side => 'top', -anchor => 'n', -expand => 1, -fill => 'x');

foreach (qw/Datei Bearbeiten Optionen Hilfe/) {
  push (@menus, $f->Menubutton(-text => $_));
}

$menus[3]->pack(-side => 'right');
$menus[0]->pack(-side => 'left');
```

```
$menus[1]->pack(-side => 'left');
$menus[2]->pack(-side => 'left');

MainLoop;
```

Zunächst wird hier ein Frame am oberen Rand des Fensters erzeugt und gepackt, so daß er seine Größe dynamisch mit dem Fenster verändert. Anschließend werden die Menubuttons erzeugt und in den Frame gesetzt. Keines der Menüs enthält Elemente, das bleibt Ihnen als Aufgabe überlassen.

Dynamische Dokumentlisten

Manchmal wollen Sie Elemente dynamisch zu einem Menü hinzufügen oder daraus entfernen. Viele Applikationen merken sich die Dokumente, die Sie kürzlich geöffnet hatten, und tragen diese in das Datei-Menü ein, damit Sie später leichter darauf zugreifen können. Das folgende Beispiel macht etwas Ähnliches; ich habe die Problemstellung allerdings etwas vereinfacht: Wir verwenden hier nur einen Button, der einen neuen Dokumentnamen erzeugt und zeigen diesen Dokumentnamen in einem Eingabefeld an, damit wir wissen, welchen wir gerade bearbeiten. Mit dem Menubutton-Widget sowie einigen ausgewählten Methoden des Menü-Widgets können wir folgende Lösung programmieren:

```perl
#!/usr/bin/perl -w

use Tk;
$mw = MainWindow->new;
$mw->title("Dokumente");

# Am oberen Rand des Fensters einen Frame für die Menüleiste erzeugen
$f = $mw->Frame(-relief => 'ridge', -borderwidth => 2)
  ->pack(-side => 'top', -anchor => 'n', -expand => 1, -fill => 'x');

# Einen Menubutton mit zwei Einträgen erzeugen: Neues Dokument und ein
# Trennstrich
$filem = $f->Menubutton(-text => "Datei",
                        -tearoff => 0,
                        -menuitems => [ ["command" => "Neues Dokument",
                                         -command => \&new_document],
                                        "-"
                                      ])->pack(-side => 'left');
# Wir fangen mit Dokument 1 an und beschränken die Anzahl der Dokumente im
# Menü auf 10.
$doc_num = 1;
$doc_list_limit = 9;

# Button erzeugen, der die gleiche Aufgabe wie das Menüelement
# Neues Dokument hat.
$mw->Button(-text => "Neues Dokument",
            -command => \&new_document)->pack(-side => 'bottom',
                                              -anchor => 'e');
# Das Eingabefeld zeigt das aktuelle Dokument an, das wir gerade »editieren«.
$entry = $mw->Entry(-width => 80)->pack(-expand => 1, -fill => 'both');
```

```
MainLoop;

# Erzeugt das nächste Dokument und inkrementiert den Dokumentzähler.
# Fügt das neue Dokument zum Menü hinzu und entfernt Dokumente aus
# dem Menü, die über dem Limit liegen (das Älteste wird zuerst entfernt).
sub new_document {
  my $name = "Dokument $doc_num";
  $doc_num++;

  push (@current, $name);
  $filem->command(-label => "$name",
                  -command => [ \&select_document, $name ]);

  &select_document($name);

  if ($#current > $doc_list_limit) {
    $filem->menu->delete(2);
    shift(@current);
  }
}

sub select_document {
  my ($selected) = @_;

  $entry->delete(0, 'end');
  $entry->insert('end', "GEWAEHLTES DOKUMENT: $selected");
}
```

Abbildung 11-15 zeigt das Fenster dieses Programms, nachdem drei Dokumente erzeugt wurden:

Abbildung 11-15: Ein Dokumenten-History-Fenster

Das Menü-Widget

Manchmal wollen Sie kein Menubutton-Widget verwenden. Vielleicht wollen Sie Menüs erzeugen, die als Untermenüs dienen. Sie müssen dann trotzdem noch Menüs erzeugen. Außerdem fällt Ihnen möglicherweise auch die eine oder andere Anwendung für ein Menü ein, das keinen Button benötigt. Beispielsweise könnten Sie Ihre Applikation so programmieren, daß beim Klicken auf ein Widget mit der rechten Maustaste[5] ein

---

5   Verwenden Sie "<Button-3>" mit bind.

Kontextmenü aufgeklappt wird, mit dem der Benutzer Konfigurationsoptionen ändern kann.

Es zahlt sich außerdem aus, sich mit den Methoden zur Manipulation von Menüs vertraut zu machen, egal ob es sich um ein Menü-Widget selbst oder um ein Menü in einem Menubutton handelt.

Das grundlegende Menü erzeugen

Um ein Menü-Widget zu erzeugen, rufen Sie `Menu` am gewünschten Eltern-Widget auf:

```
$menu = $parent->Menu(optionen);
```

Das Menü-Widget ist das einzige Widget, bei dem nicht direkt Geometrie-Manager verwendet werden. Es wird mit der Methode `post` angezeigt:

```
$menu->post( ... );
```

Die Argumente von `post` bestimmen, wie das Menü angezeigt wird. Diese Methode wird weiter hinten in diesem Kapitel behandelt.

Optionen zur Menüerzeugung

Wie bei jedem anderen Widget gibt es auch bei Menüs Optionen, die angeben, wie das Menü-Widget aussehen und sich verhalten soll. Manche der Optionen des Menü-Widgets wurden bereits im Zusammenhang mit dem Menubutton-Widget besprochen, so daß ich hier nur auf die Aktionen eingehen werde, die entweder beim Menubutton-Widget nicht zur Verfügung stehen oder sich bei freistehenden Menüs anders verhalten.

Die folgende Liste nennt die Optionen des Menü-Widgets:

`-activebackground` => *farbe*
   Legt die Hintergrundfarbe hinter dem aktiven Element fest.

`-activeborderwidth` => *betrag*
   Legt die Kantenbreite des aktiven Menüelements fest.

`-activeforeground` => *farbe*
   Legt die Textfarbe des aktiven Menüelements fest.

`-background` => *farbe*
   Legt die Hintergrundfarbe des gesamten Menüs fest.

`-borderwidth` => *betrag*
   Legt die Kantenbreite des Menüs fest.

`-cursor` => *mauszeigername*
   Legt die Mauszeigerform fest, die angezeigt wird, wenn sich der Mauszeiger über dem Menü befindet.

`-disabledforeground` => *farbe*
   Legt die Textfarbe abgeschalteter Menüelemente fest.

`-font =>` *font*
> Legt den Font fest, mit dem Texte im Menü angezeigt werden.

`-foreground =>` *farbe*
> Legt die Textfarbe im Menü fest.

`-menuitems =>` *liste*
> Definiert eine Liste von Elementen, die im Menü erzeugt werden sollen.

`-postcommand =>` *callback*
> Legt den Callback fest, der aufgerufen wird, bevor das Menü auf dem Bildschirm angezeigt wird.

`-relief => 'flat' | 'groove' | `**`'raised'`**` | 'ridge' | 'sunken'`
> Legt das Relief der Menükanten fest.

`-selectcolor =>` *farbe*
> Legt die Farbe des Anzeigefeldes in Checkbox- und Radiobutton-Elementen fest.

`-takefocus => `**`0`**` | 1| undef`
> Bestimmt, ob das Menü mit der Tastatur gesteuert werden kann. Der Default ist 0.

`-tearoff => 0 | `**`1`**
> Bestimmt, ob das Menü eine Abreißlinie als erstes Element hat. Der Default ist 1.

Menüstil

Die Kanten des Menüs haben den Defaultwert `'raised'` mit einem `-borderwidth`-Wert von 2. Damit sieht das Menü wie ein großer Button mit mehreren Textelementen darin aus. Mit der Option `-relief` können wir den Stil des Menüs ändern:

```
-relief => 'flat' | 'groove' | 'raised' | 'ridge' | 'sunken'
```

Die Breite der Menükanten wird unabhängig von `-relief` mit der Option `-borderwidth` festgelegt:

```
-borderwidth => betrag
```

Das Ändern von `-borderwidth` läßt die verschiedenen Relieftypen deutlicher hervortreten.

Die Option `-activeborderwidth` betrifft immer das aktive Menüelement (das Menüelement, über dem sich der Mauszeiger befindet):

```
-activeborderwidth => betrag
```

Fonts und Mauszeiger in Menüs

Für das gesamte Menü wird der Font, in dem der Text angezeigt werden soll, mit der Option `-font` bestimmt:

```
-font => font
```

Mit der Option -cursor kann die Form ausgewählt werden, die der Mauszeiger annehmen soll, wenn er sich über dem Menü-Widget befindet:

```
-cursor => mauszeigername
```

Menü-Widgets haben eine andere Default-Mauszeigerform als normale Fenster. In
Menüs wird der Mauszeiger namens 'arrow' verwendet, während in normalen Fenstern
ein in die andere Richtung zeigender Mauszeiger zum Einsatz kommt.

Vor dem Anzeigen des Menüs eine Subroutine aufrufen

Bevor das Menü angezeigt wird (egal, ob über die Methode post oder einen Menubutton), können Sie mit der Option -postcommand noch eine Subroutine aufrufen lassen:

```
-postcommand => callback
```

Die Form des Callbacks entspricht der im Button-Widget (siehe Kapitel 2). Eine sinnvolle Anwendung für die Option -postcommand besteht darin, den Zustand der einzelnen
Menüelemente zu aktualisieren. Hier folgt ein Beispiel, das ein Menubutton-Widget verwendet, das Menü vor dem Anzeigen aber mittels -postcommand aktualisiert:

```
# Den Menubutton erzeugen
$menub = $mw->Menubutton(-text => "Datei", -tearoff => 0,
    -menuitems => [[ 'command' => "Öffnen", -command => \&do_something],
                   [ 'command' => "Speichern", -command => \&do_something],
                   [ 'command' => "Schließen", -command => \&do_something],
                   "-",
                   [ 'command' => "Beenden", -command => sub { exit }]]
    )->pack();

# Ein Schalter, der angibt, ob das Dokument bereits gespeichert wurde.
$unsaved = 0;

# Wir müssen bis zur Erzeugung des Menubuttons warten, um auf das
# Menü-Widget zugreifen zu können:
$menub->menu()->configure(-postcommand => \&update_menu);

# Diese Subroutine überprüft einige Schalter in unserem Programm und
# bestimmt, ob die Elemente aktualisiert werden müssen oder nicht
sub update_menu {
  if ($unsaved) {
    $menub->menu->entryconfigure(1, -state => "normal");
  } else {
    $menub->menu->entryconfigure(1, -state => "disabled");
  }
}
```

Menüelemente angeben

Mit der Option -menuitems können Sie das Menü und die Menüelemente auf einen
Rutsch angeben. Das Format ist das gleiche wie bei der -menuitems-Option des Menubutton-Widgets.

Menü-Widgets haben keine AddItems-Methode, diese gibt es nur bei Menubutton-Widgets. Sie können entweder die Option -menuitems oder die Methode add, die im nächsten Abschnitt beschrieben wird, verwenden.

Menüindizes

Wie Eingabefelder und Text-Widgets haben auch Menüs ein eigenes Indizierungsschema:

n

Die Elemente in einem Menü sind von 0 bis *n* durchnumeriert, wobei 0 das erste Element ganz oben und *n* das letzte Element ist. (Wenn es eine Abreißlinie gibt, dann hat diese den Index 0. Mit -tearoff => 0 können Sie die Abreißlinie abschalten.)

"active"

Das gerade aktive Menüelement (die Maus befindet sich über dem Element, das hervorgehoben ist). Wenn keine Menüelemente aktiv sind, dann hat "active" die gleiche Bedeutung wie 'none'.

"end"

Das letzte Menüelement im Menü. Wenn es keine Elemente im Menü gibt, dann hat 'end' die gleiche Bedeutung wie "none".

"last"

Gleichbedeutend mit "end".

"none"

Kein Element.

"@*y*"

Die Zahl ist eine y-Koordinate im Fenster. Diese Form der Indexspezifikation bezeichnet das Menüelement, das am dichtesten an der y-Koordinate liegt. "@0" ist gleichbedeutend mit 0.

"muster"

Bei dem Muster handelt es sich um Text, der mit den Menüelementen verglichen wird. Das erste Menüelement (angefangen bei 0), auf das der Text paßt, wird verwendet.

Es gibt eigentlich gar nicht so viele Methoden im Menü-Widget. Die wichtigsten sind wahrscheinlich entryconfigure und delete, weil Sie diese öfter als die anderen verwenden werden. Denken Sie daran, daß Sie die Methoden des Menü-Widgets mit $menubutton->menu->*method*() aufrufen können, wenn Sie ein Menubutton-Widget verwenden.

Konfigurieren des Menü-Widgets

Die Methode cget gibt den aktuellen Wert einer Option zurück. Sie gilt nur für Optionen für das gesamte Menü, aber es gibt eine Methode namens entrycget, mit der Informationen über einzelne Menüelemente abgefragt werden können. configure und cget werden in Anhang A genauer besprochen.

Menüelemente konfigurieren

Die Methode entrycget liefert Informationen über ein bestimmtes Menüelement zurück:

```
$menu->entrycget(index, -option);
```

Das Menüelement wird durch den Index festgelegt. Es können alle Optionen angegeben werden, die auch für die Methode add zulässig sind (siehe nächster Abschnitt).

Die Methode entryconfigure ändert die Konfigurationsoptionen des Menüelements mit dem angegebenen Index oder gibt die Werte von Konfigurationsoptionen zurück, ganz genauso wie es configure für das Menü-Widget als Ganzes tut:

```
$menu->entryconfigure(index, [-option, wert, ...]);
```

Wenn Sie keine Option angeben, bekommen Sie die Werte aller Optionen für den angegebenen Index. Wenn Sie nur eine Option angeben, bekommen Sie den Wert dieser Option für den angegebenen Index. Sie können aber auch mehrere Option/Wert-Paare angeben, um die Werte all dieser Optionen am angegebenen Index zu ändern.

Elemente hinzufügen

Neben der Option -menuitems können Sie die Methode add verwenden, um Elemente an das Ende eines Menüs anzuhängen. Das erste Argument von add ist der Typ des hinzuzufügenden Elements: "command", "radiobutton", "checkbutton", "separator" und "cascade". Ein Anwendungsbeispiel:

```
$menu->add(type [ , optionen... ]);
```

Die Optionen, die für jedes Menüelement gelten, sind die gleichen wie bei der Option -menuitems: -activebackground, -activeforeground, -accelerator, -background, -bitmap, -command, -font, -foreground, -image, -indicatoron, -label, -menu, -offvalue, -onvalue, -selectcolor, -selectimage, -state, -underline, -value und -variable.

Die folgenden beiden Codeschnipsel haben daher identische Ergebnisse:

```
# Schnipsel 1
# Elemente mit add hinzufügen
$menu = $mw->Menu;
$menu->add("command", -label => "Öffnen",
           -command => \&open_file);
$menu->add("command", -label => "Schließen",
           -command => \&close_file);
```

```
# Schnipsel 2
# Eine Liste mit der Option -menuitems übergeben
$menu = $mw->Menu(-menuitems => [ ["command" => "Öffnen",
                                   -command => \&open_file],
                                  ["command" => "Schließen",
                                   -command => \&close_file]
                                ]);
```

Jeder Aufruf von add fügt ein weiteres Element am Ende des Menüs an. Um ein Menü mitten im Menü einzufügen, können Sie die Methode insert verwenden, die im nächsten Abschnitt behandelt wird.

Anstelle von -text oder -textvariable verwenden wir -label, um den Text anzugeben, der im Menüelement angezeigt werden soll. Es gibt übrigens keine Option -labelvariable. Wenn Sie den Text eines Menüelements ändern müssen, dann müssen Sie die Methode entryconfigure verwenden (siehe unten).

Menüelemente einfügen

Die Methode insert funktioniert genauso wie die Methode add, fügt aber das neue Menüelement vor dem durch den Index angegebenen Eintrag ein. Allerdings können Sie kein Element vor der Abreißlinie einsetzen; diese muß immer das erste Element im Menü sein:

```
$menu->insert(index, typ [, optionen ... ]);
```

Ein Beispiel:

```
$menu->insert("end", "radiobutton",-label=>"red");
```

Menüelemente löschen

Um Menüelemente aus Ihrem Menü zu löschen, verwenden Sie die Methode delete:

```
$menu->delete(index);
# oder..
$menu->delete(index1, index2);
```

Wenn Sie nur einen Index angeben, löschen Sie nur ein Element. Sie können aber auch einen ganzen Bereich von Indizes angeben. Einige Beispiele:

```
$menu->delete('last');     # löscht das letzte Menüelement
$menu->delete(0, 'end');   # löscht alle Menüelemente (außer der Abreißlinie)
$menu->delete("Öffnen");   # löscht das Element, auf das "Öffnen" paßt
```

Menüelemente aufrufen

Die Methode invoke versucht, das Menüelement am angegebenen Index aufzurufen (als hätten Sie das Element mit der Maus angeklickt):

```
$menu->invoke(index);
```

Was dabei passiert, hängt davon ab, was für ein Elementtyp sich an der Position *index* befindet. Das Ergebnis des -command-Callbacks am angegebenen Index (sofern es einen gibt) wird von der Methode invoke als Rückgabewert zurückgeliefert.

```
$menu->invoke("red");
```

Bestimmen des Elementtyps

Die Methode type gibt einen String zurück, der den Typ des Menüelements am angegebenen Index beschreibt:

```
$type = $menu->type(index);
```

Der Rückgabewert ist entweder "command", "radiobutton", "checkbutton", "cascade", "separator" oder "tearoff".

```
$type = $menu->type(0); # Index 0 abfragen
```

Indexwerte umsetzen

Die Methode index gibt den numerischen Index des Menüelements an der Position *index* zurück:

```
$menu->index(index);
```

Der Code $menu->index('end') gibt 9 zurück, wenn es 10 Menüelemente im Menü gibt. $menu->index("Open") gibt die Indexzahl des Menüelements zurück, auf das "Open" paßt.

Ein Menü anzeigen

Wenn Sie kein Menubutton-Widget verwenden, um Ihr Menü zur Anzeige zu bringen, müssen Sie zur Selbsthilfe greifen. Sie können eine der beiden Methoden post und Popup verwenden.

Die Methode post zeigt das Menü an, und zwar so lange, bis ein Menüelement ausgesucht oder ausdrücklich unpost aufgerufen wird. Popup zeigt das Menü nur an, während die Maustaste gedrückt gehalten wird.

Die Methode post erwartet x- und y-Koordinaten, die angeben, wo das Menü auf dem Bildschirm erscheinen soll. Normalerweise wird das Menü dort angezeigt, wo der Benutzer hingeklickt hat (es sei denn, Sie wollen das Menü immer an der gleichen Stelle anzeigen). Hier folgt ein Beispiel, das ein Menü anzeigt, wenn der Benutzer mit der rechten Maustaste in eine Listbox klickt:

```
# Ein Menu mit zwei Elementen erzeugen
$menu = $mw->Menu(-tearoff => 0,
                  -menuitems => [['command' => "A"],
                                 ['command' => "B"]]);
$lb = $mw->Listbox()->pack();
# Eine Bindung für die Listbox erzeugen, die das Menü anzeigt, wenn
# der Benutzer mit der rechten Maustaste klickt
$lb->bind("<Button-3>", [ \&display_menu(), Ev('X'), Ev('Y')]);
```

```
sub display_menu {
  my ($lb, $x, $y) = @_;
  $menu->post($x,$y);
}
```

Ich habe nur ein einfaches Menü erzeugt, damit das Beispiel nicht zu lang wird. Ich habe die Abreißlinie aus dem Menü entfernt, weil ich nicht überall abgerissene Menüs haben mag (manche Benutzer mögen das aber durchaus, behalten Sie diese Möglichkeit also im Hinterkopf). Mit dem bind-Aufruf verknüpfe ich die rechte Maustaste mit der Subroutine zum Anzeigen des Menüs. Mit Ev("X") und Ev("Y") ermittle ich die Koordinaten, an denen der Benutzer geklickt hat (in Kapitel 14 finden Sie nähere Informationen über Ev("X") und Ev("Y")). Die Subroutine ruft dann einfach post mit den passenden Argumenten auf.

Das Menü bleibt selbst dann angezeigt, wenn der Benutzer die Maustaste losläßt. Es wird automatisch entfernt, wenn der Benutzer ein Menüelement auswählt.

Popup ist eine andere Möglichkeit, ein Menü anzuzeigen. Das Menü bleibt nur so lange sichtbar, bis der Benutzer die Maustaste losläßt. Um ein Menüelement auszuwählen, müssen Sie die Maustaste herunterdrücken, den Cursor auf das gewünschte Element bewegen und dann die Maustaste wieder loslassen. Die Methode Popup kann ohne, mit einem oder mit zwei Argumenten aufgerufen werden. Sie kennt die Optionen -popover und -popanchor. Der folgende Aufruf

```
$menu->Popup();
```

zeigt das Menü in der Mitte des Bildschirms an. Das ist nicht besonders nützlich, deswegen empfehle ich Ihnen, wenigstens die Option -popover zu verwenden. Diese erwartet entweder den String "cursor" oder eine Referenz auf ein Widget. Das Menü wird dann unter dem Cursor oder über dem Widget zentriert. Einige Beispiele:

```
$menu->Popup(-popover => "cursor");  # Menü unter dem Cursor zentrieren
$menu->Popup(-popover => $button);   # Menü über $button zentrieren
$menu->Popup(-popover => $listbox);  # Menü über $listbox zentrieren
```

Beachten Sie, daß wir nicht die Syntax \$listbox verwenden. Weil unsere Skalare bereits eine Referenz auf ein Widget enthalten, müssen wir keine weitere Referenz bilden.

Die zweite Option, -popanchor, legt fest, wie das Menü relativ zum Argument von -popover (oder dem gesamten Bildschirm, falls -popover nicht angegeben wurde) positioniert wird. Die Option -popanchor erwartet einen String als Argument, der einen der folgenden Werte haben darf: "nw", "ne", "sw" oder "se". Wenn beispielsweise die linke obere Ecke des Menüs an der Stelle zu liegen kommen soll, an die der Benutzer geklickt hat, dann können Sie folgenden Code verwenden:

```
$menu->Popup(-popover => "cursor", -popanchor => "nw");
```

So erzeuge ich auch am liebsten die Kontextmenüs, die Widgets zugeordnet sind. Ein vollständiges Beispiel finden Sie unter »Ein Beispiel für Kontextmenüs«.

Ein Untermenü anzeigen

Wenn zu Ihrem Menü ein Untermenü gehört, dann können Sie es mit postcascade anzeigen:

```
$menu->postcascade(index);
```

Damit werden andere eventuell aufgeklappte Untermenüs zugeklappt und dann das Untermenü an der Position *index* aufgeklappt. Wenn das Element an dieser Position kein Cascade-Element ist, dann werden lediglich die anderen Untermenüs zugeklappt.

```
$menu->postcascade("submenu");
```

Ein Menü wieder zuklappen

Wenn Sie ein Menü mit post auf dem Bildschirm angezeigt haben, können Sie es mit unpost wieder entfernen:

```
$menu->unpost();
```

Damit wird $menu vom Bildschirm entfernt. Wenn auch Untermenüs angezeigt wurden, werden auch diese entfernt.

Die Position eines Elements ermitteln

Die Methode yposition gibt einen Dezimalstring zurück, der die y-Koordinate des obersten Pixels des Menüelements mit dem angegebenen Index beschreibt:

```
$location = $menu->yposition(index);
```

Ein Beispiel für Kontextmenüs

Manchmal wollen Sie Kontextmenüs verwenden, Menüs, die erscheinen, wenn Sie mit der rechten Maustaste auf ein bestimmtes Widget oder eine bestimmte Stelle auf dem Bildschirm klicken. Eine Leinwand ist der perfekte Platz für ein Kontextmenü, es gibt dort oft so viele mögliche Aktionen, daß die Zuordnung verschiedener Menüs zu verschiedenen Objekttypen auf der Leinwand vorteilhaft sein kann.

Um ein Kontextmenü zu programmieren, erzeugen Sie einfach ein Menü-Widget, fügen die gewünschten Elemente hinzu und verwenden die Option -command, damit die Elemente irgend etwas Nützliches machen können. Um das Menü anzuzeigen, wenn der Benutzer auf das gewünschte Objekt klickt, verwenden Sie den Befehl bind:

```
$object->bind("<Button-3>", sub { $menu->Popup(-popover => 'cursor'); });
```

Mit einem Kontextmenü in einer Listbox können Sie es dem Benutzer ermöglichen, das gerade selektierte Element zu löschen oder zu bearbeiten.

Das Optionmenu-Widget

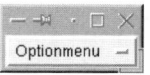

Das Optionmenu-Widget ist eine spezielle Implementierung des Menu-button-Widgets. Der Unterschied zwischen den beiden liegt darin, daß bei Optionsmenüs die Option -indicatoron automatisch auf 1 gesetzt und die Abreißlinie entfernt ist sowie die Anzeige des Menüs etwas anders gehandhabt wird.

Sie können ein Optionsmenü verwenden, wenn Sie dem Benutzer mehrere Elemente zur Auswahl geben, aber nicht den zur Verfügung stehenden Platz mit einer Listbox und einem Scrollbalken oder mehreren Radiobuttons verschwenden wollen. Zum Hinzufügen von Elementen verwenden Sie -options anstelle von -menuitems oder den anderen Methoden, mit denen Sie Elemente zu einem Menü oder einem Menubutton hinzufügen konnten.

Ein Optionsmenü erzeugen und konfigurieren

Optionsmenüs werden mit der Methode Optionmenu erzeugt:

```
$optionmenu = $mw->Optionmenu( ... );
```

Alle Optionen, die für das Menubutton-Widget zur Verfügung stehen, gibt es auch bei Optionsmenüs. Außerdem kennen diese noch die folgenden spezifischen Optionen: -textvariable, -options, -variable und -command.

Anstelle von -menuitems oder den Methoden zum Hinzufügen von Elementen verwenden Sie die Option -options. Diese erwartet eine anonyme Liste, deren Elemente entweder Strings oder andere anonyme Listen sein können. Der Grundgedanke einer Optionsliste ist es, ein Element aus einer Liste auszuwählen. Der angezeigte Text ist das gerade ausgewählte Menüelement. Die Option -textvariable bestimmt, wo der angezeigte Text abgespeichert wird. Es gibt außerdem die Option -variable, mit der Sie einen Wert speichern können, der sich von dem im Menü angezeigten unterscheidet. Den angezeigten und den gespeicherten Wert geben Sie einfach mit der Option -options an. Wenn der angezeigte Wert gleich dem gespeicherten ist, können Sie eine einfache Liste verwenden:

```
-options => [1, 2, 3, 4, 5, 6], -textvariable => $number
```

Ansonsten verwenden Sie Code wie den folgenden:

```
-options => [["eins",1], ["zwei",2], ["drei",3],
            ["vier",4], ["fünf",5], ["sechs",6]],
-textvariable => $displayed,
-variable => $number
```

In diesem Beispiel werden die ausgeschriebenen Zahlen im Menü angezeigt (und in $displayed abgespeichert) und die Ziffern in $number gespeichert. Der nicht angezeigte Wert kann ein beliebiger skalarer Wert sein.

Die Option -command bestimmt einen Callback, der aufgerufen wird, wenn ein Element ausgewählt worden ist. Die Defaultargumente des Callbacks sind die mit -textvariable und -variable (sofern diese Option verwendet wurde) angegebenen Variablen. Sie können Callbacks verwenden, um Aktionen auf der Basis der aus dem Optionsmenü ausgewählten Elemente auszuführen.

Hier folgt ein vollständiges Skript, in dem Sie die meisten der nützlichen Features von Optionsmenüs sehen können:

```
#!/usr/bin/perl -w

use Tk;

$mw = MainWindow->new;
$mw->title("Optionsmenü");

$display_var = "zehn";
$mw->Optionmenu(-command =>
  sub { print "ARGS: @_\n"; print "im Optionsmenü\n"; },
            -textvariable => \$display_var,
            -variable => \$stored_var,
            -options => [["zehn", 10],
                         ["zwanzig",20],
                         ["dreißig",30]]
            )->pack();
MainLoop;
```

Sie sollten immer auch ein Label-Widget dazu erzeugen (wie in Abbildung 11-16), damit der Benutzer weiß, wozu das Optionsmenü gut ist.

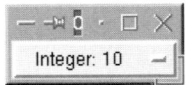

Abbildung 11-16: Ein Optionsmenü mit einem Label links daneben

Bei Optionsmenüs stehen nur die beiden Methoden cget und configure zur Verfügung. Die Methode cget gibt Informationen über eine Option im Optionsmenü zurück. Mit der Methode configure können Sie Optionswerte des Optionmenu-Widgets setzen oder abfragen. Beide Methoden werden in Anhang A detailliert behandelt.

Tips zum Weiterexperimentieren

• Erzeugen Sie ein Menü, das zwei Elemente enthält: Abgeschaltet und Normal. Wenn Sie mit der rechten Maustaste auf ein Widget klicken, wird das Menü aufgeklappt. Wenn Sie `Abgeschaltet` auswählen, soll das Widget abgeschaltet werden, wenn Sie `Normal` auswählen, soll es wieder eingeschaltet werden.

• Erzeugen Sie eine Applikation mit zwei Menubuttons. Lassen Sie die Elemente im ersten Menü verschiedene Typen von Menüelementen zum zweiten Menü hinzufügen oder daraus löschen.

• Nehmen Sie sich das Programm aus den Experimentiertips des letzten Kapitels, und fügen Sie Menüs hinzu. Verwenden Sie mindestens ein Datei-Menü mit einem Beenden-Element. Lassen Sie sich etwas einfallen!

12

Frames

Auf den ersten Blick ist das Frame-Widget ziemlich langweilig. Es stellt lediglich Platz für andere Widgets bereit. Das klingt nicht besonders aufregend, ist aber sehr wichtig. Die Geometrie-Manager in Perl/Tk haben einige Einschränkungen (siehe Kapitel 2, *Geometrie-Management*), und mit Frames können wir ihnen helfen, ihre Aufgabe besser zu bewerkstelligen. Wie werden in diesem Kapitel `pack` als Beispiel verwenden, weil das wohl der beliebteste Geometrie-Manager ist, aber denken Sie daran, daß die grundlegenden Regeln zur Verwendung von Frames auch für die anderen Geometrie-Manager gelten.

Die Aufgabe eines Frame-Widgets ist es, andere Widgets zu enthalten und sich an den von diesen Widgets benötigten Platz anzupassen. Wenn sich die Größe der enthaltenen Widgets aus irgendeinem Grund verändert, versucht auch der Frame, seine Größe zu verändern.[1]

Einen Frame erzeugen

Rufen Sie die Methode `Frame()` am Eltern-Widget auf:

```
$frame = $parent->Frame( [ option => wert, ... ])->pack();
```

Das Eltern-Widget `$parent` kann ein MainWindow, ein Toplevel-Fenster oder ein anderes Frame-Widget sein. Ein einmal erzeugtes Frame-Widget kann für andere Widgets als Eltern-Widget dienen.[2] Sie müssen den Frame dafür bereits erzeugt haben, aber es ist nicht unbedingt notwendig, daß dieser schon sichtbar gemacht worden ist. Denken Sie daran, daß Sie aber am Ende auch den Frame packen müssen, sonst bekommen Sie auch die darin enthaltenen Widgets nicht zu sehen.

---

1 Sie können dieses Verhalten mit `packPropagate()` oder `gridPropagate()` ändern.
2 Technisch gesehen kann jedes Widget Eltern-Widget eines anderen sein, aber ich mache mir das Leben gern einfach, wenn es darum geht, das Widget in ein Fenster einzusetzen. Wenn ich einen Frame zum Kind eines Buttons gemacht hätte, dann könnte ich den Frame nicht in den Button packen, sondern müßte die Option `-in` von `pack` verwenden und mich so weiter verwirren. Halten Sie die Dinge einfach, es lohnt sich!

Wie bei allen anderen Widgets in Perl/Tk bestimmen auch beim Frame-Widget die der Methode `Frame` übergebenen Optionen, wie der Frame im Fenster aussieht. Es gibt nur wenige Optionen, die auch nicht besonders schwierig sind. In diesem Abschnitt werden alle Optionen und ihre Aufgaben behandelt.

`-background =>` *farbe*
    Legt die Farbe des Frame-Hintergrunds fest (es gibt keinen Vordergrund).

`-borderwidth =>` *betrag*
    Legt die Breite der Frame-Kanten fest. Der Default ist 0.

`-class =>` *klassenname*
    Bestimmt die Klasse, mit der der Frame in der Optionsdatenbank verbunden ist. Diese Option kann auch bei allen anderen Widgets verwendet werden.

`-colormap => "new" | $window`
    Legt fest, ob eine neue Farbtabelle verwendet werden soll oder eine mit einem anderen Widget in der Applikation geteilt werden soll. Der Default ist `undef`.

`-container => 0 | 1`
    Nur ab Tk8.0. Wenn dieser Wert wahr ist, dann wird der Frame dazu verwendet, andere eingebettete Applikationen aufzunehmen.

`-cursor =>` *mauszeigername*
    Legt die Mauszeigerform fest, die angezeigt wird, wenn sich der Mauszeiger über dem Frame befindet.

`-height =>` *betrag*
    Legt die Anfangshöhe des Frames in zulässigen Bildschirmabständen fest.

`-highlightbackground =>` *farbe*
    Legt die Farbe des Fokus-Rechtecks fest, wenn das Widget nicht den Tastaturfokus hat.

`-highlightcolor =>` *farbe*
    Legt die Farbe des Fokus-Rechtecks fest, wenn das Widget den Tastaturfokus hat. Der Default ist Schwarz.

`-highlightthickness =>` *betrag*
    Legt die Dicke des Fokus-Rechtecks fest. Der Default ist 0.

`-label =>` *labelstring*
    Fügt eine Beschriftung zum Frame hinzu.

`-labelPack => [` *pack-optionen* `]`
    Gibt pack-Optionen für das Label an.

`-labelVariable => \$variable`
    Gibt eine Variable an, die den Text für das Label enthält.

`-relief => 'flat'|'groove'|'raised'|'ridge'|'sunken'|'solid'`
    Ändert das Aussehen der Widget-Kanten. Der Default ist `'flat'`.

`-takefocus => 0 | 1 | undef`
    Legt fest, ob der Frame den Fokus bekommen kann. Der Default ist 0.

`-visual => "`*typ #*`"`

> Unter dem X Window System wird damit die der Applikation zur Verfügung stehende Farbtiefe geändert. Auf Win32-Systemen macht diese Option nichts.

`-width => `*betrag*

> Legt die Anfangsbreite des Frames in zulässigen Bildschirmabständen fest.

Frame-Stil

Wie bei allen anderen Widgets auch können Sie mit den Optionen `-relief` und `-border-width` die Kanten des Frames ändern. Defaultmäßig ist `-relief 'flat'` und `-borderwidth` 0. Wenn der Frame überhaupt Kanten haben soll, müssen Sie `-borderwidth` auf etwas Größeres als 0 setzen. Solange Sie nichts in den Frame setzen, werden Sie aber nichts davon sehen. Deswegen habe ich in Abbildung 12-1 ein Label und ein Eingabefeld eingesetzt, die die Relief-Form des Frames wiedergeben. Beachten Sie, daß ich das Label mit `Label()` erzeugt habe und nicht mit der Option `-label` (siehe nächster Abschnitt).

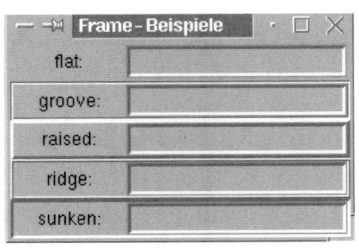 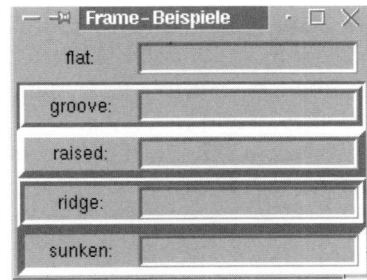

Abbildung 12-1: Verschiedene Relief-Werte für Frames mit einer borderwidth von 2 und einer borderwidth von 5

`-relief` und `-borderwidth` sind eine gute Möglichkeit herauszufinden, wo ein Frame eigentlich im Fenster liegt. Wenn Sie ein kompliziertes Fenster haben, dann ist es unter Umständen schwierig, sich zu erinnern, welcher Frame wo liegt. Ich füge meinem `Frame`-Befehl oft `-borderwidth => 5, -relief => "groove"` hinzu, um den Frame leichter zu finden.

Ein Label zu einem Frame hinzufügen

Sie können in Perl/Tk mit der Option `-label` einem Frame ein Label hinzufügen. Diese Option erwartet einen Textstring als Argument:

```
$mw->Frame(-label => "Mein Frame:")->pack;
...
# das Label im Frame später konfigurieren:
$frame->configure(-label => "Mein Frame:")->pack;
```

Defaultmäßig wird das Label zentriert an den oberen Rand des Frames gesetzt (siehe Abbildung 12-2). Auch hier habe ich etwas in den Frame gesetzt, damit Sie diesen auch sehen können. In diesem Fall ist es ein Button mit den Defaultoptionen von pack. Außerdem habe ich den Frame mit `-relief => 'groove'`, `-borderwidth => 2` erzeugt, damit Sie die Kante sehen können.

Abbildung 12-2: Ein Frame mit einem Label an der Defaultposition

Sie können die Lage des Labels im Frame mit der Option `-labelPack` ändern. Diese erwartet ein anonymes Array als Argument, welches die Pack-Optionen für das Label enthält:

```
-labelPack => [ -side => 'left', -anchor => 'w']
```

Achten Sie darauf, daß diese Option einen Großbuchstaben enthält. Wenn Sie versuchen, `-labelPack` mit kleinem »p« zu schreiben, bekommen Sie einen Laufzeitfehler. Außerdem gibt es keine Option `-labelGrid`. Sie müssen pack() verwenden, um die Widgets in Ihren Frame zu setzen, wenn Sie die Option `-label` verwenden wollen. Wenn Sie daran nicht denken, werden schlimme Dinge passieren (möglicherweise läuft Ihre Applikation dann gar nicht).

Anstelle von statischem Text als Frame-Label können Sie mit der Option `-labelVariable` eine Variable zuweisen (achten Sie wieder auf das große »V«):

```
-labelVariable => \$label_text
```

Wenn Sie den Inhalt der Variablen $label_text ändern, ändert sich auch das Label im Frame.

In dem Moment, in dem Sie `-label` oder `-labelVariable` verwenden, wird ein Label erzeugt und in den Frame gesetzt. Sie können diese Optionen entweder im initialen Frame()-Aufruf oder später in $frame->configure(...) verwenden. Wenn Sie die zweite Variante verwenden, dann wird das Label über alle anderen Widgets im Frame gesetzt.

Frames sind nicht interaktiv

Das Frame-Widget ist nicht interaktiv; defaultmäßig kann es keine Eingaben vom Benutzer entgegennehmen. Die Widgets im Frame können das dagegen durchaus. Wie üblich wird die Fähigkeit eines Widgets, also auch eines Frames, den Fokus anzunehmen, durch die Option `-takefocus` bestimmt:

```
-takefocus => 0
```

Bei Frame-Widgets ist diese Option auf 0 gesetzt. Wenn Sie aus irgendeinem Grund Benutzereingaben in den Frame zulassen müssen, müssen Sie diesen Wert in `-takefocus => 1` ändern.

Probleme mit Farbtabellen

Wenn Sie mehrere Applikationen auf einmal laufen lassen und dann einen Webbrowser starten, dann werden Sie manchmal bemerken, daß die Farben durcheinander geraten. Wenn Sie dann von einer anderen Applikation zum Browser wechseln, ändern sich die Farben in Ihren anderen Applikationen auf einmal. Wenn Sie danach vom Browser zu einer anderen Applikation zurückkehren, ändern sich die Farben im Browser. Das liegt daran, daß bei Webbrowsern (wie auch bei anderen Applikationen), die viele Farben benötigen, mehr Farben angefordert werden, als das Betriebssystem auf einmal zur Verfügung stellen kann. Dieses muß daher zwischen den Applikationen die Farbtabellen wechseln, damit die jeweils aktive Applikation alle benötigten Farben bekommen kann. Die Farbtabelle ist einfach ein Verfahren im Betriebssystem, um die zur Verfügung stehenden Farben zu verwalten.

Auch Perl/Tk-Applikationen können viele Farben haben – Sie können sich richtig austoben und jedem Button Regenbogenfarben verpassen. Das kann aber zu Problemen führen, wenn auch andere Applikationen laufen, die ebenfalls viele Farben benötigen. Wenn solche Applikationen laufen, dann schaltet Perl/Tk in einen Schwarzweiß-Modus um. Wenn Ihnen dieses Verhalten nicht gefällt, dann können Sie dies mit der Option `-colormap` ändern. `-colormap` erwartet entweder das Wort `"new"` oder eine Referenz auf ein anderes Fenster. Wenn `"new"` angegeben wird, wird eine eigene Farbtabelle verwendet. Geben Sie dagegen ein anderes Fenster als Wert der Option `-colormap` an, teilen sich die beiden Fenster die Farben. Es gibt aber eine zusätzliche Schwierigkeit, die Option `-visual`.

Die Option `-visual` erwartet als Argument einen String, der ein Schlüsselwort und eine Zahl enthält. Ein Beispiel:

```
-visual => "staticgrey 2"
```

Das Schlüsselwort kann einer der folgenden Begriffe sein: `staticgrey`, `greyscale`, `staticcolor`, `pseudocolor`, `truecolor` und `directcolor`. Die Zahl gibt die Anzahl der verwendeten Farben an (2 = schwarzweiß).

Wenn Sie `-colormap` verwenden, um eine Farbtabelle zwischen zwei Fenstern zu teilen, muß der Wert der Option `-visual` bei beiden gleich sein, also entweder bei beiden `undef` (der Default) oder der gleiche String sein. Weder `-colormap` noch `-visual` können mit der Methode `configure` geändert werden.

In Kapitel 13, *Toplevel-Widgets*, werden Ihnen die Optionen `-colormap` und `-visual` noch einmal begegnen. Ich bin hier schon einmal darauf eingegangen, weil Ihnen die Optionen hier zum erstenmal begegnet sind. Aber um ehrlich zu sein: Sie werden wahrscheinlich keine der Optionen jemals verwenden.

Die magische Option class

Sie können mit der Option -class erzwingen, daß Ihr Frame in einer anderen Klasse (außer Frame) ist. Geben Sie einfach einen String an, der die Klasse eindeutig identifiziert:

```
-class => "Meinframe"
```

Nähere Informationen zu Klassen (und welchen Nutzen Sie davon haben) finden Sie in Kapitel 13.

Frame-Methoden

Im Frame-Widget stehen nur die Methoden cget und configure zur Verfügung. Diese werden in Anhang A, *Widgets mit configure und cget konfigurieren*, detailliert beschrieben.

Tips zum Weiterexperimentieren

Wenn Sie die Methode Scrolled verwenden, verwenden Sie Frames, ohne das zu merken. Das neu erzeugte, gescrollte Widget steht in einem Frame zusammen mit seinen Scrollbars, damit sich diese wie ein einziges Widget verhalten. Einige weitere Möglichkeiten, Frames zu verwenden, sind:

* Erzeugen Sie mehrere Zeilen von Labeln und Eingabefeldern. Jede »Zeile« muß in einem eigenen Frame stehen, damit alles richtig aussieht.

* Setzen Sie ein Image an eine Seite Ihres Applikationsfensters. Stellen Sie die Widgets in einen Frame (links oder rechts), und setzen Sie das Image auf die andere Seite davon.

* Setzen Sie eine gescrollte Listbox, einen Frame mit drei Buttons (OK, Abbrechen, Übernehmen) am unteren Rand sowie einen Frame mit zwei Buttons (Löschen, Hinzufügen) am rechten Rand in Ihr Applikationsfenster. Mit Frames können Sie zusammengehörige Buttons in einem Bereich zusammenhalten, anstatt diese mit anderen Buttons zu gruppieren, die eine andere Aufgabe haben.

13

Toplevel-Widgets

Jede Perl/Tk-Applikation enthält mindestens ein Toplevel-Widget. Wenn Sie die Methode `new` an der Klasse `MainWindow` aufrufen, erzeugen Sie ein Toplevel-Widget, ohne das überhaupt zu wissen. Sie können neben dem MainWindow-Toplevel-Widget auch noch weitere Toplevel-Widgets erzeugen. Das MainWindow hat zwei Besonderheiten: MainWindow hat kein Eltern-Widget, ist also die Wurzel eines Widget-Baums. Das Schließen des letzten MainWindow (`$MW->destroy`) bewirkt, daß Tk seinen EventLoop beendet, damit `MainLoop()` beendet wird.

Einige Beispiele zur Verwendung von Toplevel-Widgets:

*   Mit einem Schließen-Button wird ein Informationstext angezeigt.
*   Eine Datenerfassung, die durch eine Benutzerinteraktion (wie das Anklicken eines Buttons) ausgelöst wird.

Alle Toplevel-Widgets haben das gleiche Verhalten. Jedes hat eine Dekoration, die durch das System bestimmt wird, auf dem Ihre Applikation läuft. Jedes Toplevel-Widget kann andere Widgets und/oder Gruppen von Widgets enthalten (beispielsweise können die Widgets in einem Frame-Widget gruppiert sein).

Im Rest dieses Kapitels werden wir uns damit beschäftigen, wie man Toplevel-Widgets verwendet und welche Optionen es zum Ändern ihres Verhaltens gibt.

Ein Toplevel-Widget erzeugen

Um ein Toplevel-Widget zu erzeugen, rufen Sie am gewünschten Eltern-Widget `Top-level` auf. Normalerweise ist das Eltern-Widget das MainWindow (Sie wissen bereits, daß Sie dieses mit `MainWindow->new()` erzeugen müssen). Der Rückgabewert ist eine Referenz auf ein Toplevel-Widget. Mit der Referenz können Sie das Widget konfigurieren, Methoden daran aufrufen und (Kinder-)Widgets einbetten. Ein einfaches Beispiel:

```
use Tk;
$mw = MainWindow->new;
$mw->title("MainWindow");
```

```
$mw->Button(-text => "Toplevel", -command => \&do_toplevel)->pack();

MainLoop;
sub do_toplevel {
  if (! Exists($tl)) {
    $tl = $mw->Toplevel();
    $tl->title("Toplevel");
    $tl->Button(-text => "Schließen",
                -command => sub { $tl->withdraw })->pack;
  } else {
    $tl->deiconify();
    $tl->raise();
  }
}
```

Wenn Sie dieses Programm laufen lassen, dann wird beim Anklicken des Toplevel-Buttons im Hauptfenster ein neues Toplevel-Widget erzeugt (sofern dieses noch nicht existiert) und angezeigt. Das Toplevel-Widget wird durch Anklicken des Schließen-Buttons wieder geschlossen. Sie müssen abfragen, ob das Toplevel-Fenster bereits existiert, denn es ist weder gut, das Fenster noch einmal zu erzeugen, wenn es bereits existiert, noch zu versuchen, ein nichtexistierendes Fenster anzuzeigen.

Wenn der Schließen-Button angeklickt wird, verschwindet das Fenster vom Bildschirm. Es existiert noch, aber der Benutzer kann es nicht mehr sehen. Das spart Zeit, wenn das Fenster das nächste Mal angezeigt werden soll. Sie können auch withdraw verwenden, wenn das Toplevel-Fenster nicht sichtbar sein soll, während es mit Widgets gefüllt wird. Rufen Sie einfach die Methode withdraw auf, stecken Sie die Widgets hinein, und zeigen Sie das Widget dann mit deiconify und raise wieder an.

Die folgenden Optionen können entweder im Toplevel-Aufruf oder mit der Methode configure verwendet werden:

-background => *farbe*
: Legt die Hintergrundfarbe des Toplevel-Widgets fest. Beachten Sie, daß der Hintergrund eventuell gar nicht sichtbar ist, wenn das Toplevel-Widget vollständig von anderen Widgets abgedeckt wird.

-borderwidth => *betrag*
: Legt die Breite des Rahmens um das Toplevel-Widget fest. Der Default ist 0.

-class => *klassenname*
: Legt den Klassennamen dieses Toplevel-Widgets zur Verwendung mit der Options-Datenbank fest.

-colormap => "new" | $window
: Gibt an, ob eine neue Farbtabelle eingerichtet oder eine mit einem anderen Widget in der Applikation gemeinsam genutzt werden soll. Der Default ist undef.

-container => **0** | 1
: Erst ab Tk8.0. Wenn dieser Wert wahr ist, dann enthält das Fenster eine eingebettete Applikation (siehe dazu auch die Option -use).

`-cursor =>` *mauszeigername*
> Gibt die Mauszeigerform an, die verwendet wird, wenn sich der Cursor über dem Toplevel-Widget befindet.

`-height =>` *betrag*
> Legt die Höhe des Toplevel-Fensters fest.

`-highlightbackground =>` *farbe*
> Legt die Farbe des Fokus-Rechtecks fest, wenn das Toplevel-Widget nicht den Fokus hat.

`-highlightcolor =>` *farbe*
> Legt die Farbe des Fokus-Rechtecks fest, wenn das Toplevel-Widget den Fokus hat.

`-highlightthickness =>` *betrag*
> Legt die Breite des Fokus-Rechtecks fest. Der Default ist 0.

`-menu =>` `$menu`
> Erst ab Tk8.0. Gibt an, daß das Toplevel-Widget das angegebene Menü am oberen Rand des Fensters anzeigen soll.

`-relief =>` `'flat'`|`'groove'`|`'raised'`|`'ridge'`|`'sunken'`|`'solid'`
> Ändert das Aussehen der Kanten des Toplevel-Widgets. Der Default ist `'flat'`.

`-screen =>` *bildschirmname*
> Gibt den Bildschirm an, auf dem das Toplevel-Widget angezeigt werden soll. Kann nicht mit der Methode `configure` geändert werden.

`-takefocus =>` `0` | `1` | `undef`
> Gibt an, ob das Toplevel-Widget den Tastaturfokus bekommen kann. Der Default ist 0, was bedeutet, daß es den Tastaturfokus nicht bekommen kann.

`-use =>` `$windowid`
> Erst ab Tk8.0. `$windowid` muß einen Hex-String enthalten, der das Fenster angibt, das in das Toplevel-Widget eingebettet werden soll. Die Option `-container` muß den Wert 1 haben, damit diese Option verwendet werden kann.

`-visual =>` `"`*type #*`"`
> Wenn das Programm unter dem X Window System läuft, ändert diese Option die Farbtiefe, die Ihrer Applikation zur Verfügung steht. Ohne Funktion unter Win32.

`-width =>` *betrag*
> Legt die gewünschte Breite des Toplevel-Widgets fest.

Methoden des Toplevel-Widgets

In den folgenden Abschnitten werden die Methoden, die am Toplevel-Widget zur Verfügung stehen, aufgeführt und erläutert (all diese Methoden stehen auch an einem MainWindow zur Verfügung, denn MainWindows sind nur eine Sonderform der Toplevel-Widgets). Die meisten dieser Methoden dürften neu für Sie sein, denn Toplevel-Widgets unterscheiden sich sehr von den Widgets, die Sie bisher kennengelernt haben. Beachten Sie auch, daß viele dieser Methoden ursprünglich für die Verwendung unter

Unix-Fenstersystemen entwickelt worden sind und Sie deswegen oft den Satz »keine Funktion unter Win32« finden werden. Viele dieser Methoden haben in normalen Perl/Tk-Applikationen keine sinnvolle Anwendung, aber ich führe sie hier trotzdem aus Gründen der Vollständigkeit auf.

Einige der hier genannten Methoden verändern *Fenstermanager-Properties*, die oft Namen wie WM_PROPERTY_THING haben. Diese Properties (Eigenschaften) stammen traditionell aus dem unter Unix verwendeten X Window System, aber einige von ihnen treffen auch auf Win32-Systeme zu. Wenn bei einer bestimmten Methode nicht angegeben ist, auf welches System sie zutrifft, gilt sie für beide. Wenn Sie nur für eines der Systeme zutrifft (oder auf einem der Systeme nur halb funktioniert), dann ist dies immer angegeben.

Konfigurieren von Toplevel-Widgets

Auch bei Toplevel-Widgets stehen die Methoden cget und configure zum Abfragen und Setzen von Optionswerten zur Verfügung. Anhang A enthält nähere Informationen über diese beiden Methoden.

Die Größe eines Toplevel-Widgets festlegen

Mit der Methode geometry können Sie einen Geometrie-String definieren oder abfragen. Ein *Geometrie-String* bestimmt die Größe und Lage des Widgets auf dem Bildschirm. Geometrie-Strings sind ein Konzept, das von Unix-Systemen stammt, und können auf den ersten Blick verwirrend wirken. Der folgende reguläre Ausdruck beschreibt einen vollständigen Geometrie-String:

```
^=?(\d+x\d+)?([+-]\d+[+-]\d+)?$
```

Das Gleichheitszeichen kann weggelassen werden (was normalerweise auch gemacht wird). Der erste Teil (\d+x\d+) gibt die Breite und die Höhe (in dieser Reihenfolge), getrennt durch ein x an. Beide Werte werden defaultmäßig in Pixel angegeben, beziehungsweise in Rastereinheiten, wenn das Widget mit der weiter unten beschriebenen Methode grid mit einem Raster unterlegt wird. Der letzte Teil des Geometrie-Strings repräsentiert die x- und y-Koordinaten der Position, an der das Toplevel-Widget auf dem Bildschirm erscheinen soll. Beide Werte werden grundsätzlich in Pixeln angegeben. Einige Beispiele für Geometrie-Strings:

```
300x300        # Breite und Höhe sind beide 300
300x450        # Breite = 300, Höhe = 450
300x450+0+0    # Breite = 300, Höhe = 450, plaziert in der oberen linken Ecke
300x450-0-0    # Breite = 300, Höhe = 450 plaziert in der rechten unteren Ecke
300x450+10+10  # Breite = 300, Höhe = 450.
               # 10 Pixel von der linken oberen Ecke entfernt plaziert
+0+0           # das Fenster bekommt seine 'natürliche' Größe und liegt
               # in der linken oberen Ecke
```

Wenn geometry ohne Argumente aufgerufen wird, wird der aktuelle Geometrie-String zurückgegeben. Wenn Sie einen String übergeben, können Sie auch eine neue Fenster-

Geometrie angeben. Um die Größe und Position des Fensters unmittelbar zu setzen, könnten Sie folgendes machen:

```
$mw = MainWindow->new();
$mw->geometry("300x450+0+0");
```

Wenn Sie nur die Breite und die Höhe angeben, hängt die Position des Fensters vom Fenstermanager ab. Wenn Sie nur die Position angeben, wird die Größe des Fensters durch die enthaltenen Widgets bestimmt, das Fenster wird aber an den angegebenen Koordinaten plaziert.

Sie können einem Fenster wieder seine natürliche Größe zuweisen, indem Sie einen leeren Geometrie-String übergeben:

```
$toplevel->geometry("");
```

Maximale Größe

Mit der Methode `maxsize` können Sie die maximal zulässige Fenstergröße angeben. Die Methode erwartet zwei Ganzzahlen als Argumente:

```
$toplevel->maxsize(300,300);
```

Wenn Sie `maxsize` ohne Argumente aufrufen, bekommen Sie entweder einen leeren String oder eine Liste mit zwei Elementen, die die aktuellen Werte darstellen. Durch den Aufruf von `maxsize` mit zwei leeren Strings wird die aktuelle Begrenzung aufgehoben.

Minimale Größe

Sie können auch die minimale Größe des Fensters festlegen; dazu dient die Methode `minsize`. Das Fenster hat dann immer mindestens die hier angegebene Größe:

```
$toplevel->minsize(100,100);
```

Bei Aufruf von `minsize` ohne Argumente wird ein leerer String oder eine Liste mit der aktuellen minimalen Breite und Höhe zurückgegeben. Wenn Sie `minsize` mit zwei leeren Strings aufrufen, wird die aktuelle Begrenzung aufgehoben.

Einschränken der Größenveränderung

Mit der Methode `resizable` wird festgelegt, ob ein Fenster in der Breite und/oder Höhe festgelegt werden kann oder nicht:

```
$toplevel->resizable(1, 0);
($breiteveraenderbar, $hoeheveraenderbar) = $toplevel->resizable();
```

1 bedeutet, daß die Größe in der jeweiligen Richtung veränderbar ist, 0 bedeutet, daß sie es nicht ist. Wenn Sie keine Argumente angeben, gibt `resizable` eine Liste mit zwei Elementen zurück. Das erste Element ist eine 1 oder eine 0 und gibt an, ob die Breite verändert werden kann. Das zweite Element ist eine 1 oder eine 0 und gibt an, ob die Höhe verändert werden kann. Defaultmäßig kann ein Fenster in beide Richtungen verkleinert oder vergrößert werden.

Größenverhältnisse verwenden

Mit der Methode `aspect` können Sie erreichen, daß ein Fenster eine bestimmte Höhe und Breite behält:

```
$toplevel->aspect( [ minN, minD, maxN, maxD ]);
```

Die Methode `aspect` macht einige ziemlich subtile Dinge; Sie werden sie wahrscheinlich nie verwenden. Wenn Sie das aber doch tun wollen, dann experimentieren Sie mit verschiedenen Werten (ausgehend vom untenstehenden Beispiel), um den gewünschten Effekt zu bekommen.

Wenn Sie die Methode `aspect` ohne Argumente aufrufen, dann gibt sie entweder einen leeren String (wenn es keine Beschränkung des Größenverhältnisses gibt) oder ein Array mit vier Elementen zurück:

```
($minN, $minD, $maxN, $maxD) = $toplevel->aspect;
```

Mit diesen Werten können Sie sehen, wie `aspect` die Fenstergröße beeinflußt:

```
($minN/$minD) < width/height < ($maxN/$maxD)
```

Sie können auch vier leere Strings übergeben, um die Beschränkungen des Größenverhältnisses aufzuheben. Probieren Sie einmal `$toplevel->aspect(1,2,3,1)` aus; der Effekt ist ziemlich subtil.

Die Titelzeile angeben

Sie können den Text in der Titelzeile des Fensters mit der Methode `title` festlegen:

```
$toplevel->title("Dies ist der neue Titel");
```

Wenn Sie einen String übergeben, wird dieser sofort in der Titelzeile angezeigt (sofern das Fenster überhaupt sichtbar ist). Wenn Sie kein Argument übergeben, wird der aktuelle Text der Titelzeile zurückgegeben. Im X Window System ist der Defaulttitel eines Fensters der Name, unter dem das Programm gestartet wurde, wobei das erste Zeichen mit einem Großbuchstaben dargestellt wird. Unter Windows ist der Titel anfänglich immer Toplevel.

Das Toplevel-Fenster vom Bildschirm entfernen

Wenn Sie ein Fenster erzeugen, dann ist es sinnvoll, es unsichtbar zu machen, während Sie es mit Widgets füllen. Dies geschieht mit der Methode `withdraw`:

```
$toplevel->withdraw();
```

Wenn das Fenster bereits sichtbar ist, dann sorgt `withdraw` dafür, daß der Fenstermanager das Fenster nicht mehr anzeigt, bis es deiconifiziert wird.

Das Toplevel-Fenster iconifizieren

Mit der Methode `iconify` wird das Toplevel-Fenster iconifiziert, das heißt zum »Icon« verkleinert (die Darstellung des Icon hängt von Ihrem Fenstermanager ab: als kleines Icon, in einer Taskleiste, in einem Popup-Menü usw.):

```
$toplevel->iconify();
```

Iconifizieren ist nicht das gleiche wie Entfernen, denn nach dem Entfernen ist nicht einmal mehr ein Icon als Platzhalter für das Fenster auf dem Desktop zu sehen.

Ein Toplevel-Widget (wieder) sichtbar machen

Mit der Methode `deiconify` wird das Toplevel-Widget nichticonifiziert (in der Größe vor dem Iconifizieren bzw. withdraw) dargestellt, beziehungsweise deiconifiziert, wenn das Fenster schon einmal sichtbar war. Wenn das Fenster vom Bildschirm mit `withdraw` entfernt worden ist, muß auch `$toplevel->raise()` aufgerufen werden, damit das Fenster korrekt angezeigt wird.

Die Methode `raise` holt das Toplevel-Widget in der Vordergrund vor alle anderen Toplevel-Fenster, wenn Sie keine Argumente übergeben:

```
$toplevel->raise();
```

Sie können das Toplevel-Fenster auch vor ein anderes Toplevel-Fenster legen:

```
$toplevel->raise($other_toplevel);
```

Manchmal muß man sowohl `deiconify` als auch `raise` verwenden, damit das Fenster auf dem Bildschirm sichtbar wird.

Eine Icon-Bitmap angeben

Unter Unix und dem X Window System wird die Applikation nach dem Iconifizieren durch eine Bitmap repräsentiert. Mit der Methode `iconbitmap` können Sie diese Bitmap angeben:

```
$toplevel->iconbitmap();
$toplevel->iconbitmap("bitmap");
```

Die Bitmap muß die gleiche Form haben wie bei der Option `-bitmap` des Button-Widgets (siehe Kapitel 3, *Der einfache Button*). Wenn Sie `iconbitmap` ohne Argumente aufrufen, wird die aktuelle Bitmap oder ein leerer String zurückgegeben. Falls Sie einen leeren String übergeben, wird die aktuelle Bitmap entfernt.

Auf Win32-Systemen wird die Applikation in der Taskleiste mit einem nicht änderbaren Tk-Icon und dem Namen der Applikation angezeigt. Die Methode `iconbitmap` macht unter Win32 nichts.

Die Icon-Maske angeben

Mit der Methode `iconmask` können Sie eine Maske für die Icon-Bitmap angeben (denken Sie daran, daß dies nur unter dem X Window System funktioniert). Diese Methode erwartet ebenfalls eine Bitmap aus einer Datei oder einen Default-Bitmapnamen (siehe die Dokumentation zu `-bitmap` in Kapitel 3). Wo Nullen in der Maske stehen, wird die normale Icon-Bitmap nicht angezeigt, wo Einsen stehen, wird das entsprechende Pixel angezeigt.

Wenn Sie `iconmask` ohne Argumente aufrufen, wird die aktuelle Bitmap-Maske oder ein leerer String zurückgegeben, wenn keine Bitmap-Maske verwendet wird. Durch Aufruf von `iconmask` mit einem leeren String wird die Maske aufgehoben:

```
$currentmask = $toplevel->iconmask();   # Maske abfragen
$toplevel->iconmask("bitmapname");      # Maske setzen
$toplevel->iconmask("");                # Maske löschen
```

Den Iconnamen angeben

Mit der Methode `iconname` legen Sie den Text fest (oder fragen diesen ab), der zusammen mit dem Icon angezeigt wird, wenn die Applikation iconifiziert wird. Sie können entweder den neuen String oder einen leeren String übergeben:

```
$toplevel->iconname("neuername");
$current_name = $toplevel->iconname();
```

Wenn Sie kein Argument angeben, gibt `iconname` den aktuellen Iconnamen oder einen leeren String zurück. Sie können den Iconnamen unter Win32 zwar abfragen und setzen, aber es wird nichts dabei herauskommen. Diese Methode wird nur unter dem X Window System verwendet.

Die Position des Icons festlegen

Die Methode `iconposition` schlägt dem Fenstermanager des X Window Systems eine Position vor, an der das Icon auf dem Desktop erscheinen soll, wenn die Applikation iconifiziert ist:

```
($x, $y) = $toplevel->iconposition();
$toplevel->iconposition($x, $y);
```

Wenn x und y nicht angegeben werden, wird eine Liste mit zwei Werten zurückgegeben, den aktuellen x- und y-Werten. Wenn Sie `iconposition` mit zwei leeren Strings aufrufen, wird der Vorschlag an den Window Manager rückgängig gemacht.

Ein Fenster anstelle eines Icons verwenden

Manche Systeme (aber nicht Win32) unterstützen das Konzept, ein Widget (oder ein Fenster) anstelle einer Bitmap für ein Icon zu verwenden. Dieses Widget wird mit der Methode `iconwindow` angegeben. Um das aktuelle Widget herauszufinden, rufen Sie `iconwindow` ohne Argumente auf (wenn kein Widget gesetzt worden war, wird ein leerer

String zurückgegeben). Sie können anstelle des Widgets auch einen leeren String übergeben, um das zuletzt festgelegte Widget aufzuheben:

```
$currentwindow = $toplevel->iconwindow(); # abfragen
$toplevel->iconwindow($window);            # setzen
$toplevel->iconwindow("");                 # löschen
```

Den Zustand ermitteln

Die Methode `state` gibt einen der drei Strings: `"normal"`, `"iconic"` oder `"withdrawn"`
zurück.

```
$state = $toplevel->state();
```

Der String gibt den Zustand des Fensters zum Zeitpunkt des Aufrufs von `state` an.

Fenstereigenschaften

Die Methode `protocol` beeinflußt die folgenden Eigenschaften des Fenstermanagers:
WM_DELETE_WINDOW, WM_SAVE_YOURSELF und WM_TAKE_FOCUS. Die Call-
back-Methode jeder Eigenschaft (sofern eine angegeben wurde) wird aufgerufen, wenn
der Fenstermanager das zur Eigenschaft gehörende Ereignis erkennt:

```
$toplevel->protocol ( [ eigenschafts_name] [, callback ] );
```

Der Callback der Eigenschaft WM_DELETE_WINDOW wird aufgerufen, wenn das Fenster vom Fenstermanager zerstört worden ist. Defaultmäßig weist Perl/Tk einen Callback zu, der das Fenster zerstört. Wenn Sie einen neuen Callback zuweisen, wird dieser
anstelle des Default-Callbacks aufgerufen. Wenn Sie Daten speichern müssen, die zu
diesem Fenster gehören, können Sie dies im Callback tun und müssen dann `$top-
level->destroy()` aufrufen, damit das ursprüngliche Verhalten korrekt nachgebildet
wird.

Die anderen beiden Eigenschaften, WM_SAVE_YOURSELF und WM_TAKE_FOCUS,
werden sehr viel seltener verwendet. Beispielsweise wird WM_TAKE_FOCUS unter
Win32 überhaupt nicht verwendet. Welche dieser Eigenschaften zur Verfügung stehen, hängt vom verwendeten Fenstersystem ab. Wenn Ihre Applikation auf verschiedenen Systemen lauffähig sein soll, dürfen Sie sich nicht auf die Verfügbarkeit dieser
Eigenschaften verlassen. Um herauszufinden, ob eine bestimmte Eigenschaft auf
Ihrem System zur Verfügung steht, können Sie dieser Eigenschaft einen Callback
zuweisen, in dem eine `print`-Operation ausgeführt wird, und dann die Applikation
starten und nachschauen, ob die entsprechende Ausgabe jemals erscheint.

Wenn Sie bei `protocol` keinen Callback angeben, dann wird der aktuell dieser Eigenschaft zugewiesene Callback zurückgegeben (beziehungsweise ein leerer String, wenn
noch kein Callback zugewiesen wurde). Sie können einen Callback entfernen, indem
Sie einen leeren String anstelle eines Callbacks übergeben. Wenn beide Argumente
nicht angegeben werden, gibt die Methode eine Liste aller Eigenschaften zurück, denen
Callbacks zugewiesen worden sind.

Die Farbtabellen-Eigenschaft

Die Methode `colormapwindows` beeinflußt die Eigenschaft WM_COLORMAP_WINDOWS. Über diese Eigenschaft wird der Fenstermanager über Fenster informiert, die eine private Farbtabelle haben. Wenn Sie `colormapwindows` ohne Argumente aufrufen, wird eine Liste von Fenstern zurückgegeben. Diese Liste enthält (in der Reihenfolge ihrer Prioritäten) die Fenster, die eine andere Farbtabelle als ihre Eltern haben.

```
@list = $toplevel->colormapwindows();
```

Sie können auch eine Liste von Fenstern an `colormapwindows` übergeben:

```
$toplevel->colormapwindows(@list);
```

Wenn Sie diese Funktion gar nicht erst verwenden, erledigt Perl/Tk alles für Sie, auch wenn die Reihenfolge der Fenster eventuell eine andere ist.

Die Eigenschaft COMMAND

Die Methode `command` (die nicht mit der Option `-command` der meisten Widgets verwechselt werden sollte) beeinflußt die Eigenschaft WM_COMMAND. Wenn der Methode keine Argumente übergeben werden, liefert sie eine Referenz auf eine Liste zurück:

```
$listref = $toplevel->command();
```

Die Liste enthält die Befehlswörter, die zum Start der Applikation verwendet werden. Mit dem folgenden Codeschnipsel können Sie ermitteln, mit welchem Befehl (manchmal auch mit gar keinem) Ihre Applikation gestartet wurde:

```
$listptr = $mw->command();
foreach (@$listptr) {
  print "$_\n";
}
```

Sie können die Eigenschaft WM_COMMAND durch Übergeben eines leeren Strings löschen:

```
$toplevel->command("");
```

Das Fokusmodell

Die Methode `focusmodel` bestimmt, ob das Toplevel-Widget den Tastaturfokus abgibt, wenn eine andere Applikation oder ein anderes Fenster diesen haben will:

```
$toplevel->focusmodel( [ "active" | "passive" ] );
```

Der Default ist `"passive"`, d.h. das Widget gibt dann den Tastaturfokus ab. Was das für Ihre Applikation bedeutet, hängt vollständig vom verwendeten Fenstermanager ab.

Das Eltern-Widget eines Toplevel-Fensters bestimmen

Die Methode `frame` gibt einen hexadezimalen String zurück, der die »ID« des Eltern-Widgets des Toplevel-Widgets repräsentiert:

```
$id = $toplevel->frame();
```

Sie können die gleiche ID mit `$widget->id()` zu jedem Widget in Ihrer Applikation bekommen.

Das Applikationsraster

Mit der Methode `grid` gibt es einige Schwierigkeiten. Erinnern Sie sich an Kapitel 2, in dem es auch eine Methode `grid` gab, die aus dem Bereich des Geometrie-Managements stammte. Um dieses kleine Problem zu umgehen, müssen wir die Methode `grid` auf etwas merkwürdige Art und Weise aufrufen:

```
$mw->wm('grid', ... );
```

Die Methode `grid` muß also indirekt über die Methode `wm` aufgerufen werden. (`wm` steht für Window Manager, Fenstermanager).

Nachdem wir das geklärt haben, können wir uns damit beschäftigen, was `wm('grid', ...)` eigentlich macht. Wenn Sie `grid` verwenden, legen Sie der Fenstergröße einige Beschränkungen auf. Die Größe muß immer in das mit `grid` definierte Raster passen. Denken Sie an das Listbox-Widget und die Option `-setgrid` aus Kapitel 7, *Das Listbox-Widget*, zurück. Wenn Sie an einer Listbox einmal `-setgrid => 1` aufgerufen haben, können Sie `@list = $toplevel->wm('grid');` verwenden, um die Rasterwerte zu bestimmen. Die Werte, die ich auf meinem System herausbekommen habe, waren 10, 10, 7 und 17. Das bedeutet, daß die Basisbreite und -höhe jeweils 10 Pixel beträgt und jede Rastereinheit dann 7 Pixel breiter und 17 Pixel höher ist. Sie können die Rastergröße und -einheiten durch Aufruf von `wm('grid', ...)` mit den gewünschten neuen Werten ändern, aber wenn Sie das nicht machen, erledigt Tk das bei den rasterfähigen Widgets auch sehr gut selbst.

Denken Sie daran, daß Sie die Rasterwerte auch aufheben können, wenn Sie leere Strings anstelle neuer Werte übergeben.

Der Erste sein

Dies ist eine weitere Methode, die Sie nie verwenden werden, aber es ist immer gut zu wissen, wozu Sie sie nie verwenden werden. Die Methode `group` macht eine Methode zum Gruppenleiter einer Gruppe von Fenstern. Abhängig vom verwendeten Fenstermanager können dadurch beispielsweise zusammen mit dem Gruppenleiter auch alle anderen Fenster der Gruppe (de)iconifiziert werden.

Für jedes Toplevel-Fenster, das in der Gruppe von `$widget` sein soll, müssen Sie `$toplevel->group($widget)` aufrufen. Wenn `$widget` nicht angegeben wird, wird der aktuelle Gruppenleiter von `$toplevel` zurückgegeben, beziehungsweise ein leerer String, wenn

`$toplevel` zu keiner Gruppe gehört. Sie können einen leeren String übergeben, um das Toplevel-Widget aus der Gruppe zu entlassen. Um also ein Toplevel-Widget aus einer Gruppe zu entfernen, verwenden Sie `$toplevel->group("")`.

Dekorationen entfernen

Um ein Fenster ganz ohne normale Fensterdekorationen (Titelleiste, Ränder usw.) zu bekommen, übergeben Sie der Methode `overrideredirect` einen wahren Wert:

```
$toplevel->overrideredirect(1);  # Alle Dekorationen entfernen
```

Seien Sie aber vorsichtig, Sie können das Fenster so nicht auf dem Bildschirm bewegen, wenn es einmal dargestellt ist. Wenn Sie vergessen, Ihrer Applikation einen Beenden-Button zu spendieren, können Sie die Applikation nicht sauber beenden. (Das Drücken von STRG-C in dem Fenster, aus dem das Skript gestartet wurde, würgt die Applikation aber auf die brutale Weise ab.)

So macht man übrigens einen Splash-Screen – eine Grafik, die angezeigt wird, während Ihre Applikation geladen wird. Denken Sie daran, daß Sie `MainLoop` aufrufen müssen, bevor überhaupt etwas zu sehen ist.

Wenn Sie `overrideredirect` ohne Argumente aufrufen, wird der aktuelle Wert (1 oder 0) zurückgegeben:

```
$current_value = $toplevel->overrideredirect();
```

Wenn das Fenster einmal angezeigt ist, werden die Dekorationen durch einen weiteren Aufruf von `overrideredirect` mit dem Argument 0 *nicht* wieder angezeigt.

Wer hat das Fenster plaziert?

Wenn das Toplevel-Widget auf dem Fenster plaziert wird, dann sagt entweder der Fenstermanager dem Programm, wo es hin soll, oder das Programm sagt dem Fenstermanager, wo es sein möchte. Manchmal positioniert der Anwender das Fenster auch manuell.

```
$who = $toplevel->positionfrom();
$toplevel->positionfrom("program");  # Fenster plazieren, möglichst ohne
Anwenderinteraktion
```

Wenn die Methode `positionfrom` ohne Argument aufgerufen wird, gibt sie Informationen darüber zurück, welcher der beiden Fälle eingetreten ist. Wenn `"program"`, ein leerer String oder eine Referenz auf ein Widget zurückgegeben wird, dann hat entweder der Fenstermanager oder das Programm die Position angefordert. Wenn `positionfrom` den String `"user"` zurückgibt, dann hat der Anwender das Fenster bei seiner Erzeugung manuell auf dem Bildschirm positioniert.

Sie können erzwingen, was passieren soll, indem Sie `positionfrom` mit einem der Strings `"program"` oder `"user"` aufrufen, aber das funktioniert nur, wenn der Fenstermanager mitspielt.

Wer hat das Fenster vergrößert oder verkleinert?

Die Methode `sizefrom` macht das gleiche wie `positionfrom`, gibt aber Informationen bezüglich der Fenstergröße zurück.

```
$who = $toplevel->sizefrom(); # "program" oder "user"?
$toplevel->sizefrom("user");  # Fenstergröße, möglichst erzwingen
```

Kein wirkliches Fenster

Ein transientes Fenster ist ein Fenster, das nicht wirklich ein echtes Fenster hat (wie beispielsweise ein Pull-Down-Menü. Sie können dem Fenstermanager mitteilen, daß das Toplevel-Widget (wie beispielsweise das Pull-Down-Menü) zu einem übergeordneten Fenster gehört (das Fenster, in dem es angezeigt wird), indem Sie die Methode `transient` verwenden:

```
$mymaster = $toplevel->transient();
$toplevel->transient($master);
```

Wenn Sie `transient` kein Argument übergeben, wird entweder das aktuelle übergeordnete Fenster oder ein leerer String zurückgegeben.

Rückblick

Es ist sinnvoll, ein weiteres Toplevel-Fenster neben dem MainWindow zu verwenden, wenn mehr Informationen angezeigt werden müssen, als sinnvoll in ein Fenster passen. Manchmal kann es auch nützlich sein, Toplevel-Fenster zu verwenden, um Informationen zu gruppieren. Wann man ein weiteres Toplevel-Fenster verwenden sollte, ist eine Entwurfsentscheidung, die Sie selbst treffen müssen. Wenn Sie zu viele Fenster verwenden, wird die Applikation für den Benutzer schwer verständlich, aber eine gut entworfene Applikation kann durchaus das eine oder andere zusätzliche Fenster vertragen. Beispielsweise ist im Tk-Modul das Modul Tk::Dialog enthalten, mit dem Sie schnell und einfach Meldungen für den Benutzer anzeigen können. In der Dokumentation in der Datei *Dialog.pm* finden Sie Hinweise, wie dieses Modul zu verwenden ist.

Tips zum Weiterexperimentieren

Nehmen Sie das Beispiel mit den dynamischen Dokumentlisten aus dem letzten Kapitel, und erzeugen Sie bei jedem Anklicken des Buttons »Neues Dokument« ein neues Toplevel-Fenster. (Für Fortgeschrittene: Erzeugen oder laden Sie tatsächlich eine Datei.)

14

Ereignisse binden

Perl/Tk ist eine ereignisgesteuerte Programmiersprache. Sie entwerfen Ihr Programm so, daß es auf Ereignisse reagiert, die vom Anwender ausgelöst werden. Ereignisfolgen können aus dem Anklicken eines Buttons, dem Bewegen der Maus, dem Eingeben von Zeichen über die Tastatur und vielen anderen Dingen bestehen. Die Verknüpfung zwischen einer Ereignisfolge und einem Widget wird eine *Bindung* genannt.

Jedes Widget in Perl/Tk hat seine eigenen Defaultbindungen. Beispielsweise ändert sich die Farbe des Buttons, wenn sich der Mauszeiger über ihm befindet, und es wird ein vom Programmierer festgelegter Callback aufgerufen, wenn der Button angeklickt wird. Dabei handelt es sich um Defaultbindungen, die mit dem Erzeugen des Widgets angelegt werden.

Mit dem `bind`-Befehl können Sie veranlassen, daß Ihr Programm auch noch auf weitere Ereignisse reagiert und entsprechende Callbacks aufruft. Das grundlegende Format lautet:

```
$widget->bind(folge, callback);
```

Außerdem können Sie die Defaultbindungen überschreiben, indem Sie eigene erzeugen oder die vorgegebenen einfach löschen.

Die Methode bind

Um die Methode `bind` zu verwenden, rufen Sie sie an dem Widget auf, zu dem Sie eine Bindung hinzufügen wollen. Wenn Sie beispielsweise eine Bindung zu einem Button in `$button` hinzufügen wollen, verwenden Sie `$button->bind`. In manchen Situationen werden Sie auch das MainWindow Ihrer Applikation mit `$mw->bind(...)` verwenden wollen. Es gibt mehrere Gruppen zulässiger Argumente, die Sie an `bind` übergeben können. Die folgende Liste beschreibt diese Argumente:

```
$widget->bind();
```

Wenn Sie `bind` ohne Argumente aufrufen, wird eine Liste von Bindungsfolgen (beispielsweise `<Button-1>`, `<Key-D>`) zurückgegeben, die für das Widget erzeugt worden sind. Die Defaultbindungen sind dabei nicht enthalten. Ein Beispiel:

```
$button = $mw->Button( ... )->pack;
$button->bind("<Button-3>", sub { ... } );
@bindings = $button->bind();
print "Bindings für den Button: @bindings\n";
# würde ausgeben:
# Bindings für den Button: <Button-3>
```

Diese Funktion gibt einen leeren String zurück, wenn für das Widget keine zusätzlichen Bindungen erzeugt worden sind.

```
$widget->bind(folge);
```

Mit dieser Form können Sie ermitteln, welcher Callback einer bestimmten Ereignisfolge zugeordnet ist. Sie übergeben die Ereignisfolge (beispielsweise `"<Button-3>"`) als erstes Argument, und die Methode gibt den derzeit dieser Folge zugewiesenen Callback zurück. Wir können das vorstehende Beispiel erweitern und die Informationen in `@bindings` benutzen, um herauszubekommen, welche Callbacks zu diesen Bindungen gehören:

```
foreach (@bindings) {
  print "$_ ist verknüpft mit dem Callback ", $button->bind($_), "\n";
}
# <Button-3> ist mit dem Callback Tk::Callback=CODE(0x91fdcc) verknüpft
```

Wenn Sie eine Bindungsfolge übergeben, die für dieses Widget nicht existiert, dann bekommen Sie einfach einen leeren String als Ergebnis zurück. Das gleiche passiert, wenn Sie eine Folge übergeben, die als Defaultbindung gilt (wie beispielsweise `"<Button-1>"`), dann bekommen Sie ebenfalls einen leeren String zurück (es sei denn, Sie hätten mit `bind` weitere Bindungen hinzugefügt).

```
$widget->bind(folge, callback);
```

Damit ein Callback aufgerufen wird, wenn eine Ereignisfolge eintritt, geben Sie diesen als zweites Argument von `bind` an. Es kann sich dabei um eine beliebige zulässige Form von Callbacks handeln, wie sie in Kapitel 3 behandelt wurden. Einige Beispiele:

```
$button->bind("<Button-3>", sub { print "Rechte Maustaste geklickt\n" });
$entry->bind("<Return>", sub { print "Return im Eingabe-Widget betätigt.\n" });
$button->bind("<Button-1>", \&b1_addtl_action());
$canvas->Tk::bind("<Button-1>", [ \&draw_rectangle, Ev("X"), Ev("Y") ]);
```

Um eine Bindung für eine bestimmte Ereignisfolge zu entfernen, übergeben Sie einen leeren String als Callback.

```
$widget->bind(tag [ , folge, callback ] );
```

Mit Tags können Sie sich auf eine ganze Klasse von Widgets beziehen. Sie können Tags verwenden, wenn Sie wollen, daß alle Widgets eines bestimmten Typs das gleiche Verhalten aufweisen. Wenn Sie beispielsweise wünschen, daß ein Suchmenü aufklappt, wenn Sie mit der rechten Maustaste in ein Text-Widget klicken, dann können Sie folgenden Code verwenden:

```
$t1 = $mw->Scrolled("Text")->pack(-expand => 1, -fill => 'both');
$t2 = $mw->Scrolled("Text")->pack(-expand => 1, -fill => 'both');

$menu = $mw->Menu(-menuitems => [ ["command" => "Suchen",
                                   -command => \&search_file],
                                  ["command" => "Erneut suchen",
                                   -command => \&search_again]
                                ],
                   -tearoff => 0);
$mw->bind(Tk::Text, "<Button-3>",
          sub { $menu->Popup(-popover => 'cursor',
                             -popanchor => "nw") });
```

Alle Text-Widgets, die Sie in der Applikation erzeugen, verfügen dann über dieses Suchmenü. Es ist dann noch ein wenig Arbeit notwendig, um zu bestimmen, welches Text-Widget die Funktion ausgelöst hat, aber Sie müßten nicht ein- und dieselbe Bindungsfolge für jedes Text-Widget einzeln programmieren.

Im vorstehenden Beispiel haben wir die zu bindende Ereignisfolge angegeben ("<Button-3>"). Wenn wir das nicht getan hätten, hätten wir eine Liste mit allen derzeit an diese Ereignisfolge gebundenen Callbacks bekommen.

Das besondere Tag 'all' kann dazu verwendet werden, um alle Widgets und Fenster in der Applikation zu bezeichnen. Seien Sie aber vorsichtig damit; in Ihrem Callback wird sich dann sehr viel mehr tun, als Sie vielleicht vermuten!

An den Callback übergebene Argumente

Das erste Argument eines mit bind gebundenen Callbacks ist immer eine Referenz auf das aufrufende Widget. Das gilt auch dann, wenn Sie an eine Widget-Klasse binden. Sie können die übergebene Referenz dazu verwenden, um Informationen über das Widget zu bekommen, an dem die Ereignisfolge aufgetreten ist.

Hier folgt ein Beispiel, in dem ein Eingabefeld verwendet wird:

```
$entry = $mw->Entry()->pack;
$entry->bind("<Return>", \&hit_return);
sub hit_return {
  my ($e) = @_;
  print "Das Eingabefeld enthielt: ", $e->get, "\n";
}
```

Wenn Sie bind verwenden, um einen Callback an einer ganzen Widget-Klasse aufzurufen, dann ist es so sehr viel leichter herauszufinden, an welchem Widget die Ereignisfolge eigentlich aufgetreten ist:

```
$mw->Scrolled("Text")->pack(-expand => 1, -fill => 'both');
$mw->Scrolled("Text")->pack(-expand => 1, -fill => 'both');

$menu = $mw->Menu(-menuitems => [ ["command" => "Speichern",
                                   -command => \&save_file],
                                  ["command" => "Öffnen",
                                   -command => \&open_file]
                                ],
                    -tearoff => 0);
$mw->bind(Tk::Text, "<Button-3>",
         sub { $menu->Popup(-popover => 'cursor') });
sub save_file {
  my ($text) = @_;
  open(FH, ">outfile") || die "Konnte Datei nicht zum Schreiben öffnen";
  print FH $text->get("1.0", "end");
  close (FH);
}
```

In diesem Aufruf wird Tk::Text als erstes Argument verwendet. Dadurch gilt die Bindung für jedes Text-Widget in der Applikation. In diesem Beispiel soll der Inhalt immer in die Datei "outfile" geschrieben werden, egal welches Widget angeklickt wurde. Die Applikation könnte den Benutzer an dieser Stelle aber auch nach einem anderen Dateinamen fragen und so überhaupt erst nützlich werden.

Ereignisfolgen definieren

Bisher haben Sie schon einige Ereignisfolgen – <Button-3>, <Button-1> und <Return> – kennengelernt, aber ich habe das Format für diese Ereignisfolgen noch nicht erläutert. Obwohl die bisher gezeigten Beispiele vielleicht einfach und offensichtlich aussehen mögen, können Ereignisfolgen auch sehr viel komplizierter werden.

Die Ereignisfolge besteht aus einem optionalen Modifikator, einem Ereignis und einem optionalen Detail. Diese werden durch Querstriche getrennt und von spitzen Klammern umschlossen:

```
<modifikator-ereignis-detail>
```

Denken Sie daran, daß auch mehr als eine Ereignisfolge auf ein eingetretenes Ereignis passen kann, wenn wir alle möglichen Bindungen besprechen. Zuerst werden die Callbacks aufgerufen, die zu detaillierteren Ereignisfolgen gehören. Wenn eine Bindung für einen bestimmten Button und eine weitere für alle Buttons angelegt wird, dann wird zunächst der Callback aufgerufen, der mit der Bindung für einen bestimmten Button verknüpft ist, weil diese spezifischer ist. Anschließend wird auch der andere Callback aufgerufen.

Modifikatoren

Ein Modifikator ist ein Ereignis, das zur gleichen Zeit wie das Hauptereignis eintritt, beispielsweise das Gedrückthalten der Strg-Taste, während mit der Maus geklickt wird. Das modifizierende Ereignis muß als erstes eintreffen, damit die ganze Ereignisfolge als aufgetreten gilt (also muß beispielsweise erst die Strg-Taste gedrückt und dann mit der Maus geklickt werden).

Die folgende Liste nennt alle Modifikatoren und ihre Bedeutungen:

Control
> Die Strg-Taste muß heruntergedrückt sein, während das Hauptereignis eintritt (z.B. `<Control-Button-1>`).

Shift
> Die Umschalt-Taste muß heruntergedrückt sein, während das Hauptereignis eintritt (z.B. `<Shift-Button-3>`).

Lock
> Die Feststelltaste muß gedrückt sein (z.B. `<Feststell-a>`).

Alt
> Die Alt-Taste muß heruntergedrückt sein, während das Hauptereignis eintritt (z.B. `<Alt-x>`).

> Anwender von Microsoft Windows sollten sich darüber im klaren sein, daß Windows es manchmal nicht zuläßt, daß die Applikationen darüber informiert werden, daß die linke Alt-Taste gedrückt worden ist. Die linke Alt-Taste ist normalerweise diejenige Taste, die die Benutzer verwenden, um mit Alt-Tab zwischen den Applikationen zu wechseln. Wenn die linke Alt-Taste nicht funktioniert, probieren Sie es mit der rechten, bevor Sie aufgeben. Diese Warnung gilt auch dann, wenn Sie einen X-Server (wie beispielsweise Exceed) verwenden, um auf ein Unix-System zuzugreifen.

Button# wobei # 1, 2, 3, 4 oder 5 ist. Sie können auch die Abkürzung B# verwenden.
> Diese Modifikatoren geben an, daß die angegebene Maustaste heruntergedrückt sein muß, bevor der Rest des Ereignisses eintritt. Wenn Sie beispielsweise möchten, daß etwas passiert, wenn der Benutzer zuerst die Maustaste 1 und dann die Maustaste 3 betätigt, dann können Sie die Ereignisfolge `<Button1-Button-3>` (oder `<B1-Button-3>`) benutzen. Der entsprechende Callback würde nicht aufgerufen werden, wenn zuerst die dritte und dann die erste Maustaste betätigt werden würde. Es kommt auf die Reihenfolge der Ereignisse an.

> Es ist nicht zulässig, einfach nur `<Button#>` zu schreiben, denn ohne den Querstrich zwischen `"Button"` und der Nummer würden Sie einen Modifikator eines anderen Ereignistyps angeben.

Double
> Double ist ein besonderer Typ von Modifikator, der angibt, daß das Hauptereignis zweimal eintreten soll. Dabei gibt es eine Grenze, wieviel Zeit höchstens zwischen

den beiden Wiederholungen verstrichen sein muß. Double wird hauptsächlich dazu verwendet, um einen Doppelklick mit der Maus anzugeben.

Es ist wichtig, sich zu merken, daß <Double-Button-1> *nicht* das gleiche ist wie <Button-1><Button-1>. Obwohl diese beiden Ausdrücke im großen und ganzen das gleiche bedeuten, gibt es bei <Button-1><Button-1> keine Zeitbeschränkung. Der zweite Ausdruck bedeutet: »Sie haben die Maustaste 1 und dann irgendwann später noch einmal die Maustaste 1 betätigt.« <Double-Button-1> bedeutet dagegen: »Sie haben die Maustaste 1 und dann innerhalb einer gewissen Zeit noch einmal die Maustaste 1 betätigt.«

Triple

Triple ist ähnlich wie Double ein weiterer spezieller Modifikator. Dabei muß das Hauptereignis dreimal nacheinander in schneller Folge auftreten.

Eine interessante Eigenschaft der Modifikatoren Double und Triple ist ihre Kumulativität. Wenn Sie fünfmal schnell hintereinander mit einer Maustaste klicken, dann paßt der erste Klick auf das Ereignis <Button-1>, der zweite auf <Double-Button-1>, der dritte auf <Triple-Button-1>, der vierte ebenfalls auf <Triple-Button-1> und so weiter. Das gilt aber nur, wenn das Ereignis <Triple-Button-1> definiert ist. Wenn nur <Double-Button-1> definiert ist, dann würde der dritte Klick die Bindung anstelle der Bindung <Triple...> reaktivieren. Die Zeitskala in Abbildung 14-1 zeigt, wann der Ereignisse generiert werden.

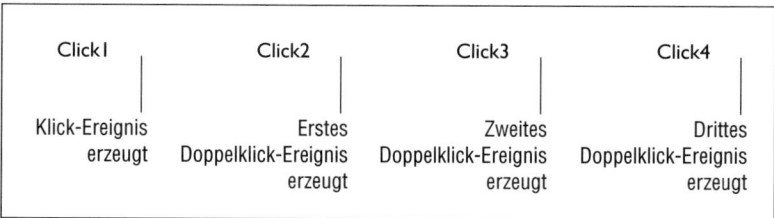

Abbildung 14-1: Ein Beispiel für kumulatives Doppelklicken

Meta (oder M)

Die Meta-Taste muß während des Hauptereignisses heruntergedrückt sein. Meta-Tasten gibt es normalerweise nur unter dem X Window System.

Mod# oder M#

Auch dies wird nur unter dem X Window System verwendet. Es gibt mehrere Modifikatoren (1–5); verwenden Sie Ev('K'), um zu bestimmen, wo diese auf Ihrer Tastatur liegen.

Ereignistypen (mit optionalen Details)

Der Ereignisanteil des Ereignisstrings bezeichnet das Ereignis, nach dem wir suchen. Er kann einen Modifikator haben (wie im vorangegangenen Abschnitt beschrieben) oder nicht. Wenn die Information besagt, daß das Ereignis ausgelöst oder generiert worden ist, bedeutet das, daß das Ereignis eingetreten ist. Aber wenn kein Callback mit dem Ereignis verknüpft wurde, dann sieht es so aus, als wäre nichts passiert. Die folgende Liste beschreibt die Ereignistypen und deren optionale Details (sofern vorhanden).

ButtonPress (oder Button)

Ein ButtonPress tritt auf, wenn eine Maustaste heruntergedrückt wird. Button bezeichnet das gleiche, es ist lediglich eine Abkürzung. Wenn Sie das Ereignis <Button> verwenden, bezieht sich diese Angabe auf eine beliebige Maustaste, aber durch Angabe eines Details können Sie eine bestimmte Taste angeben: <Button-1>, <Button-2> und so weiter.

ButtonRelease

Ein ButtonRelease-Ereignis tritt ein, wenn eine Maustaste losgelassen wird. Sie können verschiedene Sachen machen, je nachdem, ob eine Maustaste heruntergedrückt (Button oder ButtonPress) oder wieder losgelassen (ButtonRelease) wird. Auch hier können Sie mit einem Detail eine bestimmte Taste bezeichnen: <ButtonRelease-1>, <ButtonRelease-2> und so weiter. Wenn kein bestimmter Button angegeben wird, paßt das Ereignis auf jede Maustaste.

Circulate

Ein Circulate-Ereignis wird erzeugt, wenn Ihre Applikation mehr als ein Fenster enthält und die Reihenfolge, in der diese auf dem Bildschirm liegen, verändert wird.

Colormap

Das Ereignis Colormap tritt auf, wenn sich die Farbtabelle des Widgets (normalerweise des Toplevel-Widgets) geändert hat.

Configure

Das Configure-Ereignis tritt auf, wenn ein Widget konfiguriert wird. Wenn Sie einen Callback mit diesem Ereignis verknüpfen, müssen Sie vorsichtig sein: Es kann passieren, daß der Callback ziemlich oft aufgerufen wird. Jedesmal, wenn die Größe des Applikationsfensters verändert wird, wird jedes Widget im Fenster rekonfiguriert, was zu je einem Configure-Ereignis pro Widget führt. Auch wenn das Widget erzeugt wird, gibt es ein Configure-Ereignis.

Destroy

Wenn ein Fenster zerstört wird, wird ein Destroy-Ereignis generiert. Sie können ein Widget zwangsweise mit $widget->destroy() zerstören.

Enter

Das Ereignis Enter tritt ein, wenn der Mauszeiger die Fläche des Widgets erreicht. Vergessen Sie nicht, daß dies nicht das Ereignis »Benutzer drückt die RETURN-/Eingabetaste (Enter-Taste)« ist.

Expose

Expose-Ereignisse treten auf, wenn das Fenster sichtbar wird.

FocusIn

Wenn das Widget den Tastaturfokus bekommt, weil der Benutzer sich mit der Tabulator-Taste hineinbewegt hat (oder im Programm `$widget->focus()` aufgerufen worden ist), gibt es ein FocusIn-Ereignis.

FocusOut

Das FocusOut-Ereignis ist das Gegenstück zu FocusIn. Wenn das Widget den Tastaturfokus verliert, wird ein FocusOut-Ereignis erzeugt.

Gravity

Ein Gravity-Ereignis wird erzeugt, wenn das Widget verschoben wird, weil sich die Größe seines Eltern-Widgets geändert hat.

KeyPress (oder Key)

Wenn eine Taste auf der Tastatur gedrückt wird, wird ein KeyPress- (oder Key-) Ereignis generiert. Mit einem Detail können Sie auch eine bestimmte Taste angeben. Wenn Sie herausfinden wollen, welche Taste zum Auslösen dieses Ereignisses führte, können Sie `Ev('K')` als ein Argument in Ihrem Callback verwenden:

```
$mw->bind("<Key>", [ \&check_key, Ev('K') ]);
```

Das führt dazu, daß das Tastensymbol der gedrückten Taste als Argument an `check_key` übergeben wird. Mit dem folgenden Code können Sie herausfinden, welche Tastensymbole für welche Tasten stehen:

```
use Tk;
$mw = MainWindow->new;
$mw->bind("<Key>", [ sub { print "Taste: $_[1]\n"; }, Ev('K')] );
MainLoop;
```

Wenn Sie Tasten auf der Tastatur herunterdrücken, sehen Sie die Tastensymbole auf dem Bildschirm. Beachten Sie, daß die Zeichen über den Ziffern, die mit der Umschalttaste erreicht werden (wie $, %, ^ und so weiter) benannt ausgegeben werden (»dollar«, »percent«, »caret« und so weiter).

KeyRelease

Das Ereignis KeyRelease ist das Gegenstück zu KeyPress. Es wird ausgelöst, wenn eine Taste wieder losgelassen wird. Manchmal ist es besser, darauf zu warten, daß eine Taste wieder losgelassen wird, bevor Sie irgend etwas tun.

Leave

Das Ereignis Leave tritt auf, wenn die Maus die vom Widget belegte Fläche wieder verläßt. Mit einem Paar von Enter- und Leave-Bindungen können Sie nette Dinge machen, beispielsweise den Mauszeiger verändern, während er sich über dem Widget befindet (schauen Sie allerdings zuerst nach, ob das jeweilige Widget die Option `-cursor` unterstützt).

Map

Das Ereignis Map tritt ein, wenn das Fenster auf den Bildschirm gebracht oder geöffnet (deiconifiziert) worden ist.

Motion

Wenn die Maus in Ihrer Applikation auf dem Bildschirm herumbewegt wird, erzeugt sie Motion-Ereignisse. Dies ist ein weiteres Ereignis, das Sie nicht einfach so binden sollten, denn der Callback wird ständig aufgerufen werden. Wenn Sie natürlich nur ein einzelnes Widget binden, bekommen Sie die Ereignisse auch nur mitgeteilt, wenn die Maus über diesem Widget ist, aber das können immer noch eine ganze Menge sein. Ich rate Ihnen, es sich zweimal zu überlegen, bevor Sie Motion-Ereignisse binden.

Reparent

Das Ereignis Reparent tritt auf, wenn sich das Eltern-Widget des gebundenen Widgets geändert hat.

Unmap

Das Ereignis Unmap tritt auf, wenn das gebundene Fenster iconifiziert worden ist.

Visibility

Wenn ein Widget erstmalig sichtbar wird, löst es ein Visibility-Ereignis aus. Es gibt mehrere Möglichkeiten, wie ein Widget in Ihrer Applikation sichtbar werden kann:

- Wenn die Applikation zum erstenmal gestartet und das Widget auf den Bildschirm gebracht wird, wird ein Visibility-Ereignis ausgelöst. Beachten Sie, daß kein Visibility-Ereignis ausgelöst wird, wenn Sie das Widget nur erzeugen, aber nicht mit einem Geometrie-Manager sichtbar machen.

- Wenn das Widget mit `pack('forget')` vom Bildschirm entfernt und dann wieder sichtbar gemacht wird.

- Wenn die Größe des Fensters verändert wird und das Widget damit plötzlich sichtbar wird (dies passiert normalerweise, nachdem das Fenster erst kleiner und dann wieder größer gemacht worden ist).

- Wenn sich das Widget innerhalb eines anderen Widgets (wie einem Text- oder Leinwand-Widget) befindet und dann wieder auf den Bildschirm gescrollt wird.

Informationen über Ereignisse

Mit der Methode Ev bekommen Sie Informationen über Ereignisse. Es gibt viele Werte, die Sie in einem Ev-Aufruf verwenden können. Diese sind in der von Peter Prymmer verwalteten Webseite zu Perl/Tk, *http://w4.lns.cornell.edu/~pvhp/ptk/doc/bind.htm*, sowie unter *http://www.perl.com/ptk/pod/bind.pod* ausführlich dokumentiert. Ich werde hier die Werte behandeln, die Sie in 99,9 Prozent aller Fälle verwenden werden wollen. Denken Sie daran, daß bestimmte bei Ev verwendete Werte auch nur bei bestimmten Ereignissen zulässig sind. Wenn Sie einen Wert verwenden, der auf das Ereignis nicht zutrifft, bekommen Sie einen undefinierten Wert zurück.

Koordinaten

Mit Ev('x') und Ev('y') bekommen Sie heraus, an welchen Koordinaten ein Ereignis aufgetreten ist. Wenn Sie diese Koordinaten relativ zum Wurzelfenster Ihres Fenstersystems (dem Desktop in Windows, Xroot unter X) benötigen, dann verwenden Sie X und Y in Großbuchstaben: Ev('X') und Ev('Y').

Ev('X') und Ev('Y') sind nur bei den Ereignissen ButtonPress, ButtonRelease, KeyPress, KeyRelease und Motion zulässig.

Nummer der Maustaste

Um herauszufinden, welche Maustaste gedrückt wurde, verwenden Sie Ev('b'). Dies gilt nur für ButtonPress- und ButtonRelease-Ereignisse. Wenn Sie Ev('b') bei einem <Button-1>-Ereignis verwenden, bekommen Sie natürlich 1 zurück.

Höhe und Breite

Verwenden Sie 'h', um die Höhe, und 'w', um die Breite herauszubekommen. Diese geben die Ausmaße des Widgets an. Wenn Sie beispielsweise herausfinden wollen, wie groß ein Button ist, nachdem der Benutzer ihn manuell vergrößert oder verkleinert hat, können Sie folgendes machen:

```
$button->bind("<Configure>", [ sub { print "H: $_[1], B: $_[2]\n"; },
                                Ev('h'), Ev('w') ]);
```

Der Callback wird nur aufgerufen, wenn das Widget konfiguriert worden ist. Dies geschieht beim ersten Anlegen des Widgets und bei jeder folgenden Verkleinerung oder Vergrößerung.

Ev('h') und Ev('w') sind nur zulässig bei Configure-, Expose- und GraphicsExpose-Ereignissen.

Tasteninformationen

Es gibt verschiedene Möglichkeiten, um herauszufinden, welche Tasten der Benutzer betätigt hat. Mit 'K' bekommen Sie zur gedrückten Taste den sogenannten Keysym. Verwenden Sie ein kleines 'k', bekommen Sie den ASCII-Wert der Taste. Mit dem folgenden Code können Sie den Unterschied sehen:

```
$b->bind("<Key>", [ sub { print "ARGS: @_\n"; }, Ev('k'), Ev('K') ]);
```

Ev('k') und Ev('K') sind nur bei KeyPress- und KeyRelease-Ereignissen zulässig.

Mit Ev('N') können Sie außerdem den numerischen Wert bekommen.

Ereignistyp

Mit Ev('T') können Sie herausfinden, auf was für eine Art von Ereignis hin der Callback aufgerufen worden ist. Bei einem KeyPress-Ereignis ist dies beispielsweise der String

"KeyPress". Das ist eigentlich ziemlich offensichtlich, aber manchmal doch nützlich, wenn Sie den gleichen Callback verwenden, um auf verschiedene Ereignisse zu reagieren.

Aus einem mit bind gebundenen Callback zurückspringen

Um die Verarbeitung in Ihrem Callback zu beenden, können Sie die return-Anweisung verwenden. Andere an dieses Ereignis gebundene Callbacks werden weiterhin verarbeitet. Um die Verarbeitung aller Callbacks, die an eine bestimmte Widget/Ereignis-Kombination gebunden sind, anzuhalten, können Sie Tk::break anstelle des harmloseren return verwenden.

Die Methode bindtags

Mit der Methode bindtags bekommen Sie die Tags heraus, die zu einem bestimmten Widget gehören. Ein Beispiel:

```
print join(' ', $button->bindtags());
# Ausgabe: Tk::Button .button . all
print join(' ', $mw->bindtags());
# Ausgabe: MainWindow . all
```

Damit erfahren wir auch die Reihenfolge, in der das Widget auf die Bindung von Callbacks reagiert. Die erste Antwort bezieht sich immer auf die Klasse, zu der das Widget gehört, also Tk::Button im ersten Beispiel und MainWindow im zweiten.

Die von bindtags zurückgegebene Information ist aber lange nicht so interessant wie das, was Sie mit den Argumenten dieser Methode machen können. Um von einem Widget alle Bindungen außer denen, die zu 'all' gehören, zu verwenden, benutzen Sie:

```
$button->bindtags(['all']);
```

Jetzt antwortet der Button nicht mehr auf Anklicken, Mausbewegungen oder die Defaultbindungen des Widgets. Wie in der Perl/Tk-Webseite zu bindtags vorgeführt, können Sie die Reihenfolge umdrehen, in der ein Widget auf Ereignisse reagiert:

```
$b->bindtags(['all',$b->toplevel,ref($b),$b]);
```

Wir wissen bereits, daß 'all' für alle Bindungen steht, die mit dem speziellen Tag 'all' verknüpft sind. Mit $b->toplevel bekommen wir das Fenster zurück, in dem $b steckt: MainWindow=HASH(0x9798d8). ref($b) gibt das Paket zurück, zu dem $b gehört: Tk::Button. Und schließlich bezeichnet $b diese spezielle Instanz von $b: Tk::Button=HASH(0x99c0cc).

HASH(0x99c0cc) ist das, was wir zu sehen bekommen, wenn wir den Wert ausgeben. Die Hexadezimalzahl in den Klammern ist schlicht und einfach der physikalische Speicherplatz, an dem dieses Widget abgelegt ist. HASH bedeutet, daß es in einer Hash-Struktur abgelegt ist.

Wie man bind verwenden kann

bind ist ein ziemlich mächtiges Werkzeug, um Ihre Applikationen einfacher benutzbar zu machen. Sie können beispielsweise eine Bindung zu einem Listbox-Widget hinzufügen, so daß ein Kontextmenü angezeigt wird, wenn Sie mit der rechten Maustaste darauf klicken. Verwenden Sie bind mit Text-Tags, um ein Pseudo-HTML-Dokument zu bekommen. Fügen Sie einer Listbox eine Bindung für Doppelklicks hinzu, so daß etwas passiert, wenn der Benutzer ein Element in der Listbox doppelt anklickt. Es gibt mehr Möglichkeiten, bind zu verwenden, als ich hier jemals beschreiben könnte. Passen Sie nur auf, daß Sie nichts machen, was der Benutzer nicht herausfinden kann (beispielsweise erwartet kein Benutzer, daß er dreimal mit der Maus klicken muß, während die Strg-Taste heruntergedrückt wird).

15

Zusammengesetzte Widgets

Bisher haben wir die grundlegenden Widgets nur einzeln besprochen. Aber die Perl/Tk-Distribution enthält auch mehrere *zusammengesetzte Widgets*. Zusammengesetzte Widgets sind Kombinationen von Widgets, die zusammen etwas Bestimmtes bewerkstelligen. Beispiele für zusammengesetzte Widgets sind:

Optionmenu
> Basiert auf dem Menubutton-Widget und ermöglicht es dem Benutzer, aus einer Liste von Elementen aus dem Menü auszuwählen.

LabEntry
> Basiert auf dem Frame-Widget; es handelt sich hier um ein Eingabefeld mit einem konfigurierbaren Label.

Dialog
> Basiert auf dem Toplevel-Widget; zeigt eine Bitmap und eine Meldung an.

Ich habe diese Beispiele gewählt, weil sie eine Eigenschaft zusammengesetzter Widgets demonstrieren. Sie können auf einem Widget basieren (in diesem Falle auf Menubutton), auf einem Frame, der Widgets enthält, oder auf einem Toplevel-Widget, das andere Widgets enthält und ein vollständiges Fenster ist.

Als ich mich zum erstenmal mit zusammengesetzten Widgets befaßt habe, habe ich immer das Gefühl gehabt, als würde etwas fehlen. Auf den ersten Blick sah der Code logisch aus, aber wenn ich ihn mir genauer ansah, war ich auf einmal völlig verwirrt und wußte nicht mehr, was da passierte. Sie sollten nicht vergessen, daß hinter den Kulissen eine Menge vor sich geht, wenn wir zusammengesetzte Widgets benutzen.

Es ist nicht das Ziel dieses Kapitels, Sie in die Lage zu versetzen, das komplexeste denkbare zusammengesetzte Widget zu schreiben. Wenn Sie verstehen, wie zusammengesetzte Widgets funktionieren, ist das mehr als genug. Sie können dann selbständig weiterlernen. Am besten ist es, wenn Sie dieses Kapitel durchlesen und sich dann die Beispiele anschauen, die in der Perl/Tk-Distribution enthalten sind. Die zusammengesetzten Widgets aus dem Tk-Modul sind vollständig, wurden von vielen verschiedenen Leuten begutachtet und tun etwas, wenn Sie sie ausführen. Außerdem sind sie normalerweise in der POD-Dokumentation dokumentiert. Anstatt Ihnen in diesem Kapitel ein Beispiel zu zeigen, das nichts Richtiges tut, verweise ich Sie auf den echten Code.

Ein kurzer Blick auf ein Beispiel

Ich muß es gestehen, ich mag Beispiele. Sie sind ein Ausgangspunkt für mich, an den ich zurückkehren kann, wenn ich in die Details gehe. Und weil es bei zusammengesetzten Widgets eine ganze Menge Details gibt, fangen wir einfach an und arbeiten uns dann voran.

Wenn Sie sich den Code für diese zusammengesetzten Widgets anschauen, werden Sie feststellen, daß LabEntry am wenigsten Code enthält. Hier sehen Sie den Code von *LabEntry.pm*:

```
# Copyright (c) 1995-1997 Nick Ing-Simmons. All rights reserved.
# This program is free software; you can redistribute it and/or
# modify it under the same terms as Perl itself.
# Class LabeledEntry

package Tk::LabEntry;
require Tk::Frame;
@ISA = qw(Tk::Frame);

Construct Tk::Widget 'LabEntry';

sub Populate
{
 require Tk::Entry;
 # LabeledEntry constructor.
 #
 my($cw, $args) = @_;
 $cw->SUPER::Populate($args);
 # Advertised subwidgets:  entry.
 my $e = $cw->Entry();
 $e->pack(-expand => 1, -fill => 'both');
 $cw->Advertise('entry' => $e);
 $cw->ConfigSpecs(DEFAULT => [$e]);
 $cw->Delegates(DEFAULT => $e);
 $cw->AddScrollbars($e) if (exists $args->{-scrollbars});
}

1;
```

Das ist schon der vollständige Code mit Kommentaren und allem, was dazugehört. An der Zeile @ISA = qw(Tk::Frame) können Sie sehen, daß es sich um ein Framebasiertes zusammengesetztes Widget handelt. In *Programmieren mit Perl* (O'Reilly, 1997) können Sie lernen, wozu das Array @ISA gut ist: »In jedem Package gibt es ein besonderes Array namens @ISA, das Perl mitteilt, wo es sonst noch nach einer Methode schauen kann, wenn es eine Methode nicht im Package selbst finden kann.« Zu dieser Implementierung von Vererbung gehört noch eine ganze Menge mehr, aber ich will hier nicht zu viele Zeilen klauen, nur um ein einfaches Konzept zu erläutern: Damit Ihr zusammengesetztes Widget funktioniert, benötigen Sie diese Zeile in Ihrem Code.[1] Alle weiteren Erklärungen gehören schon zu den bereits angesprochenen Details.[2]

Der nächste Schritt: Wie kommt das Eingabefeld ins Spiel? Wir wissen, daß eines erzeugt wird, denn wenn wir ein LabEntry-Widget verwenden, ist ein Eingabefeld auf dem Bildschirm zu sehen. Ihnen ist vielleicht aufgefallen, daß es nur eine Subroutine in der gesamten Datei gibt. Diese Subroutine heißt Populate. Sie werden sie nie direkt aufrufen, sie wird intern verwendet. Die Argumente von Populate sind zwei Skalare. Der erste ist eine Referenz auf den Frame selbst, der andere eine Referenz auf einen Hash, der alle Argumentpaare enthält, mit denen das Widget erzeugt worden ist. Hier sehen Sie ein Beispiel, wie ein LabEntry-Widget erzeugt werden kann:

```
$label_entry = $mw->LabEntry(-textvariable => \$text,
                             -label => "Name eingeben:",
                             -labelPack => [ -side => 'left' ])->pack();
```

Wenn Sie den Code überfliegen, merken Sie schnell, daß ein Eingabefeld erzeugt wird, wenn Sie auf die Zeile my $e = $cw->Entry() stoßen. Dann passieren eine ganze Menge merkwürdige Dinge mit Advertise, ConfigSpecs und Delegates. Im Moment reicht es uns zu wissen, daß diese Funktionen es ermöglichen, daß sich das Eingabe-Widget so verhält, wie man das von einem Eingabe-Widget erwartet.

Das Label des LabEntry-Widgets wird automatisch erzeugt, weil wir die Option -label verwendet haben. Wenn Sie noch einmal zu Kapitel 12, *Frames*, zurückgehen, werden Sie feststellen, daß ein Label erzeugt wird, wenn wir die Option -label bei einem Frame verwenden. Dies hier ist also ein zusammengesetztes Widget, weil es sich das Label, das bereits zum Frame-Widget gehört, zunutze macht.

Die Lage der Dateien

Wenn Sie eigene zusammengesetzte Widgets schreiben, erzeugen Sie eine Datei, die den gleichen Namen (und die gleiche Groß-/Kleinschreibung) wie Ihr Widget sowie die Dateiendung *.pm* hat. Wenn Sie beispielsweise ein zusammengesetztes Widget namens ListButton programmieren, dann gehört der Code dafür in eine Datei namens *ListButton.pm*.

In dem Code, der Ihr neues Widget verwendet, müssen Sie am Anfang direkt nach dem Befehl use Tk die Anweisung use ListButton verwenden, sofern Sie die Dateien für Ihre

---

1 Sie müssen nicht unbedingt von Frame erben, aber die meisten Leute machen das, weil die Sache etwas einfacher wird, wenn Sie einen automatischen Container für Ihr zusammengesetztes Widget haben.

2 Um die ganzen Details zu sehen, müßten wir den gesamten Perl/Tk-Code durchlaufen, um zu sehen, was wo aufgerufen wird, aber so viele Details brauchen wir hier gar nicht.

zusammengesetzten Widgets (wie *ListButton.pm*) im gleichen Verzeichnis wie den restlichen Anwendungscode aufbewahren. Wenn das nicht der Fall ist, müssen Sie vor allen
use- und require-Anweisungen eine Zeile wie die folgende einfügen:

```
use lib ("verz1", "verz2");
```

Dabei müssen Sie das Verzeichnis angeben, in dem *ListButton.pm* steht.

Ein zusammengesetztes Widget auf Frame-Basis erzeugen

Es gibt einige kleine Unterschiede zwischen zusammengesetzten Widgets, die auf
einem Frame-Widget basieren, und solchen, die auf einem Toplevel-Widget basieren.
Ich zeige Ihnen für jeden Fall ein kurzes Beispiel, damit Sie einen Eindruck von den
Möglichkeiten bekommen.

Wenn Sie ein zusammengesetztes Widget namens MyWidget schreiben, dann müssen Sie
auf jeden Fall die folgenden Zeilen am Anfang Ihrer Datei haben:

```
package MyWidget;
require Tk::Frame;
@ISA = qw(Tk::Frame);

Construct Tk::Widget 'MyWidget';

sub Populate
{
   ...
}
```

Sie müssen Ihr neues Widget als eigenes Package deklarieren, deswegen auch die Zeile
MyWidget. (Wenn Sie ein Unterverzeichnis für Ihre Widgets verwenden, würden Sie hier
VerzName::MyWidget benutzen.)

Die nächsten beiden Zeilen sind einfach: require Tk::Frame stellt sicher, daß alle not-
wendigen Informationen zur Verwendung des Frame-Widgets zur Verfügung stehen.
Anschließend wird Tk::Frame zur Variablen @ISA hinzugefügt. Die nächste Zeile ruft die
Methode Construct aus Tk::Widget mit dem Namen Ihres Widgets auf (das könnten Sie
auch als Tk::Widget->Construct("MyWidget") schreiben). In diesem Aufruf geben Sie das
Verzeichnis, in dem Ihr Widget liegt, nicht an.

Durch den Aufruf von Construct erzeugen Sie eine Konstruktor-Methode für Ihr neues
MyWidget-Widget. Damit können Sie dann ein neues MyWidget mit der Methode MyWidget
erzeugen:

```
$newwidget = $mw->MyWidget(...);
```

Sie erzeugen hier ein zusammengesetztes Widget auf der Basis eines Frame-Widgets. Daher müssen Sie Populate verwenden, um Ihre Subwidgets zu erzeugen und andere notwendige Einstellungen vorzunehmen.

Populate im Detail

Es ist sinnvoll, require-Anweisungen für alle weiteren Widgets, die Sie in Ihrem zusammengesetzten Widget verwenden wollen, einzufügen. Im LabEntry-Code stand beispielsweise Tk::Entry, weil LabEntry ein Eingabefeld erzeugt.

Populate wird mit zwei Argumenten aufgerufen: einer Referenz auf das zusammengesetzte Widget und einer Referenz auf einen Hash. Weisen Sie diese Argumente zwei Variablen zu, damit Sie sie später wieder verwenden können:

```
my ($cw, $args) = @_;
```

Als nächstes sollten Sie alle speziellen Optionen abhandeln, die auf Ihr gesamtes zusammengesetztes Widget zutreffen. Das machen Sie, indem Sie die Optionen aus der Hash-Referenz $args holen und überprüfen, ob der Wert definiert war:

```
$option_value = delete $args->{"-flag"};
if (defined $option_value) {
  ...
}
```

Nehmen wir an, Sie wollen eine Option namens -filename unterstützen, deren Wert der Variablen $filename zugewiesen werden soll:

```
$filename = delete $args->{"-filename"};
if (defined $filename) {
  # Datei öffnen...
  ...
}
```

Nachdem Sie alle Argumente herausgeholt haben, die Sie direkt verwenden wollen, sollten Sie SUPER::Populate aufrufen:

```
$cw->SUPER::Populate($args);
```

Als nächstes erzeugen Sie dann die Widgets, die Sie in Ihrem zusammengesetzten Widget benötigen. Wenn Sie beispielsweise eine Listbox mit mehreren Buttons erzeugen wollen, rufen Sie für jeden die passende Methode auf. Wenn der Benutzer diese Widgets auch manipulieren können soll, rufen Sie für jedes Widget Advertise auf.

Advertise aufrufen

Die Methode Advertise ermöglicht es Ihnen, später im Programm die Methode subwidget zu verwenden, um direkt an dieses Widget zu kommen. Beispielsweise können Sie nach dem Erzeugen eines LabEntry-Widgets eine Referenz auf das Eingabefeld bekommen:

```
$label_entry = $mw->LabEntry(-textvariable => \$text,
                              -label => "Name eingeben:",
                              -labelPack => [ -side => 'left' ])->pack();
$entry = $label_entry->Subwidget("entry");
$entered = $entry->get();
```

Denken Sie beim Programmieren zusammengesetzter Widgets daran, für jedes Widget einen Advertise-Aufruf einzufügen. Wenn Sie beispielsweise ein Eingabefeld und einen Button erzeugen, rufen Sie Advertise zweimal auf:

```
$cw->Advertise('entry' => $e);
$cw->Advertise('button' => $button);
```

Delegates aufrufen

Wenn Sie ein zusammengesetztes Widget programmieren, dann machen Sie im Prinzip nichts anderes, als zwei oder mehr Widgets zu einem zusammenzufassen. Wenn Sie Methoden an diesem Widget aufrufen wollen, dann müssen Sie definieren, welche Methode eigentlich aufgerufen werden soll. Das geschieht mit der Methode *Delegates*, der Sie eine Referenz des zu verwendenden Widgets übergeben:

```
$cw->Delegates(DEFAULT => $e);
```

Die Methoden aller anderen Subwidgets müssen über die Methode subwidget angesprochen werden.

Sie können auch Delegates verwenden, um eine Methode an ein Subwidget weiterzuleiten:

```
$cw->Delegates('insert' => $scrolled_listbox,
               'delete' => $scrolled_listbox,
               DEFAULT => $e);
```

In diesem Beispiel wird der Methodenaufruf $composite->insert(...) des Benutzers an die Methode $scrolled_listbox->insert weitergeleitet. Sie können keine Methoden weiterleiten, die Ihr zusammengesetztes Widget bereits definiert. Wenn Ihr zusammengesetztes Widget beispielsweise eine eigene Methode namens insert enthält, dann müßten Sie die Kontrolle manuell an das Subwidget übergeben.

ConfigSpecs aufrufen

Wenn Sie ein zusammengesetztes Widget erzeugen, dann wollen Sie auch configure verwenden können. Das können Sie mit ConfigSpecs erreichen. ConfigSpecs kann auf drei verschiedene Arten aufgerufen werden: Sie können eine Option und eine Behandlungsroutine erzeugen, eine Option auf eine andere abbilden oder ein Default-Widget angeben, das alle configure-Aufrufe bekommt.

Ein einfaches zusammengesetztes Widget wie LabEntry ruft ConfigSpecs einfach nur auf, um das Default-Widget für die Konfiguration festzulegen. Das sieht dann so aus:

```
$cw->ConfigSpecs(DEFAULT => [$e]);
```

Geben Sie als ersten Parameter `DEFAULT` und als zweiten Parameter eine anonyme Liste mit dem Widget an. Damit wird jedesmal, wenn das zusammengesetzte Widget konfiguriert werden soll, in Wirklichkeit das Eingabefeld konfiguriert.

Einen Alias erzeugen

Sie können `ConfigSpecs` auch verwenden, um einen Alias für eine Option zu erzeugen, beispielsweise, um einen langen und einen kurzen Namen für ein und dieselbe Option zu haben. Wenn Sie wollen, daß `-file` und `-filename` synonym verwendet werden können, dann rufen Sie `ConfigSpecs` folgendermaßen auf:

```
$cw->ConfigSpecs('-file' => '-filename');
```

Geben Sie als erstes den Aliasnamen und als zweites die äquivalente Option an.

Optionen definieren

Um eine Option zu definieren und eine Aktion mit dieser zu verbinden, rufen Sie `ConfigSpecs` folgendermaßen auf:

```
$cw->ConfigSpecs(-newoption => [ <aktion>, "newOption",
                                 "NewOption", <defaultwert> ]);
```

Zuerst wird die Option angegeben, für die Sie eine Aktion festlegen wollen. Das zweite Argument ist eine anonyme Liste, die aus vier Elementen bestehen muß. Das erste Element ist die durchzuführende Aktion und sollte `"DESCENDANTS"`, `"ADVERTISED"`, `"SELF"`, `"CHILDREN"`, `"PASSIVE"`, `"METHOD"`, `"CALLBACK"` oder eine Referenz auf ein Subwidget sein. Das zweite und das dritte Element gehören zur Optionsdatenbank; diese Elemente können vorerst leer gelassen werden. Das vierte Element schließlich ist der Defaultwert der Option, der verwendet wird, wenn der Benutzer die Option nicht angibt.

Der Aktionsteil der Liste definiert, was passieren soll. Die möglichen Werte haben folgende Bedeutungen:

DESCENDANTS
: Die Konfiguration dieser Option wird rekursiv auf alle Nachkommen-Widgets angewendet.

ADVERTISED
: Die Konfiguration wird auf alle mit `Advertise` angemeldeten Subwidgets angewendet.

SELF
: Die Konfiguration wird auf das Basis-Widget angewendet (das Basis-Widget ist in diesem Fall ein Frame, kann aber auch ein anderes zusammengesetztes Widget sein).

CHILDREN
: Die Konfiguration wird auf alle Kinder angewendet.

PASSIVE

Der Wert wird in `$args` gespeichert. Auf diese Weise würden Sie `ConfigSpecs` bei Optionen verwenden, die während der Erzeugung oder von eigenen Methoden Ihres zusammengesetzten Widgets verwendet werden können.

METHOD

Die Methode mit dem gleichen Namen wie die Option wird aufgerufen. Wenn Sie beispielsweise `$cw->ConfigSpecs(-newoption => ["METHOD", "","", undef])` verwenden und der Benutzer die Option `-newoption` benutzt, dann wird die Methode `newoption` (die Sie immer noch irgendwo in der Datei definieren müssen) aufgerufen. Wenn Sie eine Option nicht mit einer der anderen Einstellungen erzeugen können, dann können Sie immer noch METHOD verwenden.

CALLBACK

Ruft eine Methode in Ihrem zusammengesetzten Widget auf, wenn diese Option konfiguriert oder bei der Erzeugung des Widgets übergeben wird. Beispielsweise würde `$cw->ConfigSpecs(-myopt => ["CALLBACK", "myMethod", "MyMethod", undef])` die Subroutine `myMethod` aufrufen, wenn die Option `-myopt` verwendet wird. (Schauen Sie sich dazu auch die `ConfigSpecs` aus dem untenstehenden *BrowseEntry.pm* an.)

`$referenz`

Erzwingt für diese Option einen Aufruf von `$referenz->configure(-option => wert)`. `$referenz` ist normalerweise ein Subwidget des zusammengesetzten Widgets (beispielsweise ein Eingabefeld).

Ein Beispiel zu ConfigSpecs

Hier sehen Sie den Aufruf von `ConfigSpecs` aus der Datei *BrowseEntry.pm* aus Tk8.0:

```
$w->ConfigSpecs(

        -listwidth   => [qw/PASSIVE  listWidth   ListWidth/,   undef],
        -listcmd     => [qw/CALLBACK listCmd     ListCmd/,     undef],
        -browsecmd   => [qw/CALLBACK browseCmd   BrowseCmd/,   undef],
        -choices     => [qw/METHOD   choices     Choices/,     undef],
        -state       => [qw/METHOD   state       State        normal/],
        -arrowimage  => [{-image => $b},qw/arrowImage ArrowImage/,undef],
        -variable    => "-textvariable",
        DEFAULT      => [$e] );
```

Wie Sie sehen, können Sie an `ConfigSpecs` mehrere Informationspaare übergeben. In diesem Beispiel gibt es eine PASSIVE-Option, zwei CALLBACK-Optionen und zwei METHOD-Optionen. Alle weiteren Aufrufe von `configure`, die andere Optionen enthalten, werden an das Subwidget `$e` weitergeleitet. Schauen Sie sich den vollständigen Code an, um zu sehen, was die Methoden machen, auf die in `ConfigSpecs` verwiesen wird.

Ein Überblick über Frame-basierte Widgets

Um das oben Gesagte noch einmal zusammenzufassen, folgt hier noch ein Stück Pseudocode, das zeigt, wie Sie eigene Frame-basierte zusammengesetzte Widgets erzeugen:

```
$package NewWidget;
@ISA = qw(Tk::Frame);
Tk::Widget->Construct('NewWidget');

sub Populate()
{
  my ($cw, $args) = @_;

  # Alle Optionen abhandeln, die nur bei der Erzeugung verwendet werden können
  my $value = delete $args->{-option};
  if (defined $value) {
    ...
  }

  # Alle benötigten Subwidgets erzeugen...
  $widget = $cw->Widget(...);

  $cw->Delegates();
  $cw->ConfigSpecs( ... );

}

sub myoption {
  ...
}

1;
```

Toplevel-basierte zusammengesetzte Widgets

Es gibt einen kleinen Unterschied zwischen zusammengesetzten Widgets, die auf einem Frame basieren, und solchen, die auf einem Toplevel basieren. Wenn Sie an Ihrem Fenster ->new() aufrufen können wollen, dann müssen Sie InitObject anstelle von Populate definieren. Die meisten zusammengesetzten Widgets aus der Tk-Distribution machen das allerdings nicht. Wenn Sie Beispiele für Toplevel-basierte zusammengesetzte Widgets sehen wollen, dann schauen Sie sich *ColorEditor.pm* und *DialogBox.pm* an. Die Regeln zur Verwendung von ConfigSpecs sind genau die gleichen.

16

Methoden
für alle Widgets

Die meisten Kapitel in diesem Buch haben sich bisher auf einzelne Widgets konzentriert. In diesem Kapitel behandeln wir die Methoden, die es für alle Widgets gibt. Die meisten dieser Methoden werden Sie wahrscheinlich nie verwenden, aber es sind auch einige darunter, die sicherlich häufig zum Einsatz kommen werden.

Oft werden Sie eine MainWindow-Referenz (in unseren Beispielen normalerweise $mw) verwenden, um diese Methoden aufzurufen, aber Sie können das auch an anderen Widgets wie $button, $checkbutton und so weiter tun. Die meisten der Methoden haben lediglich Informationscharakter; Sie übergeben also keine Argumente und bekommen lediglich einen Wert zurück.

Wir werden hier das generische $widget anstelle eines spezifischeren Widget-Typs verwenden. Das soll Ihnen dabei helfen, daran zu denken, daß es sich hier um Methoden mit vielen Verwendungsmöglichkeiten handelt.

Einen Stammbaum aufbauen

Die folgenden Methoden drehen sich um Vorfahren und Kinder von Widgets und darum, wie diese erzeugt wurden: children, name, parent, toplevel, manager und class.

Kinder eines Widgets

Mit der Methode children können Sie die Kinder eines Widgets (üblicherweise eines Toplevel-Widgets oder eines Frames) ermitteln:

```
@kids = $widget->children();
# d.h. Tk::Button=HASH(0x85e3a0) Tk::Button=HASH(0x85e4a8)
```

Die zurückgegebene Liste enthält Skalare, die Kinder von $widget sind. Sie können diese Referenzen dann dazu verwenden, Aktionen wie das Bestimmen einer Hintergrundfarbe oder eines Fonts durchzuführen.

Der Name eines Widgets

Um herauszufinden, wie das Eltern-Widget ein Widget nennt, können Sie die Methode `name` verwenden:

```
$name = $widget->name();
```

Die Methoden `name` und `children` können folgendermaßen kombiniert werden:

```
@kids = $widget->children();
foreach (@kids) {
  print "Name: ", $_->name(), "\n";
}
```

Die Ausgabe könnte so aussehen:

```
button
button1
```

Das Eltern-Widget

Mit der Methode `parent` bekommen Sie eine Referenz auf das Eltern-Widget eines Widgets:

```
$parent = $widget->parent();
```

Das Toplevel-Widget eines Widgets

Mit der Methode `toplevel` ermitteln Sie das Toplevel-Widget, das ein bestimmtes Widget enthält:

```
$path = $widget->toplevel();
```

Der zurückgegebene Wert `$path` ist eine Nummer (beispielsweise 8606484), die Sie mit einer anderen, von einem anderen Aufruf von `toplevel` zurückgegebenen, vergleichen können, um zu sehen, ob die beiden gleich sind.

Der Manager eines Widgets

Mit der Methode `manager` können Sie herausfinden, welchen Geometrie-Manager ein Widget verwendet:

```
$manager = $widget->manager();
```

Diese Methode gibt einen String zurück, der den Geometrie-Manager beschreibt. Wenn es sich um ein Toplevel-Widget handelt, wird beispielsweise entweder `"grid"`, `"pack"`, `"place"` oder `"wm"` zurückgegeben. Die Methode `manager` scheint unter Windows 95 nicht richtig zu funktionieren, funktioniert aber unter Unix und Windows NT.

Die Klasse eines Widgets

Die Methode `class` gibt einen String zurück, der beschreibt, zu welcher Klasse das Widget gehört. Beispielsweise gibt `$listbox->class()` "Listbox" und `$menu->class()` "Menu" zurück.

Die ID eines Widgets

Mit der Methode `id` finden Sie den ID-String eines Widgets heraus:

```
$id = $widget->id();
print "$id\n";
# Gibt 0x9c944c aus
```

Es wird ein hexadezimaler Wert zurückgegeben. Diese Methode funktioniert unter Windows 95 nicht.

Der Pfad eines Widgets

Mit der Methode `pathname` und der ID, die Sie mit der Methode `id` bekommen haben, können Sie den Pfad eines Fensters ermitteln:

```
$path = $widget->pathname($id);
```

Außerdem gibt es die Methode `PathName`:

```
$path = $mw->PathName();
```

Diese Methode gibt den Pfad des aufrufenden Widgets aus. Beispielsweise hätte mein `$mw` den `PathName` ".".

Methoden zum Arbeiten mit Farben

Es gibt vier Methoden, die mit Farben arbeiten: `colormapfull`, `rgb`, `cells` und `depth`.

Ist die Farbtabelle voll?

Um herauszubekommen, ob die Farbtabelle des Widgets voll ist, verwenden Sie `colormapfull`:

```
$isfull = $widget->colormapfull();
```

Diese Methode gibt 1 zurück, wenn die Farbtabelle voll ist, und 0, wenn sie nicht voll ist.

Anzahl der Zellen

Die Anzahl der Zellen in der Farbtabelle wird mit der Methode `cells` ermittelt:

```
$count = $widget->cells();
```

Der zurückgegebene Wert gibt die Anzahl der Farben, beispielsweise 64, an.

Farbtiefe

Die Methode depth gibt die Anzahl der Bits pro Pixel zurück:

```
$depth = $widget->depth();
# $depth könnte "16" enthalten
```

In einen RGB-Wert übersetzen

Mit der Methode rgb können Sie einen Farbnamen in die Rot-, Grün- und Blau-Werte übersetzen. Übergeben Sie rgb einen Farbnamen (zulässige Farbnamen wurden in Kapitel 3 behandelt), und Sie bekommen eine Liste mit drei Elementen zurück, die die Werte für rot, grün und blau darstellen.

```
($red, $green, $blue) = $widget->rgb("color");
```

$red, $green und $blue enthalten jetzt jeweils eine ganze Zahl zwischen 0 und 255.

Farben festlegen

Mit der Methode setPalette können Sie erreichen, daß die gesamte Applikation automatisch auf einer Farbe basiert:

```
$widget->setPalette(color);
```

Die Hintergrundfarbe von $widget wird auf die angegebene Farbe gesetzt, und alle anderen Widgets werden auf der Basis dieser Farbe berechnet. Wenn also eine Button-Kante heller als der Hintergrund ist, dann erscheint diese Kante in einer helleren Schattierung der Farbe, die Sie ausgewählt haben. Die Methode betrifft die ganze Applikation, auch wenn Sie sie nur an irgendeinem Widget anstelle des Toplevel-Fensters aufrufen.

Sie können auch einzelne Farben explizit setzen, indem Sie den Optionsnamen und die zu verwendende Farbe angeben. Beispielsweise macht der folgende Code alle Vordergrundelemente in der Applikation rot und alle Hintergründe blau:

```
$b->setPalette("background" => "blue", "foreground" => "red");
```

Vordefinierte Farbschemata

Die Methode bisque sorgt dafür, daß die gesamte Applikation ein Bisque-Farbschema verwendet. $widget->bisque() ist das gleiche wie $widget->setPalette("bisque").

Optionsdatenbanken

Unter dem X Window System gibt es in den Heimatverzeichnissen der Benutzer Dateien namens *.Xdefaults*, die Konfigurationsinformationen für X-Applikationen enthalten, darunter auch die zu verwendenden Farben und Fonts. Sie können so eine Datei auch für Win32-Systeme verwenden und ihr einen beliebigen Namen geben. Beispielsweise könnten Sie eine Datei wie die folgende verwenden, damit Ihre Anwender die Farbeinstellungen der Applikation ändern können.

Typischerweise sehen die Zeilen in dieser Datei so aus:

```
screen*background: yellow
screen.button.foreground:green
screen*font: {Arial} 24 {normal}
```

Das erste Element in jeder Zeile sollte der Name Ihrer Applikation sein, es sei denn, die Datei enthält nur Optionen für diese eine Applikation. Meine Test-Applikation stand in einer Datei namens *screen*, weswegen ich dieses Wort als erstes Schlüsselwort jeder Zeile verwendet habe. Das zweite Schlüsselwort (wenn vorhanden) ist ein Widget-Typ oder -Name (Sie können einem Widget einen Namen geben, indem Sie bei der Erzeugung des Widgets die Option -name verwenden). Das dritte Schlüsselwort ist die »Klasse«, für die Sie einen Defaultwert festlegen wollen. Defaultwerte können für alle Optionen eines Widgets bestimmt werden. Anhang A gibt an, welche Klasse zu welchem Widget-Typ gehört.

Um diese Datei zu lesen, rufen Sie optionReadfile auf und übergeben den Namen der Datei (beispielsweise "color_options", "C:/.Xdefaults" oder ".Xdefaults"):

```
$widget->optionReadfile("dateiname");
```

Stellen Sie sicher, daß am Ende der Datei ein Zeilenwechsel steht, sonst bekommen Sie eine merkwürdige Fehlermeldung wie »missing newline on line 2 at *C:\PERL\lib\site /Tk/Submethods.pm* line 16«. Diese Fehlermeldung ist nicht besonders sinnvoll, allerdings teilt Ihnen die erste Zeilenangabe mit, wie viele Zeilen die Optionsdatei hat, die Sie gerade einzulesen versuchen. Wenn Sie $widget->option("readfile", ...) verwenden, bekommen Sie eine etwas bessere Fehlermeldung.

Als zweites Argument von optionReadfile können Sie eine optionale Priorität angeben. Diese sollte einer der Werte "widgetDefault", "startupFile", "userDefault" oder "interactive" sein. Die Defaultpriorität ist "interactive", was für die höchste Priorität steht.

```
$widget->optionReadfile("dateiname", "widgetDefault");
```

Sie können einem Programm dynamisch eine Option hinzufügen, indem Sie die Methode optionAdd verwenden (unabhängig davon, ob Sie optionReadfile verwendet haben):

```
$widget->optionAdd(muster => wert);
```

Beispielsweise können wir den Font des gesamten Programms mit folgender Zeile ändern:

```
$widget->optionAdd("screen*font", "{Arial} 24 {normal}");
```

Die Methode `optionClear` löscht alle aktuellen Optionseinstellungen und liest die Datei neu ein (oder holt sich die Daten vom Resource-Manager):

```
$widget->optionClear();
```

Den aktuellen Wert für einen Namen und eine Klasse bekommen Sie mit `optionGet`:

```
$widget->optionGet(name, klasse);
```

Der Name der Applikation

Der Name der Applikation, der in der oben besprochenen Optionsdatei verwendet wird, wird defaultmäßig aus dem Namen der Datei, die das Applikationsskript enthält, bestimmt. Mit der Methode `appname` können Sie diesen Namen ändern:

```
$mw->appname("neuername");
```

Den aktuellen Namen der Applikation bekommen Sie, wenn Sie `appname` ohne Argumente aufrufen:

```
$name = $mw->appname();
```

Das Vorhandensein von Widgets überprüfen

Mit `Exists($widget)` können Sie ermitteln, ob ein Widget erzeugt wurde:

```
if (Exists($widget)) {
    ...
}
```

Beachten Sie das große »E« im Methodennamen. Das muß so sein, weil es in Perl schon eine eingebaute Methode namens `exists` gibt. Verwechseln Sie die beiden nicht!

Ist das Widget auf dem Bildschirm?

Mit der Methode `ismapped` können Sie herausfinden, ob das Widget schon auf den Bildschirm gebracht worden ist:

```
if ($widget->ismapped())
    # Tu irgend etwas
} else {
    # das Widget auf den Bildschirm bringen
}
```

Die Methode `ismapped` gibt 1 zurück, wenn das Widget derzeit auf dem Bildschirm ist, und 0 sonst.

Bildschirmabstände konvertieren

Wenn Sie lieber Zoll für die Bildschirmabstände verwenden, aber Pixel ausgeben wollen, dann können Sie mit der Methode pixels jeden beliebigen zulässigen Bildschirmabstand in einen Pixelwert konvertieren. Ein Beispiel:

```
$pixels = $widget->pixels("2i");    # Wieviel sind 2 Zoll in Pixeln?
$pixels = $widget->pixels("2m");    # Wieviel sind 2 Millimeter in Pixeln?
```

Die Methode pixels rundet auf das nächste volle Pixel. Mit fpixels bekommen Sie einen genauen Wert:

```
$pixels = $widget->fpixels("2i");   # Wieviel sind 2 Zoll in Pixeln?
$pixels = $widget->fpixels("2m");   # Wieviel sind 2 Millimetern in Pixeln?
```

Die Größe von Widgets

Mit den folgenden Methoden können Sie die Größe eines Widgets auf verschiedene Weisen herausfinden.

Die Widget-Geometrie

Mit der Methode geometry bekommen Sie den Geometrie-String des Widgets in der Form *breitexhoehe+x+y*.

```
$geom = $widget->geometry();
```

Geometrie-Strings wurden in Kapitel 13 detailliert behandelt. Geometrie-Werte werden immer in Pixeln angegeben.

Angeforderte Höhe

Die Methode reqheight gibt die angeforderte Höhe des Widgets zurück:

```
$height = $widget->reqheight();
```

Das Widget bestimmt eine passende Höhe selbst.

Angeforderte Breite

Die Methode reqwidth gibt die angeforderte Breite des Widgets zurück:

```
$width = $widget->reqwidth();
```

Tatsächliche Breite

Mit der Methode width bekommen Sie die tatsächliche Breite des Widgets, so wie es auf dem Bildschirm gezeichnet wird:

```
$cur_width = $widget->width();
```

Wenn das Widget erstmalig erzeugt wird, gibt `width` 1 zurück, bis die Applikation mit allen Zeichenoperationen fertig ist. Danach wird die tatsächliche Breite des Widgets zurückgegeben.

Tatsächliche Höhe

Mit der Methode `height` bekommen Sie die tatsächliche Höhe des Widgets:

```
$h = $widget->height();
```

Wie die Methode `width` gibt auch `height` 1 zurück, wenn das Widget erzeugt wird. Mit den Methoden `update` oder `afterIdle` können Sie erreichen, daß alle Zeichenoperationen ausgeführt werden, und dann rufen Sie `width` oder `height` auf, um die endgültigen Werte zu bekommen.

Die Position des Widgets

Die Methoden in diesem Abschnitt drehen sich alle um die Position eines Widgets.

Die Position relativ zum Wurzelfenster

Die Methode `containing` gibt zurück, welches Widget am Punkt x, y liegt:

```
$which = $widget->containing($x, $y);
```

Die Koordinaten `$x` und `$y` müssen relativ zum Wurzelfenster sein (beziehungsweise dem Desktop auf Microsoft Windows-Systemen). Wenn sich an diesen Koordinaten kein Widget befindet, wird ein leerer String zurückgegeben. Liegen an den Koordinaten mehrere Widgets, wird das zurückgegeben, das am weitesten vorn liegt.

Koordinaten relativ zum Eltern-Widget

Mit den Methoden x und y bekommen Sie die Koordinaten der linken oberen Ecke eines Widgets relativ zum Eltern-Widget:

```
$x = $widget->x();
$y = $widget->y();
```

Koordinaten relativ zum Wurzelfenster

Mit den Methoden `rootx` und `rooty` bekommen Sie die Koordinaten relativ zum Wurzelfenster:

```
$x = $widget->rootx();
$y = $widget->rooty();
```

Die Koordinaten beziehen sich auf die linke obere Ecke des Widgets.

Koordinaten auf virtuellen Desktops

Wenn Sie einen virtuellen Desktop verwenden, dann stehen spezielle Methoden zur Verfügung, die die Koordinaten relativ zum virtuellen Desktop zurückgeben. Virtuelle Desktops sind unter dem X Window System (beispielsweise mit Desktops wie KDE) gang und gäbe, existieren aber auch unter Microsoft Windows.

Die Höhe und Breite des virtuellen Desktops bekommen Sie mit vrootheight und vrootwidth:

```
$height = $widget->vrootheight();
$width = $widget->vrootwidth();
```

Die Methoden vrootx und vrooty geben die Koordinaten der linken oberen Ecke des Widgets relativ zum virtuellen Desktop zurück:

```
$x = $widget->vrootx();
$y = $widget->vrooty();
```

Alle vier Methoden geben einen leeren String zurück, wenn kein virtueller Desktop gefunden wird.

Mauszeigerkoordinaten relativ zum Desktop

Mit den Methoden pointerx, pointery und pointerxy können Sie ermitteln, wo der Benutzer auf dem Bildschirm in ein Widget geklickt hat:

```
$x = $widget->pointerx();
$y = $widget->pointery();
($x, $y) = $widget->pointerxy();
```

Alle zurückgegebenen Koordinaten sind relativ zum Desktop (auch, wenn es sich um einen virtuellen Desktop handelt).

Bildschirminformationen

Die folgenden Methoden geben alle Informationen über den Bildschirm (bei dem es sich um einen virtuellen Desktop oder einen normalen Desktop handeln kann) sowie über seine Farben zurück.

Bildschirmnamen

Zu jedem verwendeten Bildschirm gehört ein eigener Name. Diesen bekommen Sie mit der Methode screen:

```
$name = $widget->screen();
```

Der Name ist als *"displayName.bildschirmIndex"* formatiert. (Ein Windows 95-Rechner gibt hier ":0.0" zurück.)

Bildschirmhöhe und -breite

Die Bildschirmhöhe und -breite ist nichts anderes als die Bildschirmauflösung. Manchmal benötigen Sie diese Information, um zu bestimmen, wie groß ein Fenster sein darf, um noch auf den Bildschirm des Anwenders zu passen. Sie bekommen die Höhe und Breite des Bildschirms in Pixeln mit den Methoden screenheight und screenwidth:

```
$height = $widget->screenheight();
$width = $widget->screenwidth();
```

Wenn meine Auflösung 1024x768 ist, dann gibt screenheight 768 und screenwidth 1024 zurück. Wenn Sie es vorziehen, die Werte in Millimetern zu bekommen, dann können Sie screenmmheight und screenmmwidth verwenden:

```
$heightmm = $widget->screenmmheight();
$widthmm = $widget->screenmmwidth();
```

Die gleiche Auflösung, 1024x768, ergibt auf meinem Monitor 203 Millimeter Höhe und 270 Millimeter Breite.

Anzahl der Zellen

Die Anzahl der Zellen in der Defaultfarbtabelle können Sie mit der Methode screencells bestimmen:

```
$count = $widget->screencells();
```

Bildschirmtiefe

Mit der Methode screendepth können Sie die Bits pro Pixel auf dem Bildschirm ermitteln:

```
$depth = $widget->screendepth();
```

Farbtyp

Der Farbtyp (»Visual«) wird klassenweise definiert und ist entweder "directcolor", "grayscale", "pseudocolor", "staticcolor", "staticgray" oder "truecolor". Sie können den Farbtyp für den Bildschirm, der ein Widget enthält, mit screenvisual ermitteln:

```
$type = $widget->screenvisual();
```

Den Farbtyp des Widgets selbst bekommen Sie mit visual:

```
$type = $widget->visual();
```

Die gesamte Liste der zur Verfügung stehenden Farbtypen können Sie mit visualsavailable anfordern:

```
@list = $widget->visualsavailable
```

Jedes Element in @list beschreibt einen Farbtyp sowie die zugehörige Farbtiefe. Auf meinem Windows 95-Rechner enthält @list nur ein Element: "truecolor 16".

Servertyp

Mit der Methode `server` fragen Sie nach dem Typ des Servers:

```
$server_type = $widget->server();
```

Auf meinem Windows 95-Rechner erhalte ich: `"Windows 4.0 67109975 Win32"`.

Ist ein Widget darstellbar?

Ein Widget gilt als darstellbar, wenn das Widget und alle seine Vorgänger auf den Bildschirm gebracht (»gemappt«) sind. Mit der Methode `viewable` können Sie ein Widget fragen, ob es darstellbar ist:

```
$isviewable = $widget->viewable();
```

`viewable` gibt 1 zurück, wenn das Widget darstellbar ist, und sonst 0. Beachten Sie, daß Darstellbarkeit nicht das gleiche wie Sichtbarkeit ist. Ein Widget kann darstellbar, aber unsichtbar sein, beispielsweise, wenn es vollständig von anderen Widgets oder Fenstern verdeckt wird.

Atom-Methoden

Jedem Widget wird ein Name zugewiesen, ein sogenanntes *Atom*. Das Atom hat einen Stringnamen (den Sie mit der Methode `name` ermitteln können) und eine 32 Bit breite ID. Diese Methoden werden intern verwendet, um unter anderem die Selektion zu verwalten.

Die ID eines Widgets bekommen Sie, wenn Sie den Namen des Widgets an die Methode `atom` übergeben:

```
$id = $widget->atom($widget->name());
```

Auch das Gegenteil ist möglich; Sie können die ID zu einem Atomnamen bekommen. Dazu dient die Methode `atomname`:

```
$name = $widget->atomname($id);
```

Warnton auslösen

Mit `bell` können Sie den Computer dazu bringen, einen (Warn-)Ton auszugeben.

```
$widget->bell();
```

Methoden für die Zwischenablage

Die folgenden Methoden manipulieren sowohl die interne Zwischenablage (»Clipboard«) von Tk als auch die des Fenstersystems.

Mit der Methode `clipboardAppend` können Sie Daten in die Zwischenablage stellen:

```
$widget->clipboardAppend("data to add");
```

Mit der Option `-format` können Sie beim Aufruf von `clipboardAppend` ein Format angeben. Der Wert dieser Option ist defaultmäßig `"STRING"`, kann aber auch `"ATOM"` sein. Es gibt noch eine weitere Option namens `-type`, die einen String wie `"STRING"` oder `"FILE_NAME"` als Wert erwartet.

Die Zwischenablage wird mit `clipboardClear` gelöscht:

```
$widget->clipboardClear();
```

Alle Daten in der Zwischenablage werden so gelöscht.

Den Inhalt der Zwischenablage bekommen Sie mit der Methode `selectionGet`, die im Abschnitt »Die Selektion abfragen« beschrieben wird.

Selektionsmethoden

Manche Widgets erlauben es dem Benutzer, eine Selektion vorzunehmen. Beispielsweise kann der Benutzer in den Text-, Eingabe- und Listbox-Widgets Daten selektieren. Mit den folgenden Methoden können Sie die Selektion manipulieren.

Die Selektion löschen

Die aktuelle Selektion eines beliebigen Widgets kann mit `SelectionClear` gelöscht werden (dies löscht auch die X-Selektion):

```
$widget->SelectionClear();
```

Sie können die Option `-selection` angeben, die entweder `"PRIMARY"` oder `"CLIPBOARD"` als Wert erwartet. Der Default ist `"PRIMARY"`. `"CLIPBOARD"` löscht auch die Zwischenablage.

Die Selektion abfragen

Mit `SelectionGet` bekommen Sie die aktuelle Selektion:

```
$selection = $widget->SelectionGet();
```

Bei dieser Methode können Sie ebenfalls die Option `-selection` verwenden:

```
$clipboard = $widget->SelectionGet(-selection => "CLIPBOARD");
```

Diese Option hat als Wert entweder "PRIMARY" oder "CLIPBOARD". Der Default ist "PRIMARY"; wenn Sie also -selection nicht angeben, dann bekommen Sie den Wert zurück, der die aktuelle Selektion in der Applikation repräsentiert. Mit "CLIPBOARD" bekommen Sie den Wert aus der Zwischenablage zurück.

Einen Callback zuweisen

Mit SelectionHandle können Sie einen Callback zuweisen, der automatisch aufgerufen wird, wenn sich die Selektion von $win ändert:

```
$widget->SelectionHandle($win => \&subroutine);
```

Wenn $win der Eigentümer der Selektion ist, wird der Callback (in diesem Fall subroutine) aufgerufen. Sie können auch hier die Optionen -format, -type und -selection mit den genannten Werten verwenden. Wenn Sie SelectionHandle mit einem leeren String als Callback aufrufen, wird der vorher zugewiesene Callback entfernt.

Den Eigentümer bestimmen

Mit der Methode SelectionOwner können Sie ermitteln, wem die Selektion gerade gehört (ein Widget ist der Eigentümer der Selektion, wenn es etwas darin selektiert hat):

```
$widget = $widget->SelectionOwner();
```

Auch hier können Sie die Option -selection mit "PRIMARY" oder "CLIPBOARD" verwenden, um festzulegen, wem die Selektion oder der aktuelle Wert in der Zwischenablage gehört.

Den Eigentümer festlegen

Mit der Methode SelectionOwn können Sie erzwingen, daß das Widget Eigentümer der Selektion wird:

```
$widget->selectionOwn();
```

Auch hier können Sie mit der Option -selection festlegen, welche Selektion betroffen sein soll. Schließlich können Sie auch hier mit der Option -callback einen Callback bestimmen. Dieser wird aufgerufen, wenn die Selektion wieder verlorengeht.

Ein Widget zerstören

Wenn Sie destroy an einem Widget aufrufen, wird es zerstört (Sie sollten diese Methode immer zusammen mit if Tk::Exists verwenden):

```
$widget->destroy() if Tk::Exists($widget);
```

Wenn das Widget Eltern-Widget anderer Widgets ist, werden diese ebenfalls zerstört.

Methoden zur Fokus-Behandlung

Während Ihre Applikation läuft, können Sie die Übergabe des Tastaturfokus an ein Widget erzwingen, indem Sie an diesem Widget `focus` aufrufen:

```
$widget->focus();
```

Das kann zum Beispiel sinnvoll sein, wenn Sie ein Eingabefeld haben, in dem der Benutzer mit der Eingabe anfangen soll. Wenn Sie `focus` unmittelbar vor dem Aufruf von `MainLoop` verwenden, bekommt das Widget den Fokus von Anfang an. Durch Drücken der Tabulatortaste wird der Fokus automatisch von einem Widget zum nächsten weitergegeben (denken Sie daran, daß Sie am Fokus-Rechteck sehen können, welches Widget gerade den Fokus hat). Es gibt mehrere Methoden, mit denen Sie den Fokus manipulieren können.

Damit der Fokus immer der Maus folgt, verwenden Sie `focusFollowsMouse`:

```
$widget->focusFollowsMouse();
```

Diese Methode ist unter Windows 95 und Unix fehlerhaft. Inzwischen ist ein Patch für Tk8 erschienen; wenn Sie also diese Methode verwenden wollen, und sie funktioniert nicht richtig, dann holen Sie sich diesen Patch.

Mit `focusCurrent` können Sie ermitteln, welches Widget den Fokus hat:

```
$who = $widget->focusCurrent();
```

Mit `focusForce` können Sie erzwingen, daß ein Widget auch dann den Fokus hat, wenn die Applikation selbst gerade nicht den Fokus hat:

```
$widget->focusForce();
```

Das ist aber nicht besonders nett, also lassen Sie das lieber.

Mit `focusLast` können Sie herausfinden, welches Widget den Fokus zuletzt hatte:

```
$which = $widget->focusLast();
```

Wenn keines der Widgets im Fenster den Fokus hat, wird das Toplevel-Fenster zurückgegeben.

Um herauszubekommen, in welcher Reihenfolge der Fokus vergeben wird, können Sie die Methoden `focusNext` und `focusPrev` verwenden:

```
$nextwidget = $widget->focusNext();
$prevwidget = $widget->focusPrev();
```

Grab-Methoden

Wenn ein Fenster einen »Grab« ausführt, bedeutet dies, daß es sich ganz egoistisch die Tastatur und die Maus zum eigenen alleinigen Gebrauch reserviert. Andere Fenster in der Applikation bekommen dann keine Eingaben. Es gibt auch einen globalen Grab, bei dem im ganzen System nur die aufrufende Applikation Eingaben bekommt. Diese Methoden werden normalerweise von einem Toplevel-Fenster aus aufgerufen.

Lokale Grabs bekommen Sie mit grab:

```
$widget->grab();
```

Bei einem lokalen Grab können Sie mit anderen Fenstern im System interagieren, nicht aber mit anderen Fenstern in der gleichen Applikation. Für globale Grabs verwenden Sie dagegen grabGlobal:

```
$widget->grabGlobal();
```

Mit grabRelease wird ein Grab wieder aufgelöst:

```
$widget->grabRelease();
```

Mit grabCurrent ermitteln Sie, welches Widget gerade einen Grab ausgeführt hat:

```
$who = $widget->grabCurrent();
```

Den aktuellen Grab-Status eines Widgets bekommen Sie mit grabStatus:

```
$status = $widget->grabStatus();
```

Diese Methode gibt einen String zurück, der entweder "none", "local" oder "global" ist.

Mit grabs bekommen Sie eine Liste aller Fenster, die derzeit unter dem Einfluß eines Grab stehen:

```
@windows = $widget->grabs();
```

Kommunikation zwischen Applikationen

Mit dem Befehl send können Perl/Tk-Applikationen (und sogar Tcl/Tk-Applikationen) miteinander kommunizieren. Als Argumente werden die Applikation, mit der kommuniziert werden soll, sowie der in dieser Applikation auszuführende Befehl angegeben:

```
$widget->send("applikation" => callback);
```

Sie können außerdem die Option -async angeben, wodurch die Kontrolle unmittelbar zurückgegeben wird. Ohne diese Option wird darauf gewartet, daß der Callback ausgeführt wird.

Defaultmäßig geben Ihre Applikationen an andere Applikationen, die versuchen, mit ihnen zu kommunizieren, nur einen Fehler zurück. Wenn Sie wirklich wollen, daß

Ihre Applikationen untereinander kommunizieren, müssen Sie `Tk::Receive($widget,` `"befehl")` definieren und sehr vorsichtig damit sein, was Sie mit dem Befehlsstring machen. Es kann ziemlich gefährlich sein, beliebigen Applikationen zu erlauben, unbekannte Befehle an Ihre Applikation zu schicken.

Bei der Kommunikation zwischen Applikationen kann es sinnvoll sein, Perl mit der Option *-T* zu starten, die Sicherheitsüberprüfungen einschaltet.

Auf bestimmte Ereignisse warten

An manchen Stellen in der Applikation ist es sinnvoll, darauf zu warten, daß etwas passiert. Wenn Sie beispielsweise ein ColorEditor-Fenster erzeugen und die vom Benutzer dort ausgewählte Farbe einer Variablen zuweisen lassen wollen, dann können Sie die Methode `waitVariable` verwenden, um zu warten, bis die Variable gesetzt ist.

Ganz allgemein können Sie mit `waitVariable` darauf warten, daß sich der Wert einer Variablen ändert:

```
$widget->waitVariable(\$var);
```

Das Programm wird erst dann weiter abgearbeitet, wenn `$var` etwas anderes enthält. Mit `waitVisibility` können Sie darauf warten, daß ein Widget sichtbar wird:

```
$widget->waitVisibility();
```

Die Methode `waitWindow` wartet darauf, daß ein Widget zerstört wird:

```
$widget->waitWindow();
```

Wenn Sie eine dieser Methoden aufrufen, passiert nichts in Ihrem Programm, bis das gewünschte Ereignis eingetreten ist.

Eine Alternative zu `waitWindow` ist `OnDestroy`. Bei dieser Methode geben Sie einen Callback an. Die Methoden des Widgets stehen weiterhin zur Verfügung, wenn Sie `OnDestroy` verwenden:

```
$widget->OnDestroy(sub { ... });
```

Dateiereignisse

Es gibt in Perl/Tk eine spezielle Methode namens `fileevent`. Mit dieser können Sie eine Datei beobachten und benachrichtigt werden, wenn eine Datei les- oder schreibbar wird. Hier folgt ein Anwendungsbeispiel für diese Methode (dieser Code ist für Unix-Systeme gedacht, denn er verwendet den Unix-Befehl `tail`):[1]

```
use Tk;
open (FH, "tail -f -n 25 text_file|") || die "Konnte die Datei nicht öffnen!\n";
my $mw = MainWindow->new();
```

---

1 Ich danke meinem Freund Phivu Nguyen für diesen Code.

```
my $text = $mw->Scrolled("Text",
                         -width => 80,
                         -height => 25)->pack(-expand => 1);
$mw->fileevent(FH, 'readable', [\&insert_text]);
MainLoop;

sub insert_text
{
  my $curline;
  if ($curline = <FH>)
  {
    $text->insert('end', $curline);
    $text->yview('moveto', 100);
  }
  else
  {
    $mw->fileevent(FH, 'readable', "");
  }
}
```

Dieses kurze Programm wartet darauf, daß eine Datei lesbar wird, und fügt dann die neu zur Verfügung stehende Information in einen Textkasten ein. Sie können auch `'writable'` verwenden.

```
$mw->fileevent(FH, 'writable', callback);
```

Wenn Sie keinen Callback angeben, wird der aktuell festgelegte Callback zurückgegeben. Übergeben Sie dagegen einen leeren String, wird der Callback entfernt.

Kommandozeilenoptionen parsen

In der Unix-Welt ist es gängige Praxis, Kommandozeilenoptionen beim Starten von Applikationen anzugeben. Ein Programm mit `myscript -geometry "80x40"` zu starten ist nichts Ungewöhnliches. Sie können Perl/Tk automatisch diese Kommandozeilenoptionen für Sie parsen lassen, indem Sie unmittelbar nach der Erzeugung Ihres MainWindows `CmdLine` aufrufen.

```
$mw->CmdLine();
```

In Tk4 müssen Sie einen doppelten Bindestrich (--) auf der Kommandozeile angeben, wenn Sie wollen, daß `CmdLine` nicht alle Optionen parst, sondern noch einige für Sie übrig läßt, also beispielsweise `myscript -geometry "80x40" -- -myopt`.

In Tk8 wird die Verarbeitung der Optionen abgebrochen, sobald die erste unbekannte Option aufgetaucht ist.

Sie können auch die Perl-Module `Getopts` verwenden. In *Programmieren mit Perl* können Sie nachlesen, welche Methoden in `Getopts` zur Verfügung stehen. Die Methoden in `Getopts` verarbeiten die Optionen nicht für Sie, sie legen sie lediglich in einer Struktur ab, so daß sie einfacher zu verarbeiten sind.

Zeitverzögerungen

Manchmal wollen Sie den Programmablauf für eine kurze Zeit anhalten oder aber einen Befehl jede Minute ausführen. Damit das Programm *x* Millisekunden pausiert, rufen Sie after mit der Anzahl von Millisekunden auf:

```
$widget->after(millisekunden);
```

Wenn Sie als zweites Argument von after einen Callback angeben, wird dieser nach der im ersten Argument angegebenen Anzahl von Millisekunden aufgerufen:

```
$id = $widget->after(millisekunden, callback);
# d.h.
$id = $widget->after(1000, \&mache_etwas);
```

Wenn Sie eine Subroutine aufrufen lassen wollen, nachdem das Programm eine Zeit-lang untätig war, verwenden Sie afterIdle:

```
$id = $widget->afterIdle(callback);
```

Sie können einen Aufruf von after oder afterIdle wieder rückgängig machen (d.h., die vorgemerkte Subroutine nicht ausführen), indem Sie afterCancel aufrufen und die von after beziehungsweise afterIdle zurückgegebene $id übergeben:

```
$widget->afterCancel($id);
# Auch das geht:
$id->cancel();
```

Mit der Methode repeat können Sie das Programm wiederholt einen Callback aufrufen lassen:

```
$widget->repeat(millisekunden, callback);
# das heißt
$widget->repeat(600, \&update_status);
```

Wenn Sie $widget zerstören, werden alle Aufrufe von after und repeat automatisch für Sie gelöscht.

Widgets mit configure und cget konfigurieren

Jedes Widget aus der Perl/Tk-Distribution (und einige weitere Widgets, die separat verfügbar sind) kann die Methoden `configure` und `cget` verwenden. Die Argumente dieser Funktionen sind immer die gleichen, egal, um welches Widget es sich handelt, und die Rückgabewerte haben immer das gleiche Format.

Mit der Methode `configure` können Sie den Wert einer Option des Widgets zuweisen oder ändern. Außerdem kann damit der aktuelle Wert der Option abgefragt werden. Die Methode `cget` kann keine Werte zuweisen, diese dafür aber mit einer einfacheren Syntax als `configure` abfragen.

Die Methode configure

Das grundlegende Format von `configure` lautet:

```
$widget->configure( [ option => neuerwert, ... ] );
```

Je nach den übergebenen Argumenten macht diese Methode eines von drei Dingen:

- Die Werte der Optionen von `$widget` setzen oder ändern
- Den aktuellen Wert einer bestimmten Option von `$widget` abfragen
- Die aktuellen Werte aller Optionen von `$widget` abfragen

Um einen Wert einer Option zuzuweisen oder zu verändern, übergeben Sie das Optionspaar genauso, wie das beim Erzeugen von Widgets gemacht wird:

```
$widget->configure(-option => neuerwert);
```

Die Wirkung dieser Änderung tritt unmittelbar ein. Um den aktuellen Wert einer einzelnen Option zu sehen, übergeben Sie die Option, an der Sie interessiert sind, als Argument. Der Rückgabewert ist abhängig davon, ob `configure` in einem skalaren oder einem Listenkontext aufgerufen wurde. In der folgenden Codezeile wird `configure` in einem Listenkontext aufgerufen (denn der Rückgabewert wird einem Array zugewiesen):

```
@info = $widget->configure(-highlightthickness);
```

In einem Listenkontext wird ein Array von Skalaren zurückgegeben. Das Ergebnis eines solchen Aufrufs kann so aussehen:

```
-highlightthickness highlightThickness HighlightThickness 2 2
```

Im Array werden die folgenden fünf Werte zurückgegeben:

0	Optionsname
1	Optionsname in der Optionsdatenbank (so steht die Option auch in der Datei *Xdefaults*)
2	Die Klasse in der Optionsdatenbank
3	Der Defaultwert der Option
4	Der aktuelle Wert der Option

Oft interessieren Sie sich nur für den aktuellen Wert der Option. Wenn das der Fall ist, rufen Sie configure in einem skalaren Kontext auf, um das Ergebnis an einen Skalar zuzuweisen:

```
$val = $widget->configure(-highlightthickness);
print "$val\n";
```

Das Ergebnis wäre dann:

```
2
```

Mit dem folgenden Format können Sie die Liste aller Werte aller Optionen dieses Widgets sehen:

```
@config = $widget->configure();
```

@config ist jetzt ein Array von Arrays. Diese Information können Sie am einfachsten mit Tk::Pretty ausgeben. Diese Methode kümmert sich um das Durchlaufen der Arrays und bringt die Informationen in lesbare Form:

```
use Tk;
use Tk::Pretty;

$widget = $mw->Button;

@config = $widget->configure;
print Pretty @config;
```

Das Ergebnis sieht dann so aus:

```
['-activebackground',activeBackground,Foreground,'#ececec','#ececec'],
['-activeforeground',activeForeground,Background,Black,Black],['-activeimage',
activeImage,ActiveImage,undef,undef],['-anchor','anchor',Anchor,'center',
'center'],['-background','background',Background,'#d9d9d9','#d9d9d9'],['-bd',
```

```
borderWidth],['-bg','background'],['-bitmap','bitmap',Bitmap,undef,undef],
['-borderwidth',borderWidth,BorderWidth,2,2],['-command','command',Command,
undef,bless([CODE(0x8189888)],Tk::Callback)],['-cursor','cursor',Cursor,
undef,undef],['-disabledforeground',disabledForeground,DisabledForeground,
'#a3a3a3','#a3a3a3'],['-fg','foreground'],['-font','font',Font,'-Adobe
-Helvetica-Bold-R-Normal--*-120-*-*-*-*-*','-Adobe-Helvetica-Bold-R-Normal
--*-120-*-*-*-*-*'],['-foreground','foreground',Foreground,Black,Black],
['-height','height',Height,0,0],['-highlightbackground',highlightBackground,
HighlightBackground,'#d9d9d9','#d9d9d9'],['-highlightcolor',highlightColor,
HighlightColor,Black,Black],['-highlightthickness',highlightThickness,
HighlightThickness,2,2],['-image','image',Image,undef,undef],['-justify',
'justify',Justify,'center','center'],['-padx',padX,Pad,3m,9],['-pady',padY,
Pad,1m,3],['-relief','relief',Relief,'raised','raised'],['-state','state',
State,'normal','normal'],['-takefocus',takeFocus,TakeFocus,undef,undef],
['-text','text',Text,undef,Do_Something],['-textvariable',textVariable,
Variable,undef,undef],['-underline','underline',Underline,-1,-1],['-width',
'width',Width,0,0],['-wraplength',wrapLength,WrapLength,0,0]
```

Auch wenn diese Liste vielleicht häßlich aussieht, kann man doch mit den eckigen Klammern und den Kommata die einzelnen Listen in der Liste auseinanderhalten. Normalerweise schaut man sich solche Listen ja auch nur zum Debuggen an. Die Defaultwerte der einzelnen Widgets finden Sie am Ende dieses Anhangs.

Die Methode cget

Anstelle von configure können Sie auch cget verwenden, um Optionswerte abzufragen:

```
$widget->cget(-option)
```

Diese Methode gibt nur den aktuellen Wert (oder die Adresse, falls die Option eine Referenz als Wert hat) anstelle einer ganzen Liste wie bei configure zurück. cget steht für »configuration get«. Ein Anwendungsbeispiel:

```
print $b->cget(-highlightthickness), "\n";
## Gibt folgendes aus:
2
# Referenz zurückgeben :
print $option_menu->cget(-textvariable), "\n";
# Tatsächlichen Wert zurückgeben :
print ${$option_menu->cget(-textvariable)}, "\n";
# oder...
$ref = $option_menu->cget(-textvariable);
print $$ref, "\n";
```

Die Defaultwerte aller Widgets in tabellarischer Form

Die folgenden Tabellen enthalten alle Optionen der Standard-Widgets (in Tk8). Die fünf Spalten repräsentieren die fünf Werte, die von configure für jede Option in den Arrays zurückgegeben werden. Beachten Sie, daß die Spalte 5, »Aktueller Wert«, für Sie wahrscheinlich keine besondere Bedeutung hat. Ich habe sie hier aus Vollständigkeitsgründen aufgenommen, denn Sie bekommen das gleiche Ergebnis, wenn Sie den gleichen Code ausführen.

Die Informationen in den Tabellen wurden mit dem folgenden Codeschnipsel erzeugt (setzen Sie das gewünschte Widget für Widget ein):

```
$w = $mw->Widget->pack;
@config = $w->configure();
print Pretty @config;
```

Button

Optionsname	.Xdefaults-Name	Klassenname	Defaultwert	Aktueller Wert
-activebackground	activeBackground	Foreground	SystemButtonFace	SystemButtonFace
-activeforeground	activeForeground	Background	SystemButtonText	SystemButtonText
-activeimage	activeImage	ActiveImage	undef	undef
-anchor	anchor	Anchor	center	center
-background	background	Background	SystemButtonFace	SystemButtonFace
-bd	borderWidth			
-bg	background			
-bitmap	bitmap	Bitmap	undef	undef
-borderwidth	borderWidth	BorderWidth	2	2
-command	command	Command	undef	undef
-cursor	cursor	Cursor	undef	undef
-default	default	Default	disabled	disabled
-disabledforeground	disabledForeground	DisabledForeground	SystemDisabledText	SystemDisabledText
-fg	foreground			
-font	font	Font	{MS Sans Serif} 8	bless({MS Sans Serif} 8 Tk::font)
-foreground	foreground	Foreground	SystemButtonText	SystemButtonText
-height	height	Height	0	0
-highlightbackground	highlightBackground	HighlightBackground	SystemButtonFace	SystemButtonFace
-highlightcolor	highlightColor	HighlightColor	SystemWindowFrame	SystemWindowFrame
-highlightthickness	highlightThickness	HighlightThickness	1	1
-image	image	Image	undef	undef
-justify	justify	Justify	center	center
-padx	padx	Pad	1	1
-pady	pady	Pad	1	1
-relief	relief	Relief	raised	raised

Button *(Fortsetzung)*

Optionsname	.Xdefaults-Name	Klassenname	Defaultwert	Aktueller Wert
-state	state	State	normal	normal
-takefocus	takefocus	TakeFocus	undef	undef
-text	text	Text	undef	
-textvariable	textVariable	Variable	undef	undef
-underline	underline	Underline	-1	-1
-width	width	Width	0	0
-wraplength	wrapLength	WrapLength	0	0

Leinwand *(Canvas)*

Optionsname	.Xdefaults-Name	Klassenname	Defaultwert	Aktueller Wert
-background	background	Background	SystemButtonFace	SystemButtonFace
-bd	borderWidth	BorderWidth		
-bg	background	Background		
-borderwidth	borderWidth	BorderWidth	0	0
-closeenough	closeEnough	CloseEnough	1	1
-confine	confine	Confine	1	1
-cursor	cursor	Cursor	undef	undef
-height	height	Height	7c	265
-highlightbackground	highlightBackground	HighlightBackground	SystemButtonFace	SystemButtonFace
-highlightcolor	highlightColor	HighlightColor	SystemWindowFrame	SystemWindowFrame
-highlightthickness	highlightThickness	HighlightThickness	2	2
-insertbackground	insertBackground	Foreground	SystemButtonText	SystemButtonText
-insertborderwidth	insertBorderWidth	BorderWidth	0	0
-insertofftime	insertOffTime	OffTime	300	300
-insertontime	insertOnTime	OnTime	600	600

Leinwand (Canvas) (Fortsetzung)

Optionsname	.Xdefaults-Name	Klassenname	Defaultwert	Aktueller Wert
-insertwidth	insertWidth	InsertWidth	2	2
-relief	relief	Relief	flat	flat
-scrollregion	scrollRegion	ScrollRegion	undef	undef
-selectbackground	selectBackground	Foreground	SystemHighlight	SystemHighlight
-selectborderwidth	selectBorderWidth	BorderWidth	1	1
-selectforeground	selectForeground	Background	SystemHighlightText	SystemHighlightText
-takefocus	takeFocus	TakeFocus	undef	undef
-width	width	Width	10c	378
-xscrollcommand	xScrollCommand	ScrollCommand	undef	undef
-xscrollincrement	xScrollIncrement	ScrollIncrement	0	0
-yscrollcommand	yScrollCommand	ScrollCommand	undef	undef
-yscrollincrement	yScrollIncrement	ScrollIncrement	0	0

Checkbox

Optionsname	.Xdefaults-Name	Klassenname	Defaultwert	Aktueller Wert
-activebackground	activeBackground	Foreground	SystemButtonFace	SystemButtonFace
-activeforeground	activeForeground	Background	SystemWindowText	SystemWindowText
-anchor	anchor	Anchor	center	center
-background	background	Background	SystemButtonFace	SystemButtonFace
-bd	borderWidth			
-bg	background			
-bitmap	bitmap	Bitmap	undef	undef
-borderwidth	borderWidth	BorderWidth	2	2
-command	command	Command	undef	undef
-cursor	cursor	Cursor	undef	undef
-disabledforeground	disabledForeground	DisabledForeground	SystemDisabledText	SystemDisabledText
-fg	foreground			
-font	font	Font	{MS Sans Serif} 8	bless({MS Sans Serif} 8 Tk::font)
-foreground	foreground	Foreground	SystemWindowText	SystemWindowText
-height	height	Height	0	0
-highlightbackground	highlightBackground	HighlightBackground	SystemButtonFace	SystemButtonFace
-highlightcolor	highlightColor	HighlightColor	SystemWindowFrame	SystemWindowFrame
-highlightthickness	highlightThickness	HighlightThickness	1	1
-image	image	Image	undef	undef
-indicatoron	indicatorOn	IndicatorOn	1	1
-justify	justify	Justify	center	center
-offvalue	offValue	Value	0	0
-onvalue	onValue	Value	1	1
-padx	padX	Pad	1	1
-pady	padY	Pad	1	1

Checkbox *(Fortsetzung)*

Optionsname	.Xdefaults-Name	Klassenname	Defaultwert	Aktueller Wert
-relief	relief	Relief	flat	flat
-selectcolor	selectcolor	Background	SystemWindow	SystemWindow
-selectimage	selectimage	SelectImage	undef	undef
-state	state	State	normal	normal
-takefocus	takefocus	TakeFocus	undef	undef
-text	text	Text	undef	undef
-textvariable	textVariable	Variable	undef	undef
-underline	underline	Underline	-1	-1
-variable	variable	Variable	undef	undef
-width	width	Width	0	0
-wraplength	wrapLength	WrapLength	0	0

Texteingabefeld *(Entry)*

Optionsname	.Xdefaults-Name	Klassenname	Defaultwert	Aktueller Wert
-background	background	Background	SystemWindow	SystemWindow
-bd	borderWidth			
-bg	background			
-borderwidth	borderWidth	BorderWidth	2	2
-cursor	cursor	Cursor	xterm	xterm
-exportselection	exportSelection	ExportSelection	1	1
-fg	foreground			
-font	font	Font	{MS Sans Serif} 8	bless({MS Sans Serif} 8 Tk::font)
-foreground	foreground	Foreground	SystemWindowText	SystemWindowText
-highlightbackground	highlightBackground	HighlightBackground	SystemButtonFace	SystemButtonFace

Texteingabefeld (Entry) (Fortsetzung)

Optionsname	.Xdefaults-Name	Klassenname	Defaultwert	Aktueller Wert
-highlightcolor	highlightcolor	HighlightColor	SystemWindowFrame	SystemWindowFrame
-highlightthickness	highlightthickness	HighlightThickness	0	0
-insertbackground	insertBackground	Foreground	SystemWindowText	SystemWindowText
-insertborderwidth	insertBorderwidth	BorderWidth	0	0
-insertofftime	insertOffTime	OffTime	300	300
-insertontime	insertOnTime	OnTime	600	600
-insertwidth	insertWidth	InsertWidth	2	2
-justify	justify	Justify	left	left
-relief	relief	Relief	sunken	sunken
-selectbackground	selectBackground	Foreground	SystemHighlight	SystemHighlight
-selectborderwidth	selectBorderwidth	BorderWidth	0	0
-selectforeground	selectForeground	Background	SystemHighlightText	SystemHighlightText
-show	show	Show	undef	undef
-state	state	State	normal	normal
-takefocus	takeFocus	TakeFocus	undef	undef
-textvariable	textVariable	Variable	undef	undef
-width	width	Width	20	20
-xscrollcommand	xScrollCommand	ScrollCommand	undef	undef

Frame

Optionsname	.Xdefaults-Name	Klassenname	Defaultwert	Aktueller Wert
-background	background	Background	SystemButtonFace	SystemButtonFace
-bd	borderWidth			
-bg	background			
-borderwidth	borderWidth	BorderWidth	0	0

Frame (Fortsetzung)

Optionsname	.Xdefaults-Name	Klassenname	Defaultwert	Aktueller Wert
-class	class	Class	Frame	Frame
-colormap	colormap	Colormap	undef	undef
-container	container	Container	0	0
-cursor	cursor	Cursor	undef	undef
-fg	foreground			
-foreground	foreground	Foreground	Black	Black
-height	height	Height	0	0
-highlightbackground	highlightBackground	HighlightBackground	SystemButtonFace	SystemButtonFace
-highlightcolor	highlightColor	HighlightColor	SystemWindowFrame	SystemWindowFrame
-highlightthickness	highlightThickness	HighlightThickness	0	0
-label	undef	undef	undef	undef
-labelPack	undef	undef	undef	
-labelVariable	undef	undef	undef	undef
-relief	relief	Relief	flat	flat
-takefocus	takeFocus	TakeFocus	0	0
-visual	visual	Visual	undef	undef
-width	width	Width	0	0

Label

Optionsname	.Xdefaults-Name	Klassenname	Defaultwert	Aktueller Wert
-anchor	anchor	Anchor	center	center
-background	background	Background	SystemButtonFace	SystemButtonFace
-bd	borderWidth			
-bg	background			
-bitmap	bitmap	Bitmap	undef	undef

Label (Fortsetzung)

Optionsname	.Xdefaults-Name	Klassenname	Defaultwert	Aktueller Wert
-borderwidth	borderWidth	BorderWidth	2	2
-cursor	cursor	Cursor	undef	undef
-fg	foreground			
-font	font	Font	{MS Sans Serif} 8	bless({MS Sans Serif} 8 Tk::Font)
-foreground	foreground	Foreground	SystemButtonText	SystemButtonText
-height	height	Height	0	0
-highlightbackground	highlightBackground	HighlightBackground	SystemButtonFace	SystemButtonFace
-highlightcolor	highlightColor	HighlightColor	SystemWindowFrame	SystemWindowFrame
-highlightthickness	highlightThickness	HighlightThickness	0	0
-image	image	Image	undef	undef
-justify	justify	Justify	center	center
-padx	padx	Pad	1	1
-pady	pady	Pad	1	1
-relief	relief	Relief	flat	flat
-takefocus	takeFocus	TakeFocus	0	0
-text	text	Text	undef	
-textvariable	textVariable	Variable	undef	undef
-underline	underline	Underline	-1	-1
-width	width	Width	0	0
-wraplength	wrapLength	WrapLength	0	0

Listbox

Optionsname	.Xdefaults-Name	Klassenname	Defaultwert	Aktueller Wert
-background	background	Background	SystemButtonFace	SystemButtonFace
-bd	borderWidth			
-bg	background			
-borderwidth	borderWidth	BorderWidth	2	2
-cursor	cursor	Cursor	undef	undef
-exportselection	exportSelection	ExportSelection	1	1
-fg	foreground			
-font	font	Font	{MS Sans Serif} 8	bless({MS Sans Serif} 8 Tk::font)
-foreground	foreground	Foreground	SystemButtonText	SystemButtonText
-height	height	Height	10	10
-highlightbackground	highlightBackground	HighlightBackground	SystemButtonFace	SystemButtonFace
-highlightcolor	highlightColor	HighlightColor	SystemWindowFrame	SystemWindowFrame
-highlightthickness	highlightThickness	HighlightThickness	1	1
-relief	relief	Relief	sunken	sunken
-selectbackground	selectBackground	Foreground	SystemHighlight	SystemHighlight
-selectborderwidth	selectBorderWidth	BorderWidth	1	1
-selectforeground	selectForeground	Background	SystemHighlightText	SystemHighlightText
-selectmode	selectMode	SelectMode	browse	browse
-setgrid	setGrid	SetGrid	0	0
-takefocus	takeFocus	TakeFocus	undef	undef
-width	width	Width	20	20
-xscrollcommand	xScrollCommand	ScrollCommand	undef	undef
-yscrollcommand	yScrollCommand	ScrollCommand	undef	undef

Menü (Menu)

Optionsname	.Xdefaults-Name	Klassenname	Defaultwert	Aktueller Wert
-activebackground	activeBackground	Foreground	SystemHighlight	SystemHighlight
-activeborderwidth	activeBorderwidth	BorderWidth	1	1
-activeforeground	activeForeground	Background	SystemHighlightText	SystemHighlightText
-background	background	Background	SystemButtonFace	SystemButtonFace
-bd	borderWidth			
-bg	background			
-borderwidth	borderWidth	BorderWidth	1	1
-cursor	cursor	Cursor	arrow	arrow
-disabledforeground	disabledForeground	DisabledForeground	SystemDisabledText	SystemDisabledText
-fg	foreground			
-font	font	Font	Tim 10	bless(Tim 10 Tk::font)
-foreground	foreground	Foreground	Black	Black
-overanchor	undef	undef	undef	undef
-popanchor	undef	undef	undef	undef
-popover	undef	undef	undef	undef
-postcommand	postCommand	Command	undef	undef
-relief	relief	Relief	flat	flat
-selectcolor	selectColor	Background	SystemMenuText	SystemMenuText
-takefocus	takeFocus	TakeFocus	0	0
-tearoff	tearOff	TearOff	1	1
-tearoffcommand	tearOffCommand	TearOffCommand	undef	undef
-title	title	Title	undef	undef
-type	type	Type	normal	normal

Radiobutton

Optionsname	.Xdefaults-Name	Klassenname	Defaultwert	Aktueller Wert
-activebackground	activeBackground	Foreground	SystemButtonFace	SystemButtonFace
-activeforeground	activeForeground	Background	SystemWindowText	SystemWindowText
-anchor	anchor	Anchor	center	center
-background	background	Background	SystemButtonFace	SystemButtonFace
-bd	borderWidth			
-bg	background			
-bitmap	bitmap	Bitmap	undef	undef
-borderwidth	borderWidth	BorderWidth	2	2
-command	command	Command	undef	undef
-cursor	cursor	Cursor	undef	undef
-disabledforeground	disabledForeground	DisabledForeground	SystemDisabledText	SystemDisabledText
-fg	foreground			
-font	font	Font	{MS Sans Serif} 8	bless({MS Sans Serif} 8 Tk::font)
-foreground	foreground	Foreground	SystemWindowText	SystemWindowText
-height	height	Height	0	0
-highlightbackground	highlightBackground	HighlightBackground	SystemButtonFace	SystemButtonFace
-highlightcolor	highlightColor	HighlightColor	SystemWindowFrame	SystemWindowFrame
-highlightthickness	highlightThickness	HighlightThickness	1	1
-image	image	Image	undef	undef
-indicatoron	indicatorOn	IndicatorOn	1	1
-justify	justify	Justify	center	center
-padx	padx	Pad	1	1
-pady	pady	Pad	1	1
-relief	relief	Relief	flat	flat
-selectcolor	selectColor	Background	SystemWindow	SystemWindow

Radiobutton (Fortsetzung)

Optionsname	.Xdefaults-Name	Klassenname	Defaultwert	Aktueller Wert
-selectimage	selectImage	SelectImage	undef	undef
-state	state	State	normal	normal
-takefocus	takeFocus	TakeFocus	undef	undef
-text	text	Text	undef	undef
-textvariable	textVariable	Variable	undef	undef
-underline	underline	Underline	-1	-1
-value	value	Value	undef	
-variable	variable	Variable	selectedButton	undef
-width	width	Width	0	0
-wraplength	wrapLength	WrapLength	0	0

Skala (Scale)

Optionsname	.Xdefaults-Name	Klassenname	Defaultwert	Aktueller Wert
-activebackground	activeBackground	Foreground	SystemButtonFace	SystemButtonFace
-background	background	Background	SystemButtonFace	SystemButtonFace
-bigincrement	bigIncrement	BigIncrement	0	0
-bd	borderWidth			
-bg	background			
-borderwidth	borderWidth	BorderWidth	2	2
-command	command	Command	undef	undef
-cursor	cursor	Cursor	undef	undef
-digits	digits	Digits	0	0
-fg	foreground			
-font	font	Font	{MS Sans Serif} 8	bless({MS Sans Serif} 8 Tk::font)

Skala (Scale) (Fortsetzung)

Optionsname	.Xdefaults-Name	Klassenname	Defaultwert	Aktueller Wert
-foreground	foreground	Foreground	SystemButtonText	SystemButtonText
-from	from	From	0	0
-highlightbackground	highlightBackground	HighlightBackground	SystemButtonFace	SystemButtonFace
-highlightcolor	highlightColor	HighlightColor	SystemWindowFrame	SystemWindowFrame
-highlightthickness	highlightThickness	HighlightThickness	2	2
-label	label	Label	undef	undef
-length	length	Length	100	100
-orient	orient	Orient	vertical	vertical
-relief	relief	Relief	flat	flat
-repeatdelay	repeatDelay	RepeatDelay	300	300
-repeatinterval	repeatInterval	RepeatInterval	100	100
-resolution	resolution	Resolution	1	1
-showvalue	showValue	ShowValue	1	1
-sliderlength	sliderLength	SliderLength	10m	38
-sliderrelief	sliderRelief	SliderRelief	raised	raised
-state	state	State	normal	normal
-takefocus	takeFocus	TakeFocus	undef	undef
-tickinterval	tickInterval	TickInterval	0	0
-to	to	To	100	100
-troughcolor	troughColor	Background	SystemScrollbar	SystemScrollbar
-variable	variable	Variable	undef	undef
-width	width	Width	5m	19

Scrollbalken (Scrollbar)

Optionsname	.Xdefaults-Name	Klassenname	Defaultwert	Aktueller Wert
-activebackground	activeBackground	Foreground	SystemButtonFace	SystemButtonFace
-activerelief	activeRelief	Relief	raised	raised
-background	background	Background	SystemButtonFace	SystemButtonFace
-bd	borderWidth			
-bg	background			
-borderwidth	borderWidth	BorderWidth	0	0
-command	command	Command	undef	undef
-cursor	cursor	Cursor	undef	undef
-elementborderwidth	elementBorderWidth	BorderWidth	-1	-1
-highlightbackground	highlightBackground	HighlightBackground	SystemButtonFace	SystemButtonFace
-highlightcolor	highlightColor	HighlightColor	SystemWindowFrame	SystemWindowFrame
-highlightthickness	highlightThickness	HighlightThickness	0	0
-jump	jump	Jump	0	0
-orient	orient	Orient	vertical	vertical
-relief	relief	Relief	sunken	sunken
-repeatdelay	repeatDelay	RepeatDelay	300	300
-repeatinterval	repeatInterval	RepeatInterval	100	100
-takefocus	takeFocus	TakeFocus	undef	undef
-troughcolor	troughColor	Background	SystemScrollbar	SystemScrollbar
-width	width	Width	13	13

Text

Optionsname	.Xdefaults-Name	Klassenname	Defaultwert	Aktueller Wert
-background	background	Background	SystemWindow	SystemWindow
-bd	borderWidth			

Text (Fortsetzung)

Optionsname	.Xdefaults-Name	Klassenname	Defaultwert	Aktueller Wert
-bg	background			
-borderwidth	borderwidth	BorderWidth	2	2
-cursor	cursor	Cursor	xterm	xterm
-exportselection	exportSelection	ExportSelection	1	1
-fg	foreground			
-font	font	Font	{MS Sans Serif} 8	bless({MS Sans Serif} 8 Tk::font)
-foreground	foreground	Foreground	SystemWindowText	SystemWindowText
-height	height	Height	24	24
-highlightbackground	highlightBackground	HighlightBackground	SystemButtonFace	SystemButtonFace
-highlightcolor	highlightColor	HighlightColor	SystemWindowFrame	SystemWindowFrame
-highlightthickness	highlightThickness	HighlightThickness	0	0
-insertbackground	insertBackground	Foreground	SystemWindowText	SystemWindowText
-insertborderwidth	insertBorderWidth	BorderWidth	0	0
-insertofftime	insertOffTime	OffTime	300	300
-insertontime	insertOnTime	OnTime	600	600
-insertwidth	insertWidth	InsertWidth	2	2
-padx	padX	Pad	1	1
-pady	padY	Pad	1	1
-relief	relief	Relief	sunken	sunken
-selectbackground	selectBackground	Foreground	SystemHighlight	SystemHighlight
-selectborderwidth	selectBorderWidth	BorderWidth	0	0
-selectforeground	selectForeground	Background	SystemHighlightText	SystemHighlightText
-setgrid	setGrid	SetGrid	0	0
-spacing1	spacing1	Spacing	0	0
-spacing2	spacing2	Spacing	0	0

Text (Fortsetzung)

Optionsname	.Xdefaults-Name	Klassenname	Defaultwert	Aktueller Wert
-spacing3	spacing3	Spacing	0	0
-state	state	State	normal	normal
-tabs	tabs	Tabs	undef	undef
-takefocus	takeFocus	TakeFocus	undef	undef
-width	width	Width	80	80
-wrap	wrap	Wrap	char	char
-xscrollcommand	xScrollCommand	ScrollCommand	undef	undef
-yscrollcommand	yScrollCommand	ScrollCommand	undef	undef

Toplevel

Optionsname	.Xdefaults-Name	Klassenname	Defaultwert	Aktueller Wert
-background	background	Background	SystemButtonFace	SystemButtonFace
-bd	borderWidth			
-bg	background			
-borderwidth	borderWidth	BorderWidth	0	0
-class	class	Class	Toplevel	Toplevel
-colormap	colormap	Colormap	undef	undef
-container	container	Container	0	0
-cursor	cursor	Cursor	undef	undef
-fg	foreground			
-foreground	foreground	Foreground	Black	Black
-height	height	Height	0	0
-highlightbackground	highlightBackground	HighlightBackground	SystemButtonFace	SystemButtonFace
-highlightcolor	highlightColor	HighlightColor	SystemWindowFrame	SystemWindowFrame
-highlightthickness	highlightThickness	HighlightThickness	0	0

Toplevel (Fortsetzung)

Optionsname	.Xdefaults-Name	Klassenname	Defaultwert	Aktueller Wert
-menu	menu	Menu	undef	undef
-overanchor	undef	undef	undef	undef
-popanchor	undef	undef	undef	undef
-popover	undef	undef	undef	undef
-relief	relief	Relief	flat	flat
-screen	screen	Screen	undef	undef
-takefocus	takeFocus	TakeFocus	0	0
-title	undef	undef	Toplevel	Toplevel
-use	use	Use	undef	undef
-visual	visual	Visual	undef	undef
-width	width	Width	0	0

B

Unterschiede zwischen den einzelnen Betriebssystemen

Perl ist ursprünglich für Unix-Systeme entwickelt worden. Das Tk-Modul war zur Verwendung mit dem X Window System, dem unter Unix vorherrschenden Fenstersystem gedacht. Seitdem ist Perl aber auf viele andere Plattformen portiert worden, darunter auch auf den Macintosh und Microsoft Windows (sowohl 95/98 als auch NT). Das gleiche gilt auch für das Tk-Modul, auch wenn diese Portierung etwas langsamer vor sich ging. Perl steht jetzt also auf allen Plattformen zur Verfügung, und Perl/Tk ist für das X Window System (das auf vielen verschiedenen Plattformen verwendet oder simuliert werden kann) und Microsoft Windows erhältlich.

Es gibt einige wenige Unterschiede darin, wie Perl/Tk auf dem X Window System von Unix und unter Microsoft Windows funktioniert. Die meisten dieser Unterschiede resultieren daraus, daß Microsoft Windows nicht über die ganze Funktionalität verfügt, die das X Window System bietet. Ihnen sind im Buch sicherlich schon Methoden aufgefallen, bei denen vermerkt war, daß sie nicht oder anders unter Windows 95 arbeiten. Ich werde hier nicht all die kleinen Unterschiede wiederholen. Die Angabe von Fonts ist einer der größten Unterschiede zwischen Unix und Windows. Kapitel C, *Fonts*, behandelt Fontspezifikationen sowohl für Unix als auch für Windows.

Unix

Alle in diesem Buch genannten Methoden sollten unter Unix gut funktionieren. Es kann subtile Unterschiede zwischen verschiedenen Unix-Varianten geben (beispielsweise könnten Sie auf einem Solaris-Rechner andere Werte als auf einem Linux-Computer zurückbekommen), aber keiner dieser Unterschiede wird Ihr Programm zum Absturz bringen.

Alle Screenshots in diesem Buch wurden auf einem Linux-System mit den Window Managern *fvwm* (mit einer Motif-ähnlichen Einstellung) und *kwm* gemacht, sofern nichts anderes angegeben ist. Ich behandele die Unterschiede zwischen den einzelnen Window Managern und wie diese das Aussehen eines Fensters beeinflussen, hier nicht. Es gibt viele Bücher über das X Window System und seine Window Manager.

Windows NT und 95/98

Wenn Sie ein Perl/Tk-Fenster unter Windows NT oder Windows 95/98 erzeugen, dann sieht dieses Fenster wie alle anderen Fenster auf diesen Betriebssystemen aus. Beispielsweise finden Sie in der rechten oberen Ecke ein kleines x, mit dem Sie die Applikation beenden können. Direkt links davon ist ein kleiner Button, der das Fenster vergrößert, wiederum daneben ein weiterer Button, der das Fenster iconifiziert. In der linken oberen Ecke des Fensters sehen Sie ein kleines »Tk«, aus dem bei Anklicken ein Menü herausklappt, mit dessen Einträgen Sie das Fenster minimieren, maximieren oder schließen können. Dies sind alles Standardeigenschaften eines MS Windows-Fensters. Die gleiche Funktionalität haben Sie auch, wenn Sie eine Tk-Applikation auf dem X Window System laufen lassen; es sieht nur etwas anders aus (siehe Abbildung B-1).

Abbildung B-1: Ein Win32-Fenster und ein X-Fenster

Probleme unter Windows 95

Ich habe zum Testen der Programme in diesem Buch sowohl einen Rechner mit Windows 95 als auch einen mit Windows NT 4.0 (Service Pack 3) verwendet. Unter Windows 95 bin ich auf einige kleinere Probleme gestoßen, die unter Windows NT nicht auftraten. Wenn ich also die Wahl zwischen 95 und NT habe, würde ich Perl/Tk-Applikationen immer unter Windows NT entwickeln und ablaufen lassen. Im folgenden finden Sie eine Liste der Probleme, auf die ich beim Testen von Perl/Tk-Applikationen unter Windows 95 gestoßen bin (beachten Sie, daß diese Probleme nicht immer hundertprozentig reproduzierbar sind; ich möchte Sie nur darauf hinweisen, daß ich auf einige kleinere Probleme gestoßen bin):

• Ich habe ein MainWindow mit einem Button erzeugt, die Fenstergröße verändert und konnte danach den Button nicht mehr betätigen.

- Das gleiche Szenario wie zuvor; wenn ich nach der Größenveränderung des Fensters irgendwo hingeklickt habe, wurde der Button betätigt.

- Wenn ich mit der Tabulatortaste zwischen Applikationen hin- und hergesprungen bin, eine andere Applikation angeklickt habe und dann zurück zur Tk-Applikation gegangen bin, erkannte diese die Maus nicht mehr. Das Anklicken des Applikations-Icons in der Taskleiste schien dieses Problem zu beheben. (Es scheint keinen wirklich reproduzierbaren Grund und Effekt für den Verlust der Maus zu geben.)

- Die Option -underline scheint nicht richtig zu funktionieren, wenn ich versuche, einen Buchstaben in einem Menüeintrag zu unterstreichen, damit die zugehörige Taste als Abkürzung verwendet werden kann.

- Einige Methoden (von denen Sie die meisten eh nicht verwenden werden, weil sie reichlich obskur sind), gaben keinen vernünftigen Wert zurück. Das habe ich im Buch bei den entsprechenden Methoden vermerkt.

- Wenn ich in das Text-Widget geklickt habe, um diesem den Tastaturfokus zu geben, und dann irgendwo anders hingeklickt habe, dann schien das Text-Widget den Fokus nicht abzugeben. Sie können mit Umschalt-Tab zwischen den Widgets in einem Fenster umherspringen, wenn das Text-Widget einmal den Fokus hat, aber es scheint den Fokus trotzdem nicht abgeben zu wollen (der Mauszeiger behält seine I-Form und interagiert nicht mit dem Button).

- Als ich versuchte, ein Photo als Image in einem Button (mit der Option -image) anzuzeigen, sah das Photo durcheinander aus.

Abgesehen von diesen kleineren Problemen, die in einer ganz normalen Applikation wahrscheinlich ohnehin nicht auftreten, funktionierte alles bestens.

Selektionen

Auf dem X Window System kann der Benutzer Text selektieren, indem er diesen einfach markiert. Unter Microsoft Windows müssen Sie den Text markieren und dann mit Strg-C (für Copy) in die Zwischenablage stellen und später mit Strg-V (oder dem entsprechenden Tastenkürzel für die Zielapplikation) wieder einfügen. Perl/Tk arbeitet nicht auf diese Art und Weise mit der Zwischenablage zusammen. Es gibt einige Widgets mit der Option -exportselection (wie etwa das Listbox- und Text-Widget), die wie angegeben funktionieren; wenn diese Option aber auf 0 gesetzt wird, dann wird der selektierte Text nicht in die Zwischenablage kopiert.

C

Fonts

Dieser Anhang beschreibt die neuen Methoden von Tk8.0 zur Erzeugung und Manipulation von Fonts. In Tk4 konnten Sie der Option -font lediglich einen Font-String übergeben. Das geht in Tk8.0 immer noch, aber es gibt jetzt auch einige Methoden, um eigene benannte Fonts zu erzeugen und darauf Operationen durchzuführen. Ich behandele hier zuerst die einfache Möglichkeit, einen Font-String zu verwenden, der in beiden Versionen funktioniert. Anschließend kommen wir zu den komplizierteren Methoden von Tk8.0.

Der Font-String

Wenn ein Widget die Option -font hat, dann müssen Sie dieser einen String übergeben, der besagt, welcher Font verwendet werden soll. Es gibt mehrere Möglichkeiten, einen Font-String anzugeben:

- Geben Sie den Namen eines Fonts mit der Methode fontCreate an (fontCreate wird weiter hinten in diesem Kapitel im Abschnitt »Font-Methoden« beschrieben).

- Verwenden Sie einen String, der den Font beschreibt und einem vordefinierten Format folgt (siehe Anhang B, *Unterschiede zwischen den einzelnen Betriebssystemen*); beispielsweise »Times 12 Normal«.

- Verwenden Sie den Namen eines Fonts, der vom grafischen Display (normalerweise ein Unix-System, auf dem das X Window System läuft) unterstützt wird. Diese Strings enthalten normalerweise Sternchen und sind für Menschen schwer zu verstehen.

Um einen Font in einem String anzugeben, müssen Sie zunächst wissen, welche Fonts auf dem System zur Verfügung stehen.

Die verfügbaren Fonts ermitteln

Unter Unix müssen Sie Fonts in einer langen, ausführlichen Syntax mit vielen Sternchen angeben, die die Familien, die Größe, den Typ und so weiter darstellen. Sie bekommen die Fonts auf einem X Window System mit folgendem Befehl:

```
xlsfonts > font_datei
```

Die Datei namens `font_datei` enthält jetzt einige riesige Liste von Fonts, die Sie auf Ihrem System verwenden können. Wenn Sie Ihre Applikation auf mehr als einem System ausführen, steht der gewählte Font möglicherweise nicht auf jedem System zur Verfügung.

Wenn Sie Microsoft Windows verwenden, gibt es eine andere Möglichkeit, die zur Verfügung stehenden Fonts zu sehen. Klicken Sie auf das Start-Menü, und wählen Sie Einstellungen/Systemsteuerung aus. Wenn die Systemsteuerung erscheint, klicken Sie Fonts doppelt an, und es erscheint ein Fenster wie etwa das in Abbildung C-1

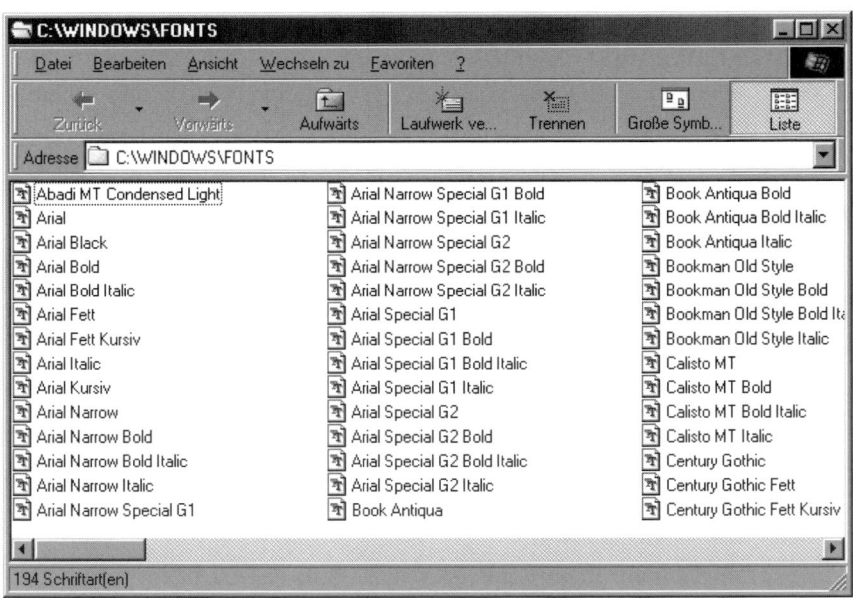

Abbildung C-1: Die Fonts auf einem Windows 98-System

Auf meinem System gibt es die meisten Standardfonts sowie einige weitere wie augie und Bard, die ich aus dem Internet heruntergeladen habe. Wenn ich einen dieser Fonts verwenden will, muß ich wissen, wie dieser angegeben wird. Wenn Sie doppelt auf einen Fontnamen klicken, erscheint ein anderes Fenster und zeigt detaillierte Informationen über den Font an (siehe Abbildung C-2).

Abbildung C-2: Die Details des Arial-Fonts

Sie sehen unter anderem, wieviel Platz der Font auf der Festplatte belegt (in diesem Fall 64 KByte), welche Versionsnummer er hat und wie er heißt. Außerdem werden die verfügbaren Größen ausgegeben. Der Font Arial beginnt bei 12 Punkt und endet bei 72 Punkt. Um mit der Option -font einen Font für ein Widget (wie beispielsweise einen Button) anzugeben, müssen Sie den Namen des Fonts (Arial), die Größe und den Typ (normal, fett oder kursiv) wissen. Mit diesen drei Informationen können Sie den Font-String angeben: "Arial 24 normal".[1] Das ist auch schon alles. Um einen Button mit diesem Font zu erzeugen, verwenden Sie die Option -font:

```
$mw->Button(-text => "Beenden", -command => sub { exit },
        -font => "Arial 24 normal")->pack();
```

Abbildung C-3 zeigt einen Button mit dem Default-Font und einen mit einem größeren Font.

Abbildung C-3: Ein Button mit der Default-Fontgröße und einer mit Arial 24

---

1 Möglicherweise sehen Sie auch einen Font, der mit geschweiften Klammern um den Namen und den Stil angegeben wird. Diese geschweiften Klammern können weggelassen werden.

Wenn der Name des Fonts Leerzeichen enthält (wie das beispielsweise bei »Times New Roman« der Fall ist, geben Sie den String trotzdem auf die gleiche Weise an:

```
-font => "Times New Roman 12 normal"
```

Es kann passieren, daß Sie dann in der Konsole eine Fehlermeldung zu sehen bekommen:

```
SplitString 'Times New Roman 12 normal' at script line 7
```

Sie können diese Fehlermeldungen ignorieren, und so weit ich weiß, gibt es auch keine Möglichkeit, sie zu umgehen. Hoffentlich werden zukünftige Versionen des Tk-Moduls dies etwas sauberer behandeln (erste Tests mit Tk8.0 zeigen, daß dieser Fehler nicht mehr auftritt).

Ich würde Ihnen nicht raten, den Font für den Text in einem der Standard-Widgets zu ändern, weil Sie sich dann Gedanken darüber machen müssen, ob der Font auf den Zielsystemen überhaupt zur Verfügung steht. Die einzige Stelle, an der Sie den Font wirklich ändern müssen, ist das Text-Widget, und das ist auch nur dann der Fall, wenn Sie den Text auch wirklich formatieren wollen.

Noch eine weitere Sache: Es gibt ein Modul namens Tk::Fonts, das aber unter Microsoft Windows (95 und NT) nicht richtig funktioniert. Wenn Sie das X Window System verwenden, sollten Sie mit Tk::Fonts ein wenig herumspielen; das Modul hat einige ganz nützliche Features.

Font-Methoden

Die folgenden Methoden stehen nur mit einer neueren Version von Perl/Tk, die Tk8.0 enthält, zur Verfügung.

Erzeugen

Die Methode `fontCreate` erzeugt einen neuen Font.

```
$name = $widget->fontCreate();
$name = $widget->fontCreate(fontname);
```

Sie können entweder einen Fontnamen angeben oder sich einen im Format »fontX« erzeugen lassen, wobei X eine Zahl ist. Sie können auch Optionen für den Font angeben:

```
$name = $widget->fontCreate(-size => 12);
$name = $widget->fontCreate(fontname, -size => 12);
```

Die folgenden Optionen stehen zur Verfügung:

-family => *name*

 Der Familienname kann `"courier"`, `"times"` oder `"helvetica"` sein. Wenn Sie einen von diesen angeben, wird der dichteste Treffer auf Ihrem System verwendet. Sie können auch den Namen eines Fonts angeben, den es speziell auf Ihrem Rechner gibt (beispielsweise `"Moon Runes"`), aber der ist dann vielleicht auf anderen Systemen nicht zu sehen.

-size => *betrag*

 Legt die Größe des Font fest. Wenn der *Betrag* positiv ist, wird er als Punktgröße interpretiert, ist er negativ, dann wird der absolute Wert in Pixeln verwendet.

-weight => **`"normal"`** | `"bold"`

 Die Option -weight bestimmt, ob die Schrift fett oder normal erscheint.

-slant => **`"roman"`** | `"italic"`

 Die Neigung des Fonts gibt an, ob dieser auf die Seite kippt. `"roman"` steht für einen aufrechten Font, `"italic"` für einen kursiven, also leicht nach rechts gekippten.

-underline => **0** | 1

 Wenn die Zeichen unterstrichen sein sollen, geben Sie 1 für die Option -underline an.

-overstrike => **0** | 1

 Wenn -overstrike den Wert 1 hat, wird der Text durchgestrichen dargestellt.

Konfigurieren

Mit der Methode `fontConfigure` können Sie die Optionen eines Fonts verändern. Diese Methode funktioniert genauso wie `configure` bei Widgets:

```
%optionsNvalues = $widget->fontConfigure(fontname);
$value = $widget->fontConfigure(fontname, -size);
$widget->fontConfigure(fontname, -size => 24); # Größe auf 24 ändern
```

Sie können bei `fontCreate` und `fontConfigure` die gleichen Optionen verwenden.

Tatsächlich verwendete Fonts

Wenn die angegebene Fontgröße auf dem System des Anwenders nicht verfügbar ist, dann verwendet das System statt dessen eine andere Fontgröße oder gar gleich einen anderen Font. Mit der Methode `fontActual` erfahren Sie, welcher Font vom System ausgewählt wurde. Um alle Optionen und deren Werte zu sehen, rufen Sie `fontActual` einfach nur mit dem Fontnamen auf:

```
%vals = $widget->fontActual(fontname);
```

Und so bekommen Sie den tatsächlichen Wert für nur eine Option:

```
$value = $widget->fontActual(fontname, -size);
```

Auch bei `fontActual` können die gleichen Optionen wie bei `fontCreate` verwendet werden.

Löschen

Mit der Methode `fontDelete` löschen Sie einen oder mehrere Fonts:

```
$widget->fontDelete(fontname);
$widget->fontDelete(font1, font2);
```

Wenn der Font gerade von einem Widget benutzt wird, dann wird er erst dann wirklich gelöscht, wenn auch das Widget nicht mehr verwendet wird. Wenn Sie den Font mit der Methode `fontCreate` und dem Namen des ursprünglichen Fonts neu erzeugen, dann verwenden die Widgets, die bisher den ursprünglichen Font verwendet haben, den neuen Font.

Textgröße

Mit der Methode `fontMeasure` können Sie erfahren, wieviel Platz ein Text mit einem bestimmten Font verbrauchen würde:

```
$pixels = $widget->fontMeasure(fontname, textstring);
```

Der in $pixel zurückgegebene Wert ist nur eine Schätzung, weil Zeichen wie "\t" oder "\n" vor der Messung nicht expandiert werden.

Fontmetriken

Metriken beschreiben Details eines Fonts, den Abstand zwischen dem oberen Rand und der Basiszeile (Aszent), der Abstand zwischen dem unteren Rand und der Basiszeile (Deszent), der Zeilenabstand und ob der Font proportional ist oder nicht. Mit der Methode `fontMetrics` können Sie diese Informationen über einen benannten Font bekommen. Wenn Sie `fontMetrics` nur mit einem Fontnamen aufrufen, dann bekommen Sie alle Metriken und deren Werte für diesen Font:

```
%values = $widget->fontMetrics(fontname);
```

Sie können auch angeben, welche Metrik Sie sehen wollen, indem Sie diese als Option übergeben:

```
$value = $widget->fontMetrics("fontname", -ascent);
```

Beachten Sie, daß Sie die Metriken eines Fonts nicht ändern können; Sie werden bei der Erzeugung des Fonts berechnet.

Es gibt folgende Optionen für Fontmetriken:

`-ascent`

Der Abstand zwischen dem oberen Rand des Fonts und der Basiszeile. Der Betrag wird in Pixeln zurückgegeben.

`-descent`

Der Abstand zwischen dem unteren Rand des Fonts und der Basiszeile. Der Betrag wird in Pixeln zurückgegeben.

`-linespace`

Der Abstand zwischen zwei Textzeilen, die den gleichen Font verwenden. Der Betrag wird in Pixeln zurückgegeben.

`-fixed`

Gibt 1 zurück, wenn der Font eine feste Breite hat (alle Zeichen belegen den gleichen Platz, wie etwa bei Courier). Gibt 0 zurück, wenn der Font proportional ist (jedes Zeichen belegt nur soviel Platz, wie es benötigt; beispielsweise belegt der Buchstabe »T« weniger Platz als der Buchstabe »M«).

Familien & Namen

Mit `fontFamilies` bekommen Sie alle Fontfamilien, die auf dem Display eines Widgets zur Verfügung stehen:

```
@families = $widget->fontFamilies();
```

Die Namen aller definierten Fonts bekommen Sie mit `fontNames`:

```
@names = $widget->fontNames();
```

Index

Über die Autorin

Nancy Walsh arbeitet bei Sybase, Inc. als Beraterin. Sie hat zu viele Jahre an der University of Arizona verbracht, dabei das Studienfach mehrfach gewechselt und am Ende ihren B.S. in Informatik gemacht. In den letzten Jahren hat sie hauptsächlich mit Perl und Java gearbeitet. Es gehört bei ihr zur Familientradition, nicht still sitzen zu können, und so hat Nancy eine Vielzahl von Hobbies, darunter das Nähen von Patchwork-Decken (in verschiedenen Techniken, von Hand und mit der Maschine), Bleiglas (alles, was nicht bricht), Kampfsport (sie hat den schwarzen Gürtel in Tae Kwon Do etwa zur Hälfte geschafft), Amateurfunk (hauptsächlioch QRP) und Lesen (alles, was Wörter enthält).

Über den Übersetzer

Matthias Kalle Dalheimer arbeitet als freier Autor, Übersetzer, Gutachter und Software-Entwickler. Nach dem Studium der Informatik und Allgemeinen Sprachwissenschaft arbeitete er zunächst bei Star Division und war dort maßgeblich an der Portierung des StarOffice auf Linux beteiligt. Im Frühjahr 1997 gab er seiner Liebe zu Büchern nach und wechselte die Branche. Linux ist er dabei treu geblieben, u.a. als Entwickler im KDE-Projekt. In seiner Freizeit spielt er mit seinem Sohn, wandert oder liest Geschichtsbücher.

Kolophon

Der Vogel auf dem Einband von *Einführung in Perl/Tk* ist ein junger Emu (Dromaius novaehollanidae). Dieser große, flugunfähige Vogel kommt in der Strauchsavanne Australiens vor. Der Emu ist nach dem Strauß der zweitgrößte Vogel der Welt. Ausgewachsene Emus sind etwa 1,50 Meter groß und bis zu 55 kg schwer. Die graubraunen kleinen Flügel bestehen nur aus sechs bis sieben Federn, die vom langen, haarähnlichen Bürzelgefieder bedeckt werden. Emus haben extrem kräftige Beine, welche sie im Kampf als Verteidigungs- und Angriffswaffen einsetzen. Diese kraftvollen Beine, die mit einem Tritt das Bein eines Menschen brechen können, machen den Emu zu einem starken Schwimmer und einem bis zu 50 Stundenkilometer schnellen Läufer.

Männliche Emus, die etwas kleiner sind als die Weibchen, übernehmen das Ausbrüten der Eier und die Aufzucht der Jungen. Ein Nest enthält bis zu 25 dunkelgrüne Eier, die von mehreren Weibchen gelegt wurden. Die Bebrütung dauert 25 bis 60 Tage. Diese große Spanne in der Brutdauer ist darin begründet, daß das Männchen sein Nest immer wieder zum Fressen und Trinken verlassen muß. Die Länge der Abwesenheit beeinflußt die Brutdauer. Frischgeschlüpte Emus wiegen etwa 440 Gramm und sind erst mit zwei bis drei Jahren völlig ausgewachsen.

Die Beziehung zwischen Emus und australischen Farmern war schon immer problematisch. Drei an der Küste vorkommende Unterarten wurden daher bereits ausgerottet. Weil Emus sogar über hohe Zäune springen können, sind sie schwer von den Feldern fernzuhalten, wo sie die Ernte fressen und zertreten. In der trockenen Savanne Australiens konkurrieren Emus außerdem mit dem Vieh um Gras und Wasser. Andererseits fressen Emus auch viele Insekten, die sonst die Ernte vernichten könnten. Im Jahre 1932 erklärten die australischen Farmer den Emus sozusagen den Krieg und unternahmen alle Anstrengungen, diese Vögel auszurotten. Zum Glück haben sie es nicht geschafft, und der Kampf zwischen Emus und Farmern dauert bis heute an.

Der Entwurf des Buchumschlags stammt von Edie Freedman, die hierfür einen Stich aus dem 19. Jahrhundert aus dem *Dover Pictorial Archive* verwendete. Das Umschlaglayout wurde von Hanna Dyer und Risa Graziano mit Quark XPress 3.32 und der Schriftart ITC Garamond von Adobe erstellt. Die Illustrationen in diesem Buch wurden von Robert Romano mit Adobe Photoshop 5.0 und Macromedia Freehand 8.0 angefertigt. Das Kolophon schrieben Clairemarie Fisher O'Leary und Joachim Kurtz.